ANALECTA BIBLICA
INVESTIGATIONES SCIENTIFICAE IN RES BIBLICAS

—— 131 ——

ANTONIO PITTA

DISPOSIZIONE E MESSAGGIO DELLA LETTERA AI GALATI

Analisi retorico-letteraria

EDITRICE PONTIFICIO ISTITUTO BIBLICO
ROMA 1992

Vidimus et approbamus ad normam Statutorum

Pontificii Instituti Biblici de Urbe
Romae, die 7 mensis maii anni 1992

R. P. ALETTI JEAN-NOËL, S.J.
R. P. SWETNAM JAMES, S.J.

ISBN 88-7653-131-9

© E.P.I.B. – Roma – 1992

Iura editionis et versionis reservantur

EDITRICE PONTIFICIO ISTITUTO BIBLICO
Piazza della Pilotta, 35 - 00187 Roma

Come primo "dolmen"
sulle spoglie dei miei cari

PREFAZIONE

Un dottorato di ricerca costitutisce, nelle sue diverse fasi, un'esperienza complessa, paragonabile a quella di un'avventura in savana oppure ad una navigazione solitaria. Innanzitutto, in termini di relazione, si tratta di un'escursione segnata dalla solitudine dello scalatore. Per questo, anche se molte persone vi si relazionano, durante il percorso, questa rimane un'ascesi solitaria: si è da soli, con l'aiuto del Signore, con le proprie forze intellettive, psicologiche ed affettive.

Alla fine del percorso, sembrano relativi gli stessi pericoli incontrati, ma il peso del tempo rimane visibile, nella propria stessa esistenza. Dunque, in tale avventura splendida ed esaltante, ma anche ardua ed estenuante, avverto il bisogno naturale di ringraziare quanti mi hanno dato le possibilità materiali dell'equipaggiamento, le indicazioni fondamentali di ancoraggio nei diversi porti, gli aiuti nelle situazioni più complesse.

Innanzitutto, la mia gratitudine ai Vescovi della mia diocesi di appartenenza, che, durante gli anni di specializzazione al Pontificio Istituto Biblico, mi hanno permesso di intraprendere una tale "navigazione": Mons. Angelo Criscito, Mons. Carmelo Cassati e Mons. Raffaele Castielli. Insieme ad essi, ricordo con gioia, il mio presbiterio locale.

Con i Rettori del Seminario Lombardo, che mi ha ospitato per lungo tempo in Roma, ringrazio la relativa Comunità di superiori ed alunni: Mons. Luigi Belloli, Mons. Dionigi Tettamanzi, Mons. Diego Coletti.

Questo studio costituisce la pubblicazione della tesi di dottorato presso il Pontificio Istituto Biblico; per questo la mia più sincera gratitudine va al P. Jean-Noël Aletti, relatore della tesi e "compagno di viaggio". Rievocando la metafora dell'avventura per navigazione, egli mi ha indicato la meta senza segnare il percorso di ogni fase: questo lo ha lasciato intuire e scoprire a me stesso. Per questo, il presente studio non rappresenta un contributo in nome di un altro, anche se questi si è mostrato decisivo nello stesso itinerario. In definitiva, un maestro da seguire, più che docente da copiare! Un vivo ringraziamento è orientato anche al secondo relatore della tesi: il P. James Swetnam, consigliere puntuale ed essenziale. Infine, nel ringraziare i docenti dell'Istituto Biblico, mi sia consentito esprimere la mia gratitudine a P. Albert Vanhoye, già Rettore dello stesso Istituto ed attuale direttore di "Analecta Biblica". Le sue preziose osservazioni di "contro-relatore", durante la difesa, forse conferiscono maggiore solidità al presente studio.

Desidero ricordare con filiale gratitudine il Seminario Regionale di Molfetta, con i suoi superiori, professori ed alunni: ad esso sono profondamente legato, soprattutto per la prima formazione teologica ricevuta e per il primo anno di docenza. Un analogo e grato ricordo è orientato verso la Pontificia Facoltà Teologica dell'Italia Meridionale di Napoli, ed in particolare la "Sezione S. Tommaso", che mi ha accolto come docente. Alla gratitudine verso il gran Cancelliere, Card. Michele Giordano, associo i docenti e gli alunni della stessa Facoltà. Desidero ricordare, con affetto sincero, Mons. Settimio Cipriani, già Preside della stessa Facoltà Teologica, che mi ha invitato a succedergli nell'insegnamento dell'epistolario paolino.

Infine, devo la pubblicazione di tale studio alla generosa e soprattutto affettuosa premura dei coniugi Nicola e Laura Lioia: la mia profonda, filiale e permanente riconoscenza.

Nel concludere, spero che tale contributo non rappresenti, come spesso si sostiene, una "mucca da mungere" sino all'esaurimento, ma, ancora con il linguaggio della navigazione, un percorso ben riuscito, che funga da mappa fondamentale per nuovi itinerari di ricerca che il Signore vorrà concedermi.

Antonio Pitta

INTRODUZIONE

> "Propriorum signorum peritus, id est, quantum ad sermones pertinet, ut et certam cognoscat vim verborum et proprium sciat modum locutionum"[1].

Con la Lettera ai Galati cominciavano i primi approcci fondati sul "rhetorical criticism"[2] e sulla semiotica biblica[3]; ora, con la stessa Lettera, ci si propone di verificare una metodologia che denominiamo "retorica letteraria"[4]. Nell'introdurre il presente studio ci sembra opportuno delineare i principi ermeneutici che guideranno la stessa ricerca.

In base al "rhetorical criticism", si perviene all'analisi del testo a partire da un "genere retorico", che si presenta con una propria "dispositio". In tal modo, il percorso da seguire va dal genere alla "dispositio"; ed il compito dell'esegeta consiste nel verificare, in un testo concreto, la presenza di un modello retorico. Ma spesso, come vedremo nella prima parte del nostro studio, il testo viene costretto in una struttura che ne limita la logica interna e la stessa vitalità. Invece la metodologia che seguiremo cerca di compiere un itinerario inverso: dal testo letterario, alla sua disposizione ed al suo messaggio.

Il primo livello, che rimane quello basilare, è rappresentato dall'identificazione delle microunità letterarie. Gran parte di questo ambito è dedicata, mediante l'analisi semantica e quella delle diverse figure, come chiasmi, parallelismi ed antitesi, al riconoscimento delle singole microunità. Il secondo momento di questo livello riguarda la determinazione delle macrounità o sezioni letterarie: qual è lo schema letterario che deriva dalla convergenza di più microunità? Tuttavia, questo primo livello basilare non è sufficiente per la comprensione stessa del testo. In ultima analisi, non risulta difficile stabilire delle microunità letterarie, in base ad indagini semantiche o frastiche. Invece, risulta complesso individuare il tipo di connessione o di relazione, presente nelle

---

[1] RABANO MAURO, *De clericorum institutione* III, 9 (*PL* 107, 386).

[2] Cf. H.D. BETZ, "The Literary Composition and Function of Paul's Letter to the Galatians", *NTS* 21 (1975) 353-379.

[3] Cf. D. PATTE, "Galatians: for Freedom Christ Has Set Us Free", *Paul's Faith and the Power of the Gospel* (Philadelphia 1983) 31-86.

[4] Tale metodologia viene proposta ed utilizzata anche da Aletti rispetto a Rm. Cf. J.-N. ALETTI, *Comment Dieu est-il juste? Clefs pour interpréter l'épître aux Romains* (Paris 1991).

diverse microunità. Una cosa è individuare uno scheletro, un'altra identificare le articolazioni mediante le quali viene dinamizzato.

Per questo, il secondo livello della "retorica letteraria" si riferisce alla "dispositio" stessa del testo. In tale ambito è preferibile parlare di "disposizione", più che di "struttura" o di "composizione".

Infatti, il termine "struttura" ha bisogno di specificazioni: è necessario sempre superare un'ambigua interpretazione, che lascia spazio ad imposizioni schematiche ed esterne al testo. Lo stesso termine "composizione" risulta generale, per cui possiamo avere diversi tipi di composizione: narrativa, poetica, "midrashica". Invece il termine "dispositio", che riguarda la parte più importante della comunicazione retorica, si riferisce alla specifica "composizione argomentativa" del testo stesso. Pertanto, a questo livello è necessario individuare, attraverso la relazione tra le singole micro e macrounità letterarie, i concatenamenti argomentativi.

L'ultima fase di tale approccio riguarda l'identificazione del genere retorico e del messaggio che ne emerge. A tal proposito, pensiamo che la stessa "dispositio" argomentativa trasmetta gli indicatori fondamentali per identificare il proprio genere globale. In altri termini, la "dispositio" offre una "isotopia basilare" che fa da griglia per l'interpretazione del messaggio. Inoltre, la "dispositio" crea degli equilibri tematici interni, a partire dai quali è possibile riconoscere il messaggio fondamentale di un testo. Vedremo come disposizione testuale e messaggio non sono divisi da uno spartiacque ermeneutico: una cosa sarebbe il messaggio, un'altra la composizione. Al contrario, forse una via fondamentale, anche se non unica, per identificare la relazione tra i diversi messaggi che un testo intende comunicare, è rappresentata proprio dall'identificazione della stessa composizione. In tal modo, è possibile riconoscere qual è il messaggio principale di un testo, e quali le tematiche secondarie o dipendenti. Così, la connotazione del messaggio rappresenta l'orizzonte a cui la stessa "dispositio" è orientata.

Pertanto, con questa metodologia si cercherà di superare le opposizioni create tra "rhetorical criticism" e "form-" o "literary criticism". Forse, dopo un periodo di legittima autonomia del "rhetorical criticism", rispetto ai precedenti approcci ermeneutici, è necessario identificare le connessioni. Per questo risulta profetico il progetto di Muilenburg, secondo il quale al "form criticism" deve succedere il "rhetorical criticism"[5], a condizione però che non si venga a creare un'opposizione fatale, per l'uno e per l'altro approccio. In tale metodologia, forse la scelta della Lettera ai Galati si presenta tra le più significative, sia a causa della sua natura argomentativa, che porremo in risalto, che per le continue "stratificazioni ermeneutiche" a cui è stata soggetta, soprattutto per motivazioni confessionali.

L'economia del presente studio si articola in quattro parti fondamentali. Nella prima parte verrà determinata la "storia dell'interpretazione" delle strutture proposte per la Lettera: insieme ai diversi schemi si cercherà di evidenziare il

---

[5] Cf. J. MUILENBURG, "Form Criticism and Beyond", *JBL* 88 (1969) 1-18.

modello ermeneutico sottostante. Quindi saranno analizzate le indicazioni che la manualistica classica delinea per le diverse fasi della comunicazione retorica. In tale sezione verrà affrontato anche il rapporto della retorica con la diatriba e con l'epistolografia classica. Con la terza parte, si tornerà alla Lettera ai Galati, per individuarne la disposizione argomentativa: verranno identificate le relazioni tra le diverse micro e macrounità letterarie. Infine, la quarta parte sarà dedicata all'emergenza del genere retorico e del relativo messaggio in Gal. Le conseguenze di una tale metodologia saranno valutate mediante l'analisi di due questioni che si trovano al centro del dibattito contemporaneo su Gal, se non dell'intero epistolario paolino. Ci riferiamo alla questione della legge ed a quella dei cosiddetti "oppositori" di Paolo in Galazia, che affronteremo a partire dalla stessa disposizione argomentativa della Lettera.

Prima di entrare in "medias res", vorremmo rimandare al lessico generale, collocato in appendice: in esso viene definita la terminologia tecnica, utilizzata nella presente indagine. Infatti, a prima vista, risulterà comprensibile una reazione negativa: nello stesso ambito esegetico sembra poco conosciuta gran parte della terminologia retorica, al punto che, come vedremo, ciò che spesso viene ritenuto appartenente ad un approccio esclusivamente letterario, di fatto fa riferimento ad un linguaggio retorico. Così, si fa analisi retorica del testo senza saperlo o dirlo! In definitiva, sotto questo aspetto, non abbiamo ricevuto la formazione retorica richiesta da Rabano Mauro all'esegeta del proprio tempo. Ma forse, con tale sussidio sarà possibile superare queste difficoltà linguistiche, nella speranza che venga riscoperta la natura e la funzione persuasiva della Lettera ai Galati.

CAPITOLO PRIMO

Analisi delle strutture di Galati

1. Introduzione

Prima di presentare una nuova struttura di Gal, è necessario delineare la storia dell'interpretazione di quelle proposte in precedenza. In questa prima parte del nostro studio, non intendiamo considerare le strutture in riferimento alle micro, bensì alle macrounità o sezioni letterarie e tematiche. Per questo escluderemo gli schemi di Lietzmann, Knox, Mayer e Barclay, che dividono Gal solo per microunità, senza valutarne le connessioni reciproche, né delineare una "Gattung" letteraria[6]. Accanto a questi schemi microunitari poniamo quello di Neil che, divide la Lettera, in dipendenza dei capitoli presenti nelle diverse edizioni: ad ogni capitolo corrisponde una sezione[7].

Precisiamo che abbiamo pochi studi sulla struttura di Gal e che, per inverso, emergono schemi molteplici ed originali[8]. Inoltre, mentre alcuni esaltano la semplicità dello schema di Gal[9], altri ne sottolineano la complessità o persino l'impossibilità di chiarire la composizione[10]. E nonostante i recenti approcci ermeneutici, Suhl continua a sostenere che la struttura della Lettera risulta poco chiara[11].

Nel classificare i diversi schemi di Gal, Buscemi delinea tre generi di strutture: "contenutistiche", "letterarie" ed "esterne"[12]. Ma questa catalogazione,

---

[6] Cf. D.H. LIETZMANN, *An die Galater* (Tübingen 1921); F. MAYER, *Die Gerechtigkeit aus dem Glauben, der rechtschaffene Glaube* (Metzingen 1986); R. KNOX, "St. Paul's Epistle to the Galatians", *A New Testament Commentary* (New York 1954), II, 212-239; W. BARCLAY, *The Letter to the Galatians* (Edinburgh 1966).

[7] Soltanto per Gal 5-6, Neil divide in 5,2-25 e 5,26-6,18. Cf. W. NEIL, *The Letter of Paul to the Galatians* (Cambridge 1967) 16-19.

[8] Già Betz lamentava la carenza di studi che motivassero la struttura di Gal. Cf. BETZ, "Composition", 353. Uno studio successivo sulla struttura della Lettera viene delineato da A.M. BUSCEMI, "Struttura della lettera ai Galati", *EuntesDocete* 34 (1981) 409-426.

[9] Cf. la valutazione ottimistica di P. BONNARD, *L'épître de Saint Paul aux Galates* (Neuchâtel ²1972) 15.

[10] Cf. le difficoltà evidenziate da Viard nel reperire uno schema unitario per una Lettera complessa come Gal; cf. A. VIARD, *Saint Paul. Épître aux Galates* (Paris 1964) 12.

[11] A. SUHL, "Der Galaterbrief, Situation und Argumentation", *ANRW* II, 25.4 (1987) 3067.

[12] Cf. BUSCEMI, "Struttura", 413. Tale classificazione viene ripresa da Smiga, anche se

anche se utile dal punto di vista didattico, non spiega la complessità degli approcci. Di fatto, anche in studi noti come "contenutistici", riscontriamo osservazioni di natura "letteraria".

Per questo, in rapporto alle macrounità, utilizzeremo una classificazione di tipo diverso, evidenziando il modello ermeneutico sottostante.

Dal punto di vista espositivo, si farà riferimento, per quanto possibile, alle prime edizioni dei commentari: in tal modo saranno riconoscibili le dipendenze tra i diversi studiosi.

2. Strutture tematico-letterarie bipartite

Con il termine "tematico-letterario" intendiamo classificare le strutture in base alle quali la Lettera ai Galati viene divisa in due parti principali. Gli autori che, generalmente propongono tale divisione, fanno prevalere le osservazioni tematiche su quelle letterarie o stilistiche. Tali schemi si possono classificare in due sottogruppi: strutture bipartite semplici ed epistolari.

2.1. *Strutture bipartite semplici* [13]

Schema [14]
(1) Meyer: 1,1–4,31; 5,1–6,18.

(2) Drach: 1,1–5,6; 5,7–6,18.

Dal prospetto si evidenzia che Drach e Meyer non considerano, in modo autonomo, gli elementi epistolari propri, quali il "praescriptum", "il corpus" della lettera ed il "postscriptum". Osserviamo innanzitutto che, tali autori strutturano Gal in base ad uno schema noto, spesso applicato all'intero epistolario paolino: ogni Lettera potrebbe essere divisa in sezione dottrinale e sezione morale. Inoltre, dal confronto delle strutture emerge una prima discordanza sulle delimitazioni: la sezione parenetica comincia con 5,1 (Meyer) oppure con 5,7 (Drach)? Tale interrogativo difficilmente può essere risolto in base ad un approccio esclusivamente "tematico letterario". Dopo l'analisi delle "strutture bipartite epistolari", sarà valutata la consistenza di questo metodo.

---

con terminologia differente. Cf. G.M. SMIGA, *Language, Experience and Theology; the Argumentation of Galatians 3,6–4,7 in Light of the Literary Form of the Letter* (Rome 1985) 73.

[13] Cf. H.A.W. MEYER, *Kritisch exegetisches Handbuch über den Brief an die Galater* (Göttingen 1851) 4; M. DRACH, "Épître de Saint Paul aux Galates", *La Sainte Bible avec commentaires* (Paris 1870), VIII, 322.

[14] Nei prospetti delle diverse strutture verranno sottolineate, in ordine progressivo, le variazioni che emergono dal confronto.

2.2. Strutture bipartite epistolari [15]

Schema

(1) Steinmann:	1,1-5; 1,6–3,5; 3,6–6,10; 6,11-18.
(2) Oepke:	1,1-5; 1,6-9; 1,10-11; 1,12–5,12; 5,13–6,10; 6,11-8.
(3) Buzy:	1,1-10; 1,11–2,14; 2,15–6,10; 6,11-18.
(4) Cerfaux:	1,1-10; 1,11–4,11; 4,12–6,10; 6,11-18.
(5) Viard; Bring:	1,1-5; 1,6–5,12; 5,13–6,10; 6,11-18.
(6) Rivera:	1,1-5; 1,6-10; 1,11–2,14; 2,15–6,10; 6,11-18.
(7) Lührmann:	1,1-5; 1,6-10; 1,11–5,12; 5,13–6,10; 6,11-18.
(8) Getty:	1,1-5; 1,6–4,31; 5,1–6,10; 6,11-18.
(9) Giavini:	1,1-5; 1,6-10; 1,11–5,15; 5,16–6,10; 6,11-18.

Dal prospetto si comprende che, in base ad un modello "bipartito tematico-letterario" ed "epistolare", quasi ogni autore presenta una struttura diversa; solo gli schemi di Viard e Bring si equivalgono. Inoltre, l'unica sezione che trova gli esegeti concordi è quella conclusiva del "postscriptum" (Gal 6,11-18). Di conseguenza, questo facilita la determinazione del "terminus ad quem" del corpo epistolare: Gal 6,10.

Risulta invece problematica la delimitazione del "praescriptum". Secondo Steinmann, Viard, Bring e Getty l'indirizzo epistolare è costituito da 1,1-5; con 1,6 comincerebbe il "corpo epistolare". Invece Rivera, Lührmann, e Giavini identificano, tra l'indirizzo ed il corpo epistolare, la pericope introduttiva di 1,6-10. Da parte sua, Oepke aggiunge, alla pericope introduttiva di 1,6-9, la

---

[15] Cf. A. STEINMANN, *Die Briefe an die Thessalonicher und Galater* (Bonn 1918) 63; A. OEPKE, *Der Brief des Paulus an die Galater* (Leipzig 1937) viii-ix; T. BUZY, "Épître aux Galates", L. PIROT - A. CLAMMER, *La Sainte Bible*, (Paris 1948) XI.2, 419; L. CERFAUX, "L'épître aux Galates", A. ROBERT - A. FEUILLET, *Introduction a la Bible* (Tournai 1959), II, 406-408; VIARD, *Galates*, 13-14; R. BRING, *Der Brief des Paulus an die Galater* (Berlin-Hamburg 1968) 9-11; L.F. RIVERA, "Estructuras... La epistola a los Galatas", *RevistB* 37 (1975) 139; D. LÜHRMANN, *Der Brief an die Galater* (Zürich 1978) 21; M. GETTY, *A Commentary on Galatians and Romans* (New York 1982), I, 37; G. GIAVINI, *Galati. Libertà e legge nella Chiesa* (Brescia 1983) 16.

microunità del tema: Gal 1,10-11. Infine, Buzy e Cerfaux considerano come "praescriptum" Gal 1,1-10.

Qui rileviamo l'aspetto positivo dell'analisi "tematico letteraria epistolare", rispetto a quella esclusivamente tematica di Meyer e Drach. Gal rimane sempre una Lettera; per cui è bene considerare, in modo autonomo, gli elementi propriamente epistolari, quali il "praescriptum" ed il "postscriptum". Tuttavia si è rilevato che soltanto il "postscriptum" (6,11-18) trova concordanza globale. Ancora rimangono oscure le funzioni di 1,1-5; 1,6-10; 1,11-12; e forse, per tali questioni, è necessario un approccio diverso da quello esclusivamente epistolare.

Ancora più difficile è stabilire dove il corpo di Gal si divide in due sezioni. Alcuni fanno concludere la prima parte con 2,14 (Buzy, Rivera), altri con 3,5 (Steinmann) o con 4,11 (Cerfaux), se non con 4,31 (Getty). La maggior parte degli esegeti pone come conclusione 5,12 (Viard, Bring, Lührmann ed Oepke). Infine, Giavini giunge sino a 5,15: con 5,16 comincerebbe la sezione parenetica della Lettera. La fragilità di questo metodo è evidenziata dalle molteplici diversità di opinioni; e dal confronto delle strutture emergono varie questioni. Quale pericope rappresenta l'indirizzo epistolare? Gal 1,10-11 appartiene al "praescriptum", al "corpo", oppure gode di autonomia propria? Dove realmente comincia la sezione "dottrinale", e dove quella "parenetica"?

Dal confronto di queste strutture emerge che il modello bipartito pone più problemi di quanti ne risolva. Nell'analisi particolare delle microunità si constaterà come, tutte queste ipotesi di delimitazione, conservano un certo fondamento, ma risultano limitanti ed, in definitiva, obliterano una chiara comprensione della stessa composizione.

2.3. Valutazione del modello

Agli interrogativi interni, emersi dal confronto delle strutture bipartite, aggiungiamo una valutazione conclusiva di natura metodologica. Innanzitutto, una divisione bipartita, per quanto semplice, non motiva la complessità della Lettera. Piuttosto, riteniamo che si tratta di una sorta di "camicia di forza" che ci impedisce di cogliere le diversità letterarie presenti in Gal. Generalmente lo schema bipartito sembra seguire un modello del tipo "causa-effetto": al fondamento dottrinale segue l'applicazione etica. Per cui la rilevanza maggiore spetterebbe alla sezione dottrinale; quella parenetica non è che secondaria. Ma una tale analisi risponde all'economia stessa della Lettera? In definitiva, è vero che Gal 5–6 rappresenta una specie di appendice a Gal 1–4? Una variante del modello "causa-effetto" è offerto da Buzy e Rivera che preferiscono la relazione del tipo "introduzione-tema": Gal 1–2 costituirebbe una "introduzione" al "centro tematico" di Gal 3–6. In tal caso, potremmo anche fare a meno di Gal 1–2. Ma ancora una volta, ci chiediamo se un tale approccio si dimostra rispettoso del testo stesso.

3. Strutture letterario-tematiche tripartite

La maggior parte degli esegeti, in dipendenza da un'analisi letteraria, distingue, in Gal, tre parti fondamentali. Gli studiosi che propongono tale modello fanno prevalere osservazioni di carattere letterario, pur se i presupposti contenutistici non mancano. Anche per questo gruppo, ci sembra opportuno distinguere due sub-classificazioni: strutture letterario-tematiche tripartite semplici ed epistolari.

3.1. *Strutture letterario-tematiche tripartite semplici* [16]

Schema

(1) Lightfoot; Hogg - Vine; Stamm; Van Stempvoort; Hendriksen; Osiek; Ebeling; Barrett; Stott:

$$1,1-2,21; \quad 3,1-4,31; \quad 5,1-6,18.$$

(2) Schmidt: $\qquad$ 1,1–3,5; $\quad$ 3,6–4,31; $\quad$ 5,1–6,18.

(3) Maurer: $\qquad$ 1,1–2,21; $\quad$ 3,1–5,12; $\quad$ 5,13–6,18.

(4) Cole: $\qquad$ 1,1–2,21; $\quad$ 3,1–5,1; $\quad$ 5,2–6,18.

Gli esegeti che adottano questo schema dividono Gal in tre parti ordinate e proporzionate: due capitoli per ogni sezione. In tal modo abbiamo una struttura rispondente al modello: "storia, dottrina ed etica".

Nella parte conclusiva dell'analisi porremo le osservazioni sulla validità di tale divisione. Notiamo tuttavia che questa proporzione strutturale subisce i primi contraccolpi proprio da parte di alcuni studiosi che propongono lo stesso modello. Infatti, Schmidt crea un primo squilibrio facendo giungere la prima sezione sino a Gal 3,5. Inoltre, Cole e Maurer estendono la parte dottrinale

---

[16] Cf. J.B. LIGHTFOOT, *St Paul's Epistle to the Galatians* (London-Cambridge 1869) 65-67; C.F. HOGG - W.E. VINE, *The Epistle to the Galatians* (Grand Rapids 1921) 11; K.L. SCHMIDT, *Ein Gang durch den Galaterbrief. Leben, Lehre, Leitung in der heiligen Schrift* (Zürich 1942) 13; P. MAURER, *Der Galaterbrief* (Zürich 1943) iii-iv; R.T. STAMM, "The Epistle to the Galatians", G.A . BUTTRICK (ed.) *The Interpreters Bible* (New York-Nashville 1953), X, 434; P.A. VAN STEMPVOORT, *De Brief van Paulus aan de Galaten* (Nijkerk 1961) 5; A.R. COLE, *The Epistle of Paul to the Galatians* (London 1965) 27; W. HENDRIKSEN, *A Commentary on Galatians* (London 1969) 22; C. OSIEK, *Galatians* (Wilmington 1980) 1; G. EBELING, *Die Wahrheit des Evangeliums. Eine Lesehilfe zum Galaterbrief* (Tübingen 1981) xiii-xiv; C.K. BARRETT, *Freedom and Obligation, A Study of the Epistle to the Galatians* (London 1985) 3; J.R.W. STOTT, *The Message of Galatians. Only One Way* (Leicester 1986) 185.

rispettivamente sino a Gal 5,1 e 5,12. Così emergono alcuni interrogativi, già riscontrati per le strutture bipartite. L'ultima sezione di Gal comincia con 5,2 oppure con 5,13? La pericope di 3,1-5 appartiene alla sezione "dottrinale" oppure a quella "narrativa"? Ancora una volta, un'indagine letterario-tematica non motiva, in modo esauriente, le delimitazioni della Lettera. Precisiamo infine, come è stato già rilevato per le strutture "bipartite semplici", che essendo Gal una Lettera, è bene considerare a parte gli elementi epistolari, quali il "praescriptum" ed il "postscriptum".

3.2. Strutture letterario-tematiche tripartite epistolari

Schema

(1) Cornelius a Lapide; Sanday; Cornely; Fillon; Burton; Zedda; Cipriani; Lyonnet; Fitzmyer; Bonnard; Hull; Roux; Montgomery; Ramazzotti; Pilch; Buscemi; Schoder; Rohde[17]:
1,1-10; 1,11–2,21; 3,1–4,31; 5,1–6,10; 6,11-18.

(2) Findlay; Callan; Amiot; Kürzinger; Girardet[18]:
1,1-10; 1,11–2,21; 3,1–5,12; 5,13–6,10; 6,11-18.

---

[17] Cf. CORNELIUS A LAPIDE, "Ad Galatas", *Commentaria in omnes Sancti Pauli Epistolas* (Torino 1820), II, 137; W.M.A. SANDAY, "The Epistle to the Galatians", J. ELLICOTT (ed.), *A New Testament Commentary* (London-Paris-New York 1884), II, 423; P. CORNELY, "Epistola ad Galatas", *Commentarius in S. Pauli epistolas* (Paris 1892), III, 366; L.C. FILLION, "Épître aux Galates", *La Sainte Bible* (Paris 1904), III, 282; E.D.W. BURTON, *A Critical and Exegetical Commentary on the Epistle to the Galatians* (Edinburgh 1921) lxxii-lxxiv; S. ZEDDA, "La lettera ai Galati", *Prima lettura di San Paolo* (Torino 1958), II, 57; S. CIPRIANI, "Lettera ai Galati", *Le Lettere di S. Paolo* (Assisi 1962) 351; S. LYONNET, "Epistola ai Galati", T. BALLARINI (ed.) *Introduzione alla Bibbia* (Torino 1966) 372; J.A. FITZMYER, "The Letter to the Galatians", R.E. BROWN - J.A. FITZMYER - R.E. MURPHY, *The Jerome Biblical Commentary* (London-Dublin-Melbourn 1968) 238; BONNARD, *Galates*, 15-16; W.E. HULL, "A Teaching Outline of Galatians", *RevExp* 69 (1972) 429-430; H. ROUX, *L'évangile de la liberté. Commentaire de l'épître de Paul aux Galates* (Paris 1973) 13-77; J.B. MONTGOMERY, "Galatians", F.E. GAEBELEIN, *The Expositor's Bible Commentary* (Grand Rapids 1976), X, 423; B. RAMAZZOTTI, "La lettera ai Galati", *Il messaggio della salvezza* (Torino 1976), VII, 273; BUSCEMI, "Struttura", 409-426; J. PILCH, "The Epistle to the Galatians", *Collegeville Bible Commentary* (Minnesota 1983) 6; R.V. SCHODER, *Paul Wrote from the Heart, Philippinians, Galatians* (Oak Park Illinois 1987) 39; J. ROHDE, *Der Brief des Paulus an die Galater* (Berlin 1989) vii-viii.
[18] Cf. G.B.A. FINDLAY, *The Epistle to the Galatians* (London 1888) 11; J. CALLAN, "The Epistle to the Galatians", *The Epistles of St. Paul* (New York 1922), I, 570-581; F. AMIOT, *Saint Paul. Épître aux Galates. Épîtres aux Thessaloniciens* (Paris 1946) 94-95; J. KÜRZINGER, *Die Brief an die Korinther und Galater* (Würzburg 1954) 71-86; G. GIRARDET, *La lettera di Paolo ai Galati* (Torino 1982) 24.

(3) Zahn[19]:
1,1-5; 1,6-10; 1,11-2,14; 2,15-21; 3,1-5,12; 5,13-6,10; 6,11-18.

(4) Lukyn; Loisy; Ridderbos; Wikenhauser; Marxen[20]:
1,1-5; 1,6-9; 1,10-2,21; 3,1-5,12; 5,13-6,10; 6,11-18.

(5) Lagrange; Lenski; Zerwick; Grossouw; Barbaglio; Kümmel;
Vanhoye[21]:
1,1-5; 1,6-10; 1,11-2,21; 3,1-5,12; 5,13-6,10; 6,11-18.

(6) Duncan[22]:
1,1-10; 1,11-2,21; 3,1-5,1; 5,2-6,10; 6,11-18.

(7) Schlier; Beyer; Schiwy; Cousar[23]:
1,1-5; 1,6-2,21; 3,1-5,12; 5,13-6,10; 6,11-18.

(8) Allan[24]:
1,1-10; 1,11-2,21; 3,1-4,30; 4,31-6,10; 6,11-18.

(9) Knox; Schneider; Egger; Brandenburg[25]:
1,1-5; 1,6-2,21; 3,1-4,31; 5,1-6,10; 6,11-18.

---

[19] T. ZAHN, Der Brief des Paulus an die Galater (Leipzig 1907) 29-286.
[20] Cf. A.W.B.D. LUKYN, The Epistle of Paul the Apostle to the Galatians (Cambridge 1910) xlvi-xlvii; A. LOISY, L'épître aux Galates (Paris 1916) 31-32; H.N. RIDDERBOS, The Epistle of Paul to the Churches of Galatia (Grand Rapids 1953) 9-10; A. WIKENHAUSER, "Der Galaterbrief", Einleitung in das Neue Testament (Freiburg 1953) 268-269; W. MARXEN, "Galaterbrief", Einleitung in das Neue Testament (Gütersloh 1963) 46-49.
[21] Cf. J.M. LAGRANGE, Saint Paul. Épître aux Galates (Paris 1926) 170-171; J. R.C.H. LENSKI, The Interpretation of Paul's Epistle to the Galatians, to the Ephesians and to the Philippinians (Ohio 1946) 18-273; M. ZERWICK, Der Brief an die Galater (Düsseldorf 1964) 5-6; W.K. GROSSOUW, De Brief van Paulus aan de Galaten (Romen-Bussum 1974)7; G. BARBAGLIO, "Alle comunità di Galazia", Le lettere di Paolo (Roma 1980), II, 33; W.G. KÜMMEL, "Der Galaterbrief", Einleitung in das Neue Testament (Heidelberg [21]1983) 256-257; A. VANHOYE, La lettera ai Galati (Disp. P.I.B.; Roma 1985), II, 7.
[22] D.L. DUNCAN, The Epistle of Paul to the Galatians (London 1934) ix-xi.
[23] Cf. H. SCHLIER, Der Brief an die Galater (Göttingen [10]1949) vi; H.W. BEYER, "Der Brief an die Galater", P. ALTHAUS - H.W. BEYER - H. RENDTORFF - G. HEINZELMANN, Die kleineren Briefe des Apostels Paulus (Göttingen 1953) 2-3; G. SCHIWY, An die Galater (Würzburg 1968) 269; C.B. COUSAR, Galatians (Atlanta 1982) 13.
[24] Cf. J.A. ALLAN, The Epistle of Paul: the Apostle to the Galatians (London 1951) 27-89.
[25] Cf. J. KNOX, "Galatians", G.A. Buttrick (ed.) The Interpreter's Dictionary of the Bible (New York-Nashville 1962), II, 340; G. SCHNEIDER, Der Brief an die Galater (Düsseldorf 1964); W. EGGER, Galaterbrief (Stuttgart 1985) 11; H. BRANDENBURG, Der Brief des Paulus an die Galater (Wuppertal 1986) 15-16.

(10) Kümmel; Guthrie[26]:
1,1-5; 1,6-10; 1,11-2,21; 3,1-4,31; 5,1-6,10; 6,11-18.

(11) Léon-Dufour[27]:
1,1-5; 1,6-2,14; 2,15-5,12; 5,13-6,10; 6,11-18.

(12) Becker[28]:
1,1-9; 1,10-2,21; 3,1-5,12; 5,13-6,10; 6,11-18.

(13) Dayton[29]:
1,1-9; 1,10-2,21; 3,1-4,31; 5,1-6,10; 6,11-18.

(14) Cothenet[30]:
1,1-5; 1,6-10; 1,11-2,14; 2,15-21; 3,1-4,31; 5,1-6,10; 6,11-18.

(15) Borse[31]:
1,1-10; 1,11-2,21; 3,1-4,20; 4,21-6,10; 6,11-18.

(16) Radl[32]:
1,1-5; 1,6-9; 1,10-2,21; 3,1-4,7; 4,8-6,10; 6,11-18.

(17) Bartolomé[33]:
1,1-5; 1,6-12; 1,13-2,21; 3,1-5,12; 5,13-6,10; 6,11-18.

---

[26] Cf. W.G. KÜMMEL, "Der Galaterbrief", *Einleitung in das Neue Testament* (Heidelberg [13]1964) 189-90; D. GUTHRIE, *Galatians* (London 1969) 46.
Dallo schema si può notare la duplice presenza di Kümmel (cf. i nn. 5.10): l'autore, nelle diverse edizioni della sua "introduzione", ha proposto due delimitazioni diverse per la sezione dottrinale della Lettera: 3,1-4,31 e 3,1-5,12. Nel nostro prospetto l'edizione 21ª compare prima della 13ª a causa della priorità cronologica del gruppo di riferimento.
[27] Cf. X. LÉON - DUFOUR, "Une lecture chrétienne de l'Ancien Testament: Galates 3:6 à 4:20", FS. F.J. Leenhardt, *L'Evangile hier et aujourd'hui* (Genève 1968) 110.
[28] Cf. J. BECKER, "Der Brief an die Galater", J. BECKER - H. CONZELMANN - G. FRIEDRICH, *Die Briefe an die Galater, Epheser, Philipper, Kollosser, Thessalonicher und Philemon* (Göttingen 1976) 7-79.
[29] Cf. W.T. DAYTON, "The Epistle of Paul to the Galatians", C.W. CARTER (ed.), *The Wesleyan Bible Commentary* (Massachusetts 1979) 329.
[30] Cf. E. COTHENET, *L'épître aux Galates* (Paris 1980) 38.
[31] Cf. U. BORSE, *Der Brief an die Galater* (Regensburg 1984) 259-262.
[32] Cf. W. RADL, *Galaterbrief* (Stuttgart 1985) 5-7.
[33] Cf. J.J. BARTOLOMÉ, *El evangelio y su verdad, la justificación por la fe y su vivencia en común. Un estudio exegético de Gal 2,5.14* (Roma 1988) 72.

(18) Fung[34]:
1,1-10; 1,11-2,14; 2,15-5,12; 5,13-6,10; 6,11-18.

(19) Corsani[35]:
1,1-12; 1,13-2,21; 3,1-5,12; 5,13-6,10; 6,11-18.

Dal prospetto si evince che, in base ad un modello tripartito epistolare, si sono determinate 19 strutture differenti e che diversi autori propongono una struttura non seguita da altri[36]. Per inverso, le strutture più seguite sono quelle corrispondenti ai nn. 2.4.5, ma soprattutto la n.1, che risulta più antica.

L'ultimo elemento statistico che rileviamo sta nel fatto che il modello tripartito epistolare, a partire dagli inizi del 1600, con Cornelius a Lapide, sino al 1988, è stato sempre riproposto. Inoltre, è significativo che, anche dopo i diversi approcci recenti a Gal, venga ripresentato tale modello ermeneutico[37]. Questo dimostra, da una parte, una certa consistenza del modello tripartito epistolare e, dall'altra, la poca solidità degli altri metodi. Tuttavia è rilevante la ridda di variazioni proposte, sino alla configurazione di un panorama di soggettivismo. Ma cerchiamo di valutare più da vicino le diverse interpretazioni.

3.2.1. Il "praescriptum"

Coloro che propongono questo modello tripartito identificano, in base all'epistolografia classica, un "praescriptum", all'inizio della Lettera. Tuttavia non è chiara la sua delimitazione, né quella dell'inizio del "corpo epistolare" di Gal. Secondo molti, la pericope di 1,1-5 fa da introduzione epistolare[38]. Altri giungono sino a 1,1-9 (nn. 12.13) oppure 1,1-10 (nn. 1.2.6.8.15.18). In pratica si tratta di decidere se i vv. 6-9 oppure i vv. 6-10 appartengono alla sezione introduttiva oppure al corpo epistolare. Bartolomè e Corsani (nn. 17.19) fanno estendere il problema sino a Gal 1,11-12, che includono nel "praescriptum".

Vedremo che, in base ad un metodo esclusivamente epistolare, tutte le possibilità sono verosimili: bisognerà però stabilire un criterio che permetta di discernere l'ipotesi più rispondente.

---

[34] Cf. R.Y.K. FUNG, *The Epistle to the Galatians* (Grand Rapids 1988) v-viii.
[35] Cf. B. CORSANI, *Lettera ai Galati* (Genova 1990) 38.
[36] Cf. i nn. 3.6.8.11-19.
[37] Così Fung, dopo aver criticato la struttura retorica di Betz, propone di tornare a leggere Gal secondo uno schema tripartito epistolare; cf. FUNG, *Galatians*, 32.
[38] Cf. i nn. 3.4.5.7.9.10.11.14.16.

3.2.2. Il "corpo epistolare"

Se il "terminus a quo" del corpo epistolare è difficile da determinare, a causa del "praescriptum", il suo "terminus ad quem" trova tutti concordi. Con 6,10 si conclude la Lettera e comincia il "postscriptum" epistolare (6,11-18).

3.2.3. La sezione narrativa

Le difficoltà riaffiorano quando si tratta di delimitare le tre parti del corpo epistolare. La sezione narrativa, secondo la maggior parte degli esegeti, è costituita da 1,11–2,21 (nn. 1.2.5.6.8.10.15) o da 1,6–2,21 (nn.7.9) o infine da 1,10–2,21 (nn. 4.12.13). A loro volta Zahn, Cothenet e Fung (nn. 3.14.18) considerano 1,11–2,14 come unitari, mentre Léon-Dufour (n. 11) sceglie 1,6–2,14. Invece Bartolomé e Corsani (nn. 17.19) delimitano questa sezione a 1,13–2,21. Infine, Radl (n. 16) propende per 1,10–2,10: con 2,11 comincerebbe la sezione dottrinale di Gal. Pertanto, in termini testuali, si tratta di valutare se Gal 2,11-14 e 2,15-21 fanno parte della sezione narrativa o di quella dottrinale.

3.2.4. La sezione dottrinale

Altrettanto problematico è determinare la conclusione di questa sezione, nonostante Merk scelga, dopo un'analisi accurata, Gal 5,12, come limite[39]. Sembra infatti che la maggioranza degli studiosi si orienti per 5,12 (nn. 2.3.4.5.7.11.12.17.18.19). Ma un buon numero propende anche per 4,31 (nn. 1.9.10.13.14), e non manca chi, come Radl (n. 16) giunge a Gal 4,7. Invece, Borse (n. 15), Allan (n. 8) e Duncan (n. 6) arrivano, rispettivamente, a Gal 4,20; 4,30; 5,1.

Ancora una volta, la proposta di un solo criterio letterario-tematico dimostra poca attendibilità. Nell'analisi delle microunità vedremo come tutte queste variazioni di delimitazione conservano una certa consistenza testuale, ma restano insufficienti.

3.2.5. La sezione parenetica ed il "postscriptum"

Al problema della delimitazione della sezione dottrinale è collegato quello sull'inizio della sezione parenetica. Comunque, la conclusione di questa sezione viene da tutti riconosciuta in 6,10, a causa della presenza del "postscriptum" epistolare di 6,11-18.

---

[39] Cf. O. MERK, "Der Beginn der Paränese im Galaterbrief", *ZNW* 60 (1969) 83-104.

3.3. Valutazione del modello

Il confronto degli schemi tripartiti semplici ed epistolari lascia molti interrogativi sulla struttura di Gal. Tuttavia, lo schema "epistolare" è ancora una volta da preferire a quello "semplice". Questo almeno ci permette di trovare unanimità sul "postscriptum" (Gal 6,11-18) e, di conseguenza, sulla conclusione della sezione parenetica (Gal 6,10). Resta complessa la delimitazione delle restanti sezioni.

Inoltre, notiamo che il modello "tripartito" è emerso dalla convergenza dei due modelli bipartiti precedenti; per questo sembra una sorta di "miglioramento" ermeneutico. Comunque, questo modello ci permette di riconoscere i diversi "generi" presenti sommariamente in Gal 1–2 ("narrazione"), Gal 3–4 ("dottrina") e Gal 5–6 ("parenesi"). Si tratta di valutare se realmente tali sezioni siano, almeno in prevalenza, narrative, dottrinali e parenetiche.

Ad esempio, una delle maggiori "cruces", emergenti dallo schema tripartito riguarda Gal 4,8-20, una microunità tutt'altro che "teologica", pur trovandosi nella sezione dottrinale. Un interrogativo analogo si pone per Gal 2,15-21, in cui il vocabolario diventa dottrinale, anche se forse appartiene ancora alla sezione narrativa.

Anche dal punto di vista ermeneutico si tratta di valutare la consistenza del modello tripartito. La tipologia soggiacente corrisponde a "narrazione, dottrina ed etica", per cui la rilevanza spetta alla "dottrina". Diremmo che, da una parte Gal 1–2 rappresenta un'introduzione al tema e dall'altra, Gal 5–6 ne costituisce la conseguenza etica. In termini tematici, rispondenti alla dialettica confessionale, questa struttura conferma, in certo senso, la teologia della "giustificazione mediante la fede e non mediante le opere". Di fatto, Gal 1–2; 5–6 passano in secondo piano!

In realtà, ci chiediamo se una struttura di questo genere risulta aderente al testo. Notiamo che spesso si verifica la derivazione di uno schema letterario da un'analisi contenutistica prestabilita. Comunque, rimane il fatto che il modello tripartito epistolare si mostra, rispetto a quello bipartito, più aderente all'economia della Lettera.

4. Strutture letterario-tematiche quadripartite epistolari[40]

Sotto tale gruppo vengono raccolti gli schemi "letterario-tematici", in base ai quali il "corpo" di Gal non è più diviso in due o tre, bensì in quattro parti. I pochi autori che propongono tale divisione non seguono più un modello

---

40 Cf. F.D. NICHOL, "The Epistle of Paul the Apostle to the Galatians", *The Seventh-day Adventist Bible Commentary* (Washington 1957) 935-936; U. VANNI, "Lettera ai Galati", *Lettere ai Galati e ai Romani* (Roma 1967) 10-13; M. CARREZ, "Paul et les églises de Galatie", A. GEORGE - P. GRELOT, *Introduction à la Bible* (Paris 1977), III, 110-112; P. ROSSANO, "Lettera ai Galati", *Le lettere di S. Paolo* (Roma 1978) 228-229.

ermeneutico particolare, ma si fermano a stabilire una struttura, soprattutto in base ad elementi letterari[41].

Schema

(1) Nichol:
1,1-10; 1,11–2,14; 2,15–3,29; 4,1-31; 5,1–6,10; 6,11-18.

(2) Vanni; Rossano:
1,1-5; 1,6–2,21; 3,1-29; 4,1-31; 5,1–6,10; 6,11-18.

(3) Carrez:
1,1-10; 1,11–2,21; 3,1–4,11; 4,12–5,12; 5,13–6,10; 6,11-18.

Dallo schema si può notare che Vanni e Rossano condividono la stessa struttura; invece Nichol e Carrez propongono un piano quadripartito originale, che non trova ulteriori consensi. Ma ormai tutti gli esegeti presentano, con il corpo epistolare, un "praescriptum" ed un "postscriptum", anche se permangono i dubbi sulla delimitazione della sezione introduttiva. Infatti, se Rossano e Vanni si fermano ad 1,1-5, Nichol e Carrez giungono ad 1,1-10. Pertanto, sull'inizio di Gal si ripropone l'interrogativo emerso dal confronto delle strutture tripartite epistolari. Comunque, anche questi esegeti condividono l'identificazione del "postscriptum" in 6,11-18.

Abbiamo osservato, dalla convergenza delle strutture tripartite epistolari, che uno dei problemi fondamentali di tale modello è costituito dal Gal 4: dal punto di vista stilistico, tale capitolo contiene delle pericopi diverse tra di loro. Il modello quadripartito nasce proprio dalla divisione della "sezione dottrinale" di Gal 3–4, e ne costituisce una specie di miglioramento schematico. Per questo, non mutano le osservazioni fatte rispetto alle sezioni "narrative" (Gal 1–2) e "parenetiche" (Gal 5–6) del modello tripartito. Ci fermiamo invece a valutare la divisone della sezione in questione, quella "dottrinale" (Gal 3–5).

Secondo Carrez, Rossano e Vanni la terza sezione di Gal comincia con 3,1, mentre per Nichol l'esordio si trova in 2,15, a causa del vocabolario dottrinale presente in Gal 2,15-21. Inoltre, secondo Rossano, Vanni e Nichol, la conclusione di questa sezione si trova in 3,29, mentre per Carrez in 4,11.

Anche la conclusione della quarta sezione rimane discussa: Gal 4,31 (Rossano, Vanni, Nichol) oppure Gal 5,12 (Carrez)?

---

[41] Cf. l'esplicita presentazione di tale principio da parte di CARREZ, "Galatie", 110.

4.1. *Valutazione del modello*

Lo schema quadripartito cerca di risolvere il problema di Gal 4, sezionando ancor più la Lettera. Ma è necessario valutare, non solo la rispondenza testuale di questa divisione, ma soprattutto il suo presupposto metodologico.

Non basta sezionare ulteriormente uno scritto per risolvere il problema della sua composizione letteraria. Tale modalità di soluzione si evidenzia anche nello schema di F.F. Bruce che non divide la "sezione dottrinale" di Gal, bensì quella "parenetica"[42]. Forse, dietro tale metodologia si trova la convinzione che la sezione parenetica della Lettera non risulta composta, come invece quella dottrinale. Sembra quasi di trovarsi di fronte a due autori della stessa Lettera: uno ordinato e ben capace di argomentare, l'altro spontaneo e disorganico. Ma ancora una volta, la precomprensione tematica di Gal determina una struttura di convalidamento, e non l'inverso. Quindi, l'uso del solo criterio letterario si dimostra insufficiente.

Tuttavia, permane l'aspetto positivo di questo modello: una certa libertà rispetto a modelli precostituiti, che non trovano riscontro "ipso facto" nella Lettera. L'applicazione della struttura quadripartita rappresenta, in tal senso, il superamento sia del modello bipartito (introduzione-tema centrale) che di quello tripartito (narrazione-dottrina-etica), anche se viene adottato, in prevalenza, il criterio del "sezionamento".

5. Strutture chiastiche

Sotto questa classificazione poniamo le strutture per le quali Gal rientra in uno schema chiastico, rispondente al modello basilare "a-b-b1-a1". In tale catalogazione sono distinguibili tre sottogruppi: strutture chiastiche programmatiche, chiastiche globali e composizione semicircolare.

---

[42] Così Bruce divide la sezione "parenetica" di Gal: 5,2-12; 5,13-26; 6,1-10. Cf. F.F. BRUCE, *The Epistle of Paul to the Galatians. A Commentary on the Greek Text* (Exeter 1982) 57-58.

5.1. Strutture chiastiche "programmatiche" [43]

Schema

(1) Jeremias; Mussner; Feuillet;
1,1-9;   1,10-11; (A)   3,1-6,10; (B1)
         1,12;   (B)   1,13-2,21; (A1) 6,11-18.

(2) Bahr:
1,1-10; 1,11;   (A)   3,1-5,1   (B1)
         1,12;   (B)   1,13-2,21 (A1) 5,2-6,18.

Abbiamo denominato questo modello come "programmatico", perché in Gal 1,10-12 oppure 1,11-12 (Bahr) avremmo l'annuncio del tema della Lettera, sviluppato poi con 1,13-2,21; 3,1-6,10 (3,1-5,1 secondo Bahr), in modo chiastico.

5.1.1. Sezione A-A1 (Gal 1,10-11; 1,13-2,21)

Secondo questo schema chiastico, in A-A1 Paolo tratta del proprio vangelo che non è di origine umana, ma divina. In realtà, nella sezione narrativa, Paolo non affronta soltanto la questione sull'origine divina del vangelo. Sotto tale denominazione non possono essere collocati Gal 1,16–2,21, riguardanti soprattutto l'autobiografia. Si dovrà comunque valutare la funzione di Gal 1,13–2,21 e la sua rilevanza argomentativa, rispetto a tutta la Lettera.

5.1.2. Sezione B-B1 (Gal 1,12; 3,1-6,10 oppure 3,1-5,1)

Nella seconda parte dello schema chiastico, Paolo porrebbe l'attenzione sulla natura del suo vangelo, non secondo l'uomo (1,12) ma secondo Dio (3,1-6,10). Di fatto anche questa tematica si trova, indirettamente, soltanto in Gal 3. Da questa tematizzazione sono esclusi sia Gal 4 che la sezione parenetica di Gal 5–6. Notiamo infine che nel chiasmo "programmatico" non rientrano Gal 1,1-9, oppure Gal 1,1-10, e 6,11-18, quali dati propriamente epistolari. Dal punto di vista testuale, l'aspetto positivo che questo schema fa emergere, è la dimensione argomentativa non solo di Gal 3,1–6,10, ma anche di Gal

---

[43] Cf. J. JEREMIAS, "Chiasmus in den Paulusbriefen", ZNW 49 (1958) 152-153; cf. anche Id., Abba, Studien zur neutestamentlichen Theologie und Zeitgeschichte (Göttingen: 1966) 285-86; G.J. BAHR, "The Subscriptions in the Pauline Letters", JBL 87 (1968) 35; F. MUSSNER, Der Galaterbrief (Freiburg 1974) 77; A. FEUILLET, "Structure de la section doctrinale de l'épître aux Galates (III,1–VI,10)", RevThom 82 (1982) 5.

1,13–2,21. La prima parte della Lettera non è semplicemente un'introduzione al tema di Gal, né assume un ruolo secondario, ma, all'interno dell'argomentazione paolina, ha la funzione di illuminare il senso del suo vangelo. Questo ci sembra un decisivo contributo per una maggiore comprensione della Lettera.

Tuttavia, rimane il fatto che, a livello testuale, la natura e l'origine del vangelo di Paolo non hanno uno svolgimento così tematico, come Jeremias fa pensare. Per quanto riguarda la struttura di Bahr, il problema sembra risolto considerando Gal 5,2–6,18 come "subscriptio". In realtà, l'ipotesi di Bahr resta infondata a causa del carattere parenetico di Gal 5,1–6,18, non reperibile in una "subscriptio" epistolare. Per inverso, abbiamo già osservato che forse, uno dei pochi elementi di concordanza, è costituito proprio dall'identificazione del "postscriptum" (6,11-18).

5.2. Strutture chiastiche "globali" [44]

Schema

(1) Bligh: A: 1,1-12;   D1: 4,11-31;
            B: 1,13–2,10;   C2: 5,1-10;
            C: 2,11–3,4;   B3: 5,11–6,11;
            D: 3,5-29;   A4: 6,12-18
                      E: 4,1-10

(2) Ellis: A: 1,1–3,5;   B1: 4,1-31
            B: 3,6-29;   A1: 5,1–6,18.

Gli schemi chiastici di Bligh ed Ellis si differenziano da quelli "programmatici", perché non delineano più un tema presente in Gal 1,10-12, sviluppato nella Lettera, bensì una struttura chiastica "globale". Poiché Bligh ed Ellis, pur partendo dallo stesso presupposto metodologico, presentano un piano differente, riteniamo opportuno non analizzare i relativi schemi per confronto, ma in modo autonomo.

Il punto di partenza della struttura chiastica "globale" di Bligh si trova in Gal 4,4-5, riconosciuto da molti come chiasmo[45]. A partire da questo chiasmo, Bligh interpreta così l'intera Lettera; in tal modo, anche le altre microunità letterarie vengono strutturate in chiasmi, e persino l'epilogo assume nuova delimitazione con 6,12-18. Risulta certamente encomiabile la modalità con cui

---

[44] Cf. J. BLIGH, *Galatians in Greek. A Structural analysis of St. Paul's Epistle to the Galatians with Notes on the Greek* (Detroit 1966); cf. soprattutto Id., *Galatians* (London 1970); P. ELLIS, "The Letter of Paul to the Galatians", *Seven Pauline Letters* (Collegeville-Minnesota 1982) 175-176.

[45] Cf. BLIGH, *Galatians*, 37-38.

Bligh è riuscito ad "incastonare" Gal in una composizione chiastica così perfetta. Ma forse tale perfezione simmetrica cade nella non verosimiglianza testuale! Infatti, non si riescono a comprendere i criteri, in base ai quali Bligh stabilisce una simmetria tra Gal 1,13–2,10 e 5,11–6,11, da una parte, e tra Gal 2,11–3,4 e 5,1–10 dall'altra. In termini tematici, Bligh identifica un rapporto simmetrico persino tra sezione narrativa e parenetica della Lettera. In realtà la sua struttura è costruita secondo un chiasmo tematico precostituito. La percezione conclusiva è che sembra di trovarsi davanti ad una Lettera diversa da quella di Paolo. Infatti, tranne che per Gal 4,4-5, Bligh costruisce strutture chiastiche fondate soprattutto su dati contenutistici, più che formali o letterari. Pertanto, la sua struttura rimane uno dei più elaborati modelli di alchimia esegetica.

Anche Ellis dispone Gal in una struttura chiastica globale, ma con delimitazioni diverse da quelle di Bligh: egli propone una divisione chiastica "semplice". Dallo schema riportato si può notare che Ellis fa rientrare nel chiasmo anche il "praescriptum" ed il "postscriptum": a Gal 1,1–3,5 corrisponde 5,1–6,18, come a Gal 3,6-29 fa da simmetria 4,1-31.

Come per Bligh, anche per Ellis l'obiezione principale riguarda la relazione simmetrica tra Gal 1,1–3,5 e 5,1–6,18. Così, anche la sua struttura risponde a procedimenti tematici: Gal viene costretta a rientrare in un chiasmo prestabilito.

5.3. Struttura "semicircolare" di Brunot [46]

Schema

Sezione A: 1,11–2,14;
Sezione B: 2,15–6,10:   a. 2,15–4,7;
                                 b. 4,8-31;
                         a1. 5,1–6,10;
       6,11-18.

Accanto alle strutture "chiastiche simmetriche" poniamo quella "semicircolare" di Brunot. L'autore divide Gal secondo un modello bipartito; ma per la sezione dottrinale della Lettera, individua una struttura circolare, costruita in modo simmetrico. Ad "a" (2,15–4,7) corrisponde "a1" (5,1–6,10), in base all'elemento centrale di "b" (4,8-31).

Non riusciamo a riconoscere la relazione simmetrica tra 2,15–4,7 e 5,1–6,10. Ancora una volta, questa simmetria per macrounità è costruita su elementi prevalentemente tematici, non verificabili sul testo. Inoltre evidenziamo il presupposto che, mentre la sezione di Gal 1,11–2,14 non manifesta il "genio letterario" di Paolo, quella di Gal 2,15–6,10 comunica la sua grande capacità

---

[46] Cf. A. BRUNOT, *Le génie littéraire de Saint Paul* (Paris 1955) 44-45.

argomentativa. Sembra ancora di trovarsi di fronte a due autori: uno spontaneo e disarmonico, per Gal 1,11–2,14, l'altro organico, paragonabile ad un sofista del IV sec. a.C.

Comunque, almeno la paternità paolina della Lettera trova generale concordanza. In realtà, in tale struttura, la "genialità" di Paolo è subordinata alla centralità tematica che viene conferita, ancora una volta, alla sezione dottrinale della Lettera.

5.4. Valutazione del modello

Ci sembra che l'applicazione del modello chiastico a Gal rappresenti un tentativo di superamento non riuscito, rispetto alle strutture "letterario-tematiche", analizzate in precedenza. Ma forse le strutture chiastiche risultano meno valide di quelle letterarie, a causa della loro configurazione, realizzata più per elementi tematici, che formali. La constatazione che si possano reperire ovunque dei chiasmi, quando vengono utilizzati in prevalenza criteri tematici, dimostra la poca consistenza dello stesso modello ermeneutico.

6. Strutture epistolari[47]

In seguito alla recente fioritura di studi sull'epistolografia classica[48], si è cercato di analizzare anche Gal seguendo un modello epistolare, attraverso il quale è possibile individuare una struttura d'insieme.

---

[47] Cf. J.L. WHITE, *The Form and Function of the Body of the Greek Letter. A Study of the Letter Body in the Non - Literary Papyri and in Paul the Apostle* (SBLDS 2; Missoula 1972) 48; N.A. DAHL, "Paul's Letter to the Galatians: Epistolary Genre, Content, and Structure" (SBLASP 1973) 80-81; SMIGA, *Language*, 164.

[48] Riportiamo qui soltanto i contributi più recenti e significativi, rinviando all'indagine particolare tra epistolografia e retorica classica. G.W. DOTY, *Letters in Primitive Christianity* (Philadelphia 1973); R.W. FUNK, "The Letter: Form and Style", *Language, Hermeneutic and Word of God* (New York 1966) 250-274; A.J. MALHERBE, *Ancient Epistolary Theorists* (SBLSBS 19; Atlanta) 1988; S.K. STOWERS, *Letter Writing in Greco-Roman Antiquity* (Philadephia 1986); I. TAATZ, *Frühjüdische Briefe: die paulinischen Briefe im Rahmen der offiziellen religiösen Briefe des Frühjudentums* (Freiburg-Göttingen 1991); J.L. WHITE, "New Testament Epistolary Literature in the Framework of Ancient Epistolography", *ANRW* II, 25.2 (1984) 1730-1756; Id., "Ancient Greek Letters", D.E. AUNE (ed.), *Greco-Roman Literature and the New Testament* (SBLBS Atlanta 1988) 85-105.

Schema

(1) White:
1,1-5: "Opening";
1,6–5,12: "Body";
      1,6-14: "Body opening";
      1,15–4,31: "Body middle";
      5,1-12: "Body closing";
5,13–6,10: "Paraenesis";
6,11-18: "Closing".

(2) Dahl:
1,1-5 : "Salutation";
1,6-<u>10</u>:   "Ironic Rebuke";
    1,<u>11–2,21</u>:   "Apologetic Autobiography";
           3,1-5:   "Rebuking questions";
    3,<u>6–4,7</u>:   "Argument from Scripture";
           4,<u>8-11</u>: "Rebuking question";
4,<u>12</u>:   "Request";
    4,<u>13-20</u>:   "Paul's presence";
    4,<u>21–5,1</u>: "Scriptural exposition and appeal";
    5,<u>2-12</u>:   "Pronouncement";
5,13–6,10:   "Paraenesis";
6,11-18;   "Autographic epilogue".

(3) Smiga:
1,1-5: "Salutation";
  1,6-10:   "You-rebuke";
    1,11–2,21:   "Personal narration" (background to 4:12);
  3,1-5:   "You-rebuke";
    3,6–4,7:   "Third person section"(background to 4:12);
  4,8-11:   "You-rebuke";
    4,12:   "Request";
  4,13-20:   "I-You axis";
    4,<u>21-31</u>:   "Hortatory allegory" (background to 5:1-6);
    5,<u>1-6</u>:   "Solemn Declaration";
5,<u>7-12</u>:   "You-rebuke";
    5,13–6,10:   "Paraenesis";
  6,11-<u>16</u>: "Autobiographic epilogue";
  6,<u>17</u>:   "Final pronouncement";
6,18:   "Final greeting".

Nel prospetto degli schemi epistolari, da una parte abbiamo la struttura di White, dall'altra quella di Dahl, sulla quale Smiga sviluppa la propria composizione. Per questo analizzeremo prima la struttura di White, quindi gli schemi di Dahl e Smiga.

White delinea una struttura fondata sull'identificazione degli elementi che denomina come "body" epistolare, diviso a sua volta in tre parti (1,6-14; 1,15–4,31; 5,1-12). Fanno da cornice del "corpo" Gal 1,1-5 e 6,11-18 come "opening" e "closing", mentre 5,13–6,10 costituisce la sezione parenetica.

L'aspetto più importante dell'analisi di White è rappresentato dall'identificazione degli elementi propriamente epistolari: era necessaria un'indagine che ponesse in luce tali caratteristiche di Gal, comuni all'epistolografia classica. Per questo innanzitutto Gal 1,1-5 e 6,11-18 assumono una connotazione definitiva. D'altro canto, viene decisamente fondato Gal 1,6 come inizio del "corpo epistolare". Tuttavia, dall'analisi interna di Gal comprendiamo che l'applicazione dell'unico modello epistolare non riesce a chiarire tutta la Lettera: Gal rimane una Lettera, ma non è soltanto tale. Infatti, generalmente nella struttura epistolare non rientra una sezione "parenetica". Lo stesso vale per Gal 4,12-20 che White collega al "body closing". In realtà questo brano rimane una "crux": o la sua posizione è sbagliata, oppure sarà necessario cercare un'altra possibilità di relazione con il contesto. Pertanto, questo modello epistolare, per quanto utile, non offre una lettura globale di Gal: molti elementi restano in ombra.

Per quanto riguarda gli schemi di Dahl e di Smiga, notiamo innanzitutto le differenze che emergono dal confronto: le due strutture sono globalmente uguali tranne per Gal 4,21–5,1 (Dahl) che, nello schema di Smiga, diventa Gal 4,21-31. Anche per la pericope successiva, mentre Dahl considera unitari Gal 5,2-12, Smiga divide in Gal 5,1-6 e 5,7-12. L'analisi di Dahl, e soprattutto quella di Smiga, sono fondate sulla relazione assiale "io-voi", ritenuta come facente parte del modello epistolare. Da tale rapporto dipende anche l'asse "essi-voi", emerso soprattutto da Gal 3–4. In realtà, questa ci sembra un'indagine poco fondata: non è sempre verificabile la coordinata di riferimento di questo sistema "assiale". Infatti l'"io-voi" non rientra soltanto nella relazione tra Paolo ed i Galati. Inoltre, la sfera delle "relazioni personali" non rappresenta un elemento esclusivo dell'epistolografia: al contrario, può rientrare in qualsiasi comunicazione interpersonale.

Ad esempio, è nota la problematica identificazione dell' ἐγώ in Gal 2,15-21 oppure dell' ἡμεῖς in 4,1-7: quali sono le identità di riferimento?

Quindi, ci sembra che le strutture di Dahl e Smiga siano costruite su fondamenta fragili. Circa la relazione interna di Gal, Smiga ritiene che, mentre 1,11–2,21 e 3,6–4,7 fanno da "background" a 4,12, la sezione di 4,21-31 lo è in rapporto a 5,1-6. Da ciò deriva che Gal figura come "lettera di richiesta"[49].

Tale valutazione pone in crisi l'assioma classico, secondo il quale Gal è una lettera di difesa o di accusa. Tuttavia è necessario chiarire se realmente al centro di Gal si trova una richiesta di Paolo. In seguito verrà affrontato il

---

[49] Cf. SMIGA, *Language*, 160.

problema del messaggio in Gal; qui ci sembra importante rilevare la posta in discussione rispetto ad una prospettiva apologetica per la Lettera stessa.

6.1. *Valutazione del modello*

Alle osservazioni interne sui modelli epistolari, proposti per Gal, aggiungiamo alcune valutazioni metodologiche. Il contributo dell'epistolografia per la comprensione di Gal e di tutto l'epistolario resta decisivo: essa ci aiuta a comprendere maggiormente la funzione di alcune pericopi della Lettera.

Tuttavia l'applicazione dell'unico modello epistolare si dimostra insufficiente. Gal conserva elementi epistolari, ma comprende caratteri che vanno al di là dell'epistolografia. Basta, in tal senso, un primo confronto tra gli elementi epistolari di Gal e quelli del restante epistolario paolino per comprendere che, il messaggio e la relativa topologia, causano una continua variazione di elementi epistolari, e non l'inverso. In definitiva la disposizione argomentativa dell'epistolario paolino determina un mutamento nello stesso "praescriptum" e nel "postscriptum". E' significativa, in tal senso, la mancanza dei ringraziamenti epistolari e, per inverso, la presenza dei rimproveri di Gal 1,6-10[50]. Quindi, la stessa metodologia epistolografica è costretta a riconoscere i propri limiti senza, tuttavia, ignorarne la funzionalità rispetto ad una disposizione diversa.

---

[50] Già Bultmann subordinava gli elementi epistolari a quelli "diatribici". Cf. R. BULTMANN, *Der Stil der paulinischen Predigt und die kynisch-stoische Diatribe* (Göttingen 1910) 74.

7. Strutture retorico-epistolari[51]

Uno dei recenti approcci ermeneutici a Gal, noto come "rhetorical criticism", nasce dalla relazione tra epistolario paolino e retorica classica[52]. In base alla "dispositio" del discorso retorico, si è cercato di individuare una struttura per Gal. Ora valutiamo soltanto le ipotesi di "disposizione" globale della lettera ed i modelli di composizione, rinviando l'analisi delle microunità retoriche.

Schema

(1) Betz; Barrett; Baasland; Hübner; Vouga; Beker:

1,1-5:	"Epistolary prescript";
1,6-11:	"Exordium";
1,12–2,14:	"Narratio";
2,15-21:	"Propositio";
3,1–4,31:	"Probatio";

---

[51] A BETZ, con la sua "dispositio", spetta il grande merito di aver costruito un ponte tra epistolario paolino e retorica classica. Per questo valuteremo le altre strutture in rapporto alla sua. Cf. BETZ, "Composition", 354-379; cf. anche Id., *Galatians* (Philadelphia 1979) 16-24; C.K. BARRETT, "Galatians as an Apologetic Letter", *Int* 34 (1980) 414-417; B.H. BRINSMEAD, *Galatians, Dialogical Response to Opponents* (SBLDS 65; Chico 1982) 46-54; E. BAASLAND, "Persecution: A Neglected Feature on the Letter to the Galatians", *ST* 38 (1984) 147; H. HÜBNER, "Galaterbrief", *TRE* XII (1984) 5-14; B. STANDAERT, "La rhétorique antique et l'épître aux Galates", *Foi et Vie* 5 (1985) 33-40; Id., "La Rhétorique ancienne dans Saint Paul", A. VANHOYE (ed.), *L'apôtre Paul* (Leuven 1986) 78-92; R.G. HALL, "The Rhetorical Outline for Galatians, a Reconsideration", *JBL* 106 (1987) 277-287; J.C. BEKER, *Der Sieg Gottes, Eine Untersuchung zur Struktur des paulinischen Denkens* (SBS 132; Stuttgart 1988) 9; F. VOUGA, "Zur rhetorischen Gattung des Galaterbriefes", *ZNW* 79 (1988) 291-292; J. BECKER, *Paulus: der Apostel der Völker* (Tübingen 1989) 282-321; J. SMIT, "The Letter of Paul to the Galatians: a Deliberative Speech", *NTS* 35 (1989) 1-26; V. JEGHER-BUCHER, *Der Galaterbrief auf dem Hintergrund antiker Epistolographie und Rhetorik : ein anderes Paulusbild* (Zürich 1990) 203.

[52] Cf. H.D. BETZ, *Der Apostel Paulus und die sokratische Tradition: Eine exegetische Untersuchung zu seiner "Apologie": 2 Korinther 10–13* (Tübingen 1972); Id., "The Problem of Rhetoric and Theology According to the Apostle Paul", A. VANHOYE (ed.), *L'apôtre Paul* (Leuven 1986) 16-48; C.J. CLASSEN, "Paulus und die antike Rhetorik", *ZNW* 82 (1991) 1-33; G.A. KENNEDY, *New Testament Interpretation Through Rhetorical Criticism* (London 1984); J.L. KINNEAVY, *Greek Rhetorical Origins of Christian Faith* (New York-Oxford) 1987; U. RUEGG, "Paul et la rhétorique ancienne", *BCentProt* 35 (1983) 5-35; F. SIEGERT, *Argumentation bei Paulus: gezeigt an Röm 9–11* (Tübingen 1987); W. WUELLNER, "Greek Rhetoric and Pauline Argumentation", FS. R.M. Grant, *Early Christian Literature and the Classical Intellectual Tradition* (Paris 1979) 177-188.

5,1–6,10:   "Exhortatio";
                   (Hübner: 5,13–6,10)
6,11-18:   "Epistolary postscript".

(2) Brinsmead:
1,1-5: "Epistolary prescript";
       1,6-10:   "Prooemium";
       1,12–2,14:   "Narratio";
          2,15-21:   "Propositio";
       3,1–4,31:   "Probatio";
          5,1–6,10:   "Refutatio";
6,11-18: "Epistolary postscript".

(3) Standaert:
1,1-5:   "Introduction épistolaire";
       1,6-12:   "annonce du thème";
       1,13–2,14:   "narratio";
       2,15-21:   "peroratio";
       3,1–4,31:   "refutatio";
       5,1–6,10:   "probatio-exhortatio";
6,11-18: "Épilogue".

(4) Hall:
1,1-5:   "Salutation / Exordium";
       1,6-9:   "Proposition";
       1,10–6,10:   "Proof";
                   A. 1,11–2,21: "Narration";
                   B. 3,1–6,10: "Further Headings";
6,11-18:   "Epilogue".

(5) Beker:
1,1-5: "Praescriptum";
       1,6-9:   "Exordium";
          1,10:   "Transitio";
       1,11–2,21:   "Narratio";
       3,1–5,12:   "Probatio";
       5,13–6,10:   "Parenesis";
6,11-18: "Postscriptum".

(6) Smit:
1,1-5:   "Epistolary prescript";
   1,6-12:   "Exordium";
   1,13-2,21:   "Narratio";
   3,1-4,11:   "Confirmatio";
   4,12-5,12:   "Conclusio";
6,11-18:   "Amplificatio".

(7) Jegher-Bucher:
1,1-5:   "Briefpräskript";
   1,6-12:   "Exordium";
   1,13-2,16:   "Argumentationseinheit";
   2,17-3,5:   "Transitio";
   3,6-4,7:   "Argumentationseinheit";
       4,8-20:   "Transitio";
   4,21-6,10:   "Folgen als exhortatio";
6,11-18:   "Postskript".

Dal prospetto delle strutture retoriche si può notare che ogni autore presenta un suo schema. Tuttavia, la struttura che si è maggiormente imposta è quella di Betz: dai più viene accettata senza essere discussa. Soltanto Hübner corregge l'inizio dell'"exhortatio" (Gal 5,13 invece di 5,1). Infine, Jegher-Bucher considera come esortativa, l'intera sezione di Gal 4,21–6,10, che divide in due parti: 4,21–5,12 e 5,13–6,10.

7.1. Il "praescriptum" ed il "postscriptum"

Gli unici elementi, sui quali gli esegeti che propongono questo modello retorico si trovano concordi, sono l'identificazione del "praescriptum" (1,1-5) e del "postscriptum" (6,11-18).

Questo è stato il maggior contributo degli studi epistolografici. Dalla "dispositio" retorica comprendiamo però che il "postscriptum" non è semplicemente tale, ma rappresenta la "peroratio", o l'epilogo dell'argomentazione[53].

Smit denomina, in modo errato, il "postscriptum" come "amplificatio"[54]. Ma, di per sé, nella "dispositio" retorica, l'amplificazione non rappresenta un elemento tassonomico bensì, come vedremo, un tipo di argomentazione.

Infine, Hall considera Gal 1,1-5 come "exordium", mentre 1,6-9 rappresenterebbe la vera "propositio"[55]. Ma ci sembra poco rispondente al

---

[53] Cf. BETZ, "Composition", 356-357.
[54] Cf. SMIT, "Galatians", 21-22.
[55] Cf. HALL, "Outline", 283.

modello retorico pensare a Gal 1,1-5 come "exordium": la pericope comprende gli elementi di un "praescriptum" epistolare, più che di un "exordium".

7.2. L' "exordium"

Anche se, in base all'epistolografia ed alla retorica classica, si è determinato che il corpo della lettera comincia con Gal 1,6, non si è concordi sulla delimitazione e sulla funzione dell' "exordium", detto anche "proemium".

Secondo Betz questo è rappresentato da 1,6-11; Brinsmead invece delimita come unità retorica 1,6-10, ma dimentica 1,11. Infine, mentre Hall e Becker preferiscono fermarsi ad 1,6-9, Standaert, Smit e Jegher-Bucher giungono sino ad 1,12. In modo del tutto originale, Becker denomina Gal 1,10 come "transitio", distinguendolo dall' "exordium". Pertanto, circa l'unità di tale microunità riaffiorano gli interrogativi emersi dal confronto delle strutture precedenti.

7.3. La "narratio"

In base alla "dispositio" retorica, l' "exordium" è seguito dalla "narratio" che, secondo Betz, Brinsmead e Standaert, giunge sino a 2,14, mentre per Jegher-Bucher è preferibile stabilire come limite 2,16. Infine Hall, Becker e Smit ne estendono la delimitazione a 2,21. Ancora una volta ci troviamo di fronte alla questione dell'unità letteraria e della relazione di 2,15-21 con il contesto immediato. Inoltre, poiché Betz e Brinsmead ritengono che Gal risponde al genere retorico giudiziale, la "narratio" dovrebbe fare da fondamento per la "probatio" successiva.

Di fatto, osserva giustamente Vanhoye, quanto è detto nella "narratio" di Gal 1–2 non viene discusso nella "probatio" di 3,1–4,31, come invece dovrebbe avvenire in sede "giudiziaria"[56]. Per questo, Hall modifica la struttura retorica, valutando tutta la sezione di 1,10–6,10 come "prova" argomentativa, anche se non approfondisce la funzione "probante" di 1,10–2,21[57].

Infine, lo stesso Jegher-Bucher ritiene argomentativa anche tale sezione, e non soltanto quella successiva.

7.4. La "propositio"

Con Gal 2,15-21, Betz e Brinsmead fanno iniziare la "propositio" fondamentale. Invece Standaert ritiene che Gal 2,15-21 non costituisca la

---

[56] Cf. VANHOYE, Galati, 12.
[57] La questione sulla natura dimostrativa di Gal 1–2 verrà ripresa da Lyons. Cf. G. LYONS, Pauline Autobiography: Toward a New Understanding (SBLDS 73; Atlanta 1985).

"proposito", bensì la "peroratio". Inoltre, Hall, Becker e Smit infine considerano, anche questa pericope, come "narratio". Infine, Jegher-Bucher divide tale unità, relazionando 2,15-16 con la sezione precedente, mentre 2,17–3,5 costituirebbe la prima "transitio" della Lettera. La discordanza tra gli esegeti è rilevante, perché si riferisce alla funzione strutturale sia della "narratio" che della "propositio".

7.5. La "probatio"

Alla "propositio", Betz e Brinsmead collegano la "probatio" (3,1–4,31) che dimostra e conferma quanto era stato annunciato nella stessa "propositio". Invece, Becker e Smit considerano, rispettivamente, come "probatio" o "confirmatio" solo la sezione di 3,1–5,12 oppure 3,1–4,11. Al contrario, Standaert inverte la disposizione "probatio-exhortatio" (5,1–6,10), con quella della "refutatio" (3,1–4,31). Da parte sua, Hall utilizza la terminologia extra-retorica per tutta la sezione di 3,1–6,10: "further headings". Infine, Jegher-Bucher fa rientrare nell'ambito probante della Lettera sia Gal 1,13–2,16 che 3,6–4,7: l'unità di 4,8-20 rappresenterebbe la seconda "transitio" retorica. Pertanto, vi è discordanza sia sulla conclusione di questa sezione che sulla sua funzione retorica.

7.6. La "exhortatio"

Secondo Betz, l'ultima parte della "dispositio" è rappresentata dall'"exhortatio" (5,1–6,10), che Hübner e Becker fanno iniziare con Gal 5,13. Ma all'interno di questo modello retorico, la presenza della "exhortatio" rappresenta un "obex" perché, come riconosce lo stesso Betz, questa non trova rispondenza nella "dispositio" classica [58]. Per questo, gli altri studiosi cercano di risolvere diversamente il problema.

Così Brinsmead definisce questa sezione come "refutatio" verso gli oppositori. Inoltre, Standaert considera 5,1–6,10 una specie di commistione tra "probatio" ed "exhortatio". Per inverso, Smit ritiene che Gal 4,12–5,12 sia la vera "conclusio" della Lettera, mentre 5,13–6,10 non rientra nel suo schema [59]. Questo non ci sembra il modo migliore per risolvere il problema: sarebbe meglio riconoscere le difficoltà, nel cogliere pienamente la disposizione argomentativa della Lettera. Invece, Jegher-Bucher, partendo da una prospettiva "esortativa" della Lettera, pone in risalto proprio tale sezione, che estende all'unità di Gal 4,21–6,10. Pertanto, anche per questa sezione, non è chiara la delimitazione né la funzione argomentativa.

---

[58] Cf. BETZ, *Galatians*, 253.
[59] L'autore non esita ad affermare: "Therefore it is probable that Gal 5,13–6,10 was added at a somewhat later time to the letter"; cf. SMIT, "Galatians", 9.

7.7. Valutazione del modello

Dal confronto delle strutture retoriche sembra che i problemi compositivi di Gal non trovino una soluzione. Al contrario, riaffiorano gli stessi interrogativi emersi dalle strutture precedenti. Inoltre, la discordanza degli autori, sulle delimitazioni delle diverse macrounità, rivela da una parte la difficoltà oggettiva nell'identificare le singole parti, e dall'altra, la poca attenzione alla dimensione letteraria del testo che, a nostro avviso, rimane quella basilare.

Sembra che tali autori siano più preoccupati di reperire una "dispositio" retorica, indicata dalla manualistica classica, che di analizzare innanzitutto i dati testuali. La dinamica di questa esegesi si diparte sempre dai manuali di retorica classica a Gal, e non l'inverso: si è disposti ad omettere dei versi (come Brinsmead per 1,11) oppure a fare a meno di intere sezioni (come Smit per 5,13–6,10) pur di salvare un modello "retorico". Forse, per tali esegeti resta valido il mito di Procuste e del suo letto[60]!

Inoltre, ci sembra fondamentale valutare i presupposti ermeneutici che guidano questo tipo di analisi, fondata sul "rhetorical criticism". La maggior parte degli studiosi, che propongono un tale metodo, stabilisce prima il "genere" retorico, e quindi la "dispositio" della Lettera. Così secondo Betz e Brinsmead, Gal corrisponde al genere apologetico o giudiziale[61]. Invece Kennedy, seguito da Hall, Lyons, Smit, Standaert, Stowers e Jegher-Bucher ritiene che Gal sia da spiegare come lettera "deliberativa"[62]. Quindi, si apprestano ad individuare la disposizione retorica della Lettera.

Invece, pensiamo che, per identificare il genere retorico, sia necessario partire dalla disposizione concreta del testo stesso, e non l'inverso. Di fatto, non analizziamo un genere retorico, bensì un testo ben configurato che può, o non, veicolare un genere. Forse, da questo deriva la poca adesione al modello del tipo "rhetorical criticism" e l'auspicato ritorno al "literary criticism". Dunque, l'abbandono dell'approccio "letterario" e l'applicazione "sic et simpliciter" di quello retorico ha determinato un tipo di analisi preconcetta ed imposta alla Lettera. Tuttavia, rimane l'aspetto positivo, in base al quale, con l'analisi retorica di un testo, è possibile identificare, non solo le singole unità letterarie, ma anche i diversi sistemi di relazione.

---

[60] La metafora viene felicemente applicata da Vanhoye a quanti cercano di costringere 1 Ts in una "dispositio" retorica precostituita, con "exordium, narratio, partitio, probatio, refutatio". Cf. A. VANHOYE, "La composition de 1 Thessaloniciens", R.F. COLLINS (ed.), *The Thessalonian Correspondence* (Leuven 1990) 78-79.

[61] Cf. BETZ, "Composition", 354; BRINSMEAD, *Dialogical Response*, 47-49.

[62] Cf. KENNEDY, *New Testament*, 146-147; HALL, "Outline", 279; LYONS, *Autobiography*, 136; SMIT, "Galatians", 24; STANDAERT, "Rhétorique", 34; STOWERS, *Letter*, 166; JEGHER-BUCHER, *Galaterbrief*, 5.

8. Struttura epistolario-retorica[63]

L'ultimo modello, che analizziamo, si colloca come punto di incontro tra l'approccio epistolografico e quello retorico. Tuttavia, in tale approccio si fanno prevalere i dati epistolari su quelli retorici.

Schema

I.	Salutation:	1,1-5;
II.	Rebuke section:	1,6–4,11;
III.	Request section:	4,12–6,10;
IV.	Autobiographic subscription:	6,11-18.

Dal prospetto si può evidenziare che, a prescindere dalle sezioni ormai note, il "praescriptum" (1,1-5) ed il "postscriptum" (6,11-18), il corpo epistolare viene diviso in due parti: la sezione del "rebuke" (1,6–4,11) e quella del "request" (4,12–6,10). Tali sezioni sono, a loro volta, relazionate in modo funzionale: la parte del biasimo è posta a servizio di quella della richiesta. Così, la maggiore originalità di tale approccio è costituita dalla priorità che assume Gal 4,12–6,10 rispetto a Gal 1,6–4,11. Per quanto riguarda i dati retorici, questi autori ritengono Gal 1,6–4,11 come sezione forense, mentre Gal 4,12–6,10 come deliberativa[64].

Pertanto, si tratterebbe di un "genere misto"; e la posta in gioco sarebbe rappresentata dalla circoncisione.

8.1. *Valutazione del metodo*

Il dato positivo principale dell'approccio di Hansen e Longenecker si trova nell'importanza che essi conferiscono a Gal 4,12–6,10, spesso sottovalutati rispetto a Gal 3,1–4,7.

Tuttavia è necessario innanzitutto verificare se, nel caso specifico di Gal, la dimensione retorica della Lettera sia in funzione di quella epistolare, e non l'inverso.

Ad esempio, la stessa mancanza dei canonici ringraziamenti, all'inizio della lettera, è dovuta a disposizioni epistolografiche, o non piuttosto alla relazione persuasiva tra mittente e destinatari?

---

63 Cf. W.G. HANSEN, *Abraham in Galatians, Epistolary and Rhetorical Context* (JSNTSS 29; Sheffield 1989) 53-54; R.N. LONGENECKER, *Galatians* (Dallas 1990) cix. Notiamo che il commentario di Longenecker si fonda proprio sulla struttura di Hansen, convalidandola attraverso l'analisi specifica delle microunità.

64 Cf. HANSEN, *Abraham*, 59; LONGENECKER, *Galatians*, 12. 187.

Inoltre, la divisione in sezione biasimante e sezione di richiesta è verificabile nel testo stesso? Forse Gal 1,13–2,21; 3,6–4,7 non rientrano nella topologia dei rimproveri.

Per inverso, nella stessa sezione delle richieste, troviamo un biasimo così incisivo come Gal 5,2-12. In altri termini, forse le due sezioni sono ridotte, in modo semplicistico, a connessione di rimprovero e richiesta. In tal modo se, da una parte gli autori pongono in luce l'importanza persuasiva di Gal 4,12–6,10, forse dall'altra relegano in secondo piano Gal 3,1–4,7. Comunque rimane pregevole il tentativo di costituire un ponte tra epistolografia e retorica classica, forse considerate troppo distanti, negli approcci precedenti.

9. Conclusione

Abbiamo cercato di delineare una storia dell'interpretazione delle strutture proposte per Gal, con i relativi presupposti ermeneutici e tematici. Da una valutazione statistica globale si può dedurre che, gli schemi bipartiti rappresentano un primo tentativo di strutturazione, secondo il modello "dottrina (Gal 1–5), ed etica (Gal 5–6)", oppure "introduzione (Gal 1–2) e tema (Gal 3–6)".

Per inverso, le strutture "letterario-tematiche tripartite, epistolari" sono ·quelle più seguite, in rispondenza al modello "storia (Gal 1–2), teologia (Gal 3–4) e morale (Gal 5–6)".

Invece gli schemi quadripartiti sembrano un primo tentativo di superamento di modelli precostituiti. Rimane tuttavia il fatto che, tale superamento è condotto più per miglioramento testuale che per diversa prospettiva ermeneutica. Per queste motivazioni, le strutture bipartite e quadripartite sembrano ormai declinate.

Con gli schemi chiastici "globali" e "programmatici", sorge la possibilità di un reale abbandono, su base ermeneutica, degli schemi precedenti. Il chiasmo è una "figura" oggettiva, e come tale dovrebbe permettere un'analisi meno tematizzata. Ma di fatto le strutture chiastiche, proposte per Gal, hanno fatto evidenziare un maggiore soggettivismo strutturale, perché non fondate su elementi formali, ma soprattutto tematici.

Un decisivo contributo per la comprensione della disposizione di Gal, viene dallo studio dell'epistolografia e della retorica classica. Gal sembra, nel contempo, una Lettera strutturata secondo una "dispositio" forense oppure deliberativa. Ma anche in tal caso il soggettivismo esegetico ha preso il sopravvento: ogni autore ha stabilito una struttura rispondente, più o meno, alla manualistica classica. Da qui l'esigenza di tornare alla struttura classica tripartita epistolare: almeno vengono motivati gran parte degli elementi letterari interni.

Spesso abbiamo constatato che, l'applicazione di un solo modello, non risulta esaustiva, e non permette la comprensione di tutta la Lettera. Questo è stato evidente per l'adozione del solo modello epistolare o chiastico. Forse, è necessario che i diversi approcci ermeneutici convergano nell'identificazione delle singole delimitazioni, e delle rispettive funzioni argomentative.

Infine, notiamo come il presupposto tematico abbia determinato una visione parziale della Lettera ai Galati. La tematizzazione teologica "della giustificazione mediante la fede e non mediante le opere" ha causato una chiarificazione sufficiente per Gal 3–4 e, nel contempo, ha lasciato in ombra Gal 1–2 e Gal 5–6. Soltanto l'approccio "epistolografico-retorico" di Hansen ha cercato di far risaltare Gal 4,12–6,10, ma con la conseguente riduzione rispetto a Gal 1,6–4,11. Questa tematizzazione strutturale è particolarmente verificabile negli schemi che fanno iniziare la sezione dottrinale della Lettera con Gal 2,15-21. Per la stessa ragione, alcuni presentano un piano organico per Gal 3–4, mentre uno disarticolato per Gal 1–2; 5–6. Si ha l'impressione di avere a che fare non con uno, bensì con due, se non tre autori.

Vedremo come la stessa limitazione strutturale, in base alla quale viene illuminata soprattutto la parte centrale della Lettera, ha causato una pletora di opinioni sugli "oppositori" di Paolo. In tal modo, l'importanza tematica della "giustificazione mediante la fede" non solo è salva, ma trova riscontro e validità maggiore.

Per la maggior parte delle strutture analizzate rimane il denominatore comune, secondo il quale, il messaggio viene confermato dallo schema, e non l'inverso. Invece, riteniamo che sia necessario stabilire prima le connessioni interne al testo, dalle quali potrà emergere una maggiore o minore rilevanza tematica di comunicazione. Dove però non siano chiare alcune connessioni dovremmo riconoscere le nostre difficoltà nel delineare un piano organico del testo. Quindi, non sarà necessario escludere delle sezioni per confermare il nostro schema prestabilito[65].

Queste osservazioni conclusive ci fanno comprendere quanto, "per via negationis", la relazione tra messaggio, interlocutori e comprensione, sia condizionante. Per questo si cercherà di compiere il percorso inverso: dalla composizione alla tematizzazione e, qualora fosse possibile, allo stesso "background" di riferimento.

---

[65] La criteriologia secondo la quale basta escludere dei sintagmi o delle pericopi, per salvare una prestabilita unità tematica della Lettera ai Galati, è stata adottata diffusamente da J.C. O'NEILL, *The Recovery of Paul's Letter to the Galatians* (London 1972).

CAPITOLO SECONDO

Ermeneutica della retorica classica

1. Introduzione

Nella seconda parte del presente studio lasciamo momentaneamente la Lettera ai Galati per dedicarci all'argomentazione retorica o della persuasione. Forse tale indagine risulterà, in un secondo momento, fruttuosa per la stessa analisi di Gal. Si prospetteranno innanzitutto le relazioni tra i "generi retorici": quante sono e quali le differenze e le connessioni? Dal punto di vista ermeneutico, qual è la criteriologia valida per l'identificazione di un genere piuttosto che di un altro?

Quindi daremo spazio alla "dispositio" che, nella "partitio" retorica, rappresenta l'ambito più importante: in definitiva questa si cristallizza in un testo oppure in un discorso retorico. Ma della "dispositio" quali sono le parti fondamentali e quali le opzionali? Inoltre, sino a che punto nella tassonomia di un discorso il genio letterario dell'autore si adegua a dei canoni retorici?

Infine, affronteremo due ambiti ermeneutici importanti per il nostro studio: la relazione della retorica con l'epistolografia e con la diatriba classica.

Forse è necessario precisare l'orientamento di tale indagine. Sappiamo che la stessa manualistica classica veniva seguita con molta arbitrarietà da chi si proponeva di raggiungere delle finalità persuasive; nondimeno, forse dalla sua analisi emergeranno delle discordanze significative rispetto alla nostra concezione della retorica, dell'epistolografia e della diatriba. Questo ci permetterà, nel processo di interpretazione, per lo meno di evitare anacronismi indebiti. In termini positivi, uno studio sulla retorica classica rappresenta forse un significativo ponte interpretativo per ristabilire la giusta comunicazione tra noi e la Lettera ai Galati, nel superamento delle diverse utilizzazioni storiche che, ancora oggi, ci impediscono di coglierne la struttura ed il messaggio.

2. La manualistica retorica

Innanzitutto cerchiamo di prospettare un "curriculum" dei manuali di retorica classica; ad essi saranno relazionati i trattati moderni che si promettono una rivalutazione della stessa retorica.

Il primo manuale noto, ma perduto, è forse quello di Teodette di Faselide, discepolo di Platone (metà del sec. IV a.C.)[1].

Tuttavia, il primo trattato di retorica pervenutoci sembra essere *Rhetorica ad Alexandrum* , attribuito in modo errato ad Aristotele, ma più probabilmente di Anassimene di Lampsaco[2]. Allo stesso periodo risale il manuale aristotelico Τέχνη ρητορική, in tre libri. Quest'opera farà da base per ogni manuale successivo, determinando la precettistica retorica nei suoi delineamenti principali. Accanto a Τέχνη poniamo Τόπικα, opera minore dedicata agli argomenti più utili per la persuasione. Purtroppo non ci sono pervenuti gli altri scritti retorici di Aristotele: il Γρύλλος, Συναγωγὴ Τεχνῶν, e Θεοδέκτεα. Non rimangono altri trattati retorici greci, anche se ci sembra necessario citare gli apporti decisivi di Teofrasto allo stile (inizi del sec. III a.C.) e di Ermagora di Temno (metà del sec. II a.C.), che sviluppa soprattutto la retorica giudiziale e la rispettiva disposizione[3].

Ma il futuro della manualistica retorica, passa agli inizi del sec. I a.C., nella lingua latina, con lo scritto anonimo *Rhetorica ad Herennium* , manuale "pseudo-ciceroniano", forse di un certo Cornificium[4]. Il valore principale di quest'opera consiste nella trasposizione della terminologia retorica dal greco al latino e nell'aver aggiunto alla "partitio" la "memoria", dopo "inventio", "dispositio", "elocutio" e "pronuntiatio".

Tuttavia il primo grande contributo alla manualistica latina, ci è dato da Cicerone, con il quale la retorica non ristagna nella precettistica, ma rientra nell'alveo della dialettica filosofica, di matrice aristotelica. La sua prima opera retorica è forse il *De Inventione* (90-86 a.C.), contemporanea di *Rhetorica ad Herennium*, della quale condivide la terminologia e la precettistica. Ma forse il capolavoro dell'oratoria ciceroniana è rappresentato dal *De Oratore*, opera in tre libri (55 a.C). Uno scritto di carattere storico è il *Brutus*, che Cicerone scrisse subito dopo il *De Oratore*. Un successivo manuale, sulla prosa e sullo stile retorico, è l'*Orator*, composto da Cicerone forse nel 44 a.C. A queste grandi opere, fanno seguito scritti minori come il breve trattato *De optimo genere oratorum* (46 a.C.). Inoltre, Cicerone, nel *Partitiones Oratoriae* presenta un breve dialogo scolastico sugli elementi principali della retorica classica. Questo manuale risulta ancora molto utile per chi desidera introdursi all'arte retorica. Infine, ad imitazione di Aristotele, Cicerone scrive *Topica*, dedicato alle maggiori argomentazioni giudiziarie.

---

[1] Cf. QUINTILIANO, *Inst. Or.* 3.1.14; B.M. GARAVELLI, *Manuale di retorica* (Milano 1988) 22.

[2] Cf. T.C. BURGESS, "Epideictic Literature", *StClaPhi* 3 (1902) 104; D.A.G. HINKS, "Tria Genera Causarum", *ClassQuart* 30 (1936) 170; G.A. KENNEDY, *The Art of Persuasion in Greece* (Princeton 1963) 12.

[3] Cf. QUINTILIANO, *Inst. Or* . 3.1.15-16.

[4] Cf. G.A. KENNEDY, *The Art of Rhetoric in the Roman World 300 B.C. - A.D. 300* (Princeton 1972) 111.

Pertanto, con Cicerone l'eloquenza latina perviene ai suoi vertici. Ma nel sec. I d.C. comincia la seconda sofistica, che durerà sino al V sec. d.C.; e progressivamente la retorica viene relegata nella "declamazione", sino ad essere ridotta ad artificio letterario. In tale contesto si spiegano la reazione, contro la nuova fase della retorica, da parte di Tacito con il suo *Dialogus de oratoribus* e, nello stesso tempo, l'affermazione dei cosiddetti "esercizi retorici" o προγυμνάσματα, per uso scolastico[5].

In questo contesto di iniziale decadimento, Quintiliano scrive la sua *Institutio Oratoria*, opera monumentale in 12 libri (93-95 d.C.). Il suo trattato non rappresenta soltanto una sintesi della retorica precedente, ma una sua ricomprensione nella nuova situazione sociale e politica imperiale. Per questo nell'opera dominano gli elementi pedagogici ed "aretalogici". Ma nonostante il valore dell'opera, la retorica classica non pervenne a nuova fioritura.

Dall'analisi della manualistica classica rileviamo che i periodi di maggiore affermazione della retorica sono il IV sec. ed il I sec. a.C., con le concezioni di Aristotele e di Cicerone. Nel I sec. d.C., Quintiliano compie l'ultimo tentativo di recupero della retorica, intesa come arte pedagogica della persuasione. Inoltre notiamo, da una prima indagine contenutistica, che la retorica giudiziale assunse la maggiore diffusione, sia in ambito greco che latino[6]. Ne è prova che, in base al genere giudiziale, si chiarificano i limiti ed i connotati del genere deliberativo e di quello epidittico. In seconda posizione i manuali, soprattutto quello di Aristotele, dedicano rilevanza alla retorica deliberativa ed ignorano, quasi del tutto, il genere epidittico, relegandolo a pura "eloquenza d'apparato". Tale sproporzione di analisi verrà, in certo senso, mitigata con la rivalutazione quintilianea del genere epidittico. Riprenderemo l'analisi dei generi retorici; ma nel "curriculum" della manualistica classica è forse necessario presentarne i diversi orientamenti.

Anche la manualistica contemporanea focalizza l'attenzione sulla retorica giudiziale: con tale orientamento vengono impostati i trattati di Barilli, Barthes, Chaignet, Clark, Lausberg, Martin e Vickers[7]. Invece Kennedy cerca di porre maggiormente in luce il genere deliberativo o politico[8]. Infine, bisognerà

---

[5] Il più antico manuale di προγυμνάσματα pervenutoci è quello di Teone di Alessandria, contemporaneo di Quintiliano; in seguito abbiamo quello di Ermogene di Tarso, della fine del II sec. d.C. Infine, agli inizi del V sec. d.C. appartengono i προγυμνάσματα di Aphtonius.

[6] Cf. anche R. BARTHES, *La retorica antica* (Milano ²1985) 85; D.L. CLARK, *Rhetoric in Greco-Roman Education* (New York 1957) 141.

[7] Cf. R. BARILLI, *Retorica* (Milano 1983); BARTHES, *Retorica*; A.E. CHAIGNET, *La rhétorique et son histoire* (Paris 1888); CLARK, *Rhetoric*; H. LAUSBERG, *Handbuch der literarischen Rhetorik* (München 1960); Id., *Elemente der literarischen Rhetorik* (München ⁸1984); J. MARTIN, *Antike Rhetorik: Technik und Methode* (München 1974); B. VICKERS, *In Defence of Rhetorik* (Oxford 1988).

[8] Cf. KENNEDY, *Persuasion in Greece*; Id., *Roman World*; Id., *Classical Rhetoric* (Chapel Hill 1980); Id., *Greek Rhetoric under Christian Emperors* (Princeton 1983); Id., *New Testament*.

attendere i contributi decisivi di Burgess, Buchheit, ma soprattutto di Perelman ed Olbrechts Tyteca perché si facesse ordine nel bailamme della retorica "epidittica" o dimostrativa[9]. Vedremo come gli studiosi dell'epistolario paolino seguono, in modo più o meno critico, una scuola manualistica piuttosto che un'altra, non senza conseguenze per l'interpretazione retorica del testo stesso.

3. I generi retorici

Dopo la presentazione della manualistica ci accingiamo a considerare i tre "generi retorici", che costituiscono i cardini dell'eloquenza greco-romana. Precisiamo che la nostra analisi non procederà per via di comparazione, come nei trattati retorici; ma, in modo autonomo, si cercherà di delineare il "proprium" dei "generi". In tal modo eviteremo l'errore metodologico di analizzare il tutto a partire dal genere giudiziario, quale termine di paragone.

Per inverso, una trattazione diversificata non deve farci pensare a tre sezioni separate della retorica classica. Si tratta di distinzioni per chiarificazioni e non per separazione! Di fatto, i tre generi sono quanto mai comunicanti, al punto da far emergere dei generi misti. Nella presente indagine verrà dedicata maggiore attenzione al genere epidittico, più che a quello giudiziario e deliberativo, a causa della confusione con la quale è stato presentato[10].

3.1. Il genere giudiziale

Il genere che trova maggiore diffusione nella retorica classica è certamente quello giudiziale o "forense". Sembra che la sua origine mitica sia da ricercare nella Sicilia del V sec. a.C. e che il suo contesto ideale sia rappresentato dal tribunale. Forse la retorica forense acquistò "dispositio" e metodo con Corace ed il suo discepolo Tisia[11], ma pervenne alla sua massima espressione con l'eloquenza latina.

Aristotele, nel suo trattato sulla retorica, codificherà gli ambiti della retorica giudiziaria. Per questo ci rifaremo soprattutto al suo manuale, dal quale dipendono gli altri trattati pervenutici[12].

---

9 Cf. BURGESS, "Epideictic Literature"; V. BUCHHEIT, Untersuchungen zur Theorie des Genus epideiktikon von Gorgia bis Aristoteles (München 1960); C. PERELMANN - L. OLBRECHTS TYTECA, Trattato dell'argomentazione. La nuova retorica (Torino 1966), II; C. PERELMAN, The Realm of Rhetoric (Notre Dame Indiana 1982).

10 A riguardo può essere significativa la concezione dell'epidittica da parte di Lyons, che attribuisce al genere deliberativo, in modo errato, i discorsi epitaffici e panegirici; cf. LYONS, Autobiography, 26. Ma in tal modo, l'epidittica diventa il ricettacolo di quanto, nella retorica, rimane indefinito.

11 Cf. KENNEDY, Persuasion in Greece, 29; GARAVELLI, Manuale, 17.

12 Lo stesso procedimento viene seguito da CICERONE, De Inv. 2.22.68–2.51.154.

Innanzitutto egli definisce i generi retorici in base all'uditorio; per cui in relazione al discorso forense chi ascolta è giudice o κριτής (*Ret.* 1.3.1358b). Questo genere si esprime poi in due specie: l'accusa o κατηγορία, la difesa o ἀπολογία; e dal punto di vista cronologico si riferisce al passato "perché è in relazione ad esso che uno accusa e l'altro difende" (*Ret.* 1.3.1358b).

Inoltre, la sua finalità consiste nello stabilire ciò che è giusto o ingiusto (*Ret.* 1.3.1358b) [13] ed il tipo di argomentazione più appropriata è costituito dall'entimema (*Ret.* 1.9.1368a), detto anche "sillogismo retorico" (*Ret.* 1.2.1356b)[14]. La differenza tra sillogismo dialettico ed entimema consiste nel fatto che quest'ultimo non necessita di premesse o di conclusioni, in quanto già note (*Ret.* 2.22.1395b). Quindi Aristotele precisa che abbiamo due tipi di entimemi: quelli dimostrativi e quelli refutativi. L'entimema dimostrativo conclude da premesse sulle quali si è concordi, mentre quello refutativo trae delle conclusioni contro l'avversario forense (*Ret.* 2.22.1396b). Infine, sotto l'aspetto elocutivo o stilistico, il discorso forense è quello che richiede maggiore precisione: di fatto si è posti davanti ad un giudice (*Ret.* 3.12.1414a).

3.2. *Il genere deliberativo*

Il secondo genere che la retorica classica conosce è quello deliberativo o "politico". Sembra che il modello sia rappresentato da un discorso politico, tenuto davanti al popolo, oppure in ambito senatoriale[15]. I grandi retori politici greci sono Demostene, Eschine, Apollodoro e Licurgo; ed uno degli scritti deliberativi più noti è forse il *De Pace* di Isocrate. Inoltre, Cicerone, nel *De Oratore*, si riferisce soprattutto ai grandi politici romani del II e I sec. a.C.: Scipione l'Emiliano, Marco Aurelio, Cecilio Metello. Tuttavia, Quintiliano estende l'orizzonte della deliberazione, non solo a questioni sulla Repubblica e sulla politica, ma a qualsiasi argomentazione che mira a "suadere" o "dissuadere" (*Inst. Or.* 3.8.14-15).

Dal canto suo, Aristotele dedica particolare attenzione a questo genere, testimoniandone la diffusione nell'Ellade del IV sec. a.C.[16] L'autore osserva, innanzitutto, che i due aspetti principali del discorso συμβουλευτικόν, sono il "consigliare" o lo "sconsigliare": per questo, dal punto di vista cronologico, si riferisce al futuro (*Ret.* 1.3.1358b) [17]. Le finalità di questo genere si trovano nel consigliare l'utile e sconsigliare quanto è dannoso, in relazione a quanto si sta per compiere (*Ret.* 1.3.1358b).

---

[13] Cf. anche CORNIFICIO, *Heren.* 1.2; CICERONE, *Part. Or.* 28.98; *Top.* 24.91; *De Inv.* 1.5.7; *Orat.* 2.10; QUINTILIANO, *Inst. Or.* 3.9.1.

[14] Cf. anche QUINTILIANO, *Inst. Or.* 5.14.1-24; LAUSBERG, *Handbuch*, 199; PERELMAN - OLBRECHTS TYTECA, *Argomentazione*, 242. 246-247.

[15] Cf. CICERONE, *De Orat.* 2,82; LAUSBERG, *Handbuch*, 54.

[16] Cf. anche PERELMAN, *Realm*, 19.

[17] Cf. CICERONE, *Part. Or.* 24.85; QUINTILIANO, *Inst. Or.* 3.8.6.

Tuttavia Cicerone non condivide questa delimitazione aristotelica del genere politico (*De Inv*. 2.156) e pone, accanto all'utilità, l'onorabilità[18]. Dal punto di vista argomentativo trovano maggiore spazio, in questo tipo di discorso, gli esempi o παραδείγματα, perché "in base agli avvenimenti passati giudichiamo, prevedendo quelli futuri" (*Ret*. 1.9.1368a). Secondo Aristotele, anche nel discorso deliberativo, come in quello forense, lo spettatore è invitato a giudicare sulla validità o meno della comunicazione proposta (cf. *Ret*. 1.3.1358b).

3.3. *Il genere epidittico*

Il genere retorico più complesso e difficile da definire, rimane quello epidittico al quale, come abbiamo già osservato, la manualistica classica non dedica molta attenzione[19]. Sembra che le sue origini siano da ricercare, prima che nella stessa retorica giudiziaria, con l'inizio della poesia[20]. Altri invece preferiscono cominciare con Gorgia, Trasimaco, Isocrate e la sofistica dei sec. V-IV a.C.[21]. Ma pur non negando gli elementi e le sezioni epidittiche, presenti sin dagli albori della letteratura greca, se non universale, riteniamo che sia necessario considerare soprattutto opere propriamente tali, come il *Discorso Olimpico* di Gorgia oppure l'*Evagora* di Isocrate. Ci sembra, tuttavia, che il suo genere prodromico sia rappresentato dai discorsi "psicagogici" dei Pitagorici che, attraverso l'incidenza aretalogica ed il "pathos", miravano all'adesione degli animi.

Nella retorica greco-romana il genere epidittico si esprime soprattutto con le composizioni panegiriche, encomiastiche ed epitaffiche[22]. Da parte sua, Anassimene non dedica alcuna attenzione all'epidittica, mentre sviluppa gli altri due generi retorici[23]. Troviamo un'analoga subordinazione nel manuale aristotelico che, distingue i generi in dipendenza dagli ascoltatori. Così, mentre quelli che partecipano al discorso giudiziario e deliberativo sono giudici, quelli del genere epidittico risultano dei semplici spettatori (*Ret*. 1.3.1358b).

Pertanto il contesto migliore di questo discorso sarebbe quello teatrale, durante il quale predomina l'elemento estetico. Infatti le specificazioni del genere epidittico sono la lode oppure il biasimo (*Ret*. 1.3.1358b). Inoltre la dimensione cronologica è costituita dal presente, anche se, nel genere epidittico,

---

[18] Cf. anche QUINTILIANO, *Inst. Or*. 3.8.1. Tuttavia, lo stesso Cicerone nel manuale scolastico, *Part. Or*. 24.83, semplifica la problematica, confermando l'opinione aristotelica: "Est igitur in deliberando finis utilitas...".

[19] Così anche KENNEDY, *New Testament*, 73; STOWERS, *Letter*, 52.

[20] Cf. BURGESS, "Epideictic Literature", 166.

[21] Cf. BUCHHEIT, *Untersuchungen*, 136; CLARK, *Rhetoric*, 136; D. RUSSELL - N.G. WILSON, *Menander Rhetor* (Oxford 1981) ix-xii.

[22] Cf. M. DURRY, "Laudatio funebris et rhetorique", *RPhil* 15 (1942) 105-114; KENNEDY, *Greek Rhetoric*, 23; Id., *New Testament*, 73.

[23] Cf. ANASSIMENE, *Ad Alex*. 1.1–2.1421b.

si può rievocare il passato e congetturare il futuro (cf. *Ret.* 1.3.1358b). Le finalità di questo genere sono il "bello" o l' "ignobile", la "virtù" o il "vizio" (cf. *Ret.* 1.3.1358b; 1.9.1366a). Quindi, il tipo di prova adottato, in questo genere più che negli altri, è costituito dall'amplificazione o αὔξησις (*Ret* . 1.9. 1368a)[24].

Infine, Aristotele osserva che, dal punto di vista stilistico, il genere epidittico è quello più adatto ad essere posto in iscritto; segue quello giudiziario (*Ret.* 3.12.1414a)[25].

Dall'analisi del manuale aristotelico notiamo che anche la sua concezione del genere epidittico è inferiore a quella degli altri due generi. Infatti, l'autore relega la retorica epidittica ad una mera funzione estetica, senza relazione pragmatica. La stessa funzione aretalogica del genere è trattata in prospettiva estetica e non etica. Inoltre, Aristotele sviluppa soltanto l'aspetto positivo dell'epidittica; pochissimo spazio viene dedicato all'epidittica negativa del biasimo.

Riteniamo che tali considerazioni siano dovute principalmente all'abuso che la sofistica del V-IV sec. a.C. ha fatto di questo genere, tirandosi dietro le invettive del *Gorgia* e del *Fedro* di Platone. Questa concezione poco empirica del discorso epidittico permane anche nei manuali latini di Cornificio e di Cicerone.

A riguardo, è significativa la terminologia di definizione. Questo genere, in *Heren.* 3.6, viene chiamato "demonstrativum", pur essendo considerato sotto l'aspetto estetico. A sua volta, Cicerone, nel *De Orat.* 2.10.43 lo denomina con un generico "tertium genus"; mentre in *Part. Or.* 20,69 lo chiama "laudationis", in dipendenza dalla sua parte più diffusa[26]. Lo stesso Cicerone, nel *De Inventione* e nel *De Oratore*, dedica pochissimo spazio a questo genere.

Ma Quintiliano rivaluterà il genere epidittico ponendo in crisi proprio la concezione aristotelico-ciceroniana. Egli affronta innanzitutto la questione terminologica:

"Vi è dunque, come ho detto, un genere che comprende lode e biasimo, ma che ha preso il nome di "elogiativo", dalla parte migliore di sé; altri lo chiamano "dimostrativo"... Ma, mi sembra che il termine ἐπιδεικτικόν non abbia tanto il senso di dimostrazione, quanto quello di esposizione, e differisce molto da ejgcwmiastikovn; infatti se è vero che comprende l'elogiativo non si ferma entro questo limite"[27].

---

[24] Cf. QUINTILIANO, *Inst. Or.* 3.7.6.
[25] Cf. anche QUINTILIANO, *Inst. Or.* 3.8.63.
[26] Cf. anche S.F. BONNER, *Education in Ancient Rome* (Cambridge 1977) 165.
[27] *Inst. Or.* 3.4.12-13: "Est igitur, ut dixi, unum genus, quo laus ac vituperatio continetur, sed est appellatum a parte meliore laudativum; idem alii demonstrativum vocant... Sed mihi ἐπιδεικτικόν non tam demonstrationis vim habere quam ostentationis videtur et multum ab illo ἐγκωμιαστικόν differre; nam ut continet laudativum in se genus, ita non intra hoc solum consistit".

Così Quintiliano precisa sia la scelta terminologica per "demonstrativum" (cf. anche *Inst. Or.* 3.8.63), sia l'ambito, non limitandosi alla sola specie encomiastica. Quindi, egli ne precisa la rilevanza pragmatica:

"E particolarmente comincerò da quel genere di cause che si basano sulla lode e sul biasimo. Questo genere, Aristotele e Teofrasto, suo seguace, sembrano averlo separato dall'attività pratica, cioè πραγματική, ed averlo destinato al solo piacere degli uditori; e questo è insito nel nome che si fa derivare da ostentazione. Ma le romane consuetudini anche questo compito non vollero disgiunto dalle attività pratiche"[28].

In questo modo Quintiliano ricollega il genere dimostrativo all'aretalogia ed alla pedagogia, senza cadere, come il resto della manualistica classica, nella contraddizione di trattare di bello ed ignobile, di virtuoso e vizioso, a prescindere da una relazione pragmatica. Forse tale rivalutazione del genere epidittico costituisce uno dei maggiori contributi della retorica quintilianea. Ci sembra che questo sia stato possibile sia a causa di un'analisi più serena e globale della retorica antica, non chiamata a confrontarsi con una certa sofistica, che per la rilevanza pedagogica e didattica della retorica stessa, nel I sec. d.C. Forse senza questa ricomprensione del genere dimostrativo sarebbe stata esclusa dalla retorica gran parte della produzione classica che si relaziona alla poesia, alla filosofia ed alla storiografia, per diventare veicolo aretalogico.

Nel nostro secolo la rivalutazione della retorica epidittica comincia con Burgess, che si propone di analizzare gli elementi epidittici anche nella poesia e nella filosofia[29]. In base alla manualistica ed agli "esercizi preliminari" classici, egli ripresenta 27 specie del genere epidittico che, globalmente, si possono ridurre ai discorsi laudativi per i capi, all'encomio, alle composizioni epitalamiche e funerarie[30].

Tuttavia, da una valutazione delle specie e della relativa analisi, osserviamo che, ancora una volta, Burgess considera soltanto l'aspetto laudatorio della retorica epidittica, senza fare attenzione al biasimo oppure all'invettiva. Da questo dipende, per inverso, che i connotati aretalogici non sono sufficientemente posti in luce. Inoltre, l'intenzione di stabilire gli ambiti dell'epidittica, fa sconfinare quest'ultima nella retorica forense e deliberativa. In base alla sua concezione, la relazione tra i generi viene capovolta a tal punto, da subordinare tutto il campo retorico all'epidittica. Pertanto, pur riconoscendo una certa

---

[28] *Inst. Or.* 3.7.1-2: "Ac potissimum incipiam ab ea, quae constat laude ac vituperatione. Quod genus videtur Aristoteles atque eum secutus Theophrastus a parte negotiali, hoc est πραγματική, removisse totamque ad solos auditores relegasse, et id eius nominis, quod ab ostentatione ducitur, proprium est. Sed mos Romanus etiam negotiis hoc munus inseruit.

[29] Cf. BURGESS, "Epideictic Literature", 89-261.

[30] Cf. BURGESS, "Epideictic Literature", 111-113.

validità del suo studio, rimane il limite della eccessiva elasticità con cui Burgess definisce la letteratura epidittica, sino a cadere nella genericità.

Ma la riabilitazione della retorica epidittica si realizza con il moderno trattato di Perelman ed Olbrechts Tyteca[31]. Gli autori riprendono innanzitutto la concezione sui generi, espressa dalla manualistica classica:

"I generi oratorî quali li definivano gli antichi - deliberativo, giudiziario, epidittico - corrispondevano rispettivamente, secondo loro, ad uditorî rivolti a prendere deliberazioni, ad esprimere giudizi o semplicemente a godere della costruzione oratoria, come di uno spettacolo senza il dovere di pronunciarsi sull'essenza della faccenda. Si tratta in questo caso di una distinzione puramente pratica, di cui sono evidenti difetti e insufficienze, soprattutto nella concezione del genere epidittico..."[32].

Quindi, essi affrontano il problema sul tipo di uditorio presente al discorso epidittico, contestando la concezione puramente estetica e passiva della manualistica precedente e ponendone in risalto la rilevanza aretalogica e pragmatica:

"L'intensità dell'adesione che si tratta di ottenere non si limita alla produzione di risultati puramente intellettuali, al fatto di dichiarare che una tesi appaia più probabile di un'altra, ma spesso sarà rafforzata fino a che si sia verificata l'azione che essa mira a produrre... In questa prospettiva, in quanto cioè esso rafforza una disposizione all'azione, aumentando l'adesione ai valori che esalta, il discorso epidittico è significativo e importante per l'argomentazione"[33].

Pertanto l'uditorio del discorso epidittico non applaude semplicemente davanti ad una composizione teatrale; è chiamato invece ad assumerne la rilevanza etica che conduce all'azione. Quindi, gli autori sottolineano la dimensione assiologica dei discorsi epidittici:

"L'argomento del discorso epidittico si propone di aumentare l'intensità dell'adesione ad alcuni valori, dei quali forse non si dubita quando si considerano isolatamente, ma che potrebbero eventualmente non prevalere contro altri valori che entrassero in conflitto con essi... Proprio nell'epidittica tutti i procedimenti dell'arte letteraria sono messi in opera, perché si tratta di ricorrere ad ogni mezzo che possa favorire il consenso dell'uditorio... Nell'epidittica l'oratore si fa educatore"[34].

---

31 Cf. PERELMAN - OLBRECHTS TYTECA, *Argomentazione*; cf. anche GARAVELLI, *Manuale*.

32 PERELMAN - OLBRECHTS TYTECA, *Argomentazione*, 23.

33 PERELMAN - OLBRECHTS TYTECA, *Argomentazione*, 52-53.

34 PERELMAN - OLBRECHTS TYTECA, *Argomentazione*, 54-55; cf. anche R.K. VERNON, "Pronouncement Stories from a Rhetorical Perspective", *Forum* 4.2 (1988) 20.

Così etica ed educazione costituiscono i cardini della retorica epidittica, ridotta, nella precedente manualistica, a puro gioco letterario. Ci sembra inoltre significativa la funzione che, in questa prospettiva, assume l'oratore:

"Basta un istante di riflessione per constatare che, da questo punto di vista, l'oratore del discorso epidittico è molto vicino all'educatore... Nell'epidittica, più che in ogni altro genere oratorio, per non riuscire ridicoli bisogna avere dei titoli per prendere la parola ed essere abili nel maneggiare"[35].

Pertanto, Perelman ed Olbrechts Tyteca hanno ricostruito le connessioni tra i diversi elementi retorici dell'epidittica, enunciati soltanto nella manualistica precedente. Tuttavia rimane il fatto che, anche la loro analisi è diretta esclusivamente alla retorica epidittica positiva, mentre essi non trattano della rilevanza etica e pedagogica di un biasimo o di un'invettiva[36]. Ci sembra, invece, che proprio in un discorso biasimante la funzione della comunicazione è orientata al mutamento delle idee.

Inoltre, avremmo preferito che nella presentazione del genere epidittico gli autori avessero fatto riferimento a Quintiliano che, come abbiamo visto, delinea una concezione nuova dell'epidittica. Tuttavia questi limiti si spiegano con il progetto di offrire una "nuova retorica", anche se spesso più in termini reinterpretativi che innovatori.

3.4. Il genere misto

In questa sede abbiamo cercato di distinguere i tre generi di "cause", trattandoli in modo autonomo; di fatto questi si trovano in stretta relazione. A tal proposito, Quintiliano precisa:

"Infatti i tre generi sono relazionati da uno scambievole aiuto. Poiché nella lode si tratta della giustizia e dell'utile, e nei consigli dell'onestà, e raramente troveresti una causa giuridica, nella quale non si riscontri una parte delle questioni di cui abbiamo parlato prima"[37].

Lo stesso Quintiliano cita i biasimi ciceroniani durante i dibattiti forensi contro Pisone, Clodio e Curione[38]. Infine, egli relaziona, in modo particolare,

---

35 PERELMAN - OLBRECHTS TYTECA, Argomentazione, 55.
36 Cf. PERELMAN - OLBRECHTS TYTECA, Argomentazione, 58.
37 QUINTILIANO, Inst. Or. 3.4.16: "Nam et in laude iustitia utilitasque tractatur et in consiliis honestas, et raro iudicialem inveneris causam, in cuius non parte aliquid eorum, qua supra diximus, reperiatur"; cf. anche LAUSBERG, Handbuch, 61; C.C. BLACK II, "The Rhetorical Form of the Hellenistic Jewish and Early Christian Sermon: a Response to L. Wills", HTR 81 (1988) 1-18.
38 Cf. QUINTILIANO, Inst. Or. 3.7.2.

l'elogio alla "deliberazione"[39]. Così possiamo avere dei discorsi contenenti generi "misti", nei quali la retorica forense, deliberativa ed epidittica si trovano compresenti. Forse uno degli scritti retorici "misti" più antichi è l'*Antidosis* di Isocrate, nello stesso tempo apologetico ed encomiastico[40]. Pertanto sarà compito dell'esegeta individuare il genere che maggiormente dia ragione dell'unità del discorso o dello scritto retorico.

3.5. Il genere artificiale

L'ultimo aspetto, da considerare attentamente, riguarda la relazione dei generi retorici con il relativo "background". Abbiamo posto in risalto che il contesto ideale di un discorso forense riguarda un tribunale con difensori, accusatori e giudici. Invece, un discorso epidittico si riferisce al contesto dell'educazione, con la sua rilevanza assiologica. Infine quello deliberativo si attua davanti ad un uditorio che dovrà scegliere il da farsi. Tuttavia, soprattutto in rapporto alla specie del discorso elogiativo o "autoelogiativo", possiamo ·riscontrare la presenza di "finti interlocutori ". In tal modo, il discorso non viene rigettato dagli ascoltatori; al contrario, forse diventa più persuasivo.

Plutarco, nel breve trattato *De se ipsum citra invidiam laudando*, affronta proprio la relazione tra la "periautologia" ed i generi retorici[41]. L'opera classica, alla quale Plutarco fa spesso riferimento, è il *De Corona* di Demostene (*Mor*. 541F). Sembra che questo discorso fosse una propria difesa in funzione periautologica, perché di fatto non avvenne mai[42]. Plutarco tratta innanzitutto della relazione tra periautologia e retorica deliberativa o "politica": il parlare di sé non si riferisce ad una mera gloria personale, bensì all'esortazione dei propri ascoltatori (*Mor*. 539E). In rapporto alla retorica forense, la periautologia serve per far fronte ai propri nemici (*Mor*. 540A-541F)[43]. Infine, se la periautologia si riferisce al discorso epidittico, la sua funzione è di suscitare l'imitazione delle proprie virtù (*Mor*. 543F. 544D). Dunque, quando l'autoelogio ha come orizzonti queste finalità pragmatiche, l'oratore evita l'emergenza di sentimenti negativi come il biasimo e l'invidia (*Mor*. 544D).

---

[39] Cf. QUINTILIANO, *Inst. Or*. 3.7.27: "Totum autem habet aliquid simile suasoriis, quia plerumque eadem suaderi, hic laudari solent".

[40] Cf. anche A. MOMIGLIANO, *Lo sviluppo della biografia greca* (Torino 1974) 62.

[41] Cf. PLUTARCO, *Moralia* 539A-547F; P.H. LACY - B. EINARSON (tr.) *Plutarch's Moralia* (Cambridge-London 1968), VII, 110-167; cf. anche H.D. BETZ, *Plutarch's Ethical Writings and Early Christian Literature* (Leiden 1978) 367-393.

[42] Cf. MOMIGLIANO, *Biografia*, 61.

[43] Cf. anche BETZ, *Ethical* 386. Tuttavia l'autore si ferma soltanto alla relazione tra periautologia e genere forense, per dimostrare la funzione apologetica di Gal 1–2. Riprenderemo questa problematica; tuttavia, ora notiamo la lettura parziale del manuale: Betz non considera anche la relazione della periautologia con la deliberazione e l'epidittica. Lo stesso errore metodologico viene commesso da LYONS, *Autobiography*, 56-59. Invece, ci sembra che questo sia il dato compositivo fondamentale del trattato plutarchiano.

Tuttavia, queste osservazioni di Plutarco non si riferiscono soltanto alla periautologia, ma possono applicarsi anche all'elogio di un altro. D'altro canto, Momigliano ha ben dimostrato come, nella letteratura greca classica, la stessa criteriologia della biografia valeva per l'autobiografia[44]. Dunque, buona parte della narrazione classica andrebbe letta negli orizzonti apologetici, esortativi ed aretalogici. Così Platone e Senofonte scrivono l'*Apologia di Socrate* in funzione elogiativa, e non per difesa giudiziaria, che non ha fondamento storico.

Pertanto, da una parte l'opera di Plutarco conferma la facile comunicazione tra i generi retorici e dall'altra la "finzione" retorica, spesso presente nei discorsi "autoelogiativi". Ci sembra che tale finzione possa riguardare tutto il campo retorico e soprattutto, come vedremo, quello della "diatriba" ed i suoi cosiddetti "interlocutori fittizi". Da queste osservazioni emergono le difficoltà per risalire ad un "background" retorico con eventuali interlocutori. Per questo non è accettabile, dal punto di vista ermeneutico, la metodologia del "rhetorical criticism": dal genere alla "dispositio". Invece, ci sembra necessario compiere, per quanto possibile, l'itinerario inverso: non solo possiamo trovarci di fronte a generi "misti", ma anche "artificiali". Da tale criteriologia deriva quella che stiamo definendo come "retorica letteraria".

4. La ripartizione oratoria

Dopo la presentazione dei "tria genera causarum" è bene delineare le modalità organizzative di un discorso o scritto retorico. Spetta alla manualistica latina il merito di aver definito la ripartizione retorica, sviluppando quanto era già "in nuce" nella concezione aristotelica. Così Cornificio definisce le cinque parti della "partitio":

"E' necesario quindi che nel discorso ci sia l'invenzione, la disposizione, l'elocuzione, la memoria e la pronuncia. L'invenzione è il reperimento delle cose vere o verosimili, che rendano la causa probabile. La disposizione è l'ordine e distribuzione delle cose, cioè in quale modo bisogna collocare il materiale. L'elocuzione riguarda la modalità di espressione per l'invenzione delle parole e delle frasi. La memoria riguarda la fissazione negli animi delle cose, le parole e la disposizione. La pronuncia si riferisce alla moderazione, con dignità, della voce, del volto e dei gesti"[45].

---

[44] Cf. MOMIGLIANO, *Biografia*, 13-15.
[45] *Heren*. 1.2.3: "Oportet igitur esse in oratione inventionem, dispositionem, elocutionem, memoriam, et pronuntiationem. Inventio est excogitatio rerum verarum aut verisimilium, quae causam probabilem reddant. Dispositio est ordo et distributio rerum, quae demonstrat quid quibus in locis sit collocandum. Elocutio est idoneorum verborum et sententiarum ad inventionem accommodatio. Memoria est firma animi rerum et verborum et dispositionis perceptio. Pronuntiatio est vocis, vultus, gestus moderatio cum venustate".

Negli scritti ciceroniani troviamo la stessa ripartizione, con la variante della "actio" al posto della "pronuntiatio"[46]. Quintiliano armonizzerà le due ripartizioni citando la "pronuntiatione sive actione" (*Inst. Or.* 3.3.1). Notiamo, tuttavia, che le parti maggiormente analizzate ed elaborate nei trattati sono l' "inventio", la "dispositio" e l' "elocutio"[47].

In questa ripresentazione della retorica greco-romana dedicheremo particolare attenzione alla "dispositio", con la sua tassonomia ed i rapporti con i generi retorici. Di fatto non siamo posti dinnanzi ad una raccolta di materiale, ma ad un testo più o meno ben "disposto".

5. La "dispositio"

Nella comunicazione persuasiva la parte più importante ed oggettivabile è rappresentata dalla "dispositio" o tassonomia del discorso. Già Aristotele aveva esposto le parti della disposizione retorica, ponendone in risalto gli elementi principali:

"Due sono le parti del discorso: infatti è necessario prima esporre l'argomento di cui si parla, quindi dimostrarlo... di queste due una è la proposizione (= πρόθεσις), l'altra è la prova (= πίστις)" (*Ret.* 3.13.1414a).

Notiamo innanzitutto che Aristotele stabilisce queste parti della disposizione retorica non per semplicismo, rispetto agli altri manuali retorici, ma perché questi elementi sono reperibili in ogni tipo di discorso, sia esso forense, deliberativo o epidittico. Le altre parti non sono necessariamente riscontrabili in ogni "dispositio". Per questo Aristotele non esita ad affermare che le parti necessarie sono la "proposizione" e la "prova" (*Ret.* 3.13.1414b). Per inverso, quelle che s'incontrano maggiormente sono "il proemio, la proposizione, la prova e l'epilogo" (*Ret.* 3.13.1414b). Ci sembra basilare questa riduzione all'essenziale, determinata dalla relazione tra generi retorici e "disposizione". Nella manualistica successiva questa riduzione non verrà più conservata perché la disposizione forense prenderà il sopravvento, costituendosi come modello per quella epidittica e deliberativa. Ma questo si verificherà con forzature e contraddizioni interne[48]. Quanto affermato viene subito realizzato da Cornificio che, seguendo il modello giudiziario, struttura la "dispositio" in sei parti: "Exordium, narrationem, divisionem, confirmationem, confutationem, conclusionem" (*Heren.* 1.3). Così il modello aristotelico viene abbandonato, per dare spazio a quello forense, di origine latina[49].

---

46 Cf. CICERONE, *De Inv*. 1.7.9; *De Orat*. 1.31.142; *Orat*. 14.27; *Part. Or*. 2.5; 3.9; 5.16; 7.25-26.

47 Cf. CLARK, *Rhetoric*, 69-70; GARAVELLI, *Manuale*, 59; BARTHES, *Retorica*, 58.

48 Così anche GARAVELLI, *Manuale*, 62.

49 Cf. CLARK, *Rhetoric*, 70.

Anche Cicerone divide un discorso in sei parti: "Exordium, narratio, partitio, confirmatio, reprehensio, conclusio"[50]. Tuttavia, egli in *Part. Or.* 1.4 presenta quattro parti: "principium, narratio, confirmatio, peroratio". Così include la "partitio" nella "narratio", e la "reprehensio" nella "confirmatio".

Infine Quintiliano divide la disposizione forense in cinque parti: "Prooemium, narratio, probatio, refutatio, peroratio" (*Inst. Or.* 3.9.1).

Notiamo, dunque, che per i teorici la disposizione forense funge da parametro per ogni altro discorso retorico[51]. Invece, ci sembra necessario riporre un pò di ordine in queste costrizioni e riduzioni di tipo giudiziario. Infatti gli stessi teorici, pur considerando come modello la disposizione forense, precisano, nelle singole parti, quanto è proprio di ogni genere. Queste distinzioni saranno formulate soprattutto nel manuale didattico ciceroniano *Partitiones Oratoriae*.

5.1. L' "exordium"

La prima parte della "dispositio" retorica è rappresentata dal προοίμιον o "exordium"[52]. Quintiliano comincia a trattare del proemio facendone l'etimologia: οἴμη significa canto ed οἴμον equivale a via (cf. *Inst. Or.* 4.1.2). Quindi, l' "exordium" è simile al preludio musicale ed all'introduzione che apre l'argomentazione vera e propria.

Aristotele, rifacendosi al secondo significato, considera come modello il proemio solenne dei discorsi epidittici: in esso si possono riscontrare sia la lode che il biasimo[53]. Questa l'essenziale definizione di Cicerone:

"L'esordio è la parte che rende l'animo degli ascoltatori idoneo a recepire il resto del discorso"[54].

Inoltre, la finalità dell'esordio è contenuta nel rendere l'uditorio benevolo, attento e docile[55]. Aristotele ne precisa anche il compito: "Spiegare l'argomento del discorso" (*Ret.* 3.14.1415a).

---

[50] Cf. *De Inv.* 1.14.19; *De Orat.* 1.31.143.

[51] Cf. CLARK, *Rhetoric*, 82; KENNEDY, *Persuasion in Greece*, 11.

[52] Cf. ARISTOTELE, *Ret.* 1.1.1354b; 3.14.1414b; ANASSIMENE, *Ad Alex.* 28.1436a; CORNIFICIO, *Heren.* 1.4.6–1.7.11; CICERONE, *De Inv.* 1.15.20–1.17.25; QUINTILIANO, *Inst. Or.* 4.1.1-79.

[53] Cf. ARISTOTELE, *Ret.* 3.14.1414b. Erroneamente, Lausberg ritiene che l'esordio epidittico può mancare, oppure assumere come modello quello giudiziario: "Im genus demonstrativum kann das exordium fehlen oder analog dem genus iudiciale angewandt werden...". Cf. LAUSBERG, *Handbuch*, 162.

[54] *De Inv.* 1.14.20: "Exordium est oratio animum auditoris comparans ad reliquam dictionem".

[55] Cf. ARISTOTELE, *Ret.* 3.14.1415b; CICERONE, *Part. Or.* 8.28; *De Inv.* 1.15.20; *De Orat..* 2.19.80; *Top.* 26.97; QUINTILIANO, *Inst. Or.* 4.1.5.

Quindi, in base alla concezione ciceroniana, possiamo avere due tipi di "exordium": uno lineare e l'altro insinuante, soprattutto quando si tratta di questioni non molto piacevoli[56]. Gli elementi della docilità, dell'attenzione e della benevolenza si riferiscono soprattutto all'esordio del genere giudiziale. Per quanto riguarda la retorica deliberativa, poiché spesso la causa da affrontare è nota, l' "exordium" può essere omesso, anche se non è bene iniziare un discorso politico "ex abrupto"[57]. Qualora però venga formulato nei discorsi suasori, Quintiliano raccomanda di non usare un tono violento. Infatti, se uno è assennato non grida, ma cerca di accattivarsi il consenso dell'esaminatore con un "exordium" cortese e civile (Inst. Or . 3.9.59). Infine, sottolinea che uno dei τόποι più usati, nell' "exordium", è quello dell'affettazione di modestia: l'oratore riconosce la propria incapacità nell'arte del parlare, per accattivarsi la simpatia degli interlocutori[58].

5.2. La "propositio"

La prima parte, necessaria, di una "dispositio" retorica è, secondo Aristotele, la πρόθεσις, altrimenti denominata "divisio", "partitio" e "propositio"[59]. La sua funzione principale consiste nella presentazione dell'argomento o delle questioni da trattare. Per questo la sua presenza conferisce chiarezza al discorso.

Notiamo, innanzitutto, la differente tassonomia che Aristotele, in rapporto alla manualistica latina, attribuisce alla "propositio". Infatti, mentre Aristotele stabilisce la sequenza πρόθεσις-πίστις (Ret. 3.13. 1414b), nei trattati latini la "propositio" viene posta tra la "narratio" e la "probatio". Riteniamo che questa differente disposizione sia dovuta alla funzione della "narratio" in relazione alla "propositio" ed alla "probatio". Da parte nostra, seguiremo lo schema aristotelico perché più generale e meno determinato dalla "dispositio" forense.

Cicerone, nel trattare della "partitio" giudiziale, indica due parti: la prima, nella quale precisiamo gli aspetti di concordanza e di disaccordo con i nostri oppositori; la seconda riguarda invece ciò che intendiamo discutere (De Inv. 1.22.31). Lo stesso Cicerone ne delinea le caratteristiche principali: "brevitatem, absolutionem, paucitatem" (De Inv. 1.22.32).

---

[56] CICERONE, De Inv. 1.15.20: "Igitur exordium in duas partes dividitur, principium et insinuationem. Principium est oratio perspicue et protinus perficiens auditorem benivolum aut docilem aut attentum. Insinuatio est oratio quadam dissimulatione et circumitione obscure subiens auditoris animum". Cf. anche CORNIFICIO, Heren. 1.4; QUINTILIANO, Inst. Or. 4.1.42.

[57] Cf. ARISTOTELE, Ret. 3.14.1415b; CICERONE, Part. Or. 4.13; QUINTILIANO, Inst. Or. 3.8.6.

[58] QUINTILIANO, Inst. Or. 4.1.8; cf. anche GARAVELLI, Manuale, 66.

[59] Cf. ARISTOTELE, Ret. 3.13.1414a-1414b; CICERONE, De Inv. 1.22.31–1.23.33; CORNIFICIO, Heren. 1.10.17; QUINTILIANO, Inst. Or. 4.4.1–4.5.28.

Quintiliano, a sua volta, ne pone in discussione la necessità, quando è chiara la questione da trattare; ma, d'altro canto, ne riconosce l'utilità quando si tratta di definire lo "status quaestionis" (*Inst. Or.* 4.4.1-2). Per questo, ogni prova può avere una sua "propositio" chiarificante (*Inst. Or.* 4.4.1). Tuttavia, anche Quintiliano assume come modello il discorso forense: non è necessaria la presenza della "propositio" (*Inst. Or.* 3.9.2).

Pertanto, nei manuali latini, il modello di collocazione della "propositio" è stabilito dal discorso forense: questa segue la "narratio". Qui riscontriamo una prima costrizione nei confronti degli altri generi retorici che, di per sé, non necessitano di una "narratio" giudiziaria, bensì di una "propositio" che introduca l'argomento.

5.3. La "narratio"

Aristotele non inserisce la διήγησις o "narrazione" tra gli elementi necessari o prevalenti di una "dispositio" (cf. *Ret.* 3.13.1414b). Inoltre, egli non presenta una teoresi della "narratio", bensì tratta, in modo distinto, del tipo di esposizione presente nei diversi generi retorici.

Nella manualistica latina, invece, la "narratio" non solo diventa elemento fondamentale della "dispositio", ma quella forense fa ancora da modello per gli altri tipi di "narratio". Così Cicerone definisce la "narratio":

"La narrazione è l'esposizione dei fatti; è su di essi, per così dire, che ci si basa ed appoggia per le parti seguenti"[60].

Invece, Aristotele rivolge la sua attenzione innanzitutto alla "narratio" epidittica: questa non dovrebbe tanto seguire un ordine cronologico degli eventi, bensì relativo alla loro importanza (*Ret.* 3.16.1416b). L'autore si riferisce soprattutto alla narratio "elogiativa" o "encomiastica".

A sua volta, Cicerone presenterà anche un canovaccio di "narratio" epidittica, orientata alla lode oppure al biasimo di un personaggio[61]. Così, la manualistica classica codifica anche la principale topologia dell' "elogium".

Bonner ricorderà che, durante esercizi preliminari riguardanti le narrazioni encomiastiche, gli studenti dovevano seguire un ordine cronologico: dalla nascita sino agli eventi più recenti[62]. Quando, per inverso, si pronuncia una "vituperatio", gli stessi τόποι sono presentati in forma negativa[63].

---

[60] CICERONE, *Part. Or.* 9.31: "Quoniam narratio est rerum explicatio et quaedam quasi sedes ac fundamentum constituendae fidei, ea sunt in ea servanda maxime, quae etiam in reliquis fere dicendi partibus".

[61] Cf. CICERONE, *Part. Or.* 23.82; cf. anche *De Inv.* 1.27; CORNIFICIO, *Heren.* 3.7-8; QUINTILIANO, *Inst. Or.* 3.7.10-18; GARAVELLI, *Manuale*, 71.

[62] Cf. BONNER, *Education*, 265-66.

[63] Cf. QUINTILIANO, *Inst. Or.* 3.7.19.

Tuttavia, la "narratio" che riceve maggiore attenzione, nella manualistica latina, è quella forense che, di per sé, si riferisce alle questioni controverse e non a qualsiasi avvenimento"[64]. Per questo i manuali raccomandano soprattutto la "brevità", insieme alla "chiarezza ed alla verosimiglianza"[65]. Lo stesso Quintiliano invita ad enunciare, nella "narratio" forense, l'esposizione dei fatti e non delle prove, anche se è bene dare già qualche sensazione di prova (*Inst. Or.* 4.2.54). Naturalmente questo non esclude la forza persuasiva, presente anche nella "narratio". Dunque la "narratio" forense propone quanto sarà confermato nella "probatio"[66]. Infine, secondo Aristotele, nella retorica deliberativa, la "narratio" riceve poco spazio, a causa della rilevanza cronologica del futuro[67]. Ancora Quintiliano precisa che, soprattutto nelle questioni private, non è necessaria una "narratio": tutti sanno l'argomento sul quale si chiede consiglio (*Inst. Or.* 3.8.10).

Pertanto, in base ai generi retorici, abbiamo tre tipi fondamentali di narrazioni: una laudativa o dispregiativa, una difensiva o accusante, una esemplare, suadente o dissuadente per il futuro.

5.4. La "probatio"

Nella disposizione retorica, la parte principale spetta alla πίστις o "probatio": in essa l'argomentazione perviene al suo punto decisivo. Precisiamo che, anche a proposito della "probatio", la concezione aristotelica si differenzia da quella latina. Infatti, mentre Aristotele riferisce πίστις ai tre generi retorici, i teorici latini limitano il senso di "probatio" alla retorica forense. Per questo, ci sembra opportuno recuperare, ancora una volta, la prospettiva aristotelica e, in seconda istanza, quella latina.

Innanzitutto, Aristotele distingue due tipi di prove: quelle "tecniche" o ἔντεχνοι e quelle "artificiali" o ἄτεχνοι (*Ret.* 1.2.1355b). Per prove artificiali si intendono quelle che già si trovano in precedenza, come documenti e testimonianze. Invece le prove tecniche si riferiscono alla stessa argomentazione del discorso, che procede in base al carattere dell'oratore o ἦθος, alla disposizione dell'uditorio o πάθος, alla materia stessa del discorso o λόγος (*Ret.* 1.2.1356a). I manuali latini parleranno di "docere, movere, delectare", anche se non vi è piena corrispondenza con le prove tecniche aristoteliche[68].

---

[64] Cf. QUINTILIANO, *Inst. Or.* 4.2.31: "Narratio est rei factae aut ut factae utilis ad persuadendum expositio, vel oratio docens auditorem, quid in controversia sit".

[65] Cf. CICERONE, *De Inv.* 1.20.28: "Brevis, aperta, probabilis"; cf. anche *Part. Or.* 9.31; *De Orat.* 2.80.326; QUINTILIANO, *Inst. Or.* 4.2.31.

[66] Cf. QUINTILIANO, *Inst. Or.* 4.2.79: "Aut quid inter probationem et narrationem interest, nisi quod narratio est probationis continua propositio, rursus probatio narrationi congruens confirmatio?".

[67] Cf. ARISTOTELE, *Ret.* 3.16.1417b; cf. anche CICERONE, *Part. Or.* 4.13.

[68] CICERONE, *De Opt. Gen.* 1,3: "Optimus est enim orator qui dicendo animos

Infatti, mentre λόγος corrisponde a "docere", e πάθος a "movere", ῆθος non corrisponde a "delectare". In altri termini, mentre Aristotele riferisce l' ῆθος alle qualità dell'oratore, i manuali latini lo attribuiscono alla densità degli affetti che si possono suscitare nell'uditorio[69].

Da parte nostra, seguiremo la concezione aristotelica, soprattutto nella valutazione "probante" di un testo. Nel libro III del suo manuale, Aristotele riprende la trattazione di πίστις, in relazione ai tre generi retorici. Perciò, mentre nella retorica epidittica prenderà il sopravvento l'amplificazione, in quella giudiziaria e forense le migliori prove sono date, rispettivamente, dagli entimemi e dagli esempi (*Ret.* 3.17.1417b-1418a). Come abbiamo già rilevato, Aristotele manifesta una concezione estetica della retorica epidittica, alla quale non attribuisce rilevanza "logica", ma soltanto "pathetica". Ma si è dimostrato, come di fatto, l'epidittica risulta probante, quanto la retorica politica e quella forense, anche se di natura diversa. Tuttavia l'accento posto da Aristotele sull'amplificazione, relaziona maggiormente l'argomentazione epidittica al πάθος. Vedremo le conseguenze di tali distinzioni nella "dispositio" particolare di un discorso o scritto retorico.

Invece la manualistica latina presenta una concezione nuova rispetto alla "probatio", che viene limitata al discorso forense. In tal senso, si spiega la connessione tra "probatio" e "narratio", delineata da Quintiliano[70]. Cicerone, poi, distingue due parti della "probatio" forense: la "confirmatio" e la "refutatio"[71]. Ancora una volta il contesto ideale della "probatio" è indicato dal genere giudiziario, con le fasi della "confirmatio" e della "refutatio". Dal confronto con la concezione aristotelica, comprendiamo dunque che πίστις equivale a "probatio" soltanto nella retorica forense, e non in quella deliberativa o epidittica. Ma, come abbiamo mostrato, le stesse narrazioni esemplari ed elogiative possono avere connotazione probante, e non solo persuasiva.

Riteniamo che questa restrizione sia dovuta soprattutto alla duttilità del genere forense, per una strutturazione espositiva ben chiara. Invece, gli altri due generi rispondono ad una tassonomia più libera, nella quale le prove "ethiche", "logiche" e "pathetiche" assumono posizioni diversificate. Per questo, come vedremo, in un discorso retorico è più importante individuare il tipo di prova, che non la localizzazione della "probatio" canonica.

---

audientium et docet et delectat et permovet. Docere debitum est, delectare honorarium, permovere necessarium". Cf. anche QUINTILIANO, *Inst. Or.* 3.5.2.

[69] Cf. CICERONE, *Orat.* 36.128; QUINTILIANO, *Inst. Or.* 6.2.20. La retorica contemporanea cerca di rivalutare soprattutto la concezione Aristotelica. Cf. VICKERS, *In Defense*, 73-77; J.L. KINNEAVY, *Greek Rhetorical Origins of Christian Faith* (New York-Oxford 1987).

[70] QUINTILIANO, *Inst. Or.* 4.3.1: "Ordine ipso narrationem sequitur confirmando. Probanda sunt enim quae propter hoc exposuimus".

[71] Cf. CICERONE, *Part. Or.* 9.33.

5.5. La "peroratio"

La parte conclusiva di una "dispositio" è costituita dall' ἐπίλογος, detto anche "peroratio", "conclusio" o "recapitulatio"[72]. Così Aristotele ne delinea le principali caratteristiche:

"L'epilogo si compone di quattro parti: disporre favorevolmente l'ascoltatore verso di sé e sfavorevolmente verso l'avversario, amplificare o attenuare, eccitare il pathos negli uditori e ricapitolare" (Ret. 3.19.1419b)

Inoltre, dal punto di vista stilistico, Aristotele raccomanda l'asindeto, perché non si tratta più di ragionare, ma di riepilogare (Ret. 3.19. 1420a). Da parte sua, Cicerone pone l'accento sull'amplificazione, l'enumerazione o sintesi del discorso (Part. Or. 15.52), l'avversione verso gli avversari o "indignationem" e la "conquestionem" o benevolenza verso di sé (De Inv. 1.52.98). Quindi specifica le caratteristiche della "peroratio" per ogni genere retorico:

"Nei discorsi elogiativi i topici da trattare sono quelli che provocano la curiosità, l'ammirazione ed il piacere. Nei discorsi esortativi valgono soprattutto la sintesi dei vantaggi e degli svantaggi e gli esempi. Nei discorsi giudiziari l'accusatore causa soprattutto la collera, l'accusato la compassione. Qualche volta tuttavia l'accusatore deve causare la misericordia ed il difensore la collera"[73].

Ancora una volta, Cicerone distingue i "topici", anche nella "peroratio", in dipendenza dai generi; non valuta però gli aspetti negativi, quali la vituperazione epidittica e la dissuasione deliberativa.

L'ultimo aspetto che sottolineiamo si riferisce alla connessione tra l'epilogo e l'esordio, posta in risalto dallo stesso Aristotele (cf. Ret. 3.19.1419b); quanto viene annunciato nell'esordio si ricapitola nella "peroratio". Inoltre, l'amplificazione nella conclusione si relaziona a tutta l'argomentazione, ma soprattutto all'esordio. Infatti, quanto nel proemio veniva enunciato, ora non solo è ribadito, ma rafforzato con πάθος.

---

[72] Cf. ARISTOTELE, Ret. 3.19.1419b-1420a; CORNIFICIO, Heren. 2.30.47–2.31. 50; CICERONE, Part. Or. 15.52-59; De Inv. 1.51.98–56.109; De Orat. 2.81.332; QUINTILIANO, Inst. Or. 6.1.1.

[73] CICERONE, Par. Or. 17.58: "In illis enim causis, quae ad delectationem exornantur, ii loci tractandi qui movere possunt exspectationem, admirationem, voluptatem. In cohortationibus autem bonorum ac malorum enumerationes et exempla valent plurimum. In iudiciis accusatori fere quae ad iracundiam, reo plerumque quae ad misericordiam pertinent. Nonnumquam tamen accusator misericordiam movere debet et defensor iracundiam".

5.6. La "digressio"

Nella "dispositio", un discorso a parte spetta alla παρέκβασις, detta anche "digressio" oppure "egressio"[74]. Così la definisce Quintiliano:

"La παρέκβασις è, secondo quanto penso io, una trattazione che pur allontanandosi dall'ordine naturale del discorso, riguarda un argomento esterno ma che si riferisce all'utilità della causa"[75].

Quindi, l'oratore durante la "narratio" o la "probatio", può evadere con degli "excursus" che però hanno sempre a che fare, in certo modo, con la "propositio" principale. Così, le digressioni possono reperirsi in qualunque parte della "dispositio".

Cicerone, però, non si mostra tanto favorevole alle digressioni: queste rimangono delle evasioni rispetto all'ordine naturale del discorso. Per questo, un'eccezione è rappresentata dalla digressione per "luogo comune", come la vituperazione e la lode (cf. De Inv. 1.51.97). Tuttavia, anche i topici della digressione sono molteplici e di qualsiasi natura. Per questo, la presenza della "digressio" conferma, nella tassonomia dell'argomentazione, la libertà dell'oratore rispetto ad ogni "dispositio" prestabilita.

Infine, notiamo che rimane importante, soprattutto per l'esegeta, identificare la relazione della "digressio" con la "propositio", dalla quale, in definitiva, dipende.

5.7. Conclusione

In base alla manualistica classica, abbiamo cercato di delineare i canoni della "dispositio" retorica. Precisiamo però che i dati presentati rimangono teorici e precettistici: fanno da orientamento per il retore che conserva sempre la propria libertà di disporre l' "inventio" a modo proprio.

Infatti, la disposizione più riuscita, non è quella che segue, pedantemente, la criteriologia teorica, ma quella che, pur rimanendo tale, non è costretta nella gabbia della precettistica. Questo costituisce, nello stesso tempo, il limite della manualistica e la ricchezza di un discorso personalmente organizzato. Le stesse osservazioni metodologiche valgono per il lettore e, in definitiva, per l'esegeta. La base comunicante non è rappresentata da una disposizione teorica, ma concreta: dunque, la preminenza non spetta alla teoria, bensì alla "pragmatologia" dell'interlocuzione.

Abbiamo seguito soprattutto i manuali di Aristotele, Cicerone e Quintiliano. Il trattato aristotelico ci ha permesso di non fissare una "dispositio"

---

[74] Cf. CICERONE, De Inv. 1.51.97; QUINTILIANO, Inst. Or. 4.3.1-17.

[75] Cf. Inst. Or. 4.3.14: "Παρέκβασις est, ut mea quidem fert opinio, alicuius rei, sed ad utilitatem causae pertinentis extra ordinem excurrens tractatio".

forense, a partire dalla quale, vengono presentati anche i criteri per il genere deliberativo ed epidittico, con evidenti contraddizioni e forzature. Infatti la sua prospettiva risponde ad una impostazione "pre-forense": ogni genere offre dei connotati particolari di disposizione. La distinzione delle "disposizioni" per generi diventa chiara con il manuale ciceroniano *Partitiones Oratoriae*. In base ad un'esegesi attenta di quest'opera sembra che ogni genere conservi la sua "dispositio": dalla tassonomia del discorso potremmo pervenire al genere in questione. Di fatto abbiamo constatato come tale equazione resta teorica: il genere "misto" e quello "artificiale" sfuggono a tali regole. Rimane comunque fermo che questa diversificazione teorica deve richiamare l'attenzione dell'esegeta. Infine il manuale di Quintiliano costituisce la sintesi più ampia sulla "dispositio": alla precettistica precedente aggiunge l'autonomia dell'autore. Infatti, le "digressioni" e le "propositiones" confermano la libertà che, la stessa manualistica, riconosce ad ogni retore.

Precisiamo, dunque, i criteri ermeneutici che dovrebbero guidare l'esegeta, nell'analisi e nell'identificazione tassonomica di uno scritto o discorso retorico.

Poiché non ci troviamo davanti ad una "dispositio" costrittiva, ma alla libertà del genio letterario, la preminenza dell'analisi retorica spetta al tipo di prove, piuttosto che all'identificazione di una parte del discorso. Il riconoscimento delle prove espresse con "pathos", "logos" ed "ethos", intese secondo la prospettiva aristotelica, rappresenta il più importante veicolo retorico. Attraverso l'identificazione del tipo di prove, è possibile riconoscere il genere di prove che il retore intende comunicare. Questa rappresenta la principale connessione tra generi e disposizione retorica.

Tuttavia il primo elemento tassonomico da individuare, ci sembra che sia la "propositio", o le diverse "propositiones" disseminate nella dimostrazione: ogni discorso o scritto retorico annuncia quanto deve dimostrare. Notiamo che, nell'ermeneutica, questo indizio è stato spesso sottovalutato; e forse ciò è dovuto, da una parte alla "dispositio" forense, che ha preso il sopravvento anche nell'esegesi retorica, e dall'altra all'opinione che la questione principale o la tesi sia già data per scontata. Tuttavia, facciamo rilevare che la "propositio" viene a mancare soltanto negli "esercizi scolastici" preliminari, in quanto dettata dall'educatore, e non perché di secondo piano. Pertanto, il riconoscimento della "propositio" costituisce il primo dato da individuare in una "dispositio".

Inoltre, ci sembra fondamentale porre in risalto le connessioni delle singole parti: non basta identificare una "narratio", una "probatio" oppure una "refutatio". Invece, è necessario valutare le loro relazioni per identificare lo stesso "background" retorico. In tal senso, la prima relazione da porre in risalto è quella tra "exordium" e "peroratio". Abbiamo osservato come queste parti si trovano in rapporto di "amplificazione": ciò che viene annunciato nell'esordio viene ribadito, con enfasi, nell'epilogo. Una seconda relazione riguarda la "narratio" e la "probatio": è diversa la funzione di una narrazione giudiziaria, da una deliberativa o epidittica. In termini generali, possiamo affermare che la narrazione epidittica si rapporta soprattutto alla "propositio" che la precede, quella forense alla "probatio" e quella deliberativa alla "peroratio". L'attenzione a questa relazione ci permette di comprendere la stessa funzionalità pragmatica della comunicazione.

Infine, la digressione, che per l'esegeta rappresenta una sorta di "crux interpretum", andrebbe considerata sia in relazione al contesto immediato che alla "propositio" principale. Infatti, se la mancanza di legami con il contesto immediato ci permette di identificarne la natura, la relazione con la "propositio" ne spiega la funzionalità.

6. Retorica ed epistolografia

In precedenza abbiamo posto in risalto la recente fioritura di studi sull'epistolografia classica e la sua relazione con quella neotestamentaria. Ora cercheremo di valutare le possibili connessioni con la retorica greco-romana.

Precisiamo che non ci sono pervenuti dei veri e propri manuali sull'epistolografia, paragonabili a quelli di retorica. Tuttavia, a tale carenza fa da contrappeso l'abbondanza di scritti epistolari, soprattutto nella cultura "imperiale". Ci resta comunque un "excursus" di un certo Demetrius che, nel suo *De Elocutione* 223-235, presenta le caratteristiche fondamentali dello stile epistolare[76]. Non è chiara la data di composizione dell'opera né la sua paternità: la delimitazione oscilla comunque tra il I sec. a.C. ed il I sec. d.C.[77].

Innanzitutto, Demetrius si sofferma sulla natura della lettera, richiamando la concezione di Artemon, editore dell'epistolario di Aristotele:

"Quindi anche lo stile epistolare deve essere semplice: di esso tratteremo. Artemon, l'editore delle lettere di Aristotele, afferma che bisogna scrivere le lettere nello stesso modo del dialogo; infatti la lettera è come l'altra parte del dialogo. C'è qualcosa di vero ma non del tutto. Infatti bisogna organizzare più la lettera del dialogo; poiché mentre questo è improvvisato quella viene commissionata ed inviata in certo senso come dono" (*De Eloc.* 223-224).

Demetrius relaziona il dialogo alla lettera, non precisando di quale tipo epistolare si tratti, ma ponendone in risalto gli elementi in comune e quelli discordanti. Così, la lettera rappresenta una parte del dialogo tra persone impossibilitate attualmente ad incontrarsi. Questo corrisponde a quanto lo stesso Cicerone scrive agli amici:

---

[76] Cf. DEMETRIUS PHALEREUS, Περὶ ἑρμηνείας, W. RHYS ROBERTS (tr.) (LCL Cambridge 1932); cf. anche A.J. MALHERBE, *Ancient Epistolary Theorists* (SBLSBS 19; Atlanta 1988); DOTY, *Letters*, 8.

[77] Cf. MALHERBE, *Epistolary*, 17.

"Sai che ci sono molti generi epistolari, ma di uno si può essere certi: quello che ci serve per informare gli assenti di eventuali fatti, di cui è interesse nostro o loro che siano al corrente"[78].

Tuttavia Demetrius precisa che, mentre il dialogo è soggetto ad improvvisazioni, la lettera richiede maggiore attenzione, almeno per il fatto che viene dettata, commissionata ed inviata come un dono. L'autore riprenderà tale caratteristica, relazionando la struttura epistolare a quella di un discorso forense:

"Bisogna lasciare un certo grado di libertà nella struttura di una lettera; infatti è inconcepibile costruire dei periodi, nello stesso modo con cui si scrive un discorso giudiziario. Il fatto di elaborare le lettere in questo modo non è solo assurdo ma neppure amichevole" (*De Eloc*. 229).

L'osservazione di Demetrius risulta fondamentale per la comprensione dell'epistolografia classica, alla quale spesso si sovrappone la concezione moderna. Egli riconosce, come in *De Eloc*. 224, che la lettera ha una sua struttura e non è soggetta ad improvvisazione tassonomica, ma non è paragonabile ad una discorso forense. Abbiamo già osservato che la retorica forense è quella maggiormente adattabile per una struttura determinata. Ora, Demetrius nega l'eccesso opposto, rispetto a quanti paragonano la lettera ad un dialogo: essa non rassomiglia neppure al discorso forense (cf. *De Eloc*. 230-231). Notiamo infine che, la mancanza di una rigida tassonomia viene relazionata da Demetrius alla concezione della lettera vista come "relazione tra amici"[79]. Quindi, prima di trattare direttamente dello stile epistolare, Demetrius si sofferma sulla rilevanza "ethica" della lettera:

"La lettera, come il dialogo abbondi di carattere (= $\tau\grave{o}$ $\mathring{\eta}\theta\iota\kappa\acute{o}\nu$) ; si può affermare che ognuno rivela il proprio animo (= $\psi\upsilon\chi\tilde{\eta}\varsigma$) nello scrivere la lettera. In ogni altra forma di composizione è possibile discernere il carattere (= $\tau\grave{o}$ $\mathring{\eta}\theta o\varsigma$) di colui che scrive, ma in nessuna così chiaramente come nella lettera" (*De Eloc*. 227).

Per alcuni lessemi abbiamo richiamato la terminologia greca a causa dell'ambiguità che assumono nel linguaggio contemporaneo. Infatti in tale

---

[78] *Ad Fam*. 2.4.1: "Epistularum genera multa esse non ignoras, sed unum illud certissumum, cuius causa inventa res ipsa est, ut certiores faceremus absentes, si quid esset, quod eos scire aut nostra aut ipsorum interesset". Cf. anche *Ad Fam*. 4.13.1; 12.30.1; 16.16.2; *Ad Att*. 9.4.1; 8.14.1; 9.19.1. Questo corrisponde a quanto l'epistolografia contemporanea identifica come "apusia-parusia". Cf. H. KOSKENNIEMI, *Studien zur Idee und Phraseologie des griechischen Briefes bis 400 n. Chr.* (Helsinki 1956) 38-42; R. FUNK, "The Apostolic Parousia: Form and Significance", FS. J. Knox, *Cristian History and Interpretation* (Cambridge 1967) 249-268.

[79] La contemporanea epistolografia denominerà questo $\tau\acute{o}\pi o\varsigma$ come "filofronesi". Cf. KOSKENNIEMI, *Briefes*, 35-37.

contesto ἦθος non corrisponde al nostro "etico", né tanto meno a "morale"; ed in modo analogo, ψυχή non equivale al nostro "carattere". Ancora una volta, Demetrius relaziona la lettera al dialogo, sottolineando l' ἦθος presente nella lettera. Ci sembra che in tale contesto ἦθος sia da relazionare con il tipo di prova "ethica", che la retorica aristotelica aveva delineato insieme al πάθος ed al λόγος (cf. Ret. 1.2.1356a). In altri termini, nella lettera assume particolare rilevanza ciò che riguarda l'autore piuttosto che l'oggetto in discussione o il lettore. In tal senso, la lettera assume una significativa dimensione dialogica [80].

Quanto rimane di questo "excursus" sull'epistolografia riguarda lo stile epistolare: questo deve essere piacevole e semplice (De Eloc. 235). Tuttavia, nella valutazione dello stile epistolare, Demetrius si sofferma a considerare un particolare tipo di lettera:

"Poiché occasionalmente scriviamo alle città o personaggi imperiali, queste lettere siano leggermente più elevate di tono. Infatti è giusto avere riguardo della persona alla quale la lettera viene indirizzata" (De Eloc. 234).

Forse è questa l'unica differenza che Demetrius stabilisce nell'epistolografia: egli distingue le lettere in relazione al tipo di destinatario, e non ad una propria tassonomia interna. In realtà, l'autore non separa le lettere private da quelle pubbliche, proponendo, per le une, delle improvvisazioni compositive e, per le altre, meticolose "letteraturizzazioni"[81].

Pertanto la differenza tra lettere private, pubbliche ed ufficiali, non risiede nella presenza o meno di una struttura che ogni lettera deve presentare, per distinguersi dal dialogo ed, in definitiva, dal discorso forense. Al contrario, la distinzione è determinata dallo stile, semplice o elevato, attraverso il quale, in dipendenza dai destinatari, le diverse figure ed i τόποι epistolari vengono trasmessi per conferire maggiore rilevanza alla comunicazione. In questo, l'epistolografia contemporanea, si differenzia da quella greco-romana, determinando però una "precomprensione" fatale, sia nei confronti della concezione epistolare classica che neotestamentaria. Pertanto, da una lettura globale del De Eloc. 223-235, emerge una concezione ben diversa da quella contemporanea, ma forse più inerente alla stessa epistolografia classica.

Non ci sono pervenuti altri scritti sui canoni dell'epistolografia classica, tranne alcune osservazioni sparse, fatte da Cicerone nel suo epistolario. Tuttavia, forse è bene osservare subito che si tratta di riferimenti occasionali ed

---

[80] L'ἦθος epistolare viene posto in risalto anche da Koskenniemi, che lo definisce come "homilia". Cf. KOSKENNIEMI, Briefes, 42-47.

[81] Questa concezione epistolare mina la netta distinzione, fatta da Deissmann, tra "Brief" ed "Epistel", che continua ad avere rilevanza, più o meno conscia, nei confronti dell'epistolario paolino. Cf. A. DEISSMANN, Licht vom Osten (Tübingen ⁴1923) 194-195.

Forse una tale distinzione risulta, ad un'analisi attenta della produzione epistolare, una finzione contemporanea; così anche D.E. AUNE, The New Testament in its literary environement (Philadelphia 1987) 160; HANSEN, Abraham, 21-23.

incompleti. Questo vale soprattutto per il già citato brano delle *Epistulae Ad Familiares* 2.4.1, in cui Cicerone parla di "epistularum genera", riferendosi non ad una "literarische Gattung", bensì ai diversi elementi interni, comuni, dell'epistolografia[82].

Per quanto riguarda i tipi di lettere ci resta il Τύποι ἐπιστολικοί dello Pseudo Demetrius[83]. Anche la cronologia e la paternità di quest'opera risultano vaghe: tuttavia, alcuni scelgono come delimitazione il 200 a.C. ed il 50 d.C.[84], altri estendono il "terminus ad quem" sino al 300 d.C.[85] Comunque è riconosciuta la sua origine ellenistica, anche se dalla terminologia si possono evincere fonti precedenti. Lo Pseudo Demetrius distingue 21 tipi di lettera (cf. *Tip.* 25-30); e poiché la terminologia dell'elenco risente in buona parte del vocabolario riguardante i generi retorici, forse è necessario distinguere i tipi epistolari, in dipendenza di questi ultimi. Al genere forense si possono attribuire i seguenti tipi: κατηγορικός o di accusa, ed ἀπολογητικός o di difesa. Al genere deliberativo sembrano rifarsi il συστατικός o di raccomandazione, il συμβουλευτικός o propriamente deliberativo e l' ἀξιωματικός o di supplica.

Al genere epidittico possono attribuirsi il μεμπτικός o di biasimo, l'ὀνειδιστικός o di rimprovero, l' ἐπιτιμητικός o di censura, lo ψεκτικός o di vituperazione, l' ἐπαινετικός o di lode ed il συγχαρητικός o di congratulazione. Inoltre, ci sembra vi siano dei tipi epistolari che corrispondono al "genere misto": il παραμυθητικός o di esortazione, il νουθετητικός o di ammonizione, l' ἀπειλητικός o di minaccia, l' ἐρωτηματικός o di inchiesta, l'ἀποφαντικός o di risposta.

Questi tipi epistolari possono far parte del "genere misto", ma anche non appartenere ad alcun genere retorico. Quest'ultima osservazione vale soprattutto per i restanti tipi: il φιλικός o di amicizia, l' ἀλληγορικός o di allegoria, l'εἰρωνικός o di ironia, l' αἰτιολογικός o di narrazione, l'ἀπευχαριστικός o di ringraziamento.

Da tale classificazione evidenziamo i riferimenti ai "tria genera causarum", sia nelle forme positive che in quelle negative. Inoltre, rileviamo la ricchezza di modalità con cui il genere epidittico può assumere connotazione "epistolare". Questo forse corrisponde, in termini negativi, alla sua delimitazione più estesa: tutto ciò che non rientrava nei restanti generi si riteneva erroneamente epidittico. Ma forse, in termini positivi, ciò conferma la maggiore duttilità del genere epidittico verso la "letteraturizzazione".

---

82 Per questo forse la fissazione di un genere epistolare classico, da parte di Salles, in base all'*Ad Fam.* 2.4.1., assume pretese troppo elevate su basi deboli. Cf. C. SALLES, "Le genre littéraire de la Lettre dans l'Antiquité", *Foi et Vie* 5 (1985) 41-47.

83 Cf. V. WEICHERT (ed.), *Demetrii et Libanii qui ferentur* ΤΥΠΟΙ ΕΠΙΣΤΟΛΙΚΟΙ et ΕΠΙΣΤΟΛΙΜΑΙΟΙ ΧΑΡΑΚΤΗΡΕΣ (Leipzig 1910).

84 Così L. BIRNKAMM, "Der älteste Briefsteller", *Rheinisches Museum* 64 (1909) 310-317.

85 Cf. MALHERBE, *Epistolary*, 4.

Per quanto riguarda la relazione generale tra retorica ed epistolografia, la presenza di tipi epistolari, che non rientrano in esclusivi generi retorici o, ancor di più, in nessuno di essi, dimostra quanto l'epistolografia possa essere ricondotta alla retorica. Infatti, per un verso, l'epistolografia si adatta ai generi retorici e, per l'altro, va al di là di essi, essendo un fenomeno più vasto e precedente alla retorica stessa. Pertanto non tutta l'epistolografia si identifica con la retorica[86]; tuttavia, la retorica abbraccia buona parte dei tipi epistolari e riteniamo che questo ci aiuti ad identificare molte funzioni dell'epistolografia classica[87].

Per questo abbiamo, soprattutto in epoca ellenistica, dei discorsi retorici che assumono una veste epistolare. Così Isocrate non esita ad inviare i suoi discorsi in lettera aperta[88]; e Platone scrive l'*Epistola 7* che rappresenta una vera e propria apologia retorica. Questo vale anche per Epitteto[89] e, soprattutto, per Seneca che, nello scrivere le sue lettere a Lucilio, adotta lo stile retorico della cosiddetta "diatriba"[90]. Dal canto suo, Plutarco incornicia il trattato morale *De Tranquillitate animi*, in una struttura epistolare.

La relazione tra retorica ed epistolografia viene confermata dagli "esercizi preliminari", durante i quali, spesso, uno scritto retorico assumeva forma epistolare[91]. Malherbe stabilisce anche il livello di studi, durante il quale, gli alunni erano introdotti all'epistolografia: alla conclusione del secondo livello di "grammatica", tra i 12 ed i 15 anni[92].

Pertanto, riteniamo che la retorica ci aiuti ad entrare nello stesso "Gedanke-bewegung" del corpo epistolare. Com'è ormai noto, ogni lettera conserva, in modo più o meno proporzionato, la triplice divisione in "praescriptum", "corpus" e "postscriptum"[93]. Ma se il "praescriptum" ed il "postscriptum" sono abbastanza chiari, non altrettanto si può affermare del "corpus", che non mutua dall'epistolografia la propria disposizione. Invece l'approccio retorico non solo consente una lettura rispondente del corpo epistolare classico, ma anche di una fenomenologia diversificata, presente sia nel "praescriptum" che nel "post-

---

[86] Così anche STOWERS, *Letter*, 51.

[87] Così afferma MALHERBE, *Epistolary*, 3: "Epistolary theory in antiquity belonged to the domain of the rhetoricians, but it was not originally part of their theoretical system".

[88] Cf. KENNEDY, *New Testament*, 86.

[89] Cf. H.D. BETZ, *2 Corinthians 8 and 9: A Commentary on Two Administrative Letters of the Apostle Paul* (Philadelphia 1985) 131.

[90] Cf. anche H. CANCIK, *Untersuchungen zu Senecas epistulae morales* (Hildesheim 1976). Sulla funzione dell'epistolografia classica come veicolo filosofico, religioso o esortativo cf. M.R.P. McGUIRE, "Letters and Letter Carriers in Christian Antiquity", *Classical World* 53 (1960) 150; M.L. STIREWALT, "The Form and Function of the Greek Letter - Essay", K.P. DONFRIED (ed.), *The Romans Debate* (Minneapolis 1977) 170-206.

[91] Cf. DOTY, *Letter*, 6-7.

[92] Cf. MALHERBE, *Epistolary*, 6-7; cf. anche STOWERS, *Letter*, 32.

[93] Cf. J.L. WHITE, "Ancient Greek Letters", D.E. AUNE (ed.), *Greco-Roman Literature and the New Testament* (Atlanta 1988) 85-105; cf. anche E. FERGUSSON, *Backgrounds of Early Christianity* (Grand Rapids 1987) 96-98.

scriptum". In altri termini, forse l'arte retorica condiziona la stessa modalità di espressione in sezioni così determinate, come il "praescriptum" ed il "post-scriptum".

Tutto ciò sarà verificato concretamente nell'analisi della Lettera ai Galati. Pertanto, la retorica e l'epistolografia classica, pur se non in relazione di uguaglianza, forse manifestano più connessione di quanto si pensi nella moderna critica letteraria, secondo la quale un discorso oppure uno scritto retorico risulterebbero artificiali, mentre una lettera sarebbe spontanea e naturale.

7. Retorica e diatriba

L'ultima questione ermeneutica che affrontiamo riguarda la relazione tra la retorica e la diatriba classica; tale analisi è necessaria sia per gli sviluppi degli studi sulla diatriba, che a causa della relazione con le Lettere paoline.

Dobbiamo però riconoscere che la connessione tra le due forme di "comunicazione" risulta problematica, soprattutto per la delimitazione della "diatriba". Le stesse opinioni sulla definizione della diatriba sono molto diversificate: da una parte si pone chi identifica la diatriba come una chiara "literarische Gattung"[94], dall'altra chi la considera una "finzione" letteraria[95]. Non manca chi preferisce tener presenti entrambe le posizioni: in origine la

---

[94] Sembra che il primo a definire la "diatriba" come "kynische Gattung" sia stato Usener nell'introduzione ad Epicuro. Cf. H. USENER, *Epicurea* (Berlin 1887) lxix. Ma già l'indagine di Wilamowitz era orientata a determinare un "genere letterario" nei frammenti di Telete. Cf. M. WILAMOWITZ, "Die kynische Prediger Teles", *Antigonos von Karystos* (Berlino 1881) 292-319.

Dalle loro conclusioni dipendono le analisi di Weiss e di Bultmann. Cf. J. WEISS, "Beiträge zur paulinischen Rhetorik", FS. B. Weiss, *Theologische Studien* (Göttingen 1897) 5.6.61; R. BULTMANN, *Der Stil der paulinischen Predigt und die kynisch-stoische Diatribe* (Göttingen 1910); cf. anche P. WENDLAND, "Philo und die kynisch-stoische Diatribe", *Beiträge zur Geschichte der griechischen Philosophie und Religion* (Berlin 1895); Id., *Die hellenistische-römische Kultur in ihren Beziehungen zu Judentum und Christentum* (Tübingen 4 1972); E. NORDEN, *Die Antike Kunstprosa* (Leipzig 3 1915), II, 1.130. Anche se con maggiore solidità, su tale presupposto sono fondati gli studi di Throm, Wallach e Stowers. Cf. H. THROM, *Die Thesis. Ein Beitrag zu ihrer Entstehung und Geschichte* (Paderbon 1932); B.P. WALLACH, *A History of the Diatribe from Its Origin up to the First Century B. C. and a Study of the Influence of the Genre upon Lucretius III, 830-1094* (Illinois 1974); S.K. STOWERS, *The Diatribe and Paul's Letter to the Romans* (SBLDS 57; Ann Arbor, Michigan 1981); Id., "The Diatribe", D.E. AUNE (ed.), *Greco-Roman Literature and the New Testament* (SBLSBS 21; Atlanta 1988) 71-83.

[95] Così afferma W.S. ANDERSON dopo la relazione di Kustas sulla diatriba: "So long as we heed Kustas warning and know that our genre of diatribe is, in ancient terms, a fiction". Cf. W. WUELLNER (ed.) *Protocol of the 22nd Colloquy* (Berkeley 1976) 17; cf. anche J. MOLAGER nell'introduzione a CICERO, *Les paradoxes des Stoïciens* (Paris 1971) ix; P. BOIANCÉ, "Le dieu cosmique", *REG* 64 (1951) 300-313.

diatriba non rappresentava una "Gattung", ma poi ne ha assunto le caratteristiche[96]. Inoltre, per alcuni la diatriba trova il suo contesto vitale nella predicazione itinerante dei filosofi cinico-stoici, al punto che avremmo una specifica "diatriba cinico-stoica"[97]. Invece, per altri si tratta di "esercizi scolastici", rispondenti alla relazione tra maestro ed alunni[98]. A quanti ne pongono in risalto la forma scritta[99], fanno riscontro coloro che affermano la preminenza di quella orale[100]. Rimane oscura la stessa origine della diatriba: il dialogo pedagogico socratico oppure lo stile satirico di Bione, anche se di quest'ultimo non ci rimangono che dei frammenti? In definitiva, la stessa relazione che ipotizziamo, sembra poco "ortodossa", perché, in base ad alcuni canoni, la diatriba rappresenta una forma di filosofia popolare che rigetta ogni connessione con la retorica. Pertanto è necessario innanzitutto precisare i dati di riferimento, per valutarne le connessioni.

7.1. Diatriba come "excursus" e "Stilmittel"

A causa degli studi iniziati alla fine del secolo scorso, quando parliamo di diatriba, facciamo riferimento ad un determinato genere letterario, relazionato con la filosofia cinico-stoica. In realtà, nella letteratura classica, la "diatriba" non rappresentava un "genere letterario" con una specifica topologia o tropologia. Nessuno parla in questi termini della diatriba, né abbiamo una rispondente manualistica[101]. Al contrario, le stesse definizioni del termine risultano fluttuanti, con contenuti diversi e poco definibili.

Una prima definizione, che ci sembra basilare, parte dall'etimologia del termine διατριβή e del rispettivo verbo διατρίβειν. Così "diatriba" equivale a "perdere tempo", "dilungarsi", fare "excursus" all'interno del tema principale da analizzare. Tale valenza viene testimoniata da Aristotele che, nel delineare le caratteristiche del genere deliberativo, scriveva:

"E (il discorso deliberativo) non comprende molte divagazioni come quello riguardante il proprio nemico, se stessi oppure il suscitare passioni"[102].

---

96 Cf. W. CAPELLE, "Diatribe", RAC 3 (1957) 990-1009.
97 Così WILAMOWITZ, "Die Kynische"; USENER, Epicurea; WEISS, Beiträge; BULTMANN, Diatribe; WENDLAND, "Philo".
98 Cf. O. HALBAUER, De Diatribis Epicteti (Leipzig 1911); STOWERS, Diatribe; T. SCHMELLER, Paul und die "Diatribe" (Münster 1987) 20-21. 43-54.
99 Cf. STOWERS, Diatribe, 50-79.
100 Cf. SCHMELLER, Paulus, 52-53.
101 Così anche G.L. KUSTAS, "Diatribe in Ancient Rhetoric Theory", W. WUELLNER (ed.), Protocol of the 22nd Colloquy (Berkeley 1976) 4.
102 ARISTOTELE, Ret. 3.17.1418a: Καὶ οὐκ ἔχει πολλὰς διατριβάς, οἶον πρὸς ἀντίδικον ἢ περὶ αὐτοῦ, ἢ παθητικὸν ποιεῖν.

E' significativo che uno dei primi usi del termine si riscontri nella manualistica retorica. Tuttavia, una importante definizione ci è data dallo Pseudo Ermogene che, nel περὶ μετόδου δεινότητος, scriveva:

"La diatriba è lo svolgimento (l.v. "il mutamento") di un breve pensiero etico, affinché la disposizione d'animo di colui che parla si radichi nella mente dell'ascoltatore"[103].

Notiamo innanzitutto che lo Pseudo Ermogene tratta della diatriba all'interno "dell'abbondanza" stilistica, o περὶ περιττότητος: egli non ci offre una definizione filosofica, bensì letteraria o tropica. Così, anche per lo Pseudo Ermogene, la "diatriba" rientra nell'ambito della retorica. Inoltre, a differenza del riferimento aristotelico, tale definizione è da valutare all'interno della stilistica retorica; ciò che determina διατριβή è l'ἦθος. Abbiamo precisato che l'ἦθος rappresenta, con il λόγος ed il πάθος, una delle "prove tecniche" attraverso le quali il discorso retorico diventa probante. Esso si riferisce al carattere dell'autore, posto come modello per l'ascoltatore.

Pertanto, di per sé, διατριβή non riguarda l'etica o la morale della "diatriba cinico-stoica", né l'aretalogia da inculcare nell'ascoltatore. Tale definizione si riferisce ad una modalità retorica o stilistica, che alcuni identificano con le figure della "expolitio" o della "commoratio"[104]. Ma, anche se sono innegabili le analogie tra la definizione sulla diatriba dello Pseudo Ermogene e la "commoratio" o la "expolitio" retorica, ci sembra necessario precisare che, mentre la diatriba, così intesa, è relazionata al "carattere" dell'oratore, le due figure retoriche non necessitano di tale relazione. Infatti possiamo avere delle forme di "amplificazione", sia nelle prove "logiche" che in quelle "patetiche". Resta comunque che ci troviamo nell'ambito dell' amplificazione retorica.

Notiamo infine che, se concepita in questo modo, la diatriba, pur trovandosi, quale mezzo stilistico, in qualsiasi tipo di discorso retorico, sarà particolarmente relazionata al discorso epidittico o dimostrativo, in cui l'amplificazione trova maggiore spazio[105].

103 ERMOGENE, Περὶ Μετόδου 418,3-5: Διατριβή ἐστι βραχέος διανοήματος ἠθικοῦ ἔκτασις (l.v. ἔκστασις) ἵνα ἐμμείνῃ τὸ ἦθος τοῦ λέγοντος ἐν τῇ γνώμῃ τοῦ ἀκούοντος. Cf. H. RABE, Hermogenis opera, Rhetores Graeci (Lipsia 1913), IV, 418. L'opera è ritenuta pseudoermogeniana anche da SCHMELLER, Paulus, 8.
104 Così WALLACH, Diatribe 16-18; cf. anche l'intervento di Wallach dopo la relazione di Kustas, "Diatribe", 30-31. Sulla definizione della "commoratio" cf. QUINTILIANO, Inst. Or. 9.1.27; 9.2.4; CORNIFICIO, Heren. 4.45.58; CICERONE, De Orat. 3.53.202. Per la "expolitio", cf. CORNIFICIO, Heren. 4.42.54; 4.44.58.
105 Cf. ARISTOTELE, Ret. 1.9.1368a; QUINTILIANO, Inst. Or. 3.7.6; cf. anche KUSTAS, "Diatribe", 11. Troviamo un'analoga rilevanza stilistica in Menandro, che utilizza il termine διατριβή in rapporto alle diverse specie della retorica epidittica. Cf. A.D. RUSSELL - N.G. WILSON, Menander Rhetor (Oxford 1981) 335,21; 340,19; 359,6; 379,4; 403,4; 415,8; 417,2.

7.2. Diatriba e "genere letterario"

Accanto alla diatriba intesa come "divagazione", o "excursus" e "Stilmittel", è necessario valutare la "diatriba" che, dalla fine del secolo scorso, è stata identificata come "cinico-stoica", con una specifica "literarische Gattung". Tuttavia, anche in una prospettiva così determinata, le opinioni si differenziano ed a volte giungono a conclusioni opposte. Precisiamo comunque che quanti, come Schmeller, non condividono l'uguaglianza tra classica e nuova diatriba, devono riconoscere degli elementi comuni presenti in determinati scritti[106]. Pertanto, ci sembra necessario individuare gli autori che generalmente vengono relazionati alla diatriba.

Si è generalmente concordi nel ritenere che il primo autore ad usare la "diatriba", sia Bione (sec. III a.C.)[107]. Tuttavia, alcuni ne relativizzano l'importanza: di fatto ci sono pervenuti soltanto dei frammenti, presenti nell'antologia di Stobaeus, di Telete suo discepolo[108]. Lo stesso Schmeller ritiene che Bione non possa essere considerato l'ideatore della diatriba, bensì uno dei maggiori esponenti; invece, questa inizierebbe con il dialogo "socratico"[109]. Forse la stessa specificazione "cinico-stoica" risulta inadeguata per Bione, relazionato più all'Accademia che alla filosofia cinico-stoica[110]. Notiamo comunque che lo stile "bioneo" doveva essere, per lo meno, abbastanza noto, se Orazio lo citava come tipo di satira[111].

A Bione fa seguito Telete (metà del sec. III a.C.) che, secondo Wilamowitz, rappresenta il vero iniziatore del genere diatribico, con il suo mitico stile di "Wanderprediger"[112]. Invece Stowers, nella sua presentazione di Telete, pone l'accento sulla natura didattica delle sue diatribe, dalle quali emerge la relazione tra maestro ed alunni[113]. Tra i discepoli del cinico Telete sono da annoverare Dione di Prusa e Massimo di Tiro.

Dione di Prusa (sec. II a.C.) rappresenta, secondo Stowers, l'esempio migliore della convergenza, nella diatriba, tra retorica e filosofia classica[114]. Infatti, le sue diatribe appartengono al relativo periodo cinico; ma spesso riflettono un contesto itinerante di "predicazione filosofica delle masse", e non di situazione scolastica[115].

---

[106] Cf. SCHMELLER, Paulus, 20.

[107] Cf. USENER, Epicurea, lxix; NORDEN, Kunstprosa, 1.130.

[108] Cf. MOLAGER, Paradoxes, 60;

[109] Cf. SCHMELLER, Paulus, 30.

[110] Così anche SCHMELLER, Paulus, 38.

[111] ORAZIO, Ep. 2.2.59-60: "Carmine tu gaudes, hic delectatur iambis, ille Bioneis sermonibus et sale nigro".

[112] Cf. WILAMOWITZ, Antigonos, 301.306.313.

[113] Cf. STOWERS, Diatribe, 51.

[114] Cf. STOWERS, Diatribe, 60-62.

[115] Forse Stowers costringe le diatribe di Dione in contesto didattico scolastico, più per confermare la propria tesi, secondo la quale l'elemento scolastico è presente in tutte le diatribe classiche, che per una reale corrispondenza dei dati.

Anche l'altro discepolo di Telete, Massimo di Tiro (metà del sec. II a.C.) ci ha trasmesso delle "diatribe" che riflettono forse un contesto specificatamente scolastico[116]. Tuttavia, la "diatriba" giunge ad uno dei vertici con Epitteto, le cui diatribe ci sono pervenute attraverso il lavoro stenografico del suo discepolo Arriano. Ancora una volta, Stowers pone l'accento sul contesto scolastico delle sue diatribe, negandone la rilevanza di predicazione itinerante[117].

Accanto a questi autori, sui quali gli studiosi contemporanei si trovano concordi nell'identificazione di uno stile e di un contenuto simile, poniamo Musonio Rufo, le cui diatribe ci sono pervenute, per iscritto, mediante Lucius suo discepolo. Anche per Musonio il contesto scolastico sembra assumere particolare rilevanza[118].

Inoltre, gli scritti di Plutarco rappresentano una ricca fonte di materiale "diatribico", soprattutto con i suoi *Moralia*. Precisiamo che, sotto l'aspetto filosofico, Plutarco non appartiene allo Stoicismo né al Cinismo, bensì all'Accademia. Nei suoi scritti, il termine $\delta\iota\alpha\tau\rho\iota\beta\dot{\eta}$ equivale spesso ad "ateneo" o "scuola filosofica"[119] e risente sia di un contesto scolastico[120] che itinerante o di "piazza"[121].

Quindi riteniamo che, ad un'attenta analisi dei testi, risulti restrittiva la prospettiva di Stowers, secondo il quale la diatriba plutarchiana risponde ad un contesto esclusivamente scolastico[122]. In realtà, come ha ben rilevato Schmeller[123], spesso i discorsi di Plutarco riflettono un contesto itinerante. Pertanto, con Plutarco, se da una parte il termine "diatriba" equivale a "scuola filosofica", dall'altra il suo contesto può essere anche di semplice discorso di piazza.

L'ultimo grande autore che adotta lo stile diatribico ci sembra Seneca, che indirizza a Lucilio le proprie lettere morali. Il suo epistolario rappresenta un importante esempio di stile diatribico in contesto epistolare. Anche per i suoi scritti, Stowers ritiene che rispecchino un'ideale relazione didattica tra Seneca e Lucilio[124]. Tale osservazione sarebbe rispondente all'economia dell'epistolario seneciano, se non fosse inficiata dalla precostituita separazione, operata da Stowers, tra ambientazione didattica ed itinerante.

Accanto a questi autori, alcuni pongono Filone Alessandrino che, soprattutto nel *Quod omnis probus liber sit*, coniuga esegesi veterotestamentaria e stile popolare diatribico. Inoltre, Wendland identifica elementi diatribici in

---

[116] Cf. STOWERS, *Diatribe*, 68.
[117] Cf. STOWERS, *Diatribe*, 53-58.
[118] Cf. STOWERS, *Diatribe*, 58-60; A.J. MALHERBE, *Moral Exhortation, A Greco-roman Sourcebook* (Philadelphia 1986) 13.
[119] Cf. PLUTARCO, *Mor.* 605A.
[120] Cf. PLUTARCO, *Mor.* 1086D.
[121] Cf. PLUTARCO, *Mor.* 929B; *Aratus*, 3,3.
[122] Cf. STOWERS, *Diatribe*, 62-76.
[123] Cf. SCHMELLER, *Paulus*, 9-10.
[124] Cf. STOWERS, *Diatribe*, 70.

Cicerone, Persio, Giovenale ed Orazio[125]; e Kustas considera come "diatribico" anche il *De ira* di Filodemo di Gadara[126].

Infine ci sembra importante analizzare la relazione tra il "dialogo epistolare" e quello "diatribico": come possiamo comprendere sino a che punto si tratti di relazione epistolare oppure "diatribica"? La problematica è stata già sollevata da Stowers che così scrive:

"Soprattutto, l'aspetto dialogico della lettera si dispiega nel contesto del suo carattere filofronetico. Anche quando compare un rimprovero, la sua presenza è qualificata dalla sua dimensione di amicizia. L'elemento dialogico della diatriba, invece, tende ad essere meno personale, con l'autore che usa il metodo del biasimo-protressi ed il contenuto morale-filosofico"[127].

L'analisi di Stowers risponde ad una criteriologia contenutistica che, per quanto vera, cambia per ogni autore. Ci sembra invece necessaria un'indagine più tassonomica rispetto agli elementi dialogici della diatriba presenti nei discorsi, negli esercizi scolastici e nell'epistolografia.

Riteniamo infatti che, al di là dei caratteri contenutistici, gli elementi dialogici della diatriba rispondano ad una particolare funzione argomentativa, per cui il discorso o la lettera pervengono ad un cambiamento tematico oppure alla conclusione. Cercheremo di dimostrare tale funzionalità dialogica proprio con l'analisi della Lettera ai Galati. Intanto ci sembra importante rilevare la poca attendibilità dell'ipotesi di Stowers, che distingue i caratteri dialogici della diatriba da quelli epistolari, soltanto per il contenuto più o meno amichevole, più o meno personale.

Da questa breve indagine sulla diatriba, comprendiamo innanzitutto che, la specificazione "cinico-stoica" risulta riduttiva, ed in definitiva fuorviante. Infatti lo "stile" di questa "literarische Gattung" non si riferisce soltanto ad autori stoici o cinici come Epitteto, Musonio Rufo, Seneca o Dione di Prusa, bensì anche a platonici come Plutarco e Filone Alessandrino. Per questo preferiamo parlare semplicemente di "diatriba".

Inoltre, il contesto di questa forma di educazione filosofica delle masse non trova riscontro soltanto in ambito didattico o scolastico, bensì anche di piazza. Riteniamo che la restrizione di Stowers sia paragonabile, per eccesso opposto a quella di Bultmann. Infatti, se nell'analisi di Bultmann la diatriba rispondeva alla romantica identificazione della predicazione orale ed itinerante dei filosofi, quella di Stowers sembra subire l'influenza, altrettanto romantica, di un "College" universitario. Tali retroproiezioni sociologiche sembrano anacronistiche, anche se, ad una prima lettura, accattivanti e persuasive[128].

---

[125] Cf. WENDLAND, *Kultur*, 78-87.
[126] Cf. KUSTAS, *"Diatribe"*, 29.
[127] Cf. STOWERS, *Diatribe*, 71.
[128] Cf. anche la critica di SCHMELLER, *Paulus*, 20-21.

Invece le diverse diatribe pervenuteci rispecchiano sia un contesto scolastico e scritto, che di piazza ed orale.

Dal punto di vista cronologico, gli autori della "diatriba" si collocano soprattutto tra il III sec. a.C. ed il I sec. d.C.; e non solo appartengono alle diverse aree filosofiche del tempo, ma anche alle differenti localizzazioni geografiche.

Forse l'elemento di maggiore comunanza delle fonti risiede nella rilevanza etica delle "diatribe", cioè nella comunicazione di valori. Tale rilevanza etica, anche se non in termini di assimilazione, pensiamo che derivi dall'$\mathring{\eta}\theta o\varsigma$ retorico. Così, con la diatriba, il "carattere dell'autore" diventa "etica" da seguire. La relazione tra i due elementi etici è dimostrata dal fatto che, uno dei $\tau \acute{o} \pi o \iota$ più comuni della diatriba è rappresentato dall'imitazione dell'autore, visto come modello da seguire.

Infine, anche se nella letteratura classica, la diatriba, non viene presentata come un "genere letterario", rimane la stretta relazione con la retorica classica ed i suoi generi. Per questo preferiamo definirla come "specie" o "sub-genere" retorico. In definitiva la sua identificazione non è semplicemente ermeneutica o interpretativa, ma testuale ed oggettiva. Da ciò riemerge l'interrogativo iniziale sulla connessione tra diatriba e retorica, che cerchiamo di individuare in termini formali.

7.3. I connotati retorici della diatriba

Nella diatriba viene dato particolare spazio alla presenza dell'interlocutore fittizio[129]. Tale relazione tra mittente e destinatario fittizio comporta la presenza di apostrofi, di false conclusioni e di obiezioni[130]. Inoltre l'argomentazione diatribica contiene delle personificazioni di elementi astratti, l'utilizzazione di aneddoti, paragoni ed "exempla" o modelli. Quindi, le figure retoriche più frequenti sono le allitterazioni, le anafore, le antitesi ed i chiasmi. La stessa fraseologia diatribica si presenta, in prevalenza, come paratattica e ricca di ellissi. Da tutto ciò emerge uno stile vivace e popolare, rispondente ai contenuti filosofici che deve comunicare. Giustamente Stowers pone in risalto la connessione tra queste caratteristiche e la pedagogia socratica, composta dalle due fasi di "indictment" e "protreptic"[131].

Davanti a queste caratteristiche stilistiche emerge l'interrogativo sulle motivazioni di tale fenomenologia. Pensiamo che ciò sia dovuto all'arte della persuasione, appunto alla retorica greco-romana.

Tuttavia, resta problematica la presenza del "topico" rifiuto proprio della retorica, che molti autori suddetti affermano chiaramente. In realtà, da un'indagine più accurata dei testi, emerge il rinnegamento delle forme decadenti della

---

129 Cf. STOWERS, *Diatribe*, 79; SCHMELLER, *Paulus*, 4.
130 Cf. STOWERS, *Diatribe*, 79.117.119-154.
131 Cf. STOWERS, *Diatribe*, 76.

retorica; per cui il genere forense diventa affermazione dell'ingiustizia, quello deliberativo del favoritismo politico e quello epidittico del puro apparato. Invece, Kinneavy ha posto bene in risalto come gli stoici Crisippo e Cleante scrissero sulla retorica; anche Posidonio, maestro di Cicerone, subì l'influenza della retorica. Lo stesso vale per gli epicurei Zenone di Sidone e Filodemo di Gadara[132].

Anche l'analisi dei testi conferma tale convinzione; e sembra significativa la concezione della retorica che emerge dalle lettere di Seneca. Spesso l'autore fa riferimento alla retorica e biasima innanzitutto una "elocutio" affrettata, poco articolata[133]. A tal riguardo è fondamentale l'*Epistola 4* che Seneca dedica proprio alla retorica:

"L'eloquenza al servizio della verità, inoltre, deve essere priva di artifici e semplice: quella demagogica non rispecchia il vero. Vuole far presa sulla folla e trascinare con il suo slancio le orecchie delle persone sconsiderate; non si presta ad un attento esame, anzi se ne sottrae: e come può governare se non può essere governata?"[134].

Sembra chiaro che Seneca non rifiuta la retorica in quanto tale, ma le sue forme di esagerazione, per cui il falso, e non la verità, assume forza di persuasione. Infine, Seneca consiglia ai giovani la sua retorica ideale:

"Quanto è insensato l'oratore che si allontana felice per gli applausi di un pubblico ignorante ... Li tocchi (ai giovani) però la sostanza, non le belle parole; altrimenti l'eloquenza sarà loro nociva, se non provocherà desiderio di contenuti, ma compiacimento di se stessa"[135].

Così Seneca indica come modello una retorica capace di comunicare dei valori, e non semplicemente estetica; lo stesso vale per gli altri autori della diatriba.

Questa distinzione, tra gli abusi retorici da rigettare e la retorica ideale a servizio della filosofia da seguire, diventa significativa anche per Epitteto. Malherbe e Stowers ritengono che, in base al *Disc.* 3.23.23-38, Epitteto esclude la retorica epidittica[136]. In realtà, Epitteto rifiuta la retorica elogiativa, nello

---

132 Cf. KINNEAVY, *Faith*, 41-42.
133 Cf. SENECA, *Ep.* 2.15.7-8; 4.40.2-11.
134 SENECA, *Ep.* 4,40: "Adice nunc quod quae veritati operam dat oratio incomposita esse debet et simplex: haec popularis nihil habet veri. Movere vult turbam et inconsultas aures impetu rapere, tractandam se non praebet, aufertur: quomodo autem regere potest quae regi non potest?".
135 SENECA, *Ep.* 5.52.11-14: "Quanta autem dementia eius est quem clamores imperitorum hilarem ex auditorio dimittunt!...Ad rem commoveantur, non ad verba composita; alioquin nocet illis eloquentia, si non rerum cupiditatem facit sed sui".
136 Cf. MALHERBE, *Exhortation*, 121; STOWERS, *Diatribe*, 57.59.

stesso modo con cui Seneca rigetta quella puramente estetica. Pertanto, ci sembra necessario distinguere tra abusi retorici ed arte pedagogica della persuasione. Inoltre, riteniamo che il metodo socratico, caratterizzato dalle fasi del "rimprovero" e della "protressi", ripreso da Epitteto e Musonio Rufo, sia da ricollegare proprio alla retorica epidittica del biasimo, finalizzata al rifiuto dei vizi ed all'affermazione delle virtù.

Pertanto, la connessione tra la diatriba come "specie retorica" e la retorica greco-romana risulta illuminante. Questo vale soprattutto per la relazione tra generi retorici e diatriba. Certamente, in quanto relazionata con la retorica, la diatriba si pone a servizio di ogni genere retorico. Tuttavia, da un confronto con il genere epidittico, emerge una singolare connessione. Infatti come la retorica epidittica, anche la diatriba si fa veicolo di aretalogia o di valori. Inoltre, anche la diatriba assume soprattutto la forma negativa del "biasimo", per diventare itinerario di correzione. Così, anche nella diatriba, il carattere dell'autore riceve particolare rilevanza. In definitiva, la dimensione etica avvicina la diatriba più all'epidittica che al discorso giudiziario e deliberativo[137]. Forse questa connessione non è stata, sino ad ora, posta in luce per il fatto che, ancora una volta, si fa equivalere l'epidittica all'elogio, dimenticando che è necessario valutare anche la forma negativa del biasimo. Quindi, ci sembra che, la diatriba si configura come "specie" retorica, relazionata soprattutto al genere dimostrativo.

8. Conclusione

In questa sezione si è cercato di delineare un'ermeneutica della retorica classica; e per questo programma ci siamo serviti soprattutto della manualistica. Perciò, prima di tutto si è stabilito un "curriculum" manualistico, che ha fatto rilevare l'importanza delle concezioni di Aristotele, Cicerone e Quintiliano. Il confronto di questi trattati ci ha permesso di analizzare le dinamiche del discorso retorico.

Si sono identificate le caratteristiche dei "tria genera causarum": giudiziale, epidittico e deliberativo. Tuttavia, poiché la maggior parte dei manuali manifesta il limite dell'esemplarità forense, in base alla quale vengono analizzati il genere dimostrativo e quello deliberativo, abbiamo preferito prospettare il "proprium" di ogni genere. Naturalmente, la presenza del genere misto e di quello artificiale ha richiamato l'interrelazione dei generi fondamentali. Il genere epidittico risulta quello più complesso ed indeterminato; per questo si è cercato di dimostrare, a partire da Quintiliano, la sua dimensione aretalogica e pragmatica, contro la riduzione estetica, presente in molti manuali classici e moderni.

L'argomentazione retorica, poi, si divide in cinque parti fondamentali: "inventio", "dispositio", "elocutio", "memoria" e "pronuntiatio". Se però, nella

---

[137] Tuttavia ci sembra esagerata la posizione di Wallach, che nella risposta a Kustas, identifica "sic et simpliciter" diatriba ed epidittica. Cf. KUSTAS, "Diatribe", 31.

prospettiva dell'oratore, assumono particolare importanza l'invenzione e l'elocuzione, sotto l'aspetto ermeneutico la preminenza spetta alla disposizione. In termini concreti, la "dispositio" riguarda il testo o il discorso retorico di fronte al quale ci poniamo.

A sua volta, la "dispositio" contiene delle parti opzionali ed alcune basilari intorno alle quali vengono precisate le articolazioni del discorso. A causa dell'importanza della "dispositio" abbiamo formulato il principio metodologico fondamentale della "retorica letteraria": dalla tassonomia del testo all'identifi-cazione dei generi retorici. Infatti, l'approccio inverso del "rhetorical criticism", in base al quale dal genere si passa alla disposizione, si è dimostrato aprioristico e poco convincente. Attualmente, non abbiamo a che fare con un genere, bensì con un testo più o meno ben organizzato, capace di richiamare il proprio "contesto retorico". Tuttavia, il genio letterario dell'autore e la differenza di contesto sociale dal quale noi partiamo, impongono cautela e la negazione della deterministica connessione tra "dispositio" e generi. Abbiamo, a riguardo, delineato una metodologia di indagine che valuta le connessioni tra "exordium" e "peroratio", "narratio" e "probatio". Inoltre l'identificazione della "propositio" costituisce un punto nodale: significa individuare la prospettiva portante della comunicazione retorica.

Dopo la trattazione della manualistica e della tassonomia retorica sono state affrontate due questioni ermeneutiche centrali: la relazione della retorica con l'epistolografia e quella con la diatriba classica.

La prima relazione si è palesata originale e diversa dalla nostra comune concezione epistolografica. Infatti, la nota distinzione tra "lettera" ed "epistola" non trova fondamento nella concezione epistolografica classica. Si è consape-voli che l'epistolografia è più antica ed ampia della retorica; ma questo non impedisce la sua utilizzazione in funzione della persuasione: di fatto, molti retori hanno trasmesso il proprio messaggio per via epistolare. Infine, riteniamo che forse la retorica ci aiuti ad entrare nel messaggio, ancora poco illuminato, della sezione centrale epistolare: il "corpus".

Quindi la relazione tra retorica e diatriba si è dimostrata più complessa, a causa della determinazione di quest'ultima. Abbiamo analizzato lo stile diatribico e la relativa "specie", presenti in molti testi accomunati da tali denominatori. Queste due connotazioni della diatriba sono relazionate e diversificate nello stesso tempo, soprattutto a causa del carattere o "ethos" dell'autore che, dalla diatriba, come mezzo stilistico, diventa etica assiologica in quella come specie retorica. Inoltre, abbiamo escluso la riduzione della diatriba alla filosofia cinico-stoica, alla sola espressione orale o scritta, ed al solo contesto itinerante o scolastico. Di fatto, il "contesto diatribico" varia per ogni autore, presso il quale è possibile identificare elementi diatribici in diverse aree filosofiche e geografiche.

La relazione, poi, tra diatriba e generi retorici si è dimostrata basilare; e se la diatriba si può riscontrare in qualsiasi genere retorico, è tuttavia significativa la sua relazione con il genere epidittico, a causa dell'amplificazione che li accomuna. Infatti, questi sono collegati soprattutto dalla forma negativa del biasimo, dall'esemplarità dell'autore e dalla rilevanza contenutistica della virtù.

opposta del vizio. In definitiva, forse nella diatriba bisogna riconoscere la presenza di buona parte della forma negativa del genere epidittico, costituito dal biasimo. Il riduzionismo del genere epidittico a semplice "elogium" ha impedito l'identificazione di tale connessione.

CAPITOLO TERZO

La "dispositio" della Lettera ai Galati

1. Introduzione

Dopo la valutazione delle strutture e l'ermeneutica della retorica classica, torniamo alla Lettera ai Galati per cercare di delineare la sua composizione letteraria e retorico-epistolare.

Innanzitutto, sarà necessario individuare il tipo di argomentazione che la stessa "dispositio" farà evidenziare. Per questo seguiremo il principio della "retorica letteraria": dalla "dispositio" al "genere" retorico. Il procedimento inverso si è dimostrato aprioristico e poco rispettoso dell'autonomia testuale.

Per lo stesso motivo abbandoneremo una metodologia basata sul "mirror reading"[1], noto anche come "analisi speculare" del testo. Non intendiamo ostracizzare un tipo di approccio che permette, in generale, di pervenire a risultati utili. In una comunicazione, rimane valida l'importanza del "non detto", oltre che del "detto". Ma per Gal una tale criteriologia si rivela come arbitraria e contraddittoria. Ci sembra che questo sia dovuto, da una parte alla non chiara comprensione dell'argomentazione paolina, e dall'altra alla teologizzante stratificazione cui è stato soggetto il testo. Così, le precomprensioni teologiche hanno forse determinato una stratificazione massiccia rispetto a questa Lettera, considerata spesso come il crocevia di molteplici dibattiti dottrinali. Per questo, ci sembra necessario determinare prima la "dispositio" di Gal; un'analisi "speculare" si pone in un momento successivo, appunto riflesso. L'identità retorica delle singole unità sarà precisata in base al tipo di "prova" retorica: quella riguardante il mittente, o "ethica" (= $\tilde{\eta}\theta o\varsigma$), il destinatario, o "pathetica" (= $\pi\acute{\alpha}\theta o\varsigma$), ed il messaggio, o "logica" (= $\lambda\acute{o}\gamma o\varsigma$). Inoltre, saranno evidenziate le più importanti figure "retoriche", attraverso le quali è possibile stabilire il tenore persuasivo del testo.

Quindi all'interno della "dispositio", si evidenzierà la topologia principale. Anche a tal proposito, ci sembra che rimanga valido il principio ermeneutico della "sincronia": la priorità spetta al testo ed al suo contesto.

---

[1] Così Barclay descrive il "mirror reading": "We must use the text which answers the opponents as a *mirror* in which we can see reflected the people and the arguments under attack". Cf. J.M.G. BARCLAY, "Mirror-Reading a Polemical Letter: Galatians as a Test Case", *JSNT* 31 (1987) 73-74.

Il confronto con il restante epistolario paolino si pone ad un livello successivo. Tale principio risulta basilare soprattutto per il lessico paolino, forse sovraccaricato di sensi teologici "a posteriori".

Tuttavia, rispetto ai canoni dell'epistolografia classica, risulterà utile valutare le relazioni con le altre lettere paoline, soprattutto quelle "indiscusse"[2]. Infine, dal punto di vista testuale, poiché Gal si presenta globalmente stabile, seguiremo l'edizione critica di Nestle - Aland[3]. Almeno sotto questo aspetto la Lettera ai Galati non presenta considerevoli problemi!

2. Il "praescriptum" (Gal 1,1-5)

Nella presentazione delle strutture si è osservato che uno dei pochi dati di delimitazione, che trova concordi gli esegeti, è costituito dal "praescriptum" (1,1-5). Tuttavia, ci sembra che non sia stato dato sufficiente spazio alla dimensione retorica della stessa pericope.

2.1. Composizione epistolare e dossologica

Un "praescriptum" epistolare comprende generalmente tre elementi: la "superscriptio", nella quale è verificabile la presentazione del mittente; l' "ad-scriptio", riguardante il destinatario; la "salutatio", nella quale viene dato spazio ai diversi saluti[4].

Anche in Gal 1,1-5 sono riscontrabili tali caratteristiche, pur se con significative variazioni. Così la "titulatio" (1,1) e la conclusione dossologica (1,5) causano una delimitazione letteraria ben verificabile: Παῦλος ἀπόστολος... ᾧ ἡ δόξα εἰς τοὺς αἰῶνας τῶν αἰώνων, ἀμήν. In 1,1-2a si trova la "superscriptio": Παῦλος ἀπόστολος... καὶ οἱ σὺν ἐμοὶ πάντες ἀδελφοί. Ma notiamo che, subito, Paolo specifica il senso del suo apostolato: ...οὐκ ἀπ' ἀνθρώπων οὐδὲ δι' ἀνθρώπου ἀλλὰ διὰ Ἰησοῦ Χριστοῦ (v. 1b). Questo non era stato necessario in nessun'altra sua "superscriptio"[5]. Ma l'altra variazione si trova nella citazione dei committenti: "...E, con me, tutti i fratelli..." (v. 2a). Notiamo che Gal 1,1-5 rappresenta l'unico "praescriptum" paolino con tanti committenti: πάντες[6].

---

[2] Ci riferiamo a Rm; 1 Cor; 2 Cor; Fil; 1 Ts e Fm.

[3] Cf. E. NESTLE - K. ALAND, *Novum Testamentum Graece* (Stuttgart [26]1983).

[4] Cf. BETZ, *Galatians*, 37; CORSANI, *Galati*, 53.

[5] Cf. 1 Cor 1,1; 2 Cor 1,1; Rm 1,1. In Rm 1,1 si trova anche l'appellativo δοῦλος, che in Fil 1,1 è condiviso da Timoteo. In Fm 1 compare δέσμιος, mentre soltanto 1 Ts 1,1 contiene l'assoluto "Paolo".

[6] Generalmente si tratta di specifici collaboratori di Paolo: Timoteo (1 Ts 1,1; 2 Cor 1,1; Fil 1,1; Fm 1), Silvano (1 Ts 1,1) e Sostene (1 Cor 1,1). Per inverso, in Rm 1,1-7 non viene citato nessun committente.

In 1,2b si trova la "adscriptio"; i destinatari della Lettera sono "le comunità della Galazia". Dal confronto con le altre "adscriptiones", risalta questa brachilogica formulazione[7]: Paolo non formula alcun riconoscimento o lode nei confronti di queste sue comunità. Questo stabilisce un notevole contrasto tra la presenza degli appellativi riguardanti Paolo e, per inverso, la loro assenza rispetto ai destinatari.

Soltanto la "salutatio" di 1,3 corrisponde a quella delle altre lettere: χάρις ὑμῖν καὶ εἰρήνη[8]. Tuttavia, questa "salutatio" include anche i riferimenti teologici dei vv. 3b-4a e la dossologia conclusiva del v. 5. In Gal 1,5 il "praescriptum" si chiude, in modo originale, con la lode a Dio. Nelle sue restanti Lettere, la lode al Signore è contenuta nei ringraziamenti per le comunità di destinazione[9]; solo in Gal mancano tali ringraziamenti. Tuttavia Paolo non dimentica di lodare il Signore!

Notiamo infine la funzione relazionante contenuta in questa "formula liturgica": "Al quale sia la gloria per i secoli dei secoli, amen". Generalmente, ci si limita ad osservarne la natura "pre-paolina" e standardizzata, senza valutarne la funzione. Pensiamo invece che tale dossologia non soltanto contiene la lode del Signore; con essa, Paolo abbrevia i tempi dell'introduzione per entrare in "medias res"[10]. Infatti, con θαυμάζω di 1,6 entriamo già nel vivo della Lettera.

2.2. Analisi retorica

La novità del "praescriptum" di 1,1-5 non è determinata solo dalle variazioni epistolari, che sono state evidenziate, ma anche dalle figure retoriche, che ci permettono di rilevare la sua stessa funzione, rispetto al "corpus" epistolare.

In 1,1b è verificabile la figura retorica dell'antiteto[11]: οὐκ ἀπ' ἀνθρώπων οὐδὲ δι' ἀνθρώπου ἀλλὰ διὰ Ἰησοῦ Χριστοῦ καὶ θεοῦ πατρός. La "consecutio" delle particelle crea l'antitesi soprattutto nella parte centrale: ...οὐδέ... ἀλλά... ; nei sintagmi limitrofi l'opposizione è meno forte, soprattutto

---

7 I Galati non vengono denominati "santi" (cf. 1 Cor 1,2; 2 Cor 1,1; Rm 1,7; Fil 1,1) nè "diletti" (Rm 1,7; cf. anche Fm 1). Solo la lettera più antica non contiene appellativi di lode per i destinatari, come d'altro canto per il mittente (cf. 1 Ts 1,1). Ma basta analizzare 1 Ts 1,2-10 per comprendere in quale considerazione positiva Paolo tenesse quella comunità.
8 Cf. 1 Cor 1,3; 2 Cor 1,2; Rm 1,7; Fil 1,2; 1 Ts 1,2; Fm 3.
9 Cf. Rm 1,8-15; 1 Cor 1,4-9; 2 Cor 1,3-7; Fil 1,3-11; 1 Ts 1,2-10; Fm 4-7.
10 Cf. la funzione comunicativa, e non solo conclusiva, delle formule dossologiche di Rm 5,21; 6,23; 8,39; 11,36b; 16,27; Fil 4,20.
11 Sulla funzione retorica dell'antiteto cf. QUINTILIANO, Inst. Or. 9.3.81.

a causa di τοῦ ἐγείραντος αὐτὸν ἐκ νεκρῶν[12]. La maggior parte degli studiosi pensa ad un'antitesi di carattere apologetico oppure polemico[13].

Paolo si difenderebbe, soprattutto, dalle accuse degli oppositori, rivendicando l'origine del proprio apostolato. In realtà tale ipotesi è fondata sul "mirror reading": di per sé ancora non è chiara la motivazione argomentativa di tale antitesi[14].

Tuttavia, notiamo il carattere "prolettico" dell'antitesi: Paolo comincia a parlare di sé già nel "praescriptum" epistolare. La funzione retorica di tale antitesi è di tipo "ethico": rafforza la posizione del mittente. Inoltre, dalla natura dell'antitesi emerge la sua funzione: il contenuto della proposizione riceve amplificazione. Infine, l'antitesi di 1,1b è orientata ai destinatari di 1,2 e non a vaghi oppositori. Per questo ci sembra che Paolo non adotti un'antitesi di difesa o di accusa, bensì di vanto[15].

In 1,2 si trova il "tropo" dell'iperbole[16]: "E tutti i fratelli che sono con me". Soltanto in Gal Paolo cita tanti "committenti"; non dubitiamo della storicità di "tutti" questi committenti: ne evidenziamo, però, la funzione persuasiva nei confronti dei destinatari[17]. Ma, all'unità dei committenti, si oppone la divisione dei destinatari. Anche l'iperbole ha una funzione retorica di "amplificatio". Così Paolo sottolinea che, quanto sta per scrivere, non corrisponde soltanto ad una propria convinzione, ma è condiviso da tutta la comunità di partenza.

Inoltre l'intero "praescriptum" è coordinato in modo ellittico, soprattutto nei saluti (v. 3: χάρις ὑμῖν καὶ εἰρήνη) e nella dossologia finale (v. 5: ᾧ ἡ δόξα εἰς τοὺς αἰῶνας τῶν αἰώνων). In entrambe le proposizioni manca il verbo εἶναι. Forse, la natura ellittica di Gal 1,1-5 è causata dagli elementi canonici dell'epistolografia.

Infine la topologia del "praescriptum" fa emergere, in modo prolettico, la rilevanza dottrinale della missiva. Infatti le maggiori novità contenutistiche della pericope si riferiscono all'azione del Padre (v. 1c) ed a quella del Figlio (vv. 3c-4), presentate in composizione parallela:

---

[12] Per questo non condividiamo l'ipotesi chiastica di Betz ed Ebeling. Cf. BETZ, *Galatians*, 39; EBELING, *Wahrheit*, 16.

[13] Per la prospettiva apologetica cf. BLIGH, *Galatians*, 60-61; BONNARD, *Galates*, 19; BRUCE, *Galatians*, 72; BURTON, *Galatians*, 3-6; CORSANI, *Galati*, 53-54; F. MUSSNER, *Galaterbrief* (Freiburg-Basel-Wien [4]1981) 45-46; ROHDE, *Galater*, 32; H. SCHLIER, *Der Brief an die Galater* (Göttingen [14]1971) 27. Per l'interpretazione polemica di Gal 1,1 cf. J.H. SCHÜTZ, *Paul and the Anatomy of Apostolic Authority* (Cambridge 1975) 114.

[14] Già Betz, pur cadendo spesso nella trappola del "mirror reading", metteva in guardia da tali ricostruzioni; cf. BETZ, *Galatians*, 39. Tuttavia, la contestazione di un'analisi apologetica di Gal 1,1 è sostenuta soprattutto da Lyons e, in termini più moderati, da Gaventa; cf. LYONS, *Autobiography*, 124-125; B.R. GAVENTA, "Galatians 1 and 2: Autobiography as Paradigm", *NT* 28 (1986) 309-326.

[15] Il confronto con il "postscriptum" (Gal 6,11-18) confermerà o meno la finalità periautologica di Gal 1,1.

[16] Sulla funzione retorica dell'iperbole, cf. QUINTILIANO, *Inst. Or.* 8.6.67.

[17] Così anche MUSSNER, *Galaterbrief*, 48; SCHLIER, *Galater*, 31; BETZ, *Galatians*, 40.

καὶ θεοῦ πατρὸς τοῦ ἐγείραντος αὐτὸν ἐκ νεκρῶν... (v. 1c);
καὶ κυρίου Ἰησοῦ Χριστοῦ τοῦ δόντος ἑαυτὸν ὑπὲρ τῶν ἁμαρτιῶν ἡμῶν... (vv. 3c-4).

La presenza di questa topologia ha un corrispondente soltanto nel "praescriptum" di Rm 1,1-7 in cui, ancora una volta, l'asserzione "teologica" (vv. 2-5) assume funzione prolettica. Il contenuto di Gal ci permetterà di comprendere le motivazioni di tale prolessi. Tuttavia la sua presenza in 1,1-5 colloca il "praescriptum" in una prospettiva escatologica[18]. Risulta significativo che Gal si apra e si chiuda con riferimenti escatologici: "...Per liberarci da questo mondo perverso" (1,4; cf. 6,14.15).

Pertanto, forse il "praescriptum" di Gal è uno degli esempi più rappresentativi della relazione tra epistolografia e retorica. Sono identificabili gli elementi propri di un'introduzione epistolare; ma le stesse parti standardizzate dell'epistolografia vengono rese funzionali all'intenzione persuasiva dell'autore. Inoltre la presenza di figure amplificanti, quali l'antitesi e l'iperbole, fanno presagire l'orientamento della Lettera. Infine i topici dottrinali ed autobiografici ci pongono in una prospettiva prolettica, rispetto al "corpus" epistolare.

In definitiva, il "praescriptum" di 1,1-5 non risponde semplicemente ad una sorta di canonicità epistolografica, più o meno verificabile. Gal è una Lettera che va al di là di una manualistica epistolare, per assumere i connotati interpellanti dell'apostolo verso le sue comunità.

3. L' "exordium" (Gal 1,6-10)

L'identificazione del "praescriptum" (1,1-5) permette di riconoscere con facilità la presenza dell' "exordium" che si apre con *θαυμάζω* (v. 6). Tuttavia, prima di valutare la funzione retorica, forse è bene stabilire la delimitazione letteraria della pericope.

3.1. *Delimitazione della pericope*

L'inizio dell' "exordium" non causa difficoltà: il *θαυμάζω* di 1,6 crea un netto contrasto rispetto alla dossologia di 1,5. Invece, la conclusione della pericope non risulta altrettanto facile da determinare[19].

---

18 A causa della struttura parallela rispetto ad 1,1c e della connotazione prolettica, consideriamo l'asserzione "escatologica" di 1,4 come paolina, e non "pre-paolina". Così invece F. BOVON, "Une formule prépaulinienne dans l'épître aux Galates (Gal 1,4-5)", FS. M. Simon, *Paganisme, Judaïsme, Christianisme* (Paris 1978) 91-107; MUSSNER, *Galaterbrief*, 50; BETZ, *Galatians*, 42.

19 Propendono per 1,6-9: CORSANI, *Galati*, 63; EBELING, *Wahrheit*, 53; LYONS, *Autobiography*, 125; MUSSNER, *Galaterbrief*, 53-54; RADL, *Galaterbrief*, 5-7; RIDDERBOS, *The Epistle of Paul to the Churches of Galatia*, 40-51. Invece, delimitano con 1,10:

Innanzitutto ci sembra che sia da escludere l'ipotesi di White che, in base al solo approccio epistolografico, stabilisce come limite 1,14. La vera narrazione paolina comincerebbe con 1,15. Ma, forse l' ὅτε δέ di 1,15 crea un contrasto soltanto contenutistico rispetto ad 1,13-14. La narrazione comincia chiaramente con ἠκούσατε γάρ di 1,13. Così, il cambiamento di argomentazione ci permette di individuare una distinzione tra 1,13 e quanto precede.

Inoltre, da una semplice valutazione letteraria di 1,11-12 si determina l'impossibilità di scissione tra 1,11 ed 1,12. Infatti, le due proposizioni sono relazionate da una sequenza antitetica, analoga a quella identificata in 1,1: ...οὐκ... οὐδέ... οὔτε... ἀλλά...

L'identificazione di questa microunità è confermata dalla tipica formula introduttiva γνωρίζω γὰρ ὑμῖν (v. 11). La stessa presenza dell'interpellante positivo ἀδελφοί in 1,11 crea un opposizione con il biasimo di 1,6-9. Pertanto, ci sembra che, a causa di Gal 1,11-12, il v. 10 risulti più legato a quanto precede che a quanto segue. Ma forse questo sarà confermato dalla sua funzione epistolare e retorica.

3.2. Analisi retorica

In base ad una criteriologia epistolare, Gal 1,6-10 sostituisce i ringraziamenti, presenti nel restante "corpus" paolino[20]. L'iniziale θαυμάζω prende il posto del comune εὐχαριστῶ[21]. Tuttavia θαυμάζω non ha solo funzione epistolare, ma anche rilevanza retorica[22]. In questo modo Paolo introduce l'apostrofe di 1,6-10. Le notizie pervenutegli sulle comunità galate hanno suscitato tale novità. Così la Lettera si apre, in modo originale, con un "exordium" apostrofico.

BONNARD, *Galates*, 22; BRUCE, *Galatians*, 79; BURTON, *Galatians*, 18; ROHDE, *Galater*, 37; SCHLIER, *Galater*, 36-37. Betz chiude l' "exordium" con 1,11. Cf. BETZ, *Galatians*, 44. Bligh e Smit considerano unitari 1,6-12; cf. BLIGH, *Galatians*, 82; SMIT, "Galatians", 9. Infine White ritiene 1,6-14 come "body opening"; cf. WHITE, *Greek Letter*, 48.

[20] Cf. Rm 1,8-15; 1 Cor 1,4-9; 2 Cor 1,3-7; Fil 1,3-11; 1 Ts 1,2-10; Fm 4-7. Cosgrove definisce questa pericope come "thanksgiving parody", a causa della sostituzione dei ringraziamenti epistolari. Cf. C.H. COSGROVE, *The Cross and the Spirit. A Study in the Argument and Theology of Galatians* (Macon 1988) 27.

[21] Cf. Rm 1,8; 1 Cor 1,4; Fil 1,3; Fm 4. In 1 Ts 1,2 si trova εὐχαριστοῦμεν. In 2 Cor 1,3 abbiamo l'analogo εὐλογητός; ma in 1,11 ricompare εὐχαριστηθῇ.

[22] Hansen ha presentato, in modo esauriente, la relazione tra il θαυμάζω di 1,6 ed i paralleli provenienti dalla papirologia epistolare. Cf. HANSEN, *Abraham*, 30-45.

Tuttavia, nella maggior parte dei paralleli, si tratta di semplice sorpresa, da parte del mittente, per l'interruzione dei rapporti epistolari.

Dal punto di vista retorico, spesso l'apostrofe ha la funzione di creare un improvviso cambiamento argomentativo e di attirare l'attenzione dei destinatari[23]. Inoltre, l'apostrofe di 1,6-10 mira a suscitare un'amplificazione di tipo "pathetico"[24]. Quindi, l'apostrofe, preparata in modo soffuso nelle variazioni epistolari di 1,1-5, ora esplode con violenza. Per questo in 1,6-10 manca la "captatio benevolentiae". Il mittente non ha bisogno di rendersi benevoli i destinatari: si trova in pericolo la loro relazione con il suo vangelo[25]. Anzi Paolo rifiuta ogni possibilità di favoreggiamento; e ci sembra che in questa caratteristica sia contenuta la stessa funzione retorica di 1,10[26].

Per quanto riguarda la dimensione semantica della pericope, notiamo la prevalenza del "Wortfeld" dell'annuncio. In tutta la lettera, Gal 1,6-10 rappresenta la pericope con la maggiore frequenza lessicale di εὐαγγέλιον[27]. A tale campo semantico è relazionato quello del "dire"[28]. Questo dimostra che, in questione non è tanto l'apostolato paolino, quanto il vangelo proclamato ai Galati. In modo insinuante però, Paolo fa riferimento anche ai τινές, che giudica in modo negativo: "...Alcuni che vi turbano e vogliono sconvolgere il vangelo di Cristo" (v. 7). Notiamo infine, in 1,6-10, la prevalenza dei verbi al presente[29]. Questo pone in evidenza la stessa motivazione dell'apostrofe: la defezione dei Galati è in atto, ma non è ancora conclusa. Il tono amplificante dell'apostrofe è confermata dalle due figure retoriche presenti in 1,8-9. In 1,8 abbiamo il "tropo" dell'adinato, uno specifico tipo di iperbole, mediante il quale

---

23 Sulla definizione dell'apostrofe, cf. QUINTILIANO, *Inst. Or.* 4.1.63-70; 9.2.38-39. Per la sua relazione con la retorica, cf. GARAVELLI, *Manuale*, 239; PERELMAN - OLBRECHTS TYTECA, *Argomentazione*, 188. Circa la sua funzione nell'epistolario paolino, cf. KENNEDY, *New Testament*, 42. Sulla rilevanza pedagogica dell'apostrofe nella diatriba, cf. STOWERS, *Diatribe*, 116-117.

24 A causa di tali caratteristiche non trova fondamento l'ipotesi di Hall che considera 1,6-9 come "propositio" della Lettera; cf. HALL, "Outline", 283-284.

25 Cf. le "captationes" di Rm 1,8; 1 Cor 1,5-6; 2 Cor 1,7; Fil 1,5-7; 1 Ts 1,7; Fm 5-6. Per quanto riguarda Gal, bisognerà attendere 4,12-20 per riconoscere dei segni di "captatio". La sostituzione della "captatio", con il suo stesso rifiuto, rappresenta dunque la prova della connessione di Gal 1,10 con l' "exordium" di 1,6-9.

26 Per quanto riguarda la rilevanza retorica di πείθειν ed ἀρέσχειν come τόποι classici del rifiuto di persuadere i destinatari ingannando o mediante "captationes", cf. BETZ, *Galatians*, 55-56; MALHERBE, *Exhortation*, 68. A tal proposito vale quanto detto sulla relazione tra Paolo e l'epistolografia classica. Egli è retore contro la retorica stessa, persuade non affermandolo; e come ogni vero retore, ha dinnanzi non la prospettiva dell'adulazione, ma la formazione dei destinatari. Questo illumina dunque il senso di affermazioni analoghe contenute in 1 Ts 2,5-8; 1 Cor 2,1.

27 Cf. il sostantivo εὐαγγέλιον (vv. 6.7), i verbi εὐαγγελίζηται (v. 8), εὐηγγελισάμεθα (v. 8b), εὐαγγελίζεται (v. 9).

28 Cf. al v. 9 l'insistenza ottenuta mediante la "consecutio" retorica προειρήκαμεν... λέγω.

29 Cf. θαυμάζω, μετατίθεστε (v. 6), ἐστίν, εἰσίν, θέλοντες (v. 7), εὐαγγελίζηται, ἔστω (vv. 8.9), λέγω, εὐαγγελίζεται (v. 9), πείθω, ζητῶ (v. 10).

si pone in risalto l'impossibilità di quanto si sta affermando[30]: Paolo è disposto a pronunciare persino l'anatema verso se stesso oppure contro un angelo. Così l'adinato crea un'amplificazione per assurdo. Ma in 1,9, egli si riferisce alla possibilità reale che qualcuno (= τις) possa annunciare un vangelo contrario al proprio[31]. Qui riscontriamo la figura della "commoratio"[32]: Paolo insiste su quanto ha detto "per assurdo" in 1,8. La "commoratio" è introdotta da προειρήκαμεν, che forse ha valore argomentativo, più che storico[33].

Inoltre, la vivacità dell'apostrofe è alimentata dalla figura della "correctio", nota anche come "epanortosi", usata in 1,7: ὃ οὐκ ἔστιν ἄλλο... Paolo sembra correggere l'affermazione precedente, a partire dalla quale si poteva pensare all'esistenza di un "altro vangelo" (v. 6)[34].

Infine, in 1,10a troviamo la "domanda retorica", ripetuta due volte: Ἄρτι γὰρ ἀνθρώπους πείθω; ἢ ζητῶ ἀνθρώποις ἀρέσκειν; L'implicita negazione viene esplicitata nell'immediata risposta di 1,10b: "Se cercassi ancora di piacere agli uomini, non sarei più schiavo di Cristo". Risulta significativo che il "praescriptum" di Gal si apra con una forte affermazione dell'autorità paolina (1,1), mentre l' "exordium" si chiude con il riconoscimento della propria relazione di schiavitù rispetto al Cristo (1,10)[35].

Pertanto, Gal 1,6-10 si presenta come "exordium" apostrofico: Paolo biasima i destinatari a causa del pericolo di apostasia che corrono, rispetto al suo vangelo. Tuttavia l'apostrofe non è definitiva: c'è forse la possibilità che possano tornare al suo vangelo. Per questo l' "exordium" di 1,6-10 ha una funzione di movimento prolettico: Gal non si chiude con 1,10; in 1,11 comincia la parte positiva della dimostrazione.

4. Una "propositio" (Gal 1,11-12)?

Nella sezione ermeneutica del presente studio si è cercato di delineare l'importanza dispositiva delle "propositiones" che, generalmente, si trovano

---

[30] Per la rilevanza persuasiva dell'adinato, cf. soprattutto DEMETRIUS PHALEREUS, Περὶ ἑρμηνείας 2.124.

[31] La diversità tra 1,8 ed 1,9 è determinata con il passaggio da ἐάν... εὐαγγελίζηται ad εἰ... εὐαγγελίζεται.

[32] Sulla figura della "commoratio", cf. GARAVELLI, Manuale, 238.

[33] Invece, Watson, a causa della stretta relazione tra la crisi ad Antiochia e quella in Galazia, considera προειρήκαμεν ricollegabile alla prima evangelizzazione. Cf. F. WATSON, Paul, Judaism and Gentiles: a Sociological Approach (Cambridge 1986) 60. In realtà, ci sembra che la figura della "commoratio" determini una prospettiva argomentativa e non storica. In tal caso l'incidenza dello stesso θαυμάζω (v.6) verrebbe indebolita. D'altro canto, la successione cronologica tra le due crisi è tutt'altro che evidente.

[34] Per la figura della "correctio", cf. GARAVELLI, Manuale, 239. BETZ, Galatians, 49.

[35] In Rm 1,1 Paolo non avrà timore di presentarsi subito come δοῦλος ed ἀπόστολος. Cf. anche il plurale δοῦλοι in Fil 1,1 e δέσμιος in Fm 1.

dopo l'esordio. Ma prima di valutare l'identità retorica di Gal 1,11-12, cerchiamo di formulare i connotati generali di una "propositio" paolina.

4.1. La "propositio" e le "propositiones"

Nel suo contributo sulla presenza di un modello retorico in Rm, Aletti ha delineato le caratteristiche della "propositio", non solo a partire dalla manualistica retorica, ma soprattutto in base allo stesso epistolario paolino[36]. L'autore sottolinea che nel "corpus" paolino, possiamo avere non soltanto una, ma più "propositiones". Inoltre, queste sono relazionate tra di loro in modo parallelo oppure subordinato. Spesso delle "propositiones" successive hanno la funzione di chiarire progressivamente il senso della "propositio" principale[37]. Quindi, l'autore elenca quattro caratteristiche fondamentali della "propositio" paolina: brevità, varietà nella formulazione stilistica, sviluppo prolettico del proprio contenuto, possibilità che di fatto una "propositio" risulti una "partitio"[38]. Con tale criteriologia generale, cerchiamo di valutare lo "status" di Gal 1,11-12.

4.2. Analisi retorica

L'unità di 1,11-12 è determinata dalla figura retorica dell'antiteto che ci ha permesso di stabilire, "per via negationis", la delimitazione di 1,6-10. Rimane tuttavia la connessione semantica tra 1,6-10 ed 1,11-12, riconoscibile dalla permanenza del vocabolario dell'annuncio evangelico[39]. Inoltre, la presenza dell'antiteto in 1,11-12 collega tale pericope all'antiteto di 1,1 anche se questa volta è più marcato[40]. Dal punto di vista stilistico, Gal 1,11-12 si distingue rispetto al proprio contesto immediato: Paolo esordisce con un γνωρίζω γὰρ ὑμῖν ἀδελφοί che crea un distacco rispetto alla pericope precedente[41]. In modo analogo, ἠκούσατε γάρ (v. 13) introdurrà la sezione narrativa di 1,13–2,21. A prima vista, Gal 1,11-12 sembra una pericope fuori posto: si potrebbe passare da 1,10 ad 1,13, senza soffermarsi su 1,11-12. Infatti i vv. 10.13 contengono delle asserzioni autobiografiche.

---

[36] Cf. J.-N. ALETTI, "La présence d'un modèle rhétorique en Romains: Son rôle et son importance", *Bib* 71 (1990) 1-24; cf. anche Id., "Rm 1,18–3,20. Incohérence ou cohérence de l'argumentation paulinienne?", *Bib* 69 (1988) 47-62.

[37] Cf. ALETTI, "Romains", 9.

[38] Cf. ALETTI, "Romains", 10.

[39] L'insistenza sul "vangelo" in 1,11-12 è causata dalla presenza della figura "etimologica" ...τὸ εὐαγγέλιον τὸ εὐαγγελισθὲν... (v. 11). Sulla funzione di questa figura, nota anche come "paregmenon", cf. GARAVELLI, *Manuale*, 188.

[40] Cf. la "consecutio" delle antitesi: οὐκ... οὐδὲ... ἀλλὰ... καί... (1,1); οὐκ... οὐδὲ... οὔτε... ἀλλὰ... (1,11-12).

[41] Cf. le parallele formule introduttive di 1 Cor 15,1; 1 Cor 10,1; Fil 1,12; 1 Ts 4,13.

Ma forse la funzione di 1,11-12, ad un'analisi conclusiva, si rivelerà fondamentale per la comprensione dell'argomentazione stessa nella Lettera.

Sottolineiamo anche la brevità di questa "propositio": la sua concisione ha dato spazio a molte letture basate sul "mirror reading": gli accusatori di Paolo avrebbero parlato di un vangelo di seconda mano, non autoritativo[42]. In realtà, si tratta di una "propositio" incoativa, vale a dire soltanto introduttiva, poco spiegata[43]: viene precisata soltanto la natura del vangelo paolino, non il suo contenuto. Pur tuttavia questa "propositio" si apre con un "vi rendo noto fratelli il vangelo", del tutto anomalo per quanti sono abituati a considerare Gal come Lettera di difesa del vangelo e dell'apostolato paolino. Ma se questa è una "propositio", il verbo γνωρίζω ha una reale consistenza.

Sorprende innanzitutto che γνωρίζω... τὸ εὐαγγέλιον venga riferito a delle comunità che sono già state evangelizzate da Paolo. Risulta giustificabile che il tema dell'annuncio del vangelo si trovi nella "propositio" di Rm 1,16-17[44]: Paolo intende delineare il proprio vangelo ad una comunità non fondata da lui. Ma in Gal questo risulta del tutto strano!

Infine, notiamo la prevalenza di appello "logico" in Gal 1,11-12, mentre il contesto immediato è dominato da appelli "ethici", riguardanti Paolo stesso, e "pathetici", cioè riguardanti i destinatari della Lettera. Pertanto, sembra che Gal 1,11-12 contenga degli indicatori formali che fanno pensare ad una reale "propositio" retorica.

Ma ancora non sappiamo se si tratta di "propositio" generale, valida per l'intera Lettera, oppure di una "propositio" particolare, riguardante soltanto una macrounità retorica. In ultima analisi, Gal 1,11-12 rappresenta l'unica "propositio" della Lettera, oppure nel corso della "dispositio" si trovano disseminate altre "propositiones", più o meno relazionate con questa? Soltanto dopo aver identificato e delineato la funzione dispositiva di ogni microunità sarà possibile definire il ruolo di questa "propositio".

5. La prima dimostrazione (Gal 1,13–2,21)

Dopo la "propositio" di Gal 1,11-12, la Lettera prosegue con una narrazione; Paolo delinea l'itinerario della propria vita: dalla sua condotta nel giudaismo (1,13) all'incidente di Antiochia (2,11-21).

---

[42] Per il "background" apologetico di 1,11-12, cf. C.K. BARRETT, "Paul and the "Pillar Apostles" (Gal 1,11–2,14)", FS. J. De Zwaan, *Studia Pauline* (Göttingen 1953) 16; G. BORNKAMM, "The Revelation of Christ to Paul on Damascus Road and Paul's Doctrine of Justification and Reconciliation. A Study on Galatians 1", FS. L.L. Morris, *Reconciliation and Hope. New Testament Essays on Atonement and Eschatology* (Grand Rapids 1974) 93-94. Invece, anche per 1,11-12, Schütz propone una valutazione polemica: sarebbe Paolo stesso ad accusare gli oppositori; cf., SCHÜTZ, *Anatomy*, 130.

[43] Per questo tale pericope non può definirsi una "partitio": Paolo non spiega le parti dell'argomentazione successiva.

[44] Cf. ALETTI, "Romains", 13.

A prima vista, sembra che tale autobiografia risulti poco collegata alla "propositio" di 1,11-12. Con enfasi Paolo aveva annunciato soprattutto la spiegazione del proprio vangelo (v. 11). Ora però non tratta tanto del contenuto del vangelo, quanto della propria relazione con esso (v. 12)[45]. Sembra che il termine di collegamento tra narrazione e "propositio" si trovi in ἀποκαλύψεως Ἰησοῦ Χριστοῦ (1,12), ripreso subito nel primo quadro narrativo di 1,13-17 (cf. ἀποκαλύψαι del v. 16; cf. anche il κατὰ ἀποκάλυψιν di 2,2).

Dal punto di vista metodologico, a causa della natura "diegetica", l'identificazione e la funzione retorica di 1,13–2,21 verranno determinate a partire da un approccio "narratologico"[46]. Inoltre, la topologia del testo sarà trattata in relazione all'intera sezione autobiografica.

5.1. La "rivelazione" (Gal 1,13-17)

La "narratio" paolina inizia con un ἠκούσατε (v. 13), finalizzato soprattutto a stabilire una comunicazione interpellante tra narratore intradiegetico e destinatari extradiegetici. Il primo quadro narrativo è composto secondo una struttura antitetica del tipo "chiaro-scuro". Infatti la pericope di 1,13-17 si divide in due parti fondamentali: vv. 13-14; vv. 15-17. Queste due sotto-unità sono determinate dal contrasto tra il vago ποτε (v. 13) e lo specifico ὅτε δέ (v. 15).

Inoltre, mentre nella prima parte, la vita di Paolo è descritta con verbi all'imperfetto, nella seconda dominano gli aoristi[47]. L'unico aoristo della prima parte, ἠκούσατε (v. 13), trova un suo corrispondente nell'iniziale εὐδόκησεν (v. 15) della seconda parte. Notiamo anche il presente congiuntivo εὐαγγελίζωμαι (v. 16) orientato a precisare la finalità attuale della vocazione paolina.

L'enfasi della narrazione è determinata dall'iperbole di 1,13-14, cui si oppone l'antiperbole di 1,16[48]. In 1,17 si trovano le prime precisazioni spaziali:

---

[45] Nella storia dell'interpretazione si è cercato di attenuare tale distonia affermando che, per Paolo, apostolato e vangelo si identificano, oppure che la difesa dell'apostolato è in funzione di quella del vangelo. Cf. BARTOLOMÉ, Verdad, 74-75; B. LATEGAN, "Is Paul Defending His Apostleship in Galatians?", NTS 34 (1988) 411-430. Ma di fatto questo non risolve il problema della relazione tra materiale autobiografico e dottrinale della Lettera.

[46] Sulla narratologia, cf. soprattutto: G. GENETTE, Figure III (Torino 1976); Id., Nuovo discorso del racconto (Torino 1987); U. Eco, Lector in Fabula. La cooperazione interpretativa nei testi narrativi (Milano 1979). Per quanto riguarda la relazione tra narratologia e S. Scrittura, cf. R. ALTER, The Art of Biblical Narrative (New York 1981); J.-N. ALETTI, L'art de raconter Jésus Christ. L'écriture narrative de l'évangile de Luc (Paris 1989); J.-L. SKA, "Our Father Have Told Us". Introduction to the Analysis of Hebrew Narratives (SubBib 13; Roma 1990).

[47] In 1,13-14 si trovano ἐδίωκον, ἐπόρθουν, προέκοπτον. Mentre in 1,15-17 abbiamo εὐδόκησεν, ἀφορίσας, καλέσας, ἀποκαλύψαι, προσανεθέμην, ἀνῆλθον, ἀπῆλθον, ὑπέστρεψα.

[48] Cf. la disposizione iperbolica καθ᾽ ὑπερβολήν... προέκοπτον... ὑπέρ... περισσοτέρως (vv. 13-14) e la sua relazione di contrasto rispetto a οὐ προσανεθέμην

Gerusalemme, l'Arabia e Damasco. Il prospetto attanziale presenta l'io del narratore (vv. 13-14.16b-17) e Dio, cui si fa riferimento in ὁ ἀφορίσας... καὶ καλέσας (v. 15). Tuttavia, in 1,16a si trova anche il riferimento al Cristo, τὸν υἱὸν αὐτοῦ, citato come oggetto sia della rivelazione che dell'evangelizzazione.

Pertanto, questa prima microunità pone in evidenza la natura divina del vangelo paolino, sottolineata mediante la ripresa della "propositio" (Gal 1,11-12) soprattutto in Gal 1,16[49]. La stessa negazione di mediazione umana, introdotta in Gal 1,11-12, viene ripresa in Gal 1,16-17: Paolo non ha "consultato" nessuno prima di "annunciare il figlio di Dio in mezzo ai gentili" (v. 16).

5.2. La prima salita a Gerusalemme (1,18-20)

La narrazione prosegue con il ricordo della prima salita a Gerusalemme. Infatti, il determinativo ἔπειτα μετὰ ἔτη τρία di 1,18 causa il passaggio al nuovo quadro spazio-temporale: da Damasco (v. 17) si sale a Gerusalemme, dalla "rivelazione" del figlio di Dio (v. 16) all'incontro con "Cefa" (v. 18) e con Giacomo (v. 19). Notiamo il contrasto con il precedente quadro narrativo. In 1,16 Paolo sottolineava: οὐ προσανεθέμην σαρκὶ καὶ αἵματι; invece, in 1,18 affema: ἱστορῆσαι Κηφᾶν[50]. Tuttavia, dopo il riferimento all'incontro con Pietro, Paolo precisa di non aver incontrato nessun altro apostolo (v. 19). Egli sembra affermare che lo stesso incontro con Pietro e Giacomo non sminuisce l'origine divina del proprio vangelo. Per questo, Paolo abbandona, improvvisamente, la narrazione per rivolgersi ai destinatari extradiegetici, e fa solenne giuramento: "Ma le cose che vi scrivo, ecco davanti a Dio non mentisco" (v. 20). Tale giuramento metalettico, rispetto allo svolgimento della narrazione, è orientato a stabilire una comunicazione esplicita tra narratore intradiegetico e destinatari extradiegetici.

5.3. La permanenza in Siria ed in Cilicia (1,21-24)

L'avverbio temporale ἔπειτα (v. 21) causa di nuovo lo spostamento in avanti della narrazione. L'unità di 1,21-24 viene determinata dal cambiamento spazio-temporale della scena. Paolo si reca "nelle regioni della Siria e della Cilicia" (v. 21).

σαρκὶ καὶ αἵματι (v. 16).

[49] Cf. le connessioni tra εὐαγγέλιον (v. 11) ed εὐαγγελίζωμαι (v. 16), ἀποκαλύψεως (v. 12) ed ἀποκαλύψαι (v. 16), Ἰησοῦ Χριστοῦ (v. 12) e τὸν υἱὸν αὐτοῦ (v. 16).

[50] A causa della prospettiva apologetica di Gal 1–2, spesso ἱστορῆσαι è stato assimilato al semplice ἰδεῖν. In realtà l'hapax neotestamentario è ben più preciso: indica proprio l'atto di consultazione, pur senza congetturare delle ricostruzioni anacronistiche di "riconoscimento primaziale". Cf. G.D. KILPATRICK, "Galatians 1,18 ἱστορῆσαι Κηφᾶν", FS. T.W. Manson, New Testament Essays (Manchester 1959) 144-149.

Tuttavia, tale mutazione non è così marcata, come in 1,18-20: notiamo che non viene specificata la cronologia. La seconda parte della narrazione (vv. 22-24) permette però di comprendere l'indeterminatezza del nuovo quadro narrativo. In 1,22-24 Paolo sembra richiamare il primo pannello (vv. 13-17), visto però dalla prospettiva delle comunità della Giudea (v. 22)[51]: si tratta dunque di una pericope analettica.

Notiamo, inoltre, che in 1,23 compare l'antiteto, causato dalla contiguità temporale di ποτε νῦν: egli ora annuncia la stessa "fede" che una volta perseguitava e "cercava di distruggere".

Quindi, mediante questo contrasto temporale, Paolo sottolinea l'implicazione fondamentale della propria relazione con il vangelo: l'origine divina del vangelo è strettamente relazionata all' adesione paolina.

5.4. *La seconda salita a Gerusalemme (2,1-10)*

Il quarto pannello si apre ancora con l'avverbio "anaforico" ἔπειτα (2,1) seguito, come in 1,18, da una specificazione temporale: διὰ δεκατεσσάρων ἐτῶν. Così Paolo introduce la sua seconda salita a Gerusalemme.

La dimensione attanziale della scena si presenta molto vivace. Oltre all'io narrante, vengono citati Barnaba (vv. 1.9), Tito (vv. 1.3), i "falsi fratelli (v. 4), le "persone ragguardevoli" (vv. 2.6.9), Pietro (vv. 7.8), chiamato anche "Cefa" (v. 9), Giovanni (v. 9) e Giacomo (v. 9).

L'unità di 2,1-10 si può dividere in due parti: vv. 1-5 e vv. 6-10. Infatti, mentre nella prima parte l'azione è condotta soprattutto da Paolo[52], nella seconda dai δοκοῦντες[53]. La distinzione tra le due parti è causata soprattutto dalla relazione tra ἀνεθέμην (2,2) e προσανέθεντο (2,6b): all'esposizione del vangelo paolino (vv. 1-5) corrisponde il riconoscimento da parte dei δοκοῦντες (vv. 6-9). Ma l'intreccio narrativo di questa pericope risulta poco lineare, spesso interrotto da parentetiche extradiegetiche, che spiegano il senso degli avvenimenti. Forse, tale complessità narrativa è dovuta alla funzione metalettica di 2,1-10, evidenziata dal contenuto delle specificazioni.

Così in 2,1, dopo la narrazione della salita a Gerusalemme, Paolo subito precisa: "Però salii in seguito ad una rivelazione" (v. 2a). Mentre espone il suo vangelo, osserva: "...Ma in privato alle persone ragguardevoli, perché non corressi o avessi corso invano" (v. 2b). Però, la maggiore metalessi (vv. 4-5) si trova dopo l'osservazione che Tito, pur essendo greco, non fu costretto a farsi circoncidere (v. 3). L'esempio di Tito è talmente illuminante per i Galati che Paolo, mediante un'enallage del tempo e delle persone[54], passa bruscamente

---

[51] Cf. la ripresa di ἐκκλησία (vv. 13.22), διώκειν (vv. 13.23), εὐαγγελίζειν (vv. 16.23), ποτε (vv. 13.23.23), πορθεῖν (vv. 13.23).

[52] Cf. ἀνέβην (vv. 1.2), ἀνεθέμην, κηρύσσω, τρέχω, ἔδραμον (v. 2).

[53] Cf. προσανέθεντο (v. 6), ἰδόντες (v. 7), γνόντες, ἔδωκαν (v. 9).

[54] Sull'enallage cf. PERELMAN - OLBRECHTS TYTECA, *Argomentazione*, 188.

dal passato (= $\epsilon\ddot{\iota}\xi\alpha\mu\epsilon\nu$) al presente (= $\delta\iota\alpha\mu\epsilon\dot{\iota}\nu\eta$), dal "noi" (= $\dot{\eta}\mu\tilde{\omega}\nu$) al "voi" (= $\dot{\upsilon}\mu\tilde{\alpha}\varsigma$). Tale "enallage" contiene la motivazione della resistenza di Paolo e dei suoi verso i "falsi fratelli": "Affinché la verità del vangelo rimanesse tra di voi" (v. 5b). Così viene maggiormente sottolineata l'esemplarità paolina nei confronti degli stessi Galati.

La seconda parte della pericope (vv. 6-10) riguarda il riconoscimento dei $\delta o\kappa o\tilde{\upsilon}\nu\tau\epsilon\varsigma$; ma la narrazione risulta ancora poco lineare. Già in 2,6a, dopo la presentazione dei $\delta o\kappa o\tilde{\upsilon}\nu\tau\epsilon\varsigma$, Paolo specifica la propria valutazione, rispondente a quella del Signore: "Quali fossero allora a me non interessa; Dio non guarda l'aspetto dell'uomo" (v. 6b). Ma con il v. 6c, Paolo completa l'anacoluto del v. 6a: "Infatti, a me quelle persone ragguardevoli non imposero nulla".

Anche dal v. 7 si potrebbe passare al v. 9, senza soffermarsi al metalettico v. 8. In realtà queste metalessi, da una parte manifestano l'interpellanza del narratore verso i destinatari e, dall'altra, la natura dimostrativa di questa narrazione rispetto alla "propositio" di Gal 1,11-12. Notiamo tuttavia che, in modo progressivo, Paolo va spiegando la sua relazione (cf. 1,15–2,3), e quella degli altri, con il proprio vangelo (cf. 2,4-10). Quindi, ci sembra che il punto di riferimento non sia tanto egli stesso o la difesa del vangelo, bensì i Galati, colti in atteggiamento di apostasia. Per questo l'accento cade sulla "verità dell'evangelo" (v. 5) e sulle relative implicazioni nella vita di Paolo. A riguardo risulta significativo il contrasto tra l'iniziale apostrofico $\tau\alpha\chi\epsilon\omega\varsigma$ $\mu\epsilon\tau\alpha\tau\dot{\iota}\theta\epsilon\sigma\tau\epsilon$ (Gal 1,6) rivolto ai destinatari della Lettera e l'esemplare $o\tilde{\iota}\varsigma$ $o\dot{\upsilon}\delta\dot{\epsilon}$ $\pi\rho\dot{o}\varsigma$ $\tilde{\omega}\rho\alpha\nu$ $\epsilon\tilde{\iota}\xi\alpha\mu\epsilon\nu$ di 2,5.

Pertanto l'esemplarità paolina rappresenta uno dei motivi dominanti di questa "narratio", nella quale vengono spiegate, progressivamente, le implicazioni fondamentali del vangelo.

5.5. L'incidente di Antiochia (2,11-14)

L'ultimo quadro narrativo viene introdotto da un $\delta\tau\epsilon$ $\delta\dot{\epsilon}$ che fa avanzare la narrazione, anche se manca la specificazione cronologica. Questa volta però agiscono soprattutto "Cefa" ed "alcuni da parte di Giacomo" (vv. 11-12): infatti, viene preso in considerazione il loro arrivo ad Antiochia. La composizione di 2,11-14 è articolata nel seguente modo:

- v. 11   annuncio del rimprovero;
- vv. 12-14a   le cause del rimprovero;
- vv. 14b   il contenuto del rimprovero.

Tale articolazione è stabilita dalle variazioni cronologiche interne: $\delta\tau\epsilon$ $\delta\dot{\epsilon}$ (v. 11), $\pi\rho\dot{o}$ $\tau o\tilde{\upsilon}$ (v. 12) ed $\dot{\alpha}\lambda\lambda$' $\delta\tau\epsilon$ (v. 14).

L'intreccio di 2,11-14 è più lineare di quello presente in 2,1-10, anche se, dal punto di vista contenutistico, si verifica un contrasto proprio con la pericope precedente. Infatti, mentre in 2,1-10 il rapporto tra Paolo e le "persone ragguardevoli" era quasi idilliaco, in 2,11-14 egli non esita ad accusare di "ipocrisia" Cefa e Barnaba (v. 13). Lo stesso Giacomo, citato come punto di riferimento di "alcuni" (v. 12), non viene presentato in luce positiva.

Il contenuto del rimprovero procede secondo un'argomentazione "ad hominem" interrogativa: εἰ σύ... πῶς...[55]. La risposta non può essere che negativa: è quanto Paolo dimostrerà con 2,15-21.

Dal punto di vista retorico, la pericope di 2,11-14 rappresenta una σύγκρισις, vale a dire, un confronto mediante il quale viene esaltato il personaggio principale della biografia o dell'autobiografia. Da questo confronto emerge che l'unico a "camminare rettamente", secondo la "verità dell'evangelo", sembra Paolo stesso[56]. Così, la "propositio" di Gal 1,11-12 viene ulteriormente spiegata: mediante la coerenza della propria condotta, Paolo si presenta, ancora una volta, come modello di adesione al vangelo.

Notiamo, infine, che Paolo non racconta le conseguenze, o la conclusione, dell'incidente di Antiochia. Forse questo silenzio, o "gap" narrativo, è motivato dalla centralità della relazione tra Paolo ed i destinatari della missiva: in questione non si trova tanto il suo rapporto, ormai passato, con Pietro, quanto l'incoerenza attuale degli stessi Galati. Pertanto, ci sembra che una tale sospensione prepari l'ultima microunità della sezione narrativa.

5.6. Una "peroratio" diegetica (2,15-21)

L'ultima microunità della sezione diegetica non è più rappresentata da cambiamenti spazio-temporali, ma da un discorso conclusivo tenuto da Paolo stesso (2,15-21). La pericope si apre con un'espressione "a gancio" (v. 15), che riprende il rimprovero di 2,14b: ... πῶς τὰ ἔθνη ἀναγκάζεις Ἰουδαΐζειν; Ἡμεῖς φύσει Ἰουδαῖοι καὶ οὐκ ἐξ ἐθνῶν... Tuttavia, rimane che il "terminus a quo" di 2,15-21 non è così marcato, come invece nelle pericopi precedenti. Soltanto l' ἡμεῖς di 2,15 indica una nuova disposizione attanziale[57]. La conclusione della pericope, invece, non crea difficoltà: l'apostrofe di 3,1 determina una nuova svolta dimostrativa.

La composizione di 2,15-21 è di tipo argomentativo. Infatti, già in 2,15-16 Paolo sembra adottare un'argomentazione "a fortiori", delimitata, nella prima parte, da ἡμεῖς (v. 15) e, nella seconda, dall'enfatico καὶ ἡμεῖς (v. 16). L' "a fortiori" consiste nel fatto che "i giudei, come Paolo, pur non essendo pagani, hanno creduto in Cristo"; quanto più i pagani, "per natura peccatori", non hanno bisogno di "giudaizzarsi" per credere in Lui.

---

55 Cf. MUSSNER, Galaterbrief, 145.
56 Cf. LYONS, Autobiography, 134; CORSANI, Galati, 148.
57 Così anche VANHOYE, Galati, 13.

In 2,17 si trova la domanda diatribica introdotta da εἰ... ἄρα, cui fa subito seguito una risposta di repulsione: μὴ γένοιτο[58]. Infine, con 2,18-20 Paolo spiega l'implicazione fondamentale della propria vita in Cristo. Un ἄρα conclusivo (v. 21) indica la fine della pericope.

Così, a prima vista, rispetto all'intreccio narrativo, Gal 2,15-21 non si presenta più come pericope diegetica, bensì argomentativa. Questo confermerebbe l'ipotesi di quanti considerano Gal 2,15-21 come "propositio" principale della Lettera[59]. In realtà, ci sembra che tale pericope rappresenti soprattutto il vertice della narrazione paolina, confermando, in tal modo, non solo la propria natura dimostrativa, abbastanza evidente, ma anche quella della sezione diegetica (Gal 1,13-2,14). Ma una tale ipotesi necessita di verifiche interne[60]: qual è il rapporto tra Gal 2,15-21 e la "propositio" di Gal 1,11-21 che, in modo progressivo, si è andata dimostrando lungo la "narrazione" di Gal 1,13-2,14?

5.6.1. Gal 2,15-21 come "mimesi" perorante

In relazione all'intreccio narrativo precedente, Gal 2,15-21 figura come una "mimesi" o rappresentazione discorsiva[61]. Paolo comunica, in forma diretta, la propria relazione con il vangelo; nello stesso tempo, introduce la topologia fondamentale che svilupperà in seguito[62]. Inoltre ci sembra che tale mimesi assuma un ruolo perorante rispetto a Gal 1,13-2,21; questa ipotesi trova una sua reale verifica nel confronto con la prima unità narrativa di Gal 1,13-17[63].

---

[58] Cf. Gal 3,21; 1 Cor 6,15; Rm 3,4.6; 6,2.16; 7,7; 11,11. Sulla funzione retorica dell'interrogativo diatribico, seguito da μὴ γένοιτο, cf. A.J. MALHERBE, "Μὴ γένοιτο in the Diatribe and Paul", HTR 73 (1980) 231-240; STOWERS, Diatribe, 124.179.

[59] Cf. BETZ, Galatians, 113-114; BRINSMEAD, Dialogical Response, 69; HANSEN, Abraham, 100.

[60] L'ipotesi che Gal 2,15-21 rappresenti la "peroratio" della "narratio" è stata già proposta da Standaert. Cf. B. STANDAERT, "La rhétorique ancienne dans Saint Paul", A. VANHOYE (ed.), L'apôtre Paul (Leuven 1986) 84-85.
Ma dal punto di vista metodologico, anche Standaert cade nella trappola di applicare a Gal un modello precostituito, senza verificarne le reali possibilità. Non perché la manualistica classica delinea la presenza di una "peroratio", è necessario cercarla nel testo.

[61] Sulla funzione argomentativa della μίμησις, cf. ARISTOTELE, Poet. 1.2.1448a. Cf. anche GENETTE, Figure III, 210-220; GARAVELLI, Manuale, 74.266.

[62] Dal punto di vista semantico Gal 2,15-21 contiene il lessico principale di Gal 3-4: δικαιοῦν (vv. 16.16.16.17) e δικαιοσύνη (v. 21), πιστεύειν (v. 16) e πίστις (vv. 16.16.20), νόμος (vv. 16.16.16.19.19.21) ed ἔργα (vv. 16.16.16).

[63] La connessione tra "principium" e "conclusio" argomentativi è un dato comune ma, non necessariamente, tale relazione determina ulteriori specificazioni di "exordia" minori.

(i) Giudei e gentili

Sia in 1,13-17 che in 2,15-21 è presente la relazione tra *Ἰουδαϊσμός* ed *ἔθνος*[64]. Tuttavia, mentre in 1,13-17 tale relazione è vista in successione cronologica, in 2,15 si tratta di opposizione argomentativa: ... *Ἰουδαῖοι καὶ οὐκ ἐξ ἐθνῶν*... Notiamo che la sostanziale differenza tra giudei e pagani, in 2,15 viene sottolineata dall'aggettivo *ἁμαρτωλοί,* usato per definire la condizione dei gentili.

(ii) Il modello "profetico"

La vocazione paolina descritta in 1,15 segue il modello profetico dell'Antico Testamento: ...*ὁ ἀφορίσας με ἐκ κοιλίας μητρός μου*[65]. Tuttavia, sembra che soprattutto il paradigma geremiano sia riscontrabile anche in 2,18 con la metafora del "demolire" e dell' "edificare": *εἰ γὰρ ἃ κατέλυσα ταῦτα πάλιν οἰκοδομῶ*[66]. Ci sembra che lo stesso verbo *πορθἔιν* (cf. 1,13.2-3) entri a far parte di tale metafora.

(iii) Vocazione ed adesione

Tuttavia, la missione del "demolire" e "ricostruire" trova la sua ragion d'essere nella relazione tra vocazione divina ed adesione profetica. Così in 1,15 la vocazione divina è sottolineata da *εὐδόκησεν... ὁ ἀφορίσας... καὶ καλέσας*. Mentre in 2,21 la risposta dell'apostolo risulta irrevocabile: "Non annullo la grazia di Dio.

(iv) La "grazia"

La polarità tra vocazione ed adesione è sostenuta dalla stessa *χάρις τοῦ θεοῦ*. Infatti, sia nella vocazione (1,15) che nella risposta (2,21), Paolo si

---

[64] Cf. *Ἰουδαϊσμῷ* (1,13.14) e *Ἰουδαῖοι* (2,15); *ἔθνεσιν* (1,16) ed *ἐθνῶν* (2,15); *ἔθνεσιν* ed *ἔθνη* si trovano anche, rispettivamente, in 2,2.9, come richiamo di 1,16, mentre in 2,12.14 *ἐθνῶν* ed *ἐθνικῶς* anticipano la "mimesi" di 2,15-21. Lo stesso vale per *Ἰουδαῖος, Ἰουδαϊκῶς* e *Ἰουδαΐζειν* in 2,14b.
[65] Cf. Ger 1,5; Is 49,1. Sulla presenza del modello profetico in Gal 1,15, cf. T. HOLTZ, "Zum Selbstverständnis des Apostels Paulus", *TLZ* 91 (1966) 321-330; K.O. SANDNES, *Paul - One of the Prophets? A Contribution to the Apostle's Self-Understanding* (WUNT 2.43 Tübingen 1991) 59-68.
[66] Cf. Ger 1,10: *ἰδοὺ κατέστακά σε σήμερον ἐπὶ ἔθνη καὶ βασιλείας ἐκριζοῦν καὶ κατασκάπτειν καὶ ἀπολλύειν καὶ ἀνοικοδομεῖν...* (LXX). Invece, la relazione positiva tra annuncio ed edificazione profetica si trova in Rm 15,20-21 ed in 1 Cor 3,10.

appella alla grazia divina. Infatti, da una parte, la grazia fa parte della benevolenza divina (1,15), e dall'altra, dell'adesione apostolica (2,21). Inoltre, rileviamo che in 2,9 la "grazia data" a Paolo viene riconosciuta dagli stessi δοκοῦντες [67].

(v) Il "figlio di Dio"

Gal 2,15-21 si caratterizza come pericope "cristologica" a causa dell'opera soteriologica del "figlio di Dio" [68]. L'unico reale riferimento al Cristo, nella sezione diegetica, lo troviamo in 1,16 (= τὸν υἱὸν αὐτοῦ), dov'è presentato come oggetto della rivelazione e della missione. Ora sia in 1,16 che in 2,20, il Cristo viene citato come υἱόν di Dio, anche se con ruoli diversi.

(vi) La personalizzazione dell'evento

Anche la "personalizzazione" paolina, rispetto al Cristo, caratterizza 1,16; 2,20-21. Infatti, il sintagma ἐν ἐμοί pone in risalto una relazione personale tra il figlio di Dio e l'io narrante [69].

Ci sembra che il confronto tra 1,13-17 e 2,15-21 si dimostri fondamentale; in ultima analisi, potremmo leggere in continuità 1,13-17 e 2,15-21 senza valutare le microunità intermedie. Da tale relazione si comprende quanto il discorso di 2,15-21 sia indirizzato a Pietro e quanto agli stessi Galati [70]. Dall'analisi narratologica di 1,13–2,14 si è rilevato una progressiva inserzione di precisazioni metalettiche, indirizzate ai destinatari extradiegetici, i Galati. Tali metalessi aumentano pian piano, per convergere, insieme alla narrazione, nella conclusiva mimesi di 2,15-21. Per questo si tratta di una mimesi perorante: Paolo retroproietta ad Antiochia l'argomentazione che ora adduce per i Galati. A causa di tale progressiva metalessi, questa mimesi si presenta come amplificazione "ethica": l'io narrante consolida la propria autorevolezza [71]. Ma la

---

[67] In 1 Cor 3,10 Paolo sintetizza molto bene la relazione tra χάρις , "edificazione" e vocazione profetica.

[68] Cf. 'Ιησοῦς in 2,16.16; Χριστός in 2,16.16.16.17.17.19.20.21. Nella precedente narrazione il Cristo non assume una posizione così rilevante. Cf. soltanto i riferimenti a τοῦ κυρίου in 1,19 e Χριστῷ in 1,22.

[69] La personalizzazione dell'evento rimane tale anche se interpretiamo l' ἐν ἐμοί di 1,16 come semplice "dativale".

[70] Così scrive VANHOYE, Galati, 13: "Si esprime (Paolo) sempre meno in funzione di Kefa e sempre più in funzione dei Galati".

[71] Ci sembra che la relazione tra 1,13-17 e 2,15-17 risolva anche la questione sull'identificazione dell' "io" in 2,18-21. Non si tratta di un "io mistico" che oltrepassa Paolo, nè tanto meno dell'io del cristiano, "trasfigurato" o "tipico". Così invece BONNARD, Galates, 55; BRUCE, Galatians, 143; EBELING, Wahrheit, 164-165; E. FARAHIAN, Le "Je" Paulinien. Etude pour mieux comprendere Gal. 2,19-21 (Roma 1988) 275; B.L. MARTIN, Christ and the Law in Paul (Leiden 1989) 113; SCHLIER, Galater, 96-97; S. ZEDDA, "Morto

natura esemplare della mimesi stabilisce anche una stretta relazione tra la "peroratio" e la "propositio" (1,11-12). Nella narrazione di Gal 1,13–2,14 Paolo ha dimostrato soprattutto l'origine divina del proprio vangelo; questo è confermato dalla negazione di ogni mediazione umana (cf. 1,13-24), e dall'adesione paolina (cf.2,5.9). Nella mimesi l'origine divina e l'adesione paolina vengono confermate in termini di esemplarità irrevocabile (cf. 2,18-21).

Pertanto Gal 2,15-21 rappresenta la "peroratio" della narrazione, introdotta dalla "propositio" di 1,11-12. Ma ancora non sappiamo se vi sono altre "perorationes" che chiarificano ulteriormente la "propositio". Rimane il fatto che tale "peroratio" illumina soltanto un aspetto del vangelo paolino, annunciato in Gal 1,11-12: le implicazioni personali che derivano dall'adesione al vangelo. Di per sé, Paolo ancora non spiega il contenuto del proprio vangelo. Inoltre, abbiamo posto in risalto che lo stesso vocabolario "dottrinale", presente in Gal 2,15-21, fa assumere alla "peroratio" anche una funzione prolettica: anticipa quanto Paolo dimostrerà nelle sezioni successive della Lettera.

5.7. Topologia di Gal 1,13-2,21

Anche la topologia di 1,13–2,21 conferma la finalità dimostrativa, e non meramente introduttiva, della narrazione rispetto a Gal 3–6. La famiglia lessicale principale che attraversa la narrazione è quella dell'εὐαγγέλιον[72]. In 1,13–2,21, Paolo sottolinea l'origine divina del vangelo e la sua adesione. L'altro τόπος fondamentale, ma spesso teologizzato ed adattato alla dialettica della giustificazione mediante la fede o le opere, è quello della χάρις[73].

---

alla legge mediante la legge" (Gal 2,19a): testo autobiografico sulla conversione di San Paolo", *RivB* 37 (1989) 82. Invece, il contesto autobiografico e la mancanza di paralleli in Gal, per un "io" così inteso, impediscono questa estrapolazione. D'altro canto il παραβάτην di 2,18 richiama la condizione di chi, trasgredendo la Legge, con un successivo riconoscimento di essa, si autoaccusa come trasgressore. In Rm 4,15 Paolo dirà espressamente: οὗ δὲ οὐκ ἔστιν νόμος οὐδὲ παράβασις. Cf. anche VANHOYE, *Galati*, 32. Questo vale, in generale, per i Giudei che hanno riconosciuto il Cristo come "nuova legge", ma concretamente si può riferire solo alla relazione tra Paolo, il Giudaismo e la rivelazione cristiana (cf. 1,13-17). Di per sé, Pietro e gli altri giudei in 2,11-14 sono accusati da Paolo proprio di "ipocrisia" e quindi di "trasgressione" verso la Legge. In definitiva Gal 2,18-21 non può essere compreso alla luce di Rm 7,7-25.

[72] Cf. εὐαγγελίζωμαι (1,16), εὐαγγελίζεται (1,23), εὐαγγέλιον (2,2.5. 7.14).

[73] Generalmente gli studiosi analizzano χάρις di 2,21 nel contesto della relazione con la giustizia divina, data ad Israele, mediante la Legge. Cf. BETZ, *Galatians*, 126; BONNARD, *Galates*, 58; BURTON, *Galatians*, 140; CORSANI, *Galati*, 179-180; EBELING, *Wahrheit*, 174; MUSSNER, *Galaterbrief*, 184; SCHLIER, *Galater*, 104.

Ma forse, ancora una volta, si tratta di errori metodologici: Gal 2,21 viene letto più in base a Rm 5 che al proprio contesto di Gal 1,6.16.19.21. Non discutiamo che della χάρις τοῦ θεοῦ faccia parte l'opera salvifica del Cristo: questo appartiene all'evidenza. Però, ci sembra che in Gal, χάρις rappresenti il termine di paragone tra la vocazione paolina e quella dei Galati.

Già nell'apostrofe iniziale Paolo biasimava i Galati per l'abbandono della propria vocazione ἐν χάριτι (1,6). Ora, in 1,13–2,21, Paolo presenta se stesso come modello di vocazione profetica realizzata διὰ τῆς χάριτος αὐτοῦ (1,15; cf. anche 2,9)[74]. Così ai Galati, che stanno abbandonando la propria vocazione, realizzata nella "grazia", Paolo oppone la propria adesione irrevocabile (cf. 2,21). In altri termini, l'origine del vangelo è strettamente relazionata alla grazia divina ed alle implicazioni che ne derivano.

5.8. Conclusione

La prima dimostrazione di Gal 1,13–2,21 si configura come una periautologia: Paolo, nel delineare le implicanze relazionali con il proprio vangelo, presenta se stesso come modello di adesione. La "narratio" si compone di sei parti, disposte in modo evolutivo: 1,13-17; 1,18-20; 1,21-24; 2,1-10; 2,11-14; 2,15-21. La natura probante della "narratio" è stata evidenziata mediante la relazione con la "propositio" di Gal 1,11-12 e con le progressive metalessi. Le maggiori metalessi sono verificabili nel "confronto" con Pietro (2,11-14) e soprattutto nella mimesi di 2,15-21. Alle progressive metalessi fa riscontro il tono "amplificante" della narrazione. Questa comincia quasi con stile cronachistico (1,13-17), per assumere progressivamente il tono di un'amplificazione "etica": Paolo si presenta soprattutto come modello di adesione al vangelo. Il vertice amplificante coincide con quello metalettico nella "peroratio" di 2,15-21.

Così la prima dimostrazione non rappresenta una sorta di narrazione asettica, né contiene dei semplici "semina probationis"; questa è già "probatio" o dimostrazione esemplare. Ma l'esemplarità paolina non è solo contenutistica; questa assume rilevanza "programmatica" rispetto al contenuto del vangelo, che egli presenterà nelle successive dimostrazioni[75].

L'arte della persuasione, infatti, è proporzionata all'autorevolezza che il mittente gode presso i destinatari. In tal modo, la forza persuasiva del messaggio risulterà più convincente e capace di stabilire adesione.

6. La seconda dimostrazione (Gal 3,1–4,7)

Dopo la "peroratio" di 2,15-21, Paolo interpella i Galati (3,1-5) per dare inizio ad una nuova dimostrazione; egli abbandona l'autobiografia (1,13–2,21) ed utilizza delle nuove argomentazioni. Per comprendere la funzione della

---

[74] Il termine χάρις tornerà con la stessa prospettiva in 5,4. Solo in 1,3 e 6,18 χάρις è presente come τόπος epistolare.

[75] Tale contenuto viene già anticipato nella "mimesi" di Gal 2,16, ma ancora non viene dimostrato lungo la narrazione di Gal 1,11–2,14.

seconda dimostrazione sarà utile tener presente la "propositio" di 1,11-12, che Paolo ha spiegato solo in modo parziale, lungo l'autobiografia.

6.1. La seconda apostrofe (3,1-5)

Una nuova apostrofe (3,1-5) introduce la seconda dimostrazione della Lettera. Paolo biasima i Galati per le scelte che stanno per compiere: 'Ω ἀνόητοι Γαλάται... (v. 1). La delimitazione letteraria di Gal 3,1-5 non crea difficoltà[76]. Infatti, in 3,1 compare l'interpellante τίς ἱμᾶς...: la seconda plurale era assente nella "peroratio" di 2,15-21. Dunque, l'appellativo biasimante ἀνόητοι (3,1.3) ed il vocativo Γαλάται (3,1) causano una cesura rispetto a quanto precede. Infine, le incalzanti domande presenti in 3,1-5 confermano la presenza di una nuova unità letteraria. Tuttavia, la conclusione della pericope non risulta del tutto chiara. L'apostrofe si chiude con un'interrogativa che lascia sospesi: soltanto l'οὖν di 3,5 fa percepire la conclusione della pericope[77]. L'esempio di Abramo, citato in 3,6, rappresenterebbe la naturale conclusione tematica dell'apostrofe. Ma, come vedremo, la connessione tra 3,6 e 3,7 impedisce di collegare 3,6 soltanto a 3,5[78]. Comunque la relazione di 3,1-5 con quanto segue, conferma la natura prolettica dell'apostrofe.

6.1.1. Analisi retorica

L'apostrofe di 3,1-5 si pone come antitesi della "peroratio" autobiografica di 2,15-21: alla precedente periautologia fa da contrasto il biasimo o ψόγος di 3,1-5[79]. Paolo non annulla, come stanno facendo i Galati, la χάρις di Dio (cf. 2,21 contro 3,3). Dunque, il contrasto con la prima dimostrazione causa il tono della nuova apostrofe. Per questo, l'apostrofe di 3,1-5 è più violenta di quella iniziale (1,6-10)[80]. Paolo non aveva apostrofato mai i suoi destinatari in modo

---

[76] Cf. BETZ, Galatians, 128; BONNARD, Galates, 60; BURTON, Galatians, 142; CORSANI, Galati, 188; EBELING, Wahrheit, 210-211; MUSSNER, Galaterbrief, 206; RIDDERBOS, Galatia, 111; ROHDE, Galater, 128; SCHLIER, Galater, 118; VANHOYE, Galati, 6.
Invece Bligh, per consolidare la propria struttura chiastica, delimita come unità letteraria 2,11–3,4. Cf. BLIGH, Galatians, 174-176.

[77] Così anche RIDDERBOS, Galatia, 116.

[78] Così anche VANHOYE, Galati, 49.60.

[79] Questo vale anche se in 3,1-5 sono riscontrabili molti termini di 2,15-21. Cf. πίστις (3.2.5; cf. 2,16.16.20), Ἰησοῦς Χριστός (3,1; cf. 2,16.16.), ἔργων νόμου (3.2.5; cf. 2,16.16.16), ἐσταυρωμένος (3,1; cf. 2,19) ὁ... ἐπιχορηγῶν... ἐνεργῶν (3,5 riferito a Dio ; cf. θεός di 2,19.20.21).

[80] Dalla relazione con la prima apostrofe (1,6-10) si comprende che difficilmente Gal 3,1-5 può essere considerata come prima prova della "probatio". Così invece Betz, Galatians, 13; BRINSMEAD, Dialogical Response, 52; C.D. STANLEY, "Under a Curse": a Fresh Reading of Galatians 3,10-14", NTS 36 (1990) 494-495. Naturalmente, in termini

così offensivo: due volte ripete ἀνόητοι (3,1.3). Lo stile di 3,1-5 è di tipo diatribico: Paolo incalza con cinque domande che non attendono risposte (vv. 1.2.3.4.5). La composizione diatribica dell'apostrofe richiama dunque la situazione di 1,6: Paolo è sorpreso che i Galati stiano abbandonando il suo vangelo. Soltanto in 3,4 abbiamo una risposta immediata e brachilogica al corrispondente interrogativo diatribico: εἴ γε καὶ εἰκῇ (v. 4b.). In base alla struttura delle domande diatribiche, ci sembra che si tratti di una falsa conclusione: nonostante tutto non è vano il dono dello Spirito. Ma, nel modo con cui viene formulata, questa risposta assume i caratteri di un rimprovero maggiore: i Galati vivono come se non avessero ricevuto lo Spirito[81]. La vivacità dell'apostrofe è resa con gli antiteti e con l'ironia paolina. In 3,2 si trova l'antiteto tra ἔργων νόμου ed ἀκοῆς πίστεως: al centro dell'antitesi compare τὸ πνεῦμα ἐλάβετε. Invece, in 3,3 è presente la figura del chiasmo[82]:

(A) ἐναρξάμενοι (B) πνεύματι (B.1) νῦν σαρκὶ (A.1.) ἐπιτελεῖσθε.

Ad ἐναρξάμενοι corrisponde ἐπιτελεῖσθε, come a πνεύματι fa da contrasto σαρκί. Così vengono stabiliti i fondamentali binomi antitetici di Gal 3,6-6,10: carne-spirito, legge-fede.

---

generali, nulla impedisce anche ad una "propositio" di assumere uno stile apostrofico. Tuttavia, si è già dimostrato, per 1,6-10, che, in Galati, la figura dell'apostrofe non ha funzione probante, ma amplificante. Infatti, qui non viene posto in discussione che i Galati siano stati evangelizzati, né la loro recezione dello Spirito: questi sono elementi già dati, che non hanno bisogno di dimostrazione. Ancora una volta, ci sembra che sia necessario abbandonare una "dispositio" retorica precostituita. Non perché la manualistica fa seguire alla "narratio" una "probatio", è necessario identificare quest'ultima in un testo.

La stessa osservazione vale per Standaert che vede 3,1-5 come "propositio"; cf. STANDAERT, "La rhétorique", 84. La criteriologia per l'identificazione di una "propositio" richiede di muoversi in tutt'altra direzione. Infatti, anche se in 3,1-5 sono presenti lessemi prolettici, fondamentali per l'argomentazione successiva, ciò che domina la pericope è l'appello "pathetico", amplificato dall'apostrofe.

Non manca chi, come Preuss e Berger, ritiene 3,1-2 "proemio" e 3,3-5 "narratio". Cf. H.D. PREUSS - K. BERGER, *Bibelkunde des Alten und Neuen Testament* (Heidelberg-Wiesbaden ³1986) 390-91. Ma l'applicazione aprioristica di un modello retorico rappresenta forse una demolizione pericolosa di qualsiasi approccio retorico a Gal, se non a tutto l'epistolario paolino.

[81] Per questo εἴ γε καὶ εἰκῇ non rappresenta un'implicita risposta di speranza. Il sintagma è "hapax" neotestamentario, ma corrisponde ai paralleli μὴ γένοιτο e μενοῦνγε, dei quali condivide la reazione negativa rispetto alle domande precedenti (cf. Rm 3,6; 6,2.15; 9,14; 10,18).

[82] Per la figura del chiasmo o "antimetabole", cf. J.W. WELCH, *Chiasmus in Antiquity: Structures, Analyses, Exegesis* (Hildesheim 1981); GARAVELLI, *Manuale*, 248. Su Gal 3,3 come chiasmo, cf. VANHOYE, *Galati*, 56; BETZ, *Galatians*, 133.

Lo stesso contrasto temporale richiama il "background" di 1,6-10: all'aoristo ἐναρξάμενοι si oppone il presente ἐπιτελεῖσθε: l'abbandono del vangelo paolino, pur essendo in evoluzione, non è ancora definitivo. Questo rivela la natura pedagogica dell'apostrofe; e Paolo richiama tale finalità mediante un'ironia tipicamente socratica: ha appena denominato i Galati "stolti", ed ora è disposto ad imparare: "Questo soltanto voglio imparare da voi" (cf. 3,2). Ci sembra che la connessione con la "propositio" di Gal 1,11-12 illumini la portata dell'ironia. Infatti, al γνωρίζω γάρ ὑμῖν di 1,11 fa da parallelo il τοῦτο μόνον θέλω μαθεῖν ἀφ'ὑμῶν di 3,2. Quando finalmente Paolo decide di presentare il contenuto del suo vangelo, ironicamente lascia spazio ai Galati. La stessa scelta di ἀνόητοι fa comprendere che non si tratta tanto di qualcosa da fare o meno, ma della comprensione stessa del vangelo[83]. Questo dimostra che, forse, il problema principale della Lettera ai Galati non è tanto quello della circoncisione, bensì la rilevanza del vangelo nella vita del credente, la consapevolezza di appartenere a quello che Vanhoye chiama "tertium genus" o, in termini più propriamente paolini, alla "nuova creazione" (Gal 6,15)[84]. Notiamo inoltre la metafora del προγράφειν riferita al Cristo ἐσταυρωμένος (v. 1): ci sembra che richiami l'opera evangelizzante di Paolo che ha posto visibilmente, davanti ai Galati, il mistero escatologico della croce[85]. Ma alla visione del Cristo crocifisso fa da contrasto il τίς... ἐβάσκανεν di 3,1. Alcuni pensano ai giudaizzanti o persino a Pietro, come agenti dell'ammaliamento[86]. Di fatto si tratta di una domanda retorica, che non necessariamente suppone degli oppositori[87].

Pertanto la natura diatribica chiarifica il senso di questa apostrofe: ha una funzione prolettica. Infatti, con l'utilizzazione del metodo socratico, composto

---

[83] Sulla connotazione gnoseologica di ἀνόητοι, cf. BURTON, Galatians, 143; SCHLIER, Galater, 118; VANHOYE, Galati, 49-50.

[84] Cf. VANHOYE, Galati, 66. Forse è necessario precisare a quale livello si colloca il "tertium genus": quando Paolo tratta, in Gal, della creazione nuova in ambito escatologico, non utilizza uno schema "ternario", ma binario (cf. Gal 1,4;5,6;6,15).

In tale prospettiva, forse risulta anche più corrispondente un senso globale per ἐπάθετε in 3,4: si riferisce all'esperienza che i Galati, come cristiani, hanno già vissuto, e non tanto alle sofferenze causate dalla persecuzione. Il contesto immediato e remoto di Gal impedisce di dare a πάσχειν un significato negativo. Così anche BONNARD, Galates, 61; MUSSNER, Galaterbrief, 209.

[85] Per questo ci sembra preferibile il senso locale, e non quello temporale, di προγράφειν. Così anche BURTON, Galatians, 144-145; ROHDE, Galater, 129.

[86] Così BLIGH, Galatians, 228. Non manca chi vi ricerca un retroterra sociologico, di tipo demoniaco. Cf. J.H. NEYREY, "Bewitched in Galatia: Paul and Cultural Anthropology", CBQ 50 (1988) 72-100.

[87] Un "mirror reading" che sposta la prospettiva dalla relazione di Paolo con i Galati a quella con gli oppositori, viene sostenuta da Betz e Brinsmead. Cf. BETZ, Galatians, 129-132; BRINSMEAD, Dialogical Response, 81. Ci sembra invece che la topologia e la composizione diatribica di 3,1-5 rivelino una finalità pedagogica. La rilevanza didattica di 3,1-5 è stata posta ben in luce da Vanhoye, pur senza un approccio propriamente "retorico" a Gal. Cf. VANHOYE, Galati, 56.

di biasimo e di protressi, l'argomentazione paolina passa dall'apostrofe alla dimostrazione. La topologia principale di 3,1-5 pone in risalto soprattutto i riferimenti trinitari: 'Ιησοῦς Χριστός (v. 1), ὁ... ἐπιχορηγῶν riguardante Dio, e soprattutto τὸ πνεῦμα (vv. 2.5). Ma forse è necessario precisare che, in Gal, ancora non viene spiegata la funzione dello Spirito: tali espressioni risultano troppo concitate. Più avanti, Paolo riprenderà questa tematica, fondamentale, per la propria argomentazione (cf. Gal 5,16–6,10).

6.2. La prima argomentazione "midrashica" (3,6-14)

Dopo l'apostrofe (3,1-5), Paolo comincia una protressi dimostrativa, fondata, in prevalenza, sulla Scrittura. La prima unità (3,6-14) della dimostrazione si presenta tra le più complesse del "corpus" paolino. Per questo, dal punto di vista metodologico, sarà utile individuare i procedimenti midrashici [88] e le interpretazioni paoline di chiarificazione.

6.2.1. Delimitazione e composizione letteraria

L'unità letteraria di Gal 3,6-14 è determinata soprattutto dalle citazioni bibliche [89]. Infatti, prima di Gal 3,6 Paolo non aveva mai citato direttamente l'Antico Testamento. In 3,6 si trova la prima citazione (Gn 15,6) introdotta dall'insolito καθώς. L'esempio di Abramo, con la sua πίστις, risulta paradigmatico per i Galati che vogliono sottomettersi alle "opere della Legge":

---

[88] In questa sede ci riferiamo al "midrash" come semplice ricerca esegetica, fondata sulla Scrittura. Con Le Déaut, preferiamo non formulare delle definizioni del "midrash" come "genere letterario": si tratta più di una "descrizione" che di una "definizione".

Tuttavia un elemento importante del "midrash", sul quale gli esegeti sono concordi, è rappresentato dalla sua rilevanza comunitaria o liturgica. Pensiamo che in questo il "midrash" si avvicini alla funzione interpellante della retorica greco-romana. Ciò rimane vero, anche se non possiamo parlare, "sic et simpliciter", di midrash omiletici per i testi paolini, allo stesso modo di quelli talmudici. Così invece R. SCROGGS, "Paul as Rhetorician: Two Homilies in Romàns 1–11", FS. W.D. Davies, *Jews, Greek and Christians: Religious Cultures in Late Antiquity* (Leiden 1976) 271-298. Sulla descrizione e le problematiche del "midrash", cf. R. LE DÉAUT, "A propos d'une définition du midrash", *Bib* 59 (1969) 395-413; G.G. PORTON, "Defining Midrash", J. NEUSNER (ed.), *The study of Ancient Judaism* (New York 1981), I, 55-92; H.L. STRACK - G. STEMBERGER, *Einleitung in Talmud und Midrasch* (München 1982); J. NEUSNER, *What is Midrash?* (Philadelphia 1987). Sul rapporto tra midrash e retorica classica, cf. D. DAUBE, "Rabbinic Methods of Interpretation and Hellenistic Rhetoric", *HUCA* 22 (1949) 239-264; S. LIEBERMANN, "Rabbinic Interpretation of Scripture", A.H. FISCHEL (ed.), *Essay in Greco-Roman and Related Literature* (New York 1977) 289-324.

[89] La maggior parte degli esegeti, pur se da diversi approcci, conserva l'unità letteraria di 3,6-14. Cf. BETZ, *Galatians*, 137; COSGROVE, *Galatians*, 49; EBELING, *Wahrheit*, 222-223; SCHLIER, *Galater*, 126-127; VANHOYE, *Galati*, 66.

... 'Αβραὰμ ἐπίστευσεν τῷ θεῷ, καὶ ἐλογίσθη αυτῷ εἰς δικαιοσύνην[90]. La connessione esemplare con 3,1-5 è resa dalla ripresa "a gancio" di πίστεως (v. 5) in ἐπίστευσεν (v. 6).

Il "terminus ad quem" del midrash si trova in 3,13-14, a causa del carattere conclusivo della proposizione, rispetto a quanto precede. D'altro canto, ἀδελφοί in posizione enfatica e la formula introduttiva κατὰ ἄνθρωπον λέγω di 3,15, indicano il passaggio ad una nuova pericope.

Circa la composizione letteraria di 3,6-14, le citazioni bibliche causano delle sottosezioni abbastanza chiare. Infatti, dopo la prima citazione di Gn 15,6, in Gal 3,6, Paolo trae già un'applicazione apodittica in 3,7. Anche dopo la citazione di Gn 12,3, in Gal 3,8, segue una conclusione introdotta da ὥστε (v. 9). Con 3,10-12 subentrano le citazioni dirette di Dt 27,26; Ab 2,4 e Lv 18,5. Infine i vv. 13-14 contengono la soluzione cristologica "paradossale". Al centro del paradosso si trova la citazione di Dt 21,23: "Maledetto chiunque pende dal legno". Tuttavia, la composizione letteraria della pericope non ci permette di cogliere i dinamismi della dimostrazione paolina. Non abbiamo ancora identificato la relazione tra le varie citazioni. Qual è il testo biblico fondamentale da cui dipendono le altre citazioni? Oppure ogni citazione rappresenta una dimostrazione autonoma, utilizzata da Paolo per spiegare un problema specifico? Riteniamo che in 3,6-14 Paolo riveli la sua notevole capacità argomentativa. Per questo, senza cadere in retroproiezioni indebite, che fanno pensare ad un'omelia sinagogale, cerchiamo di individuare la disposizione midrashica e retorica della pericope[91].

6.2.2. Disposizione "midrashica" di Gal 3,6-14

Il "midrash" di 3,6-14 non è lineare ma complesso, a causa dell'accumulazione di citazioni bibliche. In 3,6 si trova la citazione di Gn 15,6 che corrisponde alla LXX, tranne per la posizione di Αβρααμ che in Gal 3,6 precede

---

[90] Per questo non è necessario pensare ad un καθώς ellittico, cui aggiungere un γέγραπται. Così invece BONNARD, *Galates*, 64; HANSEN, *Abraham*, 112. Ma, di per sè, Paolo non introduce mai una citazione diretta dell'Antico Testamento con un semplice καθώς. Forse, proprio mediante l'omissione di γέγραπται, egli ottiene il duplice effetto di una citazione diretta ed esemplare. Cf. anche CORSANI, *Galati*, 198; MUSSNER, *Galaterbrief*, 213-214; VANHOYE, *Galati*, 69.

[91] Resta sempre valido il "caveat" di Alexander sulla relazione tra "midrash" e Nuovo Testamento: abbiamo a che fare con testi giudaici di dubbia datazione e dominati dalla pseudoepigrafia. Cf. P.S. ALEXANDER, "Rabbinic Judaism and New Testament", *ZNW* 74 (1983) 237-246. Per questo lasciamo il semplice termine "midrash" senza ulteriori specificazioni o un particolare "pattern". Forse con troppa facilità si parla di Gal 3,6-14 come di un "midrash omiletico". Così P. BORGEN, *Bread From Heaven* (Leiden 1965) 48-51; A. DEL AGUA PEREZ, *El método midrasico y la exégesis del Nuevo Testamento* (Valencia 1985) 263; HANSEN, *Abraham*, 206. Di fatto l'argomentazione paolina continua in 3,15 ed assume nuove prove.

e non segue ἐπίστευσεν [92]. In 3,8 compare una citazione meno rispondente ad un testo preciso: ἐνευλογηθήσονται ἐν σοὶ πάντα τὰ ἔθνη. Il testo fondamentale citato è quello di Gn 12,3, dove però non abbiamo, nella LXX, πάντα τὰ ἔθνη ma πᾶσαι αἱ φυλαὶ τῆς γῆς [93]. Per questo, secondo molti studiosi, si tratterebbe di una conflazione di due citazioni bibliche: Gn 12,3 e Gn 18,18. A Gn 12,3 apparterrebbe ἐνευλογηθήσονται ἐν σοί; mentre da Gn 18,18 Paolo avrebbe mutuato πάντα τὰ ἔθνη[94].

Innanzitutto, l'ipotesi ci sembra troppo artificiale; inoltre, questo sposterebbe cronologicamente la citazione di Gal 3,8 dopo la prescrizione della circoncisione, legiferata in Gn 17,9-14. Così l'argomentazione paolina risulterebbe indebolita: non si tratterebbe tanto di un προϊδοῦσα... προευηγγελίσατο τῷ 'Αβραάμ. Infatti, a Paolo si potrebbe obiettare che l'ingresso dei pagani, annunciato in Gn 18,18 non viene negato, ma segue e, quindi, dipende dalla legge della circoncisione, pronunciata in Gn 17. Ma Paolo sceglie Gn 15,6 proprio perché si tratta della "giustizia" e della "fede" precedenti alla promulgazione della circoncisione e della Legge[95]. Per questo, pensiamo che non si tratti di una citazione "conflata", ma esclusiva di Gn 12,2-3. Infatti τὰ ἔθνη può derivare dall'immediato contesto di Gn 12,2.

Alla citazione di Gn 12,2-3, in Gal 3,10 fa seguito quella di Dt 27,26: ἐπικατάρατος πᾶς ὃς οὐκ ἐμμένει πᾶσιν τοῖς γεγραμμένοις ἐν τῷ βιβλίῳ τοῦ νόμου τοῦ ποιῆσαι αὐτά. Anche per Dt 27,26 non abbiamo un testo pienamente rispondente alla LXX né al TM, che invece si corrispondono in larga parte[96]. Innanzitutto Gal 3,10 non contiene ἄνθρωπος di Dt 27,26 (LXX)[97]. Inoltre, οὐκ ἐμμένει ἐν... della LXX, si trova in Gal 3,10 senza ἐν. Infine, ἐν πᾶσιν τοῖς λόγοις τοῦ νόμου τούτου della LXX, in Gal 3,10, è sostituito da πᾶσιν τοῖς γεγραμμένοις ἐν τῷ βιβλίῳ τοῦ νόμου. Si ottiene così una decontestualizzazione di Dt 27,26: tale citazione non si applica solo alle maledizioni di Dt 27 ma a tutto ἐν τῷ βιβλίῳ τοῦ νόμου.

Un'analoga decontestualizzazione è verificabile per la citazione di Ab 2,4 in Gal 3,11: ὁ δίκαιος ἐκ πίστεως ζήσεται. Di per sé, in Ab 2,4 (LXX) abbiamo il possessivo μου: si tratta della fedeltà del Signore stesso. Il

---

[92] Il TM di Gen 15,6 manca del nome di Abramo, che rimane comunque sottinteso. Notiamo che la metatesi della citazione paolina, rispetto alla LXX, conferma la funzione esemplare di Abraam in Gal 3,6.

[93] Il TM di Gn 12,3 corrisponde a quello della LXX.

[94] Cf. CORSANI, Galati, 200; HANSEN, Abraham, 205; MUSSNER, Galaterbrief, 220. Invece Sanders, a causa di τὰ ἔθνη, considera come citazione solo Gn 18,18; cf. E.P. SANDERS, Paul, the Law and the Jewish People (Philadelphia 1983) 21.

[95] La precedenza cronologica di πίστις e δικαιοσύνη farà da base alla dimostrazione di 3,15-18.

[96] Così recita Dt 27,26 nella versione della LXX: 'Επικατάρατος πᾶς ἄνθρωπος, ὃς οὐκ ἐμμένει ἐν πᾶσιν τοῖς λόγοις τοῦ νόμου τούτου τοῦ ποιῆσαι αὐτούς.

[97] In questo Gal 3,10 sarebbe più vicino ad אֲרוּר del TM Dt 27,26.

rispondente TM invece contiene בֶּאֱמוּנָתוֹ, che si riferisce alla fedeltà dell'uomo. Invece Paolo cita senza specificare il possessore della πίστις. Questa indecisione testuale gli offre la possibilità di tenere il significato generale dell'espressione e, nello stesso tempo, di orientare la fede in senso cristologico.

In Gal 3,12 si trova la citazione breve di Lv 18,5: ὁ ποιήσας αὐτὰ ζήσεται ἐν αὐτοῖς. Ma anche per questa citazione riscontriamo delle variazioni. Infatti, la LXX contiene ἃ ποιήσας ἄνθρωπος ζήσεται ἐν αὐτοῖς[98]. Come per 3,10, Paolo sostituisce ἄνθρωπος della LXX con il pronominale ὁ ποιήσας.

Infine, Gal 3,13b riporta la citazione di Dt 21,23, che si differenzia sia dalla LXX che dal TM: ἐπικατάρατος πᾶς ὁ κρεμάμενος ἐπὶ ξύλου [99]. Innanzitutto, Paolo omette ὑπὸ θεοῦ di Dt 21,23 (LXX), a causa della prospettiva cristologica della citazione: egli non può affermare che Dio ha maledetto il suo Figlio. Inoltre, invece di κεκατηραμένος di Dt 21,23 riprende ἐπικατάρατος di Dt 27,26, citato in Gal 3,10.

Pertanto, le citazioni presenti in Gal 3,6-14 sono, in larga parte, rispondenti alla LXX, ma presentano delle variazioni significative che permettono forse di individuare le connessioni argomentative.

Notiamo che cinque citazioni provengono dalla "Legge": Gn 15,6; 12,2-3; Dt 27,26; Lv 18,5; Dt 21,23. Soltanto la citazione di Ab 2,4 deriva dai "Profeti". La relazione tra le diverse citazioni è causata dall'utilizzazione della classica regola giudaica nota come "gezerah shawah"[100].

Infatti la "gezerah shawah" principale (vv. 6.11) è costituita dalla relazione tra Gn 15,6 ed Ab 2,4, cui è collegata Gn 12,2-3. I termini "isotopici" sono δικαιοσύνην ed ἐπίστευσεν di Gn 15,6, cui corrispondono δίκαιος e πίστις di Ab 2,4. E' significativo che Gn 15,6 sia il primo brano della Scrittura in cui compare il verbo πιστεύειν e che πίστις, in Ab 2,4, possa avere una connotazione generale[101]. Infine, nella LXX, Gn 15,6 ed Ab 2,4 rappresentano gli

---

[98] Anche in questo caso il TM e quello della LXX globalmente si corrispondono.

[99] Cf. Dt 21,23 (LXX): κεκατηραμένος ὑπὸ θεοῦ πᾶς κρεμάμενος ἐπὶ ξύλου. In modo analogo, Dt 21,23 TM riferisce: כִּי־קִלְלַת אֱלֹהִים תָּלוּי.

[100] La formalizzazione della "gezerah shawah", come regola midrashica, si trova nella seconda "middah" di R. Hillel: è l'analogia tra due versi che si illuminano reciprocamente per rispondenze semantiche. In realtà, non si tratta solo di una regola esegetica giudaica, ma di una isotopia semantica riscontrabile, come figura, in qualsiasi testo di retorica; corrisponde, secondo Liebermann, ad una σύγκρισις terminologica. Cf. LIEBERMANN, "Rabbinic Interpretation", 62. Sulla relazione tra le sette regole di Hillel e l'argomentazione retorica, cf. DAUBE, "Rabbinic Methods", 241.

[101] L'ipotesi che la relazione tra Gn 12,2-3; 15,6 ed Ab 2,4 sia del tipo "seder" ed "haftarah", come nella struttura sinagogale "midrashica", è difficile da sostenere. Si potrebbe pensare persino ad un'omelia rabbinica; ma notiamo che in Gal 3,15 Paolo utilizzerà un differente modello argomentativo: di fatto, l'omelia non si concluderebbe con 3,14. Tuttavia, rimane l'importante connessione midrashica tra Gn 12,2-3; 15,5 ed Ab 2,4. Sulla composizione del "midrash" omiletico sinagogale, cf. A. GOLDBERG, "Form Analysis

unici brani in cui la giustizia dipende dalla fede. Ci sembra dunque che vi siano prove sufficienti per individuare, nella relazione tra Gn 12,2-3; 15,6 ed Ab 2,4 l'argomento fondamentale della prima dimostrazione biblica di Gal 3,6-14.

I termini centrali che vengono posti in luce sono: πίστις, δικαιοσύνη ed ἔθνη. Paolo intende dimostrare che la giustizia viene donata ai pagani mediante la fede. Infatti, Paolo stesso, in Gal 3,8 esplicita la sua intenzione: ἐκ πίστεως δικαιοῖ τὰ ἔθνη (Gal 3,8). Tuttavia, il rapporto tra 3,6 e 3,7 rivelerà la finalità del "midrash" nella seconda dimostrazione. Anche se questo rappresenta un elemento decisivo, non è forse il punto centrale dell'argomentazione paolina.

La seconda "gezerah shawah" (vv. 10.12) è stabilita, non senza forzature, tra Dt 27,26 e Lv 18,5: il verbo ποιεῖν fa da isotopia tra le due citazioni. Questa "gezerah shawah" è rafforzata dall'omissione paolina, sia per Dt 27,26 che Lv 18,5, del termine ἄνθρωπος.

La terza "gezerah shawah" (vv. 10.13) tra Dt 27,26 e Dt 21,23 manifesta ancora degli adattamenti paolini. Abbiamo sottolineato che il testo di Dt 21,23 (LXX) presenta κεκατηραμένος. Paolo invece, con la scelta di ἐπικατάρατος, crea una sua isotopia tra Dt 27,26 e Dt 21,23. Così Dt 27,26 rappresenta il testo fondamentale che si oppone a Gn 15,6. Questo è confermato dal fatto che Dt 27,26 rappresenta l'unico testo della LXX in cui la "maledizione" e νόμος si trovano in certo modo collegati. Pertanto Dt 27,26 viene chiarito prima da Lv 18,5 e poi da Dt 21,23. Da tale relazione emerge una nuova trilogia lessicale: ἐπικατάρατος, νόμος e ποιεῖν. Anche questa rilevanza è confermata dall'interpretazione paolina: ὅσοι γὰρ ἐξ ἔργων νόμου εἰσίν ὑπὸ κατάραν εἰσίν (v.10a).

Pertanto in 3,6-14 abbiamo due fondamentali colonne isotopiche: da una parte si trovano Gn 15,6; 12,2-3; Ab 2,4; dall'altra Dt 27,26; Lv 18,5; Dt 21,23. Forse possiamo parlare di un "midrash antitetico" o di contrapposizione.

6.2.3. La "subpropositio" di Gal 3,6-7

L'analisi letteraria e "midrashica" di 3,6-14 pone in evidenza, da una parte la relativa autonomia di 3,6-7, e dall'altra la sua funzione argomentativa[102]. Tuttavia precisiamo che, dal punto di vista letterario ed argomentativo, il v. 6 non si può separare dal v. 7. Infatti Gal 3,7 mediante γινώσκετε ἄρα, rappresenta l'applicazione "logica" di 3,6[103]. Ci sembra che, con tale precisazione, Paolo designi l'aspetto principale della propria argomentazione: la figliolanza abramitica.

---

of Midrashic Literature as a Method of Description", *JJS* 36 (1985) 159-174.

[102] Sulla funzione di Gal 3,6 come tesi di 3,7-14, cf. BORGEN, *Bread*, 48-51; HANSEN, *Abraham*, 205.

[103] Così anche H.W. JOHNSON, "The Paradigm of Abraham in Galatians 3,6-9", *TrinJ* 8 (1987) 188.

Infatti, al centro della seconda dimostrazione non si trova tanto la relazione tra δικαιοσύνη e πίστις, quanto l' υἱοθεσία che ne deriva[104]. Vedremo che la stessa opposizione tra la "legge" e la "fede" si rivelerà come funzionale rispetto alla figliolanza. Per questo pensiamo che Gal 3,6-7 costituisca la "subpropositio" principale di 3,8–4,7[105].

Ora il vangelo paolino (1,11-12) trova una sua fondamentale esplicitazione nella relazione tra la πίστις e la figliolanza. Il collegamento tra le due "propositiones", sino ad ora identificate, è determinato dalla presenza di verbi gnoseologici. Il γινώσκετε di 3,7 richiama γνωρίζω γὰρ ὑμῖν di 1,11. Così la "subpropositio" di 3,6-7 chiarifica uno degli aspetti centrali del vangelo paolino: Abramo è modello della δικαιοσύνη ricevuta senza il νόμος, ma con la πίστις. Nello stesso tempo, egli assume la paternità di una figliolanza, fondata ancora sulla fede e non sulla legge. L'argomentazione di 3,8–4,7 spiegherà proprio la relazione tra la fede e la figliolanza abramitica.

Pertanto, forse risulta fuorviante porre al centro di Gal la relazione tra δικαιοσύνη, νόμος e πίστις. Non neghiamo l'importanza di questo rapporto, ma ci sembra che risulti funzionale rispetto alla tematica della figliolanza[106]. Tale proporzionalità è comprensibile soltanto alla luce di questa "subpropositio" che si dimostra "conditio sine qua non" per cogliere la prospettiva della dimostrazione paolina.

6.3. Un esempio giuridico (Gal 3,15-18)

Con Gal 3,15-18 Paolo sembra abbandonare l'autorità della Scrittura per delineare un esempio di tipo giuridico. Tuttavia, poichè ci troviamo nella sezione cominciata con 3,1, è bene tener presente la "subpropositio" di 3,6-7: il punto di riferimento resta la figliolanza abramitica.

---

[104] La funzionalità di δικαιοσύνη rispetto alla figliolanza, è verificabile anche dalla sua frequenza nella seconda dimostrazione. L'aggettivo δίκαιος si trova soltanto 1x (3,11), il sostantivo δικαιοσύνη 2x (3,6.21), il verbo δικαιοῦν 3x (3,8.11.24). Invece il termine υἱός assume particolare rilevanza e si riferisce soprattutto alla figliolanza che deriva dalla fede (cf. 3,7.26; 4,6.7.7; cf. anche υἱοθεσία di 4,5). In 4,4.6 υἱός riceve anche connotazione cristologica. Accanto ad υἱός è necessario porre il sinonimo σπέρμα, riguardante sia il Cristo (cf. 3,16.16.19) che quanti gli appartengono (cf. 3,29). In definitiva, da tale figliolanza abramitica dipendono la ἐπαγγελία (cf. 3,14.16.17.18.18.21.22.29) e la κληρονομία (cf. 3,18; cf. anche κληρονόμος di 3,29; 4,1.7).

[105] Ebeling limita tale funzione di 3,6-7 rispetto a 3,8-14. Cf. EBELING, Wahrheit, 228. Ma notiamo che, di per sé, Paolo in 3,8-14 non tratta direttamente della "figliolanza", presente sia in 3,6-7 che nell'argomentazione successiva. Sulla relazione tra le "propositiones" disseminate nell'argomentazione paolina, cf. ALETTI, "Romains", 9.

[106] La centralità della "figliolanza", invece del problema sulla Legge in Gal 3,6–4,7 viene sottolineata anche da Drane, pur se in modo tematico, non argomentativo. Cf. J.W. DRANE, Paul, Libertine or Legalist? A Study in the Theology of the Major Pauline Epistles (London 1975) 24.

La delimitazione di 3,15-18 non risulta complessa[107]: in 3,15 Paolo esordisce con un interpellante ἀδελφοί, spiegando il tipo di prova che sta per addurre: κατὰ ἄνθρωπον λέγω. La pericope si chiude con l'affermazione che l'eredità si ottiene mediante la promessa, e non con la Legge (v. 18). In 3,19 la domanda τί οὖν ὁ νόμος introdurrà una nuova problematica. La relazione con la pericope precedente è resa con il "mot-crochet" ἐπαγγελίαν (v. 14) che in 3,15-18 fa da tema principale (cf. vv. 16.17.18.18). In questione è la scelta tra ἐπαγγελία e νόμος, quali basi della κληρονομία (v. 18).

La composizione letteraria di 3,15-18 risulta complessa: in 3,15 Paolo presenta l'esempio giuridico, che applica alla situazione di Abramo soltanto in 3,17[108]. Il v. 16 ha una funzione esplicativa sulla relazione tra ἐπαγγελία e σπέρμα[109]. In 3,18 si trova la conclusione, prima come dilemma tra νόμος ed ἐπαγγελία (v. 18a), poi come asserzione in favore di quest'ultima (v. 18b).

6.3.1. Analisi retorica

In 3,15-18 sono riscontrabili diversi elementi retorici e midrashici. Innanzitutto l'intera pericope è presentata come "exemplum" (v. 15a). Paolo rafforza la propria interpretazione della "subpropositio" di 3,6-7, utilizzando persino un esempio extrabiblico[110]. L'esempio parabolico è tratto dall'ambito giuridico testamentario[111], mentre l'argomentazione principale è "a fortiori",

---

[107] La maggior parte degli esegeti vede 3,15-18 come unitari. Cf. BETZ, Galatians, 154; BONNARD, Galates, 70; BURTON, Galatians, 177; CORSANI, Galati, 212; C.H. COSGROVE, "Arguing like a Mere Human Being: Galatians 3.15-18 in Rhetorical Perspective", NTS 34 (1988) 536-549; SCHLIER, Galater, 142; VANHOYE, Galati, 91.

[108] Cf. la ripresa terminologica di λέγω (vv. 15.17) e διαθήκη (vv. 15.17). Lo stesso "Wortfeld" giuridico si trova solo nei vv. 15.17: cf. κεκυρωμένην (v. 15), προκεκυρωμένην (v. 17), ἀκυροῖ (v. 17), ἀθετεῖ (v. 15), ἐπιδιατάσσεται (v. 15), καταργῆσαι (v. 17).

[109] A causa della relazione "a fortiori" tra 3,15 e 3,17 ci sembra che risulti parentetico l'intero v.16 e non solo la sua prima parte, sino ad αὐτοῦ. Così invece A.M. BUSCEMI, "Il rapporto Legge - Promessa in Gal 3,15-18", G.C. BOTTINI (ed.), Studia Hierosolymitana III (Jerusalem 1982) 142.

[110] Anche Mussner interpreta κατὰ ἄνθρωπον come formula tecnica di argomentazione, non più fondata sulla Scrittura, ma sulla giurisprudenza. Cf. C.J. BJERKELUND, "Nach menschlicher Weise rede ich". Funktion und Sinn des paulinischen Ausdrucks", ST 26 (1972) 63-100; MUSSNER, Galaterbrief, 236. Per l'utilizzazione di questa formula, cf. Rm 3,5; 6,19.

[111] In 3,15.17 διαθήκη andrebbe reso con "testamento" e non con "alleanza": si tratta di un atto giuridico unilaterale, più che di una relazione di "patto". La duplice funzione semantica si trova sia in διαθήκη della LXX, che in ברית del TM. Così anche BETZ, Galatians, 156; BONNARD, Galates, 70; ROHDE, Galater, 146; SCHLIER, Galater, 143. Invece BURTON rende διαθήκη con "alleanza" sia in 3,15 che 3,17. Cf. BURTON, Galatians, 179. Infine Hansen preferisce per 3,15 "testamento" e per 3,17 "alleanza"; cf. HANSEN, Abraham, 127. Ma quest'ultima traduzione indebolisce l'incidenza argomentativa dell'esempio. Se si

denominata, in linguaggio midrashico, come "qal wahomer". Infatti Paolo passa da un "a minus" (3,15) ad un "ad major" (3,17): se risulta irrevocabile un testamento umano, quanto più quello divino, dato ad Abramo?

Nella figura metalettica di 3,16, Paolo, utilizzando un procedimento rabbinico, costruisce un "pesher" cristiano[112]: passa da un singolare generico ad uno specifico e prende alla lettera σπέρμα per applicarlo a Cristo[113].

La sua esegesi sembra a prima vista arbitraria; in realtà nella LXX stessa il termine σπέρμα viene applicato sia ad una collettività[114] che ad un personaggio specifico[115]. Paolo stesso, in Gal 3,29, darà a σπέρμα anche un valore collettivo, applicandolo a quelli che appartengono a Cristo. Tuttavia, la cristologizzazione dell'oracolo risulta legittima per il fatto che, anche nella successiva storia della salvezza, la promessa testamentaria, fatta ad Abramo, venne ribadita[116]. Dunque la stessa reiterabilità della promessa manifesta la mancanza di adempimento. Inoltre, sembra difficile determinare la citazione di riferimento in Gal 3,16: secondo la maggior parte degli esegeti Paolo cita Gn 13,15 oppure 15,18; 17,8; 24,7[117]. Invece, sembra che la citazione sia, ancora una volta, mutuata dagli inizi della storia di Abramo: καὶ ὤφθη κύριος τῷ Αβραμ καὶ εἶπεν αὐτῷ· Τῷ σπέρματί σου δώσω τὴν γῆν ταύτην (Gn 12,7 LXX)[118]. Questa è la prima reale promessa testamentaria, fatta dal Signore ad Abramo; la successiva citazione di Gn 13,15 non fa che confermare Gn 12,7. Il sintagma τῷ σπέρματί σου si trova anche in Gn 17,8; ma tale citazione risulterebbe controproducente, per la dimostrazione paolina. Ancora una volta gli si potrebbe obiettare che, in base a Gn 17,8 la legge della circoncisione rappresenta la condizione per diventare discendenza di Abramo, e quindi per prendere parte della sua eredità.

---

tratta di realtà diverse, non ha senso una prova "a fortiori" in 3,15-17. Circa l'esempio giuridico di 3,15 è difficile determinare a quale legge faccia riferimento: una legge testamentaria giudaica, greca o romana? Bammel ha cercato di dimostrare la presenza di un "mattanâ barî", o legge testamentaria giudaica irrevocabile, fatta da un "vivente". Cf. E. BAMMEL, "Gottes διαθήκη (Gal III, 15-17) und das jüdische Rechtsdenken", *NTS* 6 (1959-60) 313-319; così anche MUSSNER, *Galaterbrief*, 237.

Il parallelo è suggestivo, anche se rimane una legge troppo specifica per essere immediatamente colta dai destinatari. Comunque, si riferisce sempre ad un esempio parabolico, non totalmente applicabile alla situazione di Gal 3,17.

112 Così anche M. Mc NAMARA, *Palestinian Judaism and the New Testament* (Wilmington 1983) 247.

113 Tale argomentazione "haggadica" è stata posta in luce da D. DAUBE, "The Interpretation of the Generic Singular in Galatians 3,16", *JQR* 35 (1944-45) 227-230.

114 Cf. Gn 3,15; 9,9; 21,12; Es 28,39; Lv 22,3.

115 Cf. Gn 4,25; 21,12.13; 2 Sam 7,12-14.

116 Cf. Gn 26,3-5 e 35,11-12, dopo la nascita di Isacco e di Giacobbe.

117 Cf. BETZ, *Galatians*, 156; CORSANI, *Galati*, 213; HANSEN, *Abraham*, 208; D.H. KING, "Paul and the Tannaim: A Study in Galatians", *WTJ* 45 (1983) 366; MUSSNER, *Galaterbrief*, 238; SCHLIER, *Galater*, 144.

118 Così anche LE DÉAUT, "Midrash", 409.

Invece, a partire da Gn 12,7 l'eredità viene offerta, prima e "gratui-tamente", in base alla promessa[119]. Il riferimento a Gn 12,7 viene confermato dalla citazione degli anni che separano la διαθήκη dalla promulgazione della "Torah".

Si è generalmente concordi nel ritenere che Paolo in Gal 3,17 richiami Es 12,40 e non Gn 15,13, in cui si ha la numerazione di 400 anni. Ora in Es 12,40 (LXX) il numero 430 anni si riferisce al tempo che va dall'insediamento di Abramo nel paese di Canaan all'uscita dall'Egitto. In pratica, i limiti sono tra Gn 12,7, con la prima "promessa testamentaria" fatta ad Abramo, ed Es 12, con la liberazione dall'Egitto[120]. Quindi l'annotazione paolina è tutt'altro che sommaria[121]: egli sceglie la datazione più estesa per porre in risalto la qualitativa differenza tra la promessa e la legge.

Pertanto, il codice temporale di 3,15-18 viene utilizzato per evidenziare l'origine gratuita dell'eredità. La stessa scelta del perfetto κεχάρισται (v. 18) richiama il tema della χάρις (cf. 1,6.15; 2,9.21): anche l'esempio di Abramo dimostra l'irrevocabilità della χάρις divina che precede, in modo cronologico e qualitativo, la stessa Legge.

6.4. La prima questione diatribica (Gal 3,19-20)

Finalmente, in Gal 3,19, Paolo affronta direttamente il problema della Legge, introducendosi con un interrogativo "diatribico": Τί οὖν ὁ νόμος; La questione emerge, in modo naturale, dalla conclusione di 3,18: se l'eredità si ottiene attraverso la promessa, qual è la funzione della Legge?

In rapporto al contesto precedente, 3,19-20 si caratterizza per la novità stilistica[122]. Questa domanda "diatribica" fa avanzare l'argomentazione verso una nuova tappa. Nella domanda successiva (3,21) Paolo affronterà il problema della relazione tra la Legge e le promesse (3,21-22). La composizione della prima questione diatribica (3,19-20) è praticamente raccolta in 3,19; in 3,20 si trova la precisazione sul senso del "mediatore"[123].

---

[119] Così anche VANHOYE, Galati, 94-95.

[120] Forse la presenza di διαθήκη in Gal 3,17 ha fatto pensare a Gn 15,13 e non a Gn 12,7. Ma la connotazione giuridica di διαθήκη richiama già la prima promessa testamentaria di Gn 12; il riferimento a Gn 15 è da escludere per la datazione diversa. Pereira ha cercato di risolvere le difficoltà distinguendo tra l'annuncio e la nascita di Isacco; cf. F. PEREIRA, "The Galatians Controversy in the Light of the Targums", The Indian Journal of Theology 20 (1971) 28. Invece, ci sembra che la "crux" venga risolta dalla relazione tra la promessa testamentaria di Gn 12,7 ed Es 12,40.

[121] Così invece BETZ, Galatians, 158.

[122] A causa delle domande diatribiche di 3,19.21, distinguiamo 3,19-20 da 3,21-22; così anche VANHOYE, Galati, 100.

[123] Per il significato di μεσίτης, cf. A. VANHOYE, "Un médiateur des anges en Gal 3,19-20", Bib 59 (1978) 403-411.

6.4.1. Analisi retorica

In Gal 3,19-20 domina uno stile diatribico: in particolare, tale novità stilistica è costituita dalla presenza della domanda retorica di 3,19. In base alla risposta di 3,19b ci sembra che il τί abbia valore avverbiale, da rendere con un "perché" interrogativo. In pratica, Paolo esplicita una questione fondamentale, derivante dalla sua dimostrazione precedente: qual è la funzione della Legge? Naturalmente, all'interno di tale questione, si colloca il problema sulla natura della Legge, cui risponde in 3,19c-20[124].

Lo stile diatribico di 3,19-20 viene confermato dalle espressioni ellittiche ed antitetiche che vivacizzano l'argomentazione. Nella stessa domanda di 3,19 si trova la figura ellittica, cui alcuni sottintendono προσετέθη, in adesione a 3,19b[125]. Inoltre, la risposta paolina procede per affermazioni brachilogiche e sentenziose, che non ammettono replica. L'apoditticità stilistica emerge soprattutto con la figura dell'antitesi in 3,20:

$$\text{ὁ δὲ μεσίτης ἑνὸς οὐκ ἔστιν,}$$
$$\text{ὁ δὲ θεὸς εἷς ἔστιν.}$$

Pertanto il carattere diatribico di 3,19 rende vivace ed amplificante la pericope. Però, dalla stessa topologia si comprende che non si tratta di una "digressio" rispetto all'argomento principale, bensì di una dimostrazione conseguenziale[126].

Infatti è riscontrabile in 3,19-20, come nel contesto di 3,6-29 il codice temporale: la Legge è stata promulgata sino alla venuta dello σπέρμα ᾧ ἐπήγγελται; il personaggio di riferimento è Cristo (cf. 3,16). La stessa modalità di promulgazione della Legge (vv. 19c-20) si relaziona alla citazione di 3,17b con la data di promulgazione. Per inverso, l'unicità di Dio richiama l'irrevocabilità ed unilateralità della sua "promessa testamentaria" (3,17a). Inoltre, notiamo che il linguaggio giuridico usato in 3,15-18 ricompare in 3,19 mediante νόμος, παράβασις, προσετέθη e διαταγείς.

Pertanto Gal 3,19-20 è tutt'altro che una "digressio": tale questione diatribica risulta incomprensibile senza il contesto precedente, che ci permette di cogliere anche la prospettiva negativa della risposta sulla funzione della Legge. Questo emergerà soprattutto dalla successiva domanda diatribica (3,21): in base a 3,19-20 sembra non solo che la Legge non possa aggiungere nulla alle promesse (3,15-18), ma che persino si opponga ad esse[127].

---

[124] Così anche MUSSNER, *Galaterbrief*, 245; SANDERS, *Law*, 65; VANHOYE, *Galati*, 100. Invece Betz riferisce la domanda solo all'identità della Legge. Cf. BETZ, *Galatians*, 162.

[125] Cf. MUSSNER, *Galaterbrief*, 245.

[126] Così invece BETZ, *Galatians*, 163.

[127] Anche in 3,19-20 Paolo dimostra una notevole capacità di analisi "midrashica": inverte la comune concezione sul dono della Legge. Se in Dt 32,2 (LXX); At 7,38.53; Eb 2,2; Giub 1,29; Test. Dan 6,2 la presenza degli angeli confermava la natura divina, dunque

6.5. La seconda questione diatribica (3,21-22)

Un'altra domanda diatribica ὁ οὖν νόμος κατὰ τῶν ἐπαγγελιῶν (v. 21) introduce la nuova pericope: (3,21-22). Il problema della Legge poteva già essere affrontato dopo le affermazioni di 3,11.18; ma adesso, in seguito alla risposta di 3,19b, tale questione diventa urgente. Se la Legge non solo viene dopo le promesse, ma ha un valore inferiore ad esse, ciò può significare una sua opposizione rispetto alle stesse promesse. Ma Paolo rigetta immediatamente una tale concezione e si propone di spiegare la funzione della Legge nella storia della salvezza. La microunità di Gal 3,21-22 non risulta difficile da determinare per il suo "terminus a quo", a causa della domanda diatribica (v. 19). Invece sembra problematica la conclusione della risposta diatribica. Tuttavia, ci sembra che la metafora dell'imprigionamento periodico caratterizzi soprattutto la successiva unità letteraria, anche se in 3,22 si trova συνέκλεισεν[128]. Per quanto riguarda la composizione della pericope, dopo la questione retorica e l'immediato μὴ γένοιτο, Paolo spiega la relazione tra la Legge e la promessa prima in forma argomentativa (v. 21b), quindi richiamando la storia della salvezza (v. 22).

6.5.1. Analisi retorica

Lo stile diatribico di 3,21-22 si rivela non soltanto nella domanda retorica, cui fa seguito il tipico μὴ γένοιτο, ma anche attraverso la figura della "prosopopea"[129]. Così, in 3,22 la personificazione di ἡ γραφή rende vivace l'argomentazione (cf. 3,8). La stessa dimostrazione assume toni amplificanti a causa dell'iperbolico τὰ πάντα (v. 22). Notiamo infine la prospettiva escatologica, posta in risalto mediante il verbo ζῳοποιῆσαι e δικαιοσύνη: la "promessa" divina si realizza con l'adempimento della "fede in Cristo"[130].

---

positiva, della Legge, in Gal 3,19-20 si riscontra una prospettiva negativa.

[128] Sull'unità letteraria di 3,21-22 cf. A.M. BUSCEMI, "La funzione della legge nel piano salvifico di Dio in Gal 3,19-25", SBFLA 32 (1982) 115; MEAGHER, Faith, 138; VANHOYE, Galati, 112.

[129] Per la "prosopopea", cf. QUINTILIANO, Inst. Or. 9.2.29.

[130] In base al contesto immediato ci sembra che per πίστεως Ἰησοῦ Χριστοῦ (3,22) sia da preferire un genitivo oggettivo e non soggettivo: non si tratta tanto della fedeltà del Cristo, quanto' della fede in Lui. Questo viene confermato dal τοῖς πιστεύουσιν dello stesso v. 22. Un'interpretazione soggettiva caricherebbe oltre misura l'espressione, dal punto di vista teologico. In tal caso sarebbe rapido il passaggio dalla fedeltà del Cristo alla fede in Lui. Inoltre, in Gal, non viene spiegata, la relazione tra Cristo ed il Padre, in termini di fedeltà al disegno divino. Al contrario in 2,16 Paolo dichiara esplicitamente: εἰς Χριστὸν Ἰησοῦν ἐπιστεύσαμεν. Cf. anche BRUCE, Galatians, 181; BURTON, Galatians, 197; CORSANI, Galati, 230; A.J. HULTGREN, "The πίστις Χριστοῦ Formulation in Paul", NT 22 (1980) 249-263; MARTIN, Christ, 118; MUSSNER, Galaterbrief, 254-255. L'ipotesi di un genitivo soggettivo in 3,22 viene sostenuta soprattutto da Howard e VANHOYE. Cf. G. HOWARD, Paul: Crisis in Galatia (Cambridge ²1990) xxvii-xxix, 58; VANHOYE, Galati, 116.

Pertanto in 3,21-22 l'argomentazione paolina avanza con stile diatribico: Paolo rigetta, nonostante la prospettiva negativa della Legge, in Gal 3,1-22, un'opposizione tra la Legge stessa e le promesse.

6.6. Un'ultima argomentazione (Gal 3,23-29)

In 3,23-29 Paolo abbandona anche lo stile diatribico per spiegare le fasi principali della storia della salvezza: l'epoca della Legge (3,23) e quella della fede (3,25). Di fronte a tale successione di economia salvifica sono posti gli stessi Galati che intendono passare dalla fede alla Legge (3,26-29; cf. 3,2-3). L'unità di 3,23-29 non trova concordi gli esegeti: alcuni separano 3,23-25 da 3,26-29, considerandoli autonomamente, oppure collegandoli a quanto precede[131]. Questa divisione viene fondata sul brusco passaggio dalla 1 plurale (= ἐσμέν del v. 25), alla 2 plurale (= ἐστέ del v. 26). In realtà, tale motivazione risulta insufficiente[132]; pensiamo invece che già in 3,23 Paolo passi ad una nuova fase della propria dimostrazione[133]. Infatti, il πρὸ τοῦ δὲ ἐλθεῖν segna la transizione dalle questioni diatribiche ad una dimostrazione di carattere cronologico[134]. Naturalmente, ci troviamo sempre nella seconda dimostrazione paolina, cominciata in Gal 3,1: i legami con il contesto sono abbastanza evidenti. In 3,22 si riscontrano i termini fondamentali della nuova pericope: συγκλείειν, πίστις, Ἰησοῦς Χριστός ed ὑπό. Ma in 3,23-29 le proporzioni sono inverse: al centro non sono poste più le questioni sulla Legge (vv. 19-20. 21-22). Invece prendono il sopravvento la πίστις[135] ed il suo fondamento: Gesù Cristo[136]: possiamo denominare tale pericope come "cristologica". Il "terminus

---

131 Così BETZ, *Galatians*, 181; BRUCE, *Galatians*, 181; B. BYRNE, *"Sons of God"* - *"Seed of Abraham"* (AnBib 83; Rome 1979) 165; CORSANI, *Galati*, 234; EBELING, *Wahrheit*, 283; MUSSNER, *Galaterbrief*, 254.

132 Anche in 2,15-21 abbiamo riscontrato dei cambiamenti pronominali, senza per questo determinare diverse unità letterarie. Spesso tali variazioni sono di tipo argomentativo e stilistico, più che indicatrici di nuove pericopi.

133 Così anche BURTON, *Galatians*, 197; COSGROVE, *Galatians*, 69; HANSEN, *Abraham*, 136; RIDDERBOS, *Galatia*, 143; VANHOYE, *Galati*, 118. 131.

134 Il codice cronologico si trova anche nelle pericopi precedenti (cf. 3,8.17.19), come parte integrante della dimostrazione. Ma in 3,23-29 la prova temporale diventa preminente rispetto a quella giuridica.

135 Nelle pericopi precedenti di 3,15-18.19-20.21-22 νόμος si trovava 6x (3,17.18.19.21.21.21), mentre in 3,23-29 viene citato solo 2x (vv. 23.24). Per inverso, la πίστις è introdotta come "parola gancio" in 3,22, per fare da tema centrale in 3,23-29 (cf. 3,23.23.24.25.26). In precedenza, per ritrovare il tema della πίστις bisogna risalire a 3,1-5.6-14. (cf. 3,2.5.7.8.9.11.12.14).

136 Anche il riferimento a Ἰησοῦς Χριστός è prevalente in 3,23-29, rispetto a quanto precede. In 3,1-22 si trova 2x Χριστός (vv. 13.16) e 3x Χριστός Ἰησοῦ (vv. 1.14.22). Invece, nella sola microunità di 3,23-29 abbiamo 4x Χριστός (vv. 24.27.27.29) e 2x Χριστός Ἰησοῦ (vv. 26.28).

ad quem" è dato da un ἄρα conclusivo (3,29) e dall'introduttivo λέγω δέ in 4,1. Per quanto riguarda la composizione di 3,23-29, ci sembra che i vv. 23-25 siano dominati dalla relazione tra le due economie, mentre in 3,26-29 si trova l'applicazione della seconda economia ai Galati stessi. Così, la prima parte della pericope è caratterizzata dalla disposizione parallela dei vv. 23.25:

v. 23: Πρὸ τοῦ δὲ ἐλθεῖν τὴν πίστιν ὑπὸ νόμον ἐφρουρούμεθα...
v. 25: ἐλθούσης δὲ τῆς πίστεως οὐκέτι ὑπὸ παιδαγωγόν ἐσμεν.

Tra questi limiti Paolo spiega la funzione della legge, vista come "pedagogo". Quindi, il πάντες in posizione enfatica ed il passaggio alla 2 plurale ἐστέ, introducono l'applicazione della nuova situazione, dell' essere "in Cristo Gesù", agli stessi Galati. Anche i vv. 26.28d sono costruiti in modo parallelo:

v. 26: πάντες γὰρ υἱοὶ θεοῦ ἐστε διὰ τῆς πίστεως ἐν Χριστῷ Ἰησοῦ.
v. 28: πάντες γὰρ ὑμεῖς εἷς ἐστε ἐν Χριστῷ Ἰησοῦ.

In tale delimitazione, Paolo richiama gli aspetti fondamentali dell'essere "in Cristo" (vv. 27-28a). Infine, le tematiche della figliolanza abramitica e dell'eredità (v. 29) collegano questa pericope alla "subpropositio" di Gal 3,6-7.

6.6.1. Analisi retorica

In 3,23-29 permane la vivacità dell'argomentazione, anche se Paolo abbandona lo stile diatribico delle pericopi precedenti. Notiamo, innanzitutto, che in 3,23-25 egli utilizza la figura della "prosopopea": la fede (v. 23) e la legge (v. 24) sono come persone in azione. Alla stessa legge Paolo attribuisce la metafora del "pedagogo", con la sua funzione transitoria e negativa, nello stesso tempo[137]. Quindi, in 3,26 si trova l'enallage delle persone: dalla 1 plurale del v.

---

[137] A causa della costruzione di ὑπό con l'accusativo, che in Gal caratterizza una situazione negativa, ci sembra che la metafora del παιδαγωγός sia utilizzata in tale prospettiva, e non in senso positivo. Così, in Gal abbiamo ὑπὸ κατάραν (3,10), ὑπὸ ἁμαρτίαν (3,22), ὑπὸ νόμον (3,23; 4,5.21; 5,18), ὑπὸ τὰ στοιχεῖα τοῦ κόσμου (4,3). Questo viene confermato dalla posizione sociale del pedagogo: era uno schiavo. Nella sola frequenza parallela di 1 Cor 4,15 Paolo applicherà a se stesso il modello della paternità e non quello del παιδαγωγός. Naturalmente la presenza del νόμος come παιδαγωγός risulta necessaria nella "Heilsgeschichte": il suo punto di arrivo è Cristo. Ma questo vale in assoluto, non per Gal 3 in cui, a causa della posta in gioco, il νόμος è visto negativamente. Così anche BONNARD, Galates, 67; CORSANI, Galati, 232; A.T. HANSON, "The Origin of Paul's Use of paidagôgos for the Law", JSNT 34 (1988) 71-76; SCHLIER, Galater, 169; N.H. YOUNG, "Παιδαγωγός: the Social Setting of a Pauline Metaphor", NT 29 (1987) 150-176.
Invece Lull e Vanhoye considerano questa metafora, nello stesso tempo, negativa e positiva. Cf. D.J. LULL, "The Law Was Our Pedagogue; a Study in Galatians 3:19-25", JBL 105 (1986) 481-498; VANHOYE, Galati, 117-118.

25 (= ἐσμέν) si passa alla 2 plurale (= ἐστέ): Paolo si rivolge direttamente ai destinatari della Lettera[138]. In 3,28 si trovano le tre coppie costruite in modo antitetico e polisindetico:

οὐκ ἔνι Ἰουδαῖος οὐδὲ Ἕλλην
οὐκ ἔνι δοῦλος οὐδὲ ἐλεύθερος
οὐκ ἔνι ἄρσεν καὶ θῆλυ.

Notiamo che soltanto la coppia ἄρσεν - θῆλυ è collegata da un καί, e che la relazione tra le coppie progredisce con sempre maggiore "amplificatio": da una negazione in Cristo di differenze religiose ("giudeo né greco"), si passa ad una negazione civile, più ampia ("schiavo né libero"), per giungere a quella sessuale universale ("maschio e femmina"). Forse la stessa scelta di tali coppie non è "ad abundantiam", ma risponde alla situazione di Gal[139]. Infatti, la topologia dell'ambito religioso, "giudeo-greco", ha caratterizzato Gal 2,15-16; e quella civile dello "schiavo-libero" è riscontrabile soprattutto in Gal 4,1-7; 4,21–5,1. Infine, la problematica sessuale del "maschio e femmina" riguarda ancora la situazione dei Galati, anche se manca una esplicita ripresa lessicale: a quanti desiderano farsi circoncidere, Paolo ricorda che, in Cristo, persino la distinzione sessuale non ha valore. In definitiva, si tratta ancora della nuova creazione (cf. Gal 6,15).

Quindi, ci sembra che questa antitesi sia da collegare a quella tra περιτομή ed ἀκροβυστία, di cui Paolo tratterà in 5,6; 6,15[140]. Sorprende la poca attenzione degli esegeti alla contestualizzazione di tali coppie e, per inverso, la ricerca di un contesto liturgico "prepaolino", di fatto non verificabile altrove nel Nuovo

---

[138] Secondo Bonnard e Mussner il "noi" dei vv. 23-25 si riferisce a tutti, compresi i destinatari della Lettera. Cf. BONNARD, *Galates*, 75; MUSSNER, *Galaterbrief*, 256. Ci sembra invece pertinente l'esegesi di Vanhoye che vede un riferimento ai Giudei: non tutti infatti sono ὑπὸ νόμον (3,23), ma soltanto i Giudei che hanno ricevuto il νόμος. Cf. VANHOYE, *Galati*, 117.

[139] Non così Betz e Corsani, che ritengono inerente a Gal soltanto l'antitesi tra "giudeo e greco". Cf. BETZ, *Galatians*, 182; CORSANI, *Galati*, 243.

[140] Per questo ci sembra che non vi siano riferimenti in ἄρσεν καὶ θῆλυ a Gen 1,27 (LXX), né alla concezione dell'androgeno mitologico o gnostico. Gal 3,28 non riguarda una situazione assoluta, ma relativa all'essere "in Cristo". In quanto tali, le distinzioni sessuali rimangono, ma non hanno valore nella nuova economia della πίστις, iniziata con Cristo. Anche Saracino contesta i riferimenti gnostici a favore di un'analisi stilistica delle antitesi. Cf. F. SARACINO, "Forma e funzione di una formula paolina: Gal 3,28", *RivB* 28 (1980) 402. Tuttavia, ci sembra che le antitesi non siano solo stilistiche, ma rispondenti alla situazione dei Galati. Risulta significativo che la negazione audace tra "maschio e femmina" non ricompaia nel restante epistolario paolino e, soprattutto, nei paralleli di 1 Cor 12,13; Col 3,11.

Testamento[141]. Pensiamo invece che i vv. 27-28 rispondano allo stile paolino che, in Gal, è caratterizzato da figure antitetiche.

Infine, notiamo la funzione analettica di 3,29: richiama il tema fondamentale della figliolanza abramitica, annunciato nella "subpropositio" di 3,6-7. Pertanto, si tratta di un verso sintetico, anche se la dimostrazione non si è ancora conclusa. Questo conferma la funzione retorica della "subpropositio": la fede di Abramo fa da modello e da causa per quanti diventano suoi figli mediante la fede. Così la dimostrazione cresce di amplificazione "logica" rispetto al vangelo paolino. Tuttavia, mediante l'enallage pronominale di 3,26-29, l'amplificazione logica acquista un orientamento "pathetico": i Galati stessi sono i destinatari del vangelo di 3,6-29.

6.7. La conclusione della seconda dimostrazione (4,1-7)

L'ultima pericope (4,1-7) della seconda dimostrazione rappresenta il vertice della stessa sezione, sia dal punto di vista argomentativo che teologico. Infatti, Paolo riprende il tema della figliolanza, riequilibrando però le proporzioni tra quella abramitica (3,29) e quella divina. In definitiva, quest'ultima rappresenta il fondamento per la partecipazione all'eredità.

L'unità letteraria di 4,1-7 non risulta difficile da determinare [142]: il λέγω δέ di 4,1 causa il passaggio ad una nuova tappa della dimostrazione paolina[143]. Quindi l'interpellante εἶ di 4,7a chiude la pericope; in 4,8 comincia una nuova apostrofe che inaugura una svolta successiva nell'economia della Lettera.

La composizione di 4,1-7 si presenta analoga a quella di 3,15-18; 3,23-29. Infatti è possibile individuare due parti fondamentali: i vv. 1-2 contengono un "exemplum" giuridico; mentre i vv. 3-7 rappresentano l'applicazione dello stesso esempio[144]. La stessa applicazione viene introdotta da un comparativo οὕτως καὶ ἡμεῖς (v. 3). Tuttavia, ancora una volta, Paolo utilizza l'esempio

---

[141] Per l'origine prepaolina battesimale di 3,26-28, cf. H.D. BETZ, "Spirit, Freedom and Law: Paul's Message to the Galatians Churches", SEA 39 (1974) 145-60; Id., Galatians, 184; M. BOUTTIER, "Complexio Oppositorum, sur les formules de 1 Cor 12,13; Gal 3,26-28; Col 3,10-11", NTS 23 (1976) 1-19; CORSANI, Galati, 243; R. GAYER, Die Stellung der Sklaven in die paulinischen Gemeinden und bei Paulus (Berna 1976) 135-153.

[142] Cf. BETZ, Galatians, 202; BRUCE, Galatians, 191; BURTON, Galatians, 210; A.M. BUSCEMI, "Libertà e hyiothesia; studio esegetico di Gal 4,1-7", SBFLA 30 (1980) 93; BYRNE, "Sons of God", 174; CORSANI, Galati, 252; MEAGHER, Faith, 148; R. PENNA, Lo Spirito di Cristo (Brescia 1976) 207; SCHLIER, Galater, 195; VANHOYE, Galati, 133. Invece Bonnard, senza notare la svolta determinata dall'apostrofe in 4,8-11, estende l'unità a 4,1-11; cf. BONNARD, Galates, 83.

[143] Cf. la funzione introduttiva di λέγω in 3,15; 5,2; 5,16; cf. anche il λέγετέ μοι di 4,21. Lo stesso δέ in 4,1 sembra prosecutivo, più che avversativo.

[144] Cf. BETZ, Galatians, 202; BYRNE, "Sons of God", 175; VANHOYE, Galati, 133.

giuridico secondo una sua particolare prospettiva applicativa. Per questo l'identificazione del "background" giuridico rimane una "crux interpretum"[145].

Inoltre, la posizione di κληρονόμος conferma l'unità di 4,1-7 e la relazione con 3,1-29: funge da "mot-crochet" tra 3,29 e 4,1; nello stesso tempo, κληρονόμος e δοῦλος, fungono da inclusione tra 4,1 e 4,7[146].

Se però l'unità e la composizione letteraria di 4,1-7 sono abbastanza chiari, non altrettanto si può affermare del concatenamento argomentativo. Paolo avrebbe potuto chiudere la dimostrazione con il sintetico 3,29. Infatti, a prima vista, 4,1-7 sembra poco rilevante per l'argomentazione, tranne che per il τόπος della figliolanza divina[147]. In realtà, l'analisi retorica permetterà di cogliere la funzione argomentativa di Gal 4,1-7.

6.7.1. Analisi retorica

Dalla valutazione retorica di 4,1-7 emergono delle figure di amplificazione che conferiscono particolare vivacità alla pericope. Notiamo, innanzitutto, l'ossimoro chiastico in 4,4-5:

> A. ἐξαπέστειλεν ὁ θεὸς τὸν υἱὸν αὐτοῦ
> B.   γενόμενον ἐκ γυναικός
> C.   γενόμενον ὑπὸ νόμον
> C1.   ἵνα τοὺς ὑπὸ νόμον ἐξαγοράσῃ
> B1.   ἵνα τὴν υἱοθεσίαν ἀπολάβωμεν.

Il contenuto del chiasmo è paradossale, come quello di 3,13-14[148]: il figlio di Dio, nascendo da donna e sotto la Legge, libera quanti si trovano sotto la Legge stessa, affinché ricevano la "figliolanza divina". Un'analoga amplificazione è causata dalla "climax" bimembrale di 4,7: ... ἀλλὰ υἱός· εἰ δὲ υἱὸς καὶ κληρονόμος διὰ θεοῦ[149]. La "climax" è realizzato con la ripresa di

---

145 Infatti προθεσμίας τοῦ πατρός (v. 2) se, da una parte, contraddice νήπιος di 4,1, dall'altra anticipa ἐξαπέστειλεν ὁ θεός di 4,4. Non si comprende se, nell'esempio, la libertà ereditaria del νήπιος è stabilita dalla maggiore età oppure dalla disposizione paterna. In realtà, ci sembra che il riferimento cronologico paterno abbia funzione prolettica rispetto a quella di Dio stesso (v. 4), più che rispondere ad un tipo di diritto testamentario. Qualcosa di analogo si è verificato in 3,15 per l'irrevocabilità del testamento umano. Sulle discordanze tra esempi giuridici ed applicazioni in Gal 3–4, cf. VANHOYE, Galati, 134-135.
146 Cf. BUSCEMI, "Libertà", 96; VANHOYE, Galati, 133.
147 Già Vanhoye, in base ad un approccio esclusivamente letterario, considerava i vv. 1-7 conclusivi rispetto al contesto precedente. Cf. VANHOYE, Galati, 133; cf. anche PENNA, Spirito, 209.
148 Per la struttura del chiasmo di 4,4-5 cf. A. VANHOYE, "La Mère du Fils de Dieu selon Ga 4,4", Marianum 40 (1978) 237-247.
149 Sulla funzione retorica della "climax", nota anche come "gradatio", cf. GARAVELLI, Manuale, 197-199.

υἱός. Al vertice dell'amplificazione si trova κληρονόμος. Così, le due principali figure confermano la centralità tematica della figliolanza e dell'eredità.

Anche l'esempio di 4,2 contiene un'amplificazione: il "fanciullo" si trova sotto "tutori... ed amministratori". Così, per un solo νήπιος vengono citati indefiniti custodi[150]: la situazione è di assoluta schiavitù rispetto alla persona e ai suoi beni.

In 4,4 è presente l'amplificazione causata dal sintagma ὅτε δὲ ἦλθεν τὸ πλήρωμα τοῦ χρόνου. La precisazione temporale è solenne, al punto che Paolo utilizza, nello stesso tempo, la metafora del movimento e dello spazio: il tempo non solo giunge, ma si riempie[151].

La vivacità della pericope è ottenuta con le diverse figure di "enallagi" personali. A prescindere dalla 1 singolare, contenuta in λέγω δέ (4,1a), con 4,3 si passa, dalla 3 singolare dei vv. 1-2, alla 1 plurale. Quindi in 4,4-5a.6b subentra la 3 singolare, ed in 4,5b la 1 plurale; in 4,6a compare la 2 plurale, ed in 4,7 la 2 singolare. Si tratta di una pericope molto movimentata. Infine, rileviamo la ripresa dello stile diatribico in Gal 4,7[152].

6.7.2. Gal 4,1-7 come "peroratio" della sezione

Forse in 4,1-7 è reperibile una funzione analoga a quella di 2,15-21 rispetto alla dimostrazione autobiografica (1,13–2,14); ma è necessario verificare anche tale ipotesi.

(i) Gal 4,1-7 analessi di 3,6-29

In 4,1-7 sono verificabili i due codici principali di 3,6-29: quello giuridico e quello cronologico. Infatti l'esempio di 4,1-2 richiama il vocabolario giuridico di 3,15-18.23-29[153]. Inoltre, il codice cronologico delinea i due tempi fondamentali della storia della salvezza: quello della sottomissione agli "elementi del mondo" (4,3) e quello della "pienezza del tempo" (4,4). Tali fasi "storico-salvifiche" corrispondono rispettivamente ad ὅσον χρόνον di 4,1 ed alla προθεσμίας τοῦ πατρός di 4,2. Abbiamo già rilevato l'importanza della

---

[150] Nell'ambito giuridico classico, se l'ἐπίτροπος era relazionato alla persona da tutelare, l'οἰκονόμος aveva a che fare con i suoi beni. Cf. Betz, *Galatians*, 203; Vanhoye, *Galati*, 134.

[151] Nel resto del Nuovo Testamento le due metafore sono separate: il tempo "giunge" (cf. Mt 9,15; 27,57; At 7,17) o si "riempie" (cf. Lc 1,57; 2,6; At 7,23). Così anche Vanhoye, *Galati*, 143.

[152] Così anche Vanhoye, *Galati*, 156.

[153] Cf. i termini giuridici di 4,1-7: κληρονόμος (vv. 1.7), ἐπίτροπος (v. 2), οἰκονόμος (v. 2), προθεσμία (v. 2), νόμος (vv. 4.5), υἱοθεσία (v. 5).

dimostrazione di tipo cronologico[154]. L'ossimoro di 4,4-5 richiama quello di 3,13-14. Infine, lo stile diatribico di 4,7 è stato riscontrato nelle questioni diatribiche di 3,19-20.21-22. La dimostrazione paolina progredisce con maggior dialogo ed interpellanza. Così, la relazione tra vangelo paolino e destinatari in 3,6-29 avanza, per giungere alla "climax" in 4,1-7. Pertanto, la duplice consistenza analettica, rispetto al contenuto del vangelo (3,6-29) e metalettica, verso i destinatari, conferma la funzione perorante di 4,1-7.

(ii) La "peroratio" (4,1-7) e l'apostrofe (3,1-5)

Un'ulteriore verifica è rappresentata dalla relazione con l'inizio della dimostrazione, l'apostrofe (3,1-5).

Infatti sia 3,1-5 che 4,1-7 presentano un contenuto "trinitario", non verificabile nel corso della dimostrazione, se non in 3,14[155]. Dio stesso, in 3,5 e 4,6, viene citato in atto di donazione dello Spirito; ed in 3,1-5; 4,1-7 i destinatari si trovano in situazione di recezione. Il sintagma τὸ πνεῦμα ἐλάβετε di 3,2 ha un suo parallelo in τὴν υἱοθεσίαν ἀπολάβωμεν di 4,5 [156]. In 3,3-5 e 4,6 Paolo richiama l'esperienza pneumatologica dei Galati. Essi non possono negare la propria figliolanza divina che lo stesso Spirito concretizza, mediante l'invocazione αββα ὁ πατήρ (4,6).

Ma tale "figliolanza" si rivela incompatibile con la Legge. Per questo, l'opposizione argomentativa tra le ἔργων νόμου e l' ἀκοῆς πίστεως, delineata, in termini biasimanti nell'apostrofe (vv. 2.5), viene ripresa, in successione cronologica, nella "peroratio": al tempo della Legge succede quello dello Spirito; e la Legge non è necessaria, come invece lo Spirito, per diventare figli di Dio.

Quindi, sia in 3,1-5 che in 4,1-7 si trova il vocabolario della soteriologia: ἐσταυρωμένος di 3,1 viene ripreso da ἐξαγοράσῃ in 4,5 (cf. 3,13). Per inverso, sia in 3,1-5 che in 4,1-7, Paolo richiama la vita del cristiano: nelle due pericopi manca qualsiasi riferimento a citazioni e personaggi dell'Antico Testamento. Infine, in 3,1-5 e 4,1-7 è verificabile lo stile diatribico: le domande apostrofiche di 3,1-5 diventano affermazioni apodittiche nell'interpellante 4,6-7.

---

[154] Cf. il codice cronologico di 3,8.15.17.19.22.23-25.

[155] Cf. i riferimenti a Dio in 3,5 e 4,4.6.7. Il Cristo prima viene denominato come Ἰησοῦς Χριστός (3,1), poi come τὸν υἱὸν αὐτοῦ (4,4). Infine, lo πνεῦμα viene citato 3x in 3,1-5 (vv. 2.3.5) ed 1x in 4,6 (cf. anche 3,14).

[156] Cf. anche τὴν ἐπαγγελίαν τοῦ πνεύματος λάβωμεν di 3,14; dal dono dello Spirito dipende la figliolanza divina. Così riceve ulteriore conferma l'interpretazione di Zedda per un ὅτι dichiarativo in 4,6. Cf. S. ZEDDA, L'adozione a figli di Dio e lo Spirito Santo. Storia dell'interpretazione e teologia mistica di Gal 4,6 (AnBib 1; Roma 1952); cf. anche PENNA, Spirito, 211; VANHOYE, Galati, 150.

Pertanto, anche la stretta relazione con 3,1-5 fa evidenziare l'identità di 4,1-7 come "peroratio" della sezione[157].

6.8. Conclusione

Nella seconda dimostrazione (3,1–4,7), Paolo esplicita un aspetto fondamentale del proprio vangelo (cf. 1,11-12): la figliolanza. Abbiamo riscontrato tre parti fondamentali: l'apostrofe (3,1-5), la "protressi" (3,6-29) e la "peroratio" (4,1-7). L'apostrofe e la "peroratio" sono dominate da amplificazione contenutistica e vivacità stilistica. Invece, la "protressi" è caratterizzata da argomentazione "logica". Egli utilizza diversi registri argomentativi: il "midrash" (3,6-14), le questioni diatribiche (3,19-20; 3,21-22), l'esemplarità giuridica (3,15-18) e la novità cristologica (3,23-29). In Gal 3,1–4,7 l'argomentazione paolina si è fatta più complessa che in 1,13–2,21. Tuttavia, la base unificante è rappresentata dalla "subpropositio" di 3,6-7 che non illumina soltanto il "midrash" di 3,6-14, ma l'intera seconda dimostrazione. Così, in 3,6-7 la "propositio" di 1,11-12 viene spiegata in un nuovo aspetto: la figliolanza abramitica ottenuta non con la Legge, bensì mediante la fede. Per questo, in Gal 3,1–4,7, la relazione tra νόμος, πίστις e δικαιοσύνη è funzionale rispetto alla rilevanza della figliolanza. In definitiva, la tematica dell'υίοθεσία rappresenta l'elemento decisivo del vangelo paolino: i Galati sono figli di Abramo perché, come lui, hanno ricevuto il dono della fede. Tuttavia, ancora non siamo pervenuti alla conclusione dell'argomentazione paolina.

7. La terza dimostrazione (4,8–5,12)

Con Gal 4,8 Paolo si rivolge nuovamente ai destinatari della Lettera per rimproverarli, a causa delle scelte che stanno compiendo. Per questo il tono della Lettera ridiventa violento, come in Gal 1,6-10; 3,1-5. Così, dopo la "peroratio" di 4,1-7, la dimostrazione sembra ripartire con Gal 4,8.

7.1. La terza "apostrofe" (4,8-11)

La microunità di 4,8-11 risalta soprattutto per il carattere apostrofico. L'interpellanza diatribica di 4,7 aveva già introdotto una personalizzazione della dimostrazione: ὥστε οὐκέτι εἶ δοῦλος... Ora, la congiunzione avversativa

---

[157] Tuttavia, osserviamo che la funzione perorante di 4,1-7 rispetto a 3,1-29 è più sintetica di quanto non lo sia stato 2,15-21 rispetto ad 1,13–2,14. Qui si tratta di una "peroratio logica", mentre in 2,15-21 di una "peroratio ethica". In altri termini, Paolo non aveva bisogno di sintetizzare la dimostrazione autobiografica di 1,13–2,14, come invece è necessario ricapitolare quella argomentativa di 3,1-29.

ἀλλά (4,8), in posizione enfatica, determina una nuova svolta dell'argomentazione[158]. In modo analogo, con 4,12-20 Paolo abbandonerà il tono biasimante di 4,8-11 per elogiare almeno il passato dei Galati. Infatti, il γίνεσθε ὡς ἐγώ di 4,12 si oppone al φοβοῦμαι ὑμᾶς di 4,11.

Quindi, il vertice teologico a cui era pervenuto Paolo in 4,1-7, confrontato con la situazione attuale dei Galati, in stato d'incipiente "apostasia" (cf. 4,9), causa la terza apostrofe della Lettera. Il collegamento tra la "peroratio" (4,1-7) e la situazione dei Galati (4,8-11) è determinato dalle parole gancio δοῦλος (v. 7) e θεός (v. 7)[159]. Circa la composizione di 4,8-11 si può identificare una disposizione antitetica tra 4,8 e 4,9: τότε μὲν οὐκ εἰδότες θεόν (v. 8) si oppone chiaramente a νῦν δὲ γνόντες θεόν (v. 9)[160]. Così ritroviamo il codice temporale, diffuso in 1,13-2,21; 3,1-4,7, con la novità che ora sono posti a confronto il tempo passato e quello attuale della conoscenza di Dio. In 4,9b è presente la domanda introdotta da πῶς ed in 4,10 Paolo valuta la situazione attuale dei Galati, disposti ad osservare ogni genere di calendario. La pericope si chiude con il timore che la fatica missionaria di Paolo sia risultata vana: "Temo a vostro riguardo che mi sia affaticato invano per voi" (v. 11). Pertanto, la situazione in cui si trovano i Galati sembra irrimediabile. Ma anche questa apostrofe rivela una finalità pedagogica, di movimento prolettico: sembra introdurre una nuova fase dell'argomentazione.

7.1.1. Analisi retorica

In 4,8-11 riscontriamo innanzitutto una vivacità retorica con la figura della "correctio" o "epanortosi": μᾶλλον δὲ γνωσθέντες ὑπὸ θεοῦ (v. 9)[161]. In tal modo, Paolo richiama la gratuità della vocazione dei Galati[162].

Inoltre, in 4,9b troviamo la domanda retorica introdotta da πῶς ἐπιστρέφετε. Quindi, la presenza pleonastica di πάλιν, dopo ἐπιστρέφετε, ed il sintagma enfatico πάλιν ἄνωθεν, causano la prima amplificazione della

---

[158] La maggior parte degli esegeti, pur se da diversi approcci, considera 4,8-11 come pericope unitaria. Cf. BETZ, Galatians, 213; BRUCE, Galatians, 201; BURTON, Galatians, 227; CORSANI, Galati, 270; MEAGHER, Faith, 160; MUSSNER, Galaterbrief, 290; RIDDERBOS, Galatia, 160; ROHDE, Galater, 179; SCHLIER, Galater, 208; SMIGA, Language, 111; VANHOYE, Galati, 158.

[159] Il vocabolario del δοῦλος è ripreso, come forma verbale, in 4,8.9: ἐδουλεύσατε... δουλεύειν. Inoltre, θεός è il termine più presente in 4,8-11: 4x (vv. 8.8.9.9).

[160] Sul valore teologico dell'antitesi τότε - νῦν in 4,8-9, cf. P. TACHAU, "Einst" und "Jetzt" im Neuen Testament (Göttingen 1972) 127-128.

[161] In linguaggio retorico si parla anche di "epanortosi" o "epidiortosi" per indicare la figura della "correctio" rispetto a quanto si è appena affermato. Cf. GARAVELLI, Manuale, 242. Su Gal 4,9 come epanortosi, cf. F. BLASS - A. DEBRUNNER, Grammatik des neutestamentlichen Griechisch (Göttingen 141976) 495,12; BRUCE, Galatians, 202.

[162] Cf. anche VANHOYE, Galati, 159.

pericope. Lo stesso effetto è ottenuto dal polisindeto di 4,10: ἡμέρας παρατηρεῖσθε καὶ μῆνας καὶ καιροὺς καὶ ἐνιαυτούς. A prescindere dal riferimento, più o meno concreto, per un calendario giudaico o greco, si passa dall'osservanza temporale specifica dei giorni a quella più generale degli anni. Così, i Galati si trovano in situazione di totale schiavitù! Dal punto di vista topologico, la presenza di verbi gnoseologici rivela la prospettiva dell'apostrofe[163]. Paolo, con il τόπος della conoscenza, riprende sia la tematica della gratuità divina che la dimensione escatologica della vita cristiana. Per questo, forse γινώσκειν, in 4,9, ha rilevanza escatologica e non tanto cosmologica[164]. Inoltre, l'aspetto dei verbi, in prevalenza al presente, dimostra l'intenzione pedagogica dell'apostrofe[165]: l'apostasia delle comunità galate non è ancora compiuta.

Infine, non sembra chiara la funzione di 4,8-11, rispetto all'argomentazione della Lettera. Si tratta di un'apostrofe analettica oppure prolettica[166]? Pur senza negare le connessioni semantiche con la pericope precedente, ci sembra che anche tale apostrofe abbia funzione prolettica. Ma questo sarà più o meno confermato dalla ripresa di 4,8-11 nel corso della terza dimostrazione.

7.2. Un masso erratico (4,12-20)?

Con l'apostrofe di 4,8-11 la dimostrazione paolina riprende il suo itinerario; ma in 4,12-20 il movimento di pensiero si fa subito tortuoso e difficile da seguire. Per qualsiasi tipo di approccio ermeneutico, Gal 4,12-20 rappresenta una "crux interpretum": non se ne comprende la relazione con il contesto e la funzione argomentativa. La stessa apparente natura parentetica della pericope ha determinato poca attenzione esegetica. Innanzitutto, l'unità di 4,12-20 emerge dalla sua natura diegetica (vv. 13-15) ed interpellante (vv. 16-20)[167]. Infatti, già l'interpellante v. 12 orienta verso una nuova fase dell'ar-

---

163 Cf. εἰδότες (v. 8), γνόντες (v. 9a), γνωσθέντες (v. 9b).

164 Così invece MUSSNER, Galaterbrief, 291-292.

165 Cf. ἐπιστρέφετε (v. 9), θέλετε (v. 9), παρατηρεῖσθε (v. 10), φοβοῦμαι (v. 11). Il passato dei Galati è descritto con l'aoristo ἐδουλεύσατε (v. 8), e quello della predicazione paolina con il perfetto κεκοπίακα (v. 11).

166 A tal proposito gli esegeti, pur riconoscendo l'unità della pericope, sono discordanti. Infatti Bonnard, Ebeling e Meagher collegano 4,8-11 con quanto precede. Cf. BONNARD, Galates, 89; EBELING, Wahrheit, 305-306; MEAGHER, Faith, 160. Lo stesso Vanhoye vede 4,8-11 come "applicativi" dell'argomentazione precedente; cf. VANHOYE, Galati, 158. Invece, Bartolomé e Betz relazionano la pericope a quanto segue. Cf. BARTOLOMÉ, Verdad, 54; BETZ, Galatians, 213.

167 Cf. BETZ, Galatians, 220; BONNARD, Galates, 91; BRUCE, Galatians, 207; BURTON, Galatians, 235; A.M. BUSCEMI, "Gal 4,12-20: un argomento di amicizia", SBFLA 34 (1984) 67; CORSANI, Galati, 277; HANSEN, Abraham, 48; LYONS, Autobiography, 164; MUSSNER, Galaterbrief, 304; RIDDERBOS, Galatia, 164; ROHDE, Galater, 183; SCHLIER, Galater, 207-208; SMIGA, Language, 145; VANHOYE, Galati, 162.

gomentazione. Il contrasto con l'apostrofe diventa marcato nel confronto tra
κεκοπίακα εἰς ὑμᾶς (v. 11) e γίνεσθε ὡς ἐγώ (v. 12): Paolo, nonostante sia
preoccupato della sua fatica apostolica, esorta ancora i Galati ad essere come lui.
Tuttavia rimangono alcune connessioni semantiche con 4,8-11 che impediscono
di considerare 4,12-20 come masso erratico della Lettera[168]. Innanzitutto, la
reazione paolina del timore chiude sia 4,8-11 che 4,12-20: al φοβοῦμαι ὑμᾶς
(4,11) corrisponde ἀποροῦμαι ἐν ὑμῖν (4,20). La stessa insistenza su ὑμᾶς
(2x in 4,11) diventa marcata in 4,12-20[169].

La composizione della pericope risulta difficile da determinare, a causa del
tenore concitato. Tuttavia, dopo l'introduttivo v. 12, l'οἴδατε δὲ ὅτι ricorda il
primo incontro di Paolo con i Galati (vv. 13-14). Quindi, le due domande
retoriche di 4,15.16 fanno da valutazione conseguenziale rispetto ai vv. 13-14.
Infine, l'appello conclusivo, introdotto dal proverbiale καλὸν δὲ ζηλοῦσθαι ἐν
καλῷ πάντοτε (v. 18a), caratterizza i vv. 18-20. Lo stesso verbo ζηλοῦσθαι
funge da "mot-crochet" tra la seconda questione (vv. 16-17) e l'appello
conclusivo (vv. 18-20). Si tratta, dunque, di una composizione vivace e ricca di
contenuto "pathetico", derivante dal confronto tra il passato e la situazione
attuale della relazione tra i Galati e Paolo.

7.2.1. Analisi retorica

Dopo i biasimi, che hanno caratterizzato la precedente disposizione
argomentativa della Lettera (1,6-10; 3,1-5; 4,8-11), finalmente Paolo si accinge

---

[168] La motivazione principale per cui si è visto 4,12-20 come parentesi si trova nella
precomprensione che Gal 3–4 costituisca la sezione dottrinale della Lettera. In realtà,
stiamo constatando quanto sia riduttivo questo tipo di approccio. La stessa osservazione
vale per l'analisi retorica di Betz. L'autore ritiene che, identificando 4,12-20 come
"argomento di amicizia" o περὶ φιλίας, venga superata una valutazione erratica della
pericope. Cf. BETZ, Galatians, 221; Cf. anche BUSCEMI, "Amicizia", 70-108; LYONS,
Autobiography, 167.

Innanzitutto, nonostante i diversi paralleli addotti da Betz, è necessario verificare la
consistenza del τόπος di amicizia in Gal 4,12-20. Inoltre, Betz assume un elemento
contenutistico come strutturale, per una "dispositio" retorica. Ma nessuna teoresi retorica
considera gli elementi "topici" come tassonomici; sarebbe come pretendere di individuare
una struttura letteraria, solo e primariamente, a partire dai contenuti. Infine, rispetto allo
stesso genere forense, proposto da Betz per Gal, un argomento di amicizia risulta
contraddittorio. Sarebbe come sostenere la propria causa ricordando ai giudici l'amicizia di
un tempo, anche se non manca chi abbia il coraggio di farlo!

[169] La pericope è caratterizzata dalla presenza di ὑμεῖς: 15x (vv. 12.12.13.14.
15.15.15.16.16.17.17.18.19.20.20). Anche il pronome ἐγώ si ripete spesso: 9x (vv.
12.12.12.14.14.15.18.19.20). Per inverso αὐτούς, riferito agli "oppositori" si trova solo
1x (v. 17). Pertanto, anche in 4,12-20 si trova in gioco la relazione tra Paolo ed i Galati.
Quella tra Paolo ed ipotetici oppositori è solo citata incidentalmente. Per questo, non si può
parlare di relazione triangolare: i Galati, Paolo e gli oppositori.

a formulare l'elogio dei Galati. Tuttavia, mentre altrove egli elogia la condotta attuale dei destinatari rispetto al vangelo ed all'imitazione di sé, in 4,12-20 loda soltanto il passato dei Galati[170].

Lo stesso genere è stato riscontrato nella periautologia di 1,13–2,21; e come la "narratio" di 1,13–2,21 si è rivelata dimostrativa ed esemplare, così 4,13-14. Paolo formula una sorta di argomentazione "ad hominem": non solo l'esempio di sé (1,13–2,21) e quello di Abramo (3,6–4,7) costituiscono il biasimo della loro condotta, ma il loro stesso passato. Per questo 4,13-14 ha un'incidenza persuasiva maggiore; e la natura probante della pericope viene confermata dalle conseguenti domande retoriche (4,15.16-17).

Nella prima domanda, Paolo chiede dove sia finito attualmente il loro "macarismo" (v. 15)[171]. La risposta è ancora narrativa: "Se fosse stato possibile, vi sareste cavati anche gli occhi per darmeli" (v. 15b). Con il tropo dell'adinato, Paolo pone in enfasi la positività della loro relazione passata. Si tratta di una condizionale irreale introdotta da $\epsilon\ell$, anche se nell'apodosi manca $\overset{\prime}{\alpha}\nu$[172].

Anche la seconda domanda retorica riguarda la relazione attuale tra Paolo ed i Galati (v. 16), per ottenere però una risposta screditante verso gli "oppositori" (v. 17). La ripetizione del verbo $\zeta\eta\lambda o\tilde{v}\sigma\theta\alpha\iota$ caratterizza la relazione tra i Galati e gli "oppositori".

Pertanto, non si tratta di considerazioni serene e disinteressate, ma di accuse passionali ed interessate. Ancora una volta, risulta strano come i cosiddetti "accusatori", in realtà, le poche volte che vengono citati, sono accusati. Rimane comunque che il riferimento agli "oppositori" in 4,17 è soltanto incidentale, e non fondamentale, nell'economia della dimostrazione. L'espressione "proverbiale" di 4,18a introduce l'appello conclusivo di 4,18b-20, il cui $\tau\acute{o}\pi o\varsigma$ principale è quello epistolare della "parusia-apusia"[173]. Paolo

---

[170] In 4,13-14, tranne l'iniziale $o\check{\iota}\delta\alpha\tau\epsilon$, i verbi sono all'aoristo: $\epsilon\mathring{v}\eta\gamma\gamma\epsilon\lambda\iota\sigma\acute{\alpha}\mu\eta\nu$, $\mathring{\epsilon}\xi o\nu\theta\epsilon\nu\acute{\eta}\sigma\alpha\tau\epsilon$, $\mathring{\epsilon}\xi\epsilon\pi\tau\acute{v}\sigma\alpha\tau\epsilon$, $\mathring{\epsilon}\delta\acute{\epsilon}\xi\alpha\sigma\theta\epsilon$. Quindi, il centro diegetico non si trova tanto nell'evangelizzazione paolina, quanto nell'accoglienza che egli stesso ha ricevuto presso i Galati. Per il $\tau\acute{o}\pi o\varsigma$ dell'elogio verso le comunità di destinazione, cf. soprattutto Rm 1,8; 1 Cor 1,4-7; 2 Cor 3,1-3; 1 Ts 1,2-10; 2,13-16; 3,1-13; Fil 4,10-20; Fm 4-7.

[171] Come ha ben sottolineato Betz, $\mu\alpha\kappa\alpha\rho\iota\sigma\mu\acute{o}\varsigma$ in 4,15 ha valore profano e non religioso; cf. BETZ, Galatians, 227. Il lessema compare soltanto 3x nel Nuovo Testamento, ed è esclusivamente paolino (Rm 4,6.9; Gal 4,15). Ci sembra che rientri nella topologia del vanto per la relazione iniziale dei Galati con Paolo. In 2 Cor 1,14 dirà espressamente: $\mathring{o}\tau\iota$ $\kappa\alpha\acute{v}\chi\eta\mu\alpha$ $\mathring{v}\mu\tilde{\omega}\nu$ $\mathring{\epsilon}\sigma\mu\epsilon\nu...$ Per questo il genitivo $\mathring{v}\mu\tilde{\omega}\nu$ di Gal 4,15 è soggettivo e non oggettivo: Paolo attualmente non ha nulla di cui vantarsi riguardo ai Galati. Così anche BONNARD, Galates, 93; MUSSNER, Galati, 473.

[172] La carenza di attenzione alle figure retoriche ha indotto non pochi studiosi a considerare come reale la "donazione oculistica" da parte dei Galati. Questo rivelerebbe il tipo di malattia che costrinse Paolo a soffermarsi in Galazia (cf. 4,13). Cf. MUSSNER, Galaterbrief, 309; SCHLIER, Galater, 211. Non neghiamo la consistenza di un'infermità, cui Paolo stesso fa riferimento in 4,13; ma ci sembra ridicolo, partire da un'iperbole, per ipotizzare una malattia oculistica.

[173] Preferiamo parlare di topologia in 4,18-20 e non di 4,12-20 come sezione epistolare del tipo "apostolic parousia". Così invece D.E. AUNE, The New Testament in its

ripete due volte παρεῖναι... πρὸς ὑμᾶς (vv. 18b.20). Inoltre, il sintagma ἀλλάξαι τὴν φωνήν μου (v. 20b) richiama il τόπος della lettera vista come dialogo pur sempre limitato nella comunicazione[174]. Al centro dell'appello epistolare si trova l'importante invocazione di 4,19[175]. Paolo utilizza la metafora della "generazione": "Figli miei, che di nuovo partorisco nel dolore finché non sia formato Cristo in voi" (v. 19).

Ci sembra che questo τόπος della generazione sia, nello stesso tempo, escatologico e pedagogico. Infatti, l'utilizzazione della stessa metafora, in ambito battesimale, conferma questa duplice prospettiva della Lettera[176]. Per i Galati, Paolo non esita a ricompiere lo stesso itinerario di annuncio evangelico e di inserimento nella realtà escatologica della "nuova creazione" (cf. Gal 6,15).

7.2.2. Gal 4,12-20 come "digressio"

In base all'analisi delle diverse figure e della topologia presenti in 4,12-20 possiamo definire tale microunità come "digressio" rispetto all'andamento dimostrativo della Lettera.

Nella sezione dedicata alla retorica classica, si è dimostrato che la "digressio", detta anche "egressio" o παρέκβασις, rappresenta una sezione dispositiva nella quale ci si allontana dall' "ordine naturale della dimostrazione". Ma nello stesso tempo, questa deve essere, in certo senso, relazionata alla "propositio" principale.

Literary Environement (Philadelphia 1987) 190-191; SMIGA, *Language*, 145.

Già Funk, a partire da un'analisi epistolare, aveva considerato 4,12-20 come sezione del "travelogue", o di viaggio. R.W. FUNK, *Language, Hermeneutic and Word of God. The Problem of Language, in the New Testament and Contemporary Theology* (New York 1966) 71. 171. Ma ci sembra che, un approccio esclusivamente epistolare a 4,12-20, risulti riduttivo, ed in definitiva fuorviante. Invece, si tratta di una sezione dimostrativa che si fonda soprattutto sull' elogio di 4,13-14 e non tanto sui topici epistolari di 4,18-20.

[174] Il problema della relazione tra persuasione orale e scritta viene direttamente affrontato da Paolo in 2 Cor 10,1-11; 13,10.

[175] Secondo Gutierez Gal 4,19 contiene lo stesso scopo della Lettera; cf. P. GUTIEREZ, *La paternité spirituelle selon Saint Paul* (Paris 1968) 213.

[176] Paolo utilizza la stessa metafora della generazione per parlare della nascita alla fede dei Corinzi e di Onesimo (cf. 1 Cor 4,15; Fm 10). Tuttavia soltanto in Gal 4,19 si trova la metafora al presente (ὠδίνω) per delle comunità che hanno già ricevuto la fede ed il battesimo (cf. 3,28). Inoltre, Paolo soltanto per i Galati sceglie lo specifico ὠδίνειν, invece, ad esempio, di γεννάω. Il verbo ὠδίνειν si trova altre 2x nel Nuovo Testamento (cf. la citazione di Is 54,1 in Gal 4,27 ed Ap 12,2) e sempre in contesti escatologici. Così, in Rm 8,22, Paolo affermerà che la stessa creazione συνωδίνει. Pertanto si tratta della rinascita escatologica dei Galati, che non hanno compreso la novità assoluta della vita cristiana. Forse il parallelo evangelico più significativo si trova nel dialogo "paradossale" tra Gesù e Nicodemo: Gv 3,3. Per la tematica della generazione escatologica, cf. anche 1 Ts 5,3; Mt 24,8.19; Lc 23,29.

Così, possiamo notare che la stessa tematica del vangelo, esplicitata dalla "propositio" di Gal 1,11-12 si ripresenta in tale pericope. Infatti, alla prima evangelizzazione Paolo si richiama in Gal 4,13: δι' ἀσθένειαν τῆς σαρκὸς εὐηγγελισάμεν ὑμῖν. Ci sembra che a tale topologia sia relazionato lo stesso ἀληθεύων ὑμῖν di 4,16: si tratta della stessa ἀλήθεια di 5,7 che, nella sezione diegetica della lettera, era stata identificata come ἀλήθεια τοῦ εὐαγγελίου (Gal 2,5.14). Per inverso, possiamo rilevare che, dopo la prima dimostrazione (Gal 1,13–2,21) nella quale Paolo spiegava soprattutto la propria relazione con il vangelo, lo stesso "Wortfeld" del vangelo manca nella seconda dimostrazione (Gal 3,1–4,7), anche se Paolo ne delinea il contenuto fondamentale della figliolanza (cf. Gal 3,6-7). Pertanto, la connessione topologica con la "propositio" di Gal 1,11-12 rivela la natura digressiva di 4,12-20.

Infine, notiamo come la terza dimostrazione della Lettera, cominciata con l'apostrofe di 4,8-11, sino ad ora non comprende alcuna "propositio", attraverso la quale Paolo espliciti la tematica principale della sezione, come invece per le precedenti dimostrazioni (cf. 1,11-12; 3,6-7).

Comunque, all'apostrofe di 4,8-11 fa seguito una "digressio", relazionata sempre alle "propositiones" di 1,11-12 e di 3,6-7[177].

Pertanto, ci sembra che tale "digressio" elogiativa del passato dei Galati, rappresenti una sorta di abbassamento di tensione argomentativa, rispetto alle precedenti dimostrazioni. Sembra quasi che il ritmo serrato delle argomentazioni paoline giunga ad una sosta con Gal 4,12-20, per riprendere, forse con maggiore persuasione, nelle pericopi successive.

7.3. Un "midrash" allegorico (4,21–5,1)

Dopo la "digressio" elogiativa di 4,12-20, Paolo ricorre nuovamente all'autorità della Scrittura per aggiungere una dimostrazione "logica", di tipo "midrashico" (4,21–5,1)[178]. Generalmente questo "midrash" viene considerato come insegnamento secondario o "dettato successivamente", rispetto all'argomentazione generale della Lettera[179]. Invece, vedremo come, lo sviluppo argomentativo della pericope ne manifesta la necessità e l'importanza, rispetto alla problematica generale della Lettera.

---

[177] Tale differenza dispositiva, rispetto alle precedenti dimostrazioni, non deve far pensare ad una disorganicità argomentativa del pensiero paolino. Non bisogna confondere la simmetricità compositiva con la disposizione stessa del testo, per cui ciò che risulta perfettamente regolare è strutturale. Al contrario, è necessario non cadere in trappole di perfezionismo simmetrico, in quanto la primarietà spetta, ancora una volta, alla dimensione letteraria del testo e non ad un modello precostituito.

[178] Per l'esegesi dettagliata della pericope, cf. A. PITTA, "L'allegoria di Agar e Sara e la libertà dalla Legge" (Gal 4,21–5,1), *Rivista di Scienze Religiose* 3 (1989) 15-56.

[179] Così BURTON, *Galatians*, 251; U. LUZ, "Der alte und der neue Bund bei Paulus und im Hebräerbrief", *EvTh* 27 (1967) 319; SCHLIER, *Galater*, 216; E. STANGE, "Diktierpausen in den Paulusbriefen", *ZNW* 18 (1917) 115; VANHOYE, *Galati*, 166.

7.3.1. Delimitazione e composizione letteraria

Uno degli aspetti problematici della nuova microunità è costituito dalla sua conclusione, mentre l'inizio sembra abbastanza evidente. Infatti λέγετέ μοι in 4,21 causa la svolta prolettica per una nuova dimostrazione. Per quanto riguarda il "terminus ad quem", la maggior parte degli esegeti ritiene che 4,31 rappresenti la vera conclusione della pericope[180].

Infatti, è riscontrabile un'inclusione, causata dal vocabolario dell'ἐλευθερία e della δουλεία, in 4,22 e 4,31. Inoltre, gli imperativi στήχετε e ἐνέχεστε di 5,1 indicherebbero un cambiamento di genere rispetto a quanto precede. In realtà, né l'inclusione in 4,21.31 né le forme imperativali di 5,1 possono costituire una base sufficiente per evidenziare una microunità letteraria.

Pur non misconoscendo tali elementi, ci sembra che 5,1 rappresenti la naturale conclusione della pericope[181]. Infatti il διό, ἀδελφοί di 4,31 apre una conclusione direttamente collegata a quanto precede: οὐκ ἐσμὲν παιδίσκης τέκνα ἀλλὰ τῆς ἐλευθέρας. Inoltre 5,1a con τῇ ἐλευθερίᾳ fa da "mot-crochet" rispetto a τῆς ἐλευθέρας di 4,31, per costituire una conclusione cristologica: Χριστὸς ἠλευθέρωσεν. Infine, mediante οὖν, Gal 5,1b rappresenta la conclusione parenetica dell'intera pericope. Tale ipotesi viene confermata dall'enfatico Ἴδε ἐγὼ Παῦλος λέγω (5,2), che determina una svolta analoga a quella riscontrata con λέγετέ μοι di 4,21. Quindi gli appelli "ethici" e "pathetici" di 5,2-12 si differenziano da quello prevalentemente "logico" di 4,21–5,1.

Anche la composizione di 4,21–5,1 si presenta poco lineare. Tuttavia, dopo l'interrogativo iniziale (v. 21), la formula γέγραπται γάρ (vv. 22.27) introduce la prima (vv. 22-26) e la seconda parte (vv. 27-30) della pericope. Infine 4,31–5,1 rappresenta la triplice conclusione della dimostrazione "midrashica"[182].

7.3.2. Analisi "retorico-midrashica"

In Gal 4,21 Paolo si introduce con un'interrogativa che ricalca lo stile diatribico di 3,19.21[183]. Nei vv. 22-23 si trova il primo riferimento all'Antico

---

[180] Cf. BETZ, *Galatians*, 238; BONNARD, *Galates*, 95; BURTON, *Galatians*, 251; CORSANI, *Galati*, 292; HANSEN, *Abraham*, 141; MUSSNER, *Galaterbrief*, 316; RIDDERBOS, *Galatia*, 172; ROHDE, *Galater*, 192; SCHLIER, *Galater*, 223.

[181] Cf. anche BRUCE, *Galatians*, 214; BYRNE, *"Sons of God"*, 186; F. PASTOR RAMOS, *La libertad en la carta a los Gálatas* (Madrid 1977) 91; VANHOYE, *Galati*, 166.175.

[182] Così anche VANHOYE, *Galati*, 167.

[183] La strategia diatribica di chi domanda, per poi di fatto spiegare, è stata riscontrata soprattutto in Gal 3,2. Così anche BETZ, *Galatians*, 241. Lo stile diatribico di 4,21 è confermato dalla figura "prosopica" della Legge che assume i connotati di una persona da "ascoltare": ...τὸν νόμον οὐκ ἀκούετε;

Testamento, senza però una citazione diretta, nonostante l'introduttivo
γέγραπται γάρ. Paolo ricorda la nascita di Ismaele (Gn 16,5) e quella di
Isacco (Gn 21,2), senza però citare i loro nomi[184]. Pertanto si tratta di una
citazione sommaria!

Ma già in queste citazioni indirette Paolo inserisce delle antitesi, di tipo
prolettico, la cui presenza risulterà utile per il resto della dimostrazione. Infatti,
da una parte egli colloca ἕνα ἐκ τῆς παιδίσκης (v. 22) e κατὰ σάρκα (v. 23),
dall'altra ἕνα ἐκ τῆς ἐλευθέρας (v. 22) con δι' ἐπαγγελίας (v. 23). La
novità principale, rispetto alla narrazione genesiaca, è rappresentata dall'aggettivo ἐλευθέρα riferito a Sara che, invece, nella LXX, viene sempre riconosciuta
in base al suo stato sociale di κυρία (cf. Gn 16,8). Tale variazione, che tuttavia
corrisponde alla situazione di Sara, permette a Paolo di introdurre l'antitesi tra
schiavitù e libertà, quale categoria fondamentale per comprendere il "midrash"
di 4,21–5,1.

La stessa antitesi tra κατὰ σάρκα e δι' ἐπαγγελίας (v. 23) risulta strana,
perché Isacco, come Ismaele, è nato "secondo la carne". Ma con la scelta di
ἐπαγγελία, Paolo non nega il κατὰ σάρκα della nascita di Isacco, bensì pone in
risalto, in base alle promessa fatta ad Abramo (cf. Gn 15,4), il prodigio della
sua nascita. Ancora una volta, Paolo non prescinde dalla storia; ne coglie gli
aspetti più utili per la propria argomentazione.

Quindi, in 4,24a introduce il principio ermeneutico per la comprensione
degli avvenimenti citati: ἅτινά ἐστιν ἀλληγορούμενα. In base a tale principio,
Paolo attualizza il senso della storia fermandosi sulle condizioni delle madri e
non dei figli (vv. 24b-26). Di fatto però, il confronto tra le madri risulta
asimmetrico: si ferma soprattutto sull'attualizzazione della figura di Agar (vv.
24b-25) mentre a quella di Sara, che non nomina, dedica soltanto il breve v. 26.
In modo paradossale, Paolo stabilisce un'equazione tra Agar, il monte Sinai e la
Gerusalemme presente.

In 4,27 γέγραπται γάρ introduce, finalmente, la citazione diretta di Is
54,1. Così riscontriamo la stessa disposizione "midrashica" di Gal 3,6-14: ad
una citazione della "Torah" fa seguito una, tratta dai Profeti[185].

Ma la relazione tra Is 54,1 e Gn 16,5; 21,2 è di tipo "allegorico" (cf.
4,24a) e non secondo "gezerah shawah". Infatti, già Is 54,1 aveva attualizzato

---

[184] Forse volutamente egli non fa riferimento ai sei figli che Abramo ricevette
dall'altra schiava Ketura (cf. Gn 25,1-4; 1 Cr 1,32-33). Ma, in definitiva, il problema
dell'eredità riguardava soltanto Ismaele ed Isacco (cf. Gn 21,10).

[185] La presenza di una struttura "midrashica" analoga a quella di 3,6-14 indurrebbe a
valutare con particolare attenzione, il rapporto con lo schema omiletico sinagogale: ad un
"seder", tratto dalla "Torah" viene collegata una "haftarah", proveniente dai "Profeti". Così
E. COTHENET, "A l'arrière-plan de l'allégorie d'Agar et de Sara (Gal 4,21-31)", FS. H.
Cazelles, De la Torah , I (Paris 1981) 457-465; DEL AGUA PEREZ, Midrásico, 347; E.E.
ELLIS, Prophecy and Hermeneutic in Early Christianity (Tübingen 1978) 156. Ma anche per
4,21–5,1 preferiamo sottolineare soltanto le connessioni, senza stabilire delle dipendenze
affrettate.

gli eventi genesiaci confrontando il periodo dell'esilio e quello del ritorno in patria. Il ritorno sarebbe stato simile alla generazione di Isacco; e Gerusalemme sarebbe diventata la "città madre". Ma, di fatto la storia non ha confermato Is 54,1; perciò gli oracoli del Deutero Isaia si colorano di escatologia[186]. Invece l'attualizzazione cristologica adempie l'oracolo di Is 54,1. Per questo, in Gal 4,28 Paolo personalizza l'oracolo mediante una enallage della persona: "Voi però, fratelli, siete figli della promessa secondo Isacco". Quindi, i Galati stessi, con l'appartenenza alla "Gerusalemme di lassù" (v. 26), confermano l'adempimento di Gn 21,2 e di Is 54,1.

L'andamento argomentativo sarebbe più regolare se passassimo direttamente da 4,28 a 4,31–5,1: ad ἀδελφοί di 4,28 corrisponderebbe quello di 4,31. Invece, Paolo aggiunge una applicazione "tipologica" agli eventi. In 4,29 ricompare l'antitesi tra i due figli, considerati, tuttavia, già nella prospettiva dell'attualizzazione: al κατὰ σάρκα si oppone il κατὰ πνεῦμα. La valutazione attualizzante è determinata dal contrasto tra σάρξ e πνεῦμα. Infatti, se Paolo in 4,23 non poteva affermare per Isacco una generazione κατὰ πνεῦμα, perché questo non corrisponde realmente alla storia di Gn 21, questo è possibile in Gal 4,29. Ora egli non considera più il rapporto tra Isacco ed Ismaele, ma quello tra le rispettive discendenze. La tipologia acquista maggiore incidenza mediante il riferimento alla "persecuzione" (cf. ἐδίωκεν del v. 29), riscontrabile anche nella lettura "midrashica" del Targum, ma non in Gn 21,9[187].

In 4,30 troviamo l'ultima citazione di Gn 21,10 che corrisponde, globalmente, sia al TM che alla LXX: ἔκβαλε τὴν παιδίσκην καὶ τὸν υἱὸν αὐτῆς· οὐ γὰρ μὴ κληρονομήσει ὁ υἱὸς τῆς παιδίσκης μετὰ τοῦ υἱοῦ τῆς ἐλευθέρας. Tuttavia, Paolo inserisce due variazioni importanti per la propria dimostrazione. Innanzitutto, mentre in Gn 21,9 Sara stessa si rivolge ad Abramo, in Gal 4,30 parla la Scrittura (= ἡ γραφή). Così, l'autorevolezza del comando diventa più incisiva per i destinatari della Lettera.

Inoltre, nella conclusione della citazione Paolo aggiunge τῆς ἐλευθέρας, del tutto assente nella citazione di Gn 21,10. Tale aggiunta sostituisce il personale μου Ἰσαάκ di Gn 21,10 (LXX). In tal modo, la citazione di Gn 21,10 acquista un tenore generale e, di conseguenza, applicabile alla situazione degli stessi Galati.

Pertanto, è significativo che Paolo non applichi il "midrash" di 4,21-29 con parole proprie, ma ricorrendo nuovamente all'Antico Testamento. Dopo l'identificazione della disposizione argomentativa del "midrash allegorico" di 4,21–5,1, rimane da valutare la motivazione per cui Paolo adotta nuovamente un'argomentazione "ex autoritate".

---

[186] Sull'importanza di Is 54,1 nell'escatologia giudaica, cf. BETZ, *Galatians*, 248-249; MUSSNER, *Galaterbrief*, 327-328.

[187] La LXX ed il TM di Gn 21,9 corrispondono: Ismaele "scherzava" (= פְחַצֵם; παίζοντα) con Isacco. Tuttavia la tradizione giudaica, per giustificare l'espulsione di Agar e suo figlio, rilegge, in termini negativi, di "persecuzione", tale avvenimento. Cf. R. LE DÉAUT, "Traditions targumiques dans le Corpus Paulinien?", *Bib* 42 (1961) 37–43.

Notiamo innanzitutto che in 4,21–5,1 la frequenza verbale maggiore spetta al verbo εἶναι[188]. Accanto ad εἶναι poniamo il sinonimo συστοιχεῖ del v. 25, usato ancora per identificare. Infatti nelle contrapposizioni dell'argomentazione Paolo identifica luoghi e persone. Chi sono realmente Agar e Sara, Isacco ed Ismaele, la Gerusalemme di lassù e quella presente? Tale prospettiva è confermata soprattutto dall'identificazione forzata di ἡ δὲ ἄνω Ἱερουσαλήμ in 4,26. Paolo non oppone la "Gerusalemme presente" a quella futura, come sarebbe logico con l'adozione di un codice temporale. Al contrario, utilizza un codice spaziale per negare uno slittamento, nel futuro, dell'oracolo di Is 54,1: si riferisce ad una Gerusalemme, di natura diversa, ma altrettanto presente. Per questo il "midrash" di 4,21–5,1 viene delineato per identificare il tipo di "figliolanza" che condividono Paolo ed i Galati (cf. 4,31)[189]. Da tale nuova identità deriva l'incompatibilità di convivenza con la Legge e con la circoncisione. Per questo, ci sembra che il "midrash" di 4,21–5,1 rappresenti il vertice dell'argomentazione paolina in Gal e la sua presenza non risulti facoltativa, ma necessaria. Quindi, cerchiamo di riprendere lo sviluppo dell'argomentazione paolina iniziata con la seconda "propositio" di Gal 3,6-7.

Sino ad ora, Paolo ha sostenuto la figliolanza abramitica dei Galati (cf. 3,29), realizzata mediante quella del Figlio di Dio (cf. 4,4-5). A tale questione, egli aveva dedicato la seconda dimostrazione di Gal 3,1–4,7: i Galati sono diventati figli di Abramo non mediante la Legge, bensì con la fede in Cristo. Tuttavia, egli non aveva ancora detto che la figliolanza "secondo la carne" è incompatibile con quella "secondo lo Spirito". I destinatari della missiva potrebbero obiettare, in base a Gal 1,1–4,20, che la figliolanza abramitica non esclude, anzi favorisce, una supererogatoria osservanza della Legge. Paolo, invece, con il "midrash" di 4,21–5,1 cerca di demolire proprio tale compromesso "escatologico". Ancora una volta, al centro dell'argomentazione paolina, non si trova tanto il problema della circoncisione o della Legge, pur presente, bensì l'identità cristiana che determina una nuova modalità di relazione sia con la Legge che con la circoncisione: non si può essere nello stesso tempo figli della libera e della schiava. Pertanto, la "propositio" di Gal 3,6-7 viene ulteriormente spiegata, in termini di incompatibilità, con il nuovo "midrash" di 4,21–5,1. Tuttavia, ci sembra che tale incompatibilità non sia causata dalla Legge in quanto tale, bensì dall'azione soteriologica del Cristo (cf. 5,1), sulla quale Paolo tornerà con 5,2-12.

---

[188] Il verbo εἶναι compare 9x in 4,21–5,1: 4,21.24.24.24.24.25.26.26.28.31.
[189] Il secondo "Wortfeld" fondamentale in Gal 4,21-5,1, strettamente relazionato a quello dell'essere, è costituito dalla figliolanza. Infatti, τέκνον (vv. 25.27.28.31) ed υἱός (vv. 22.30.30.30) si trovano 8x nel corso dell'argomentazione. Per inverso, in tutta la Lettera il termine υἱός compare altre 9x, e τέκνον soltanto 1x, nel vicino 4,19.

7.4. Una terza "peroratio" (Gal 5,2-12)

La terza dimostrazione di Gal si chiude con 5,2-12, che sintetizza gran parte del messaggio precedente. L'inizio della pericope è determinato dalle stesse motivazioni che ci hanno permesso d'identificare la conclusione del "midrash" (4,21–5,1). L' ἴδε ἐγὼ Παῦλος introduce la topologia dell'autorità paolina, particolarmente marcata in 5,2-12[190]. La conclusione della pericope non crea difficoltà; il sarcasmo paolino verso i sobillatori perviene al culmine con 5,12: ὄφελον καὶ ἀποκόψονται οἱ ἀναστατοῦντες ὑμᾶς[191].

Circa la composizione letteraria della pericope, ci sembra di poter distinguere due parti fondamentali: nei vv. 2-6 emerge l'asse di relazione tra Paolo, i Galati ed il contenuto del vangelo; invece, nei vv. 7-12 subentra uno stile vivace, di tipo diatribico[192].

7.4.1. Analisi retorica

Gal 5,2-12 è caratterizzata da vivacità stilistica e tono amplificante: le continue enallagi delle persone rendono la pericope particolarmente movimentata[193]. Tuttavia, l'asse di relazione fondamentale è costituito dall' ἐγώ di Paolo e dall'ὑμῖν dei Galati[194]. I riferimenti agli oppositori, da una parte, sono indeterminati e, dall'altra, sembra difficile stabilire sino a che punto non corrispondano ad un semplice stile diatribico di interpellanza[195].

Così, insieme alle enallagi, riscontriamo lo stile diatribico delle domande in 5,7.11. Questo emerge anche con il detto brachilogico di Gal 5,9, posto in luce dalla figura "etimologica": μικρὰ ζύμη ὅλον τὸ φύραμα ζυμοῖ.

---

[190] Cf. l'analoga formula "autoritativa" che introduce la sezione autobiografica in 2 Cor 10,1: Αὐτὸς δὲ ἐγὼ Παῦλος παρακαλῶ...

[191] Mentre per l'inizio della pericope le opinioni sono state disparate, per la sua conclusione la maggior parte degli esegeti si mostra concorde: 5,12. Cf. BETZ, Galatians, 270; BONNARD, Galates, 107; BRUCE, Galatians, 238; BURTON, Galatians, 289; CORSANI, Galati, 330-331; EBELING, Wahrheit, 322-323; MUSSNER, Galaterbrief, 342; RIDDERBOS, Galatia, 195; ROHDE, Galater, 225; SCHLIER, Galater, 240.

[192] Così anche BETZ, Galatians, 266; CORSANI, Galati, 308; ROHDE, Galater, 212;

[193] In Gal 5,2-12 si passa continuamente da una persona all'altra; mancano solo i verbi e le persone in 2 singolare. Cf. soprattutto le diverse enallagi riscontrate in Gal 2,15-21 e 4,1-7.

[194] Cf. ἐγώ in 5,2.10a.11a; ὑμᾶς in 5,2.7.8.10.10.12. In 5,5 compare anche la 1 plurale ἡμεῖς.

[195] Ci riferiamo soprattutto alla domanda τίς ὑμᾶς ἐνέκοψεν τῇ ἀληθείᾳ μὴ πείθεσθαι (v. 7), che spesso viene interpretata come retorica, analoga al τίς ὑμᾶς ἐβάσκανεν di 3,1. Cf. MUSSNER, Galaterbrief, 355.

Tuttavia, la connotazione diatribica della domanda non esclude dei riferimenti altrettanto reali, che emergono soprattutto da 5,10.12.

Tale vivacità stilistica, come spesso in Gal, è accompagnata dall'amplificazione degli "appelli". Infatti, l' "ethos" paolino viene amplificato con ἐγὼ Παῦλος λέγω (v. 2), ripreso in μαρτύρομαι (v. 3) e con l' ἐγώ dei vv. 10.11. Possiamo affermare che Paolo, in 5,2-12, pone in gioco tutta la propria autorità apostolica[196].

Inoltre, il "logos" della problematica centrale viene amplificato dall'antitesi di 5,6: ...οὔτε περιτομή... οὔτε ἀκροβυστία ἀλλὰ πίστις... Un'analoga struttura antitetica ha caratterizzato la vocazione paolina (cf. Gal 1,1) ed il suo vangelo (cf. Gal 1,11-12). Notiamo che si tratta di un'antitesi "sineddotica", a causa della presenza di ἀκροβυστία, περιτομή e πίστις[197]. Dai paralleli di 3,28 si comprende che "circoncisione" sta per "giudeo" ed "incirconcisione" per "greco"; invece la "fede" indica la situazione di nuova figliolanza in Cristo (cf. Gal 6,15).

Infine, il "pathos" viene amplificato dall'incompatibilità tra Cristo e la circoncisione, sottolineata da Paolo in 5,4.11. Ma tale incompatibilità risulta situazionale, perché per Paolo la stessa esclusione vale per la relazione tra Cristo e l'incirconcisione. Anche per quanto riguarda "coloro che turbano" (v. 12), Paolo amplifica la propria valutazione mediante il tropo dell'adinato: ὄφελον καὶ ἀποκόψονται οἱ ἀναστατοῦντες ὑμᾶς[198]. Pertanto, la vivacità stilistica e l'amplificazione stabiliscono dei paralleli significativi tra 5,2-12 e le precedenti "perorationes" di 2,15-21 e 4,1-7.

7.4.2. Gal 5,2-12 come "peroratio"

A causa delle connessioni stilistiche ed argomentative con le precedenti "perorationes", emergono gli interrogativi sull'identità e funzione di Gal 5,2-12. Così, ancora una volta, la verifica del rapporto tra 5,2-12 ed il suo contesto risulta fondamentale. Innanzitutto, sembra che 5,2-12 svolga una funzione "analettica", più che prolettica. Tale connotazione è determinata soprattutto dalla relazione di 5,2-12 con l'apostrofe di 4,8-11. Così, l'insistenza sull'osservanza di "tutta la Legge" (5,3) richiama la situazione dell'osservanza legale introdotta in 4,10. I Galati stanno osservando già delle norme di calendario (4,10); ma è

---

196 A causa della carente attenzione alla funzione argomentativa di tale appello, alcuni hanno pensato a 5,2-12 come "body closing" epistolare. Cf. WHITE, Greek letter, 59.

197 Sulla funzione retorica della sineddoche, cf. CORNIFICIO, Heren. 4.33.44; QUINTILIANO, Inst. Or. 8.6.19; 9.3.58.

198 Il non riconoscimento di questa forma iperbolica ha causato interpretazioni che rasentano la fantasia. Così si è pensato ad un reale invito di evirazione, rispondente al culto di Cibele in Pessinunte, capitale della Galazia. Altri hanno fatto riferimento a Dt 23,2 con la legge di esclusione degli evirati. Cf. BURTON, Galatians, 289; EBELING, Wahrheit, 329; MUSSNER, Galaterbrief, 363; RIDDERBOS, Galatia, 195; ROHDE, Galater, 224; SCHLIER, Galater, 240-241. Betz ha persino riscontrato dei paralleli con la ridicolizzazione degli eunuchi, comune nelle diatribe classiche; cf. BETZ, Galatians, 270. Ma forse si tratta di una semplice figura di amplificazione!

necessario ricordare loro che la circoncisione obbliga all'osservanza di tutta la Legge, e non soltanto di una sua parte (5,3).

Inoltre la metafora della corsa, utilizzata in 5,7 con ἐτρέχετε, richiama non solo la "corsa" di Paolo nella proclamazione del vangelo (Gal 2,2), ma soprattutto l' ἐπιστρέφετε di 4,9. Così il biasimo di Paolo non riguarda tanto il fatto che qualcuno abbia interrotto la loro corsa per il vangelo (cf. ἐνέκοψεν di 5,7), ma che i Galati stessi si stiano voltando indietro (cf. anche Gal 1,6). In definitiva, ci sembra che lo spostamento di destinazione del biasimo, dai Galati agli "oppositori", sia determinato dalla differenza argomentativa tra l'apostrofe (4,8-11) e la "peroratio" (5,2-12). Infatti, soprattutto nella "peroratio" Paolo è preoccupato per l'adesione dei Galati al suo vangelo. Questo stabilisce un'importante connessione argomentativa tra 5,2-12 e 4,8–5,1. Paolo ha iniziato la terza dimostrazione palesando il proprio timore: "Ho paura a vostro riguardo che io mi sia affaticato invano per voi" (4,11). Dopo la "digressio" elogiativa dei Galati (4,12-20) il timore diventa preoccupazione: "...Perché sono preoccupato per voi" (4,20). Quindi, in seguito al "midrash" di 4,21–5,1 egli si mostra più fiducioso: "Io sono persuaso per voi, nel Signore, che non penserete diversamente" (5,10). La relazione argomentativa tra "apostrofe", "protressi" e "peroratio" causa tale sviluppo di relazione tra Paolo ed i Galati, non spiegabile altrimenti se non come schizofrenia[199]. La stessa scelta di φρονήσετε in 5,10 fa comprendere la prospettiva "gnoseologica" della richiesta paolina[200].

Inoltre, ἐκ τοῦ καλοῦντος ὑμᾶς (5,8) richiama la conoscenza di Dio, sottolineata in 4,9: γνωσθέντες ὑπὸ θεοῦ, i Galati sono stati "chiamati" perché "conosciuti da Dio". Notiamo che, la stessa "consecutio" è stata riscontrata in 1,15 a proposito della vocazione paolina. Ancora una volta, la "grazia" rappresenta il termine di paragone tra l'adesione paolina e quella dei Galati alla vocazione divina: τῆς χάριτος ἐξεπέσατε (5,4)[201]. La prospettiva escatologica

---

[199] Forse, per la poca attenzione a questo sviluppo argomentativo tra 4,11.20 e 5,10, Betz considera Gal 5,10 "without real connections to the preceding or the following". Cf. BETZ, *Galatians*, 266.

[200] Paolo non utilizza un verbo operativo come ποιεῖν. Ancora una volta, la presenza della terminologia "gnoseologica" fa evidenziare che in questione non è tanto la circoncisione o la sua negazione, bensì la comprensione del vangelo con l'appartenenza alla nuova creazione. L'affermazione centrale di 5,6, ripresa in 6,15, demolisce ogni prospettiva che insiste sull'opposizione tra legge e grazia, circoncisione ed incirconcisione. Inoltre, alla stessa dimensione gnoseologica della pericope appartiene ἀλήθεια di 5,7 che richiama sia ἀλήθεια τοῦ εὐαγγελίου di 2,5.14, che ἀληθεύων di 4,16. In questione si trova sempre il vangelo paolino.

[201] Anche per χάρις in 5,4 vale quanto osservato per 1,6.15; 2,9.21. Nella storia dell'interpretazione si assiste ad una progressiva teologizzazione del termine, con un conseguente allontanamento dal suo senso contestuale. Secondo la maggior parte degli esegeti, si tratta del regime della grazia opposto a quello della Legge, ossia della via giusta per ottenere la giustizia. Cf. BETZ, *Galatians*, 261; CORSANI, *Galati*, 316-317; MUSSNER, *Galati*, 348. Ma tale prospettiva, anche se vera dal punto di vista teologico, non ci sembra rispondente alla prospettiva di Gal. Ancora una volta, è necessario porre in risalto la

della pericope è posta in evidenza dal vocabolario dell'attesa e da quello del giudizio[202]. Pertanto, la funzione analettica di 5,2-12 manifesta la sua identità di "peroratio" rispetto alla terza dimostrazione.

Infine, da tale identità deriva la relazione di 5,2-12 con la prima apostrofe di 1,6-10[203]. Naturalmente la funzione "perorante" di 5,2-12 rispetto a 4,8-5,1 non esclude l'introduzione, dal punto di vista semantico, di alcuni termini che saranno ripresi in seguito[204]. Lo stesso fenomeno si è verificato nella relazione tra la prima "peroratio" (2,15-21) e la seconda dimostrazione (3,1-29), tra la seconda "peroratio" (4,1-7) e la terza dimostrazione (4,8-5,1). Questo conferma l'identità e la funzione "perorante" di 5,2-12.

7.5. Conclusione

La terza dimostrazione (4,8-5,12) riguarda ancora il contenuto del vangelo paolino. La composizione argomentativa della sezione è simile alle precedenti dimostrazioni: all'apostrofe di 4,8-11 succede la "probatio" protrettica di 4,12-5,1; infine la "peroratio" di 5,2-12 sintetizza ed amplifica l'intera dimostrazione. Quindi la protressi si divide in "elogium" dei Galati (4,12-20) e "midrash allegorico" (4,21-5,1). Tuttavia è importante rilevare che l'elemento unificante della terza dimostrazione rimane la "propositio" di Gal 3,6-7: Paolo ed i Galati condividono la "figliolanza abramitica", realizzata mediante la fede e non con la Legge. Con tale dimostrazione, egli aggiunge una nuova prova alla propria esposizione del vangelo, rispetto a Gal 3,1-4,7: la figliolanza che i Galati hanno ricevuto non solo trae origine dalla fede, e non dalla Legge, bensì risulta incompatibile rispetto alla Legge stessa. L'appartenenza alla "Gerusalemme di lassù" implica il superamento di ogni distinzione tra circoncisione ed incirconcisione.

Pertanto, con 4,8-5,12 Paolo non intende tanto convincere i Galati a non farsi circoncidere, quanto renderli consapevoli della nuova identità. Potremmo affermare che l'accentuazione sulla negazione della circoncisione è situazionale; infatti, a partire da Gal 5,6 neppure l'incirconcisione risulta fondamentale. Ancora una volta, la problematica sulla Legge si dimostra funzionale rispetto a quella della nuova figliolanza: al centro della terza dimostrazione paolina si trova la dimensione escatologica dell'essere cristiano.

---

funzione "vocazionale" ed escatologica di χάρις: questa riguarda l'ingresso di Paolo e dei Galati nella nuova creazione.

[202] Cf. ὠφελήσει (v. 2), κατηργήθητε (v. 4), ἀπεκδεχόμεθα (v. 5), τὸ κρίμα (v. 10). Così anche CORSANI, Galati, 316-317. 327; MUSSNER, Galaterbrief, 347.

[203] Ci riferiamo soprattutto alla topologia sulla vocazione a far parte della nuova creazione (1,6; 5,8), a quella riguardante la "persuasione" (1,10; 5,8), al vangelo (1,7-8; 5,11) ed alla condanna (1,8-9; 5,10). Inoltre, ricompaiono gli accenni agli "oppositori" (1,7; 5.7.12).

[204] Cf. soprattutto πνεῦμα (5,5; cf. 5,16.17.17.18.22.25.25; 6,1.8.8), πίστις (5,5.6; cf. 5,22; 6,10) ed ἀγάπη (5,6 cf. 5,13.22).

8. La quarta dimostrazione (Gal 5,13–6,10)

Con 5,13 inizia quella che, nell'impostazione tradizionale, viene definita "sezione parenetica" della Lettera[205]. Generalmente, questa sezione viene ritenuta secondaria rispetto a quanto precede[206]; e circa il genere, la "parenesi" viene valutata come un insieme di raccomandazioni generali, applicabili a qualsiasi contesto epistolare[207]. Così, non si tratterebbe di una sezione articolata, ma di sentenze giustapposte, senza connessioni reciproche.

Invece, ci sembra che tale valutazione ricalchi un "luogo comune", non fedele ad un'analisi specifica di Gal 5,13–6,10. Intanto potrebbe essere più inerente definire tale sezione come dimostrativa, in modo analogo a 1,13–2,21; 3,1–4,7; 4,8–5,12. L'esegesi delle singole microunità e la valutazione globale della sezione permetteranno di chiarire il senso di tale variazione ermeneutica.

8.1. Un ammonimento (Gal 5,13-15)

La quarta dimostrazione di Gal è introdotta in modo originale, rispetto alle precedenti sezioni (1,6-10; 3,1-5; 4,8-11). Infatti la "paraclesi" non si apre con un'apostrofe biasimante, ma con un ammonimento meno violento[208].

---

[205] Cf. AUNE, New Testament, 191; J.M.G. BARCLAY, Obeying the Truth: A Study of Paul' Ethics in Galatians (Edinburgh 1988) 1-35; BRUCE, Galatians, 239; CORSANI, Galati, 335; D.K. FLETCHER, The Singular Argument of Paul's Letter to the Galatians (Princeton 1982) 138; HANSEN, Abraham, 51; HOWARD, Crisis, 14; MERK, "Paränese", 83-104. RIDDERBOS, Galatia, 199; SCHLIER, Galater, 241; SMIT, "Galatians", 25; VANHOYE, Galati, 178; U. WILCKENS, "Zur Entwicklung des paulinischen Gesetzverständnisses", NTS 28 (1982) 154-190.
Invece, altri fanno iniziare la sezione parenetica da 5,1. Così BETZ, Galatians, 253; BURTON, Galatians, 269; S.J. KRAFTCHICK, Ethos and Pathos Appeals in Galatians Five and Six: a Rhetorical Analysis (Emory 1985) 232-247; B.C. LATEGAN, "Is Paul Developing a Specifically Christian Ethics in in Galatians", FS. A.J. Malherbe, Greeks, Romans, and Christian (Minneapolis 1990) 321. Ma come abbiamo dimostrato, la natura perorante ed analettica di 5,2-12 fa cadere tale ipotesi.
[206] Così Mussner la definisce come "konsekutive Ethik" rispetto a Gal 1–4. Cf. MUSSNER, Galaterbrief, 365; cf. anche R.B. HAYS, "Christology and Ethics in Galatians: the Law of Christ", CBQ 49 (1987) 268-290; K. KERTELGE, "Freiheitsbotschaft und Liebesgebot im Galaterbrief", FS. R. Schnackenburg, Neues Testament und Ethik (Freiburg-Basel-Wien 1989) 326-337. Anche Betz riconosce l'estraneità di una sezione parenetica in una "dispositio" forense; cf. BETZ, Galatians, 254.
Infine, O'Neill pensa di risolvere le difficoltà considerando, anche questa sezione. come non paolina; cf. O'NEILL, Recovery, 65-71.
[207] Una tale concezione delle sezioni etiche dell'epistolario paolino viene formalizzata da M. DIBELIUS, Die Formgeschichte des Evangeliums (Tübingen 61971) 239-240; cf. anche Id., A Commentary on the Epistle of James (Philadelphia 1976) 3.
[208] La scelta terminologica di "paracletica", invece dell'usuale "parenetica", è determinata dal fatto che, nell'epistolario paolino, il verbo che introduce le esortazioni è παρακαλεῖν, non παραινεῖν. Cf. Rm 12,1; 1 Cor 16,15; 2 Cor 13,11; 1 Ts 4,1. 10.18;

La novità introduttiva è causata dall'interpellante ἀδελφοί (5,13), assente nelle apostrofi precedenti. Il contrasto tra l'adinato di 5,12 e l'analettico 5,13 (cf. 5,1) causa l'inizio di una nuova microunità. Ciò è confermato dal γάρ, non tanto relazionato all'immediato v. 12, quanto al contenuto centrale della terza dimostrazione: chi appartiene alla "nuova creazione" è chiamato a libertà. La conclusione della pericope non sembra del tutto chiara. Ci sembra tuttavia che λέγω δέ (v.16) assuma funzione introduttiva, come spesso in Gal [209]: con 5,16 Paolo entra in "medias res" [210]. La composizione della pericope fa evidenziare la funzione causale di 5,14 rispetto a 5,13b: ὁ γὰρ πᾶς νόμος ἐν ἑνὶ λόγῳ πεπλήρωται... Così, la citazione di Lv 19,18b motiva il "servizio vicendevole". Quindi, con εἰ δὲ ἀλλήλους... (v. 15), Paolo riprende ἀλλήλοις del v. 13, in prospettiva sarcastica.

8.1.1. Analisi retorica

Il tenore di 5,13-15 non è minore rispetto a quello delle precedenti pericopi introduttive: anche se non si tratta di un'apostrofe di biasimo, le figure retoriche fanno evidenziare un inizio altrettanto icastico.

Così, in 5,13b Paolo si introduce con un ossimoro: δουλεύετε è posto in connessione con ἐλευθερίαν; il termine medio della relazione paradossale è τῆς ἀγάπης. Come spesso, Paolo predilige la "coincidentia oppositorum", il paradosso che suscita stupore nei destinatari.

La pericope si conclude con la "climax" metaforica di 5,15: i verbi teriomorfici δάκνετε... κατεσθίετε... ἀναλωθῆτε sono in progressione; dal meno al più vorace. Quindi, la stessa natura iperbolica della "climax" amplifica l'interpellanza paolina [211].

Pertanto l'ossimoro e la "climax" non fanno abbassare il tenore della nuova sezione, come sarebbe invece naturale in una paraclesi intesa secondo la prospettiva tradizionale. Inoltre, ci sembra che anche 5,13-15 assuma soprattutto funzione prolettica rispetto a 5,16–6,10. Infatti, a prescindere da 5,13a, che richiama Gal 5,1, la pericope introduce la terminologia fondamentale

---

Fm 9. Inoltre, tale preferenza chiarifica sia la connessione tra lo Spirito, denominato anche come il παράκλητος (cf. Gv 15,26) e le relative esortazioni, che quella tra vocazione cristiana ed etica (cf. ἐκλήθητε in 5,13). Così anche A. GRABNER HAIDER, *Paraklese und Eschatologie bei Paulus: Mensch und Welt im Anspruch der Zukunft Gottes* (Münster 1968) 4; T.J. DEIDUN, *New Covenant Morality in Paul* (AnBib 89; Rome 1981) 1-2.81; A. VANHOYE, *Esegesi della prima lettera ai Tessalonicesi* (Roma 1987) 120-121. Questo risulta fondamentale per Gal 5,13–6,10, in cui il rapporto tra Spirito ed etica è centrale, anche se manca il verbo corrispondente.

[209] Cf. Gal 3,15; 4,1; 4,21; 5,2.

[210] Cf. anche BONNARD, *Galates*, 108; BRUCE, *Galatians*, 239; BURTON, *Galatians*, 290; CORSANI, *Galati*, 337; MEAGHER, *Faith*, 237; MUSSNER, *Galaterbrief*, 366; SCHLIER, *Galater*, 241-242.

[211] Così anche KRAFTCHICK, *Ethos*, 248.

della dimostrazione seguente[212]. In 5,13-15 è assente solo πνεῦμα, che però riscontreremo già in 5,16. Naturalmente, non mancano importanti legami con quanto precede: questi gettano un ponte argomentativo tra 5,13-15 e quanto precede[213]; ma rimane la principale funzione prolettica di 5,13-15 rispetto a quanto segue.

8.2. Aretalogia paolina (5,16-26)

Dopo l'ammonimento dei vv. 13-15, anche questa sezione riprende il proprio itinerario. L'ipotesi che si tratti di una paraclesi dimostrativa viene subito confermata da 5,16-26. Infatti, l'interpellante λέγω δέ (v. 16) apre la nuova pericope sulla relazione tra lo Spirito e la carne.

Invece, sembra difficile stabilire il "terminus ad quem" della microunità: le opinioni si dividono per 5,24; 5,25 oppure 5,26[214]. In realtà non vi sono indizi formali per considerare 5,24 o 5,25 conclusivi. Soltanto in 6,1 compare, in posizione enfatica, un ἀδελφοί interpellante. La scelta per 6,1 è confermata da una ripresa del catalogo dei vizi (vv. 19-21) in 5,26[215]. Rimane tuttavia la stretta connessione tra le due pericopi, causata dalla ripresa di ἀλλήλων in 6,2 (cf. 5,26.26) e dalla permanente antitesi tra πνεῦμα e σάρξ (cf. 6,8).

La composizione di 5,16-26 si manifesta come "circolare", del tipo "a.b.a1". Infatti, in 5,16-18 Paolo presenta l'opposizione tra Spirito e carne (a); mentre, in 5,19-24 si trovano i due cataloghi dei vizi e delle virtù (b). Infine 5,25-26 costituiscono la soluzione delle antitesi a favore dello Spirito (a1)[216].

---

[212] Cf. la presenza di σάρξ (5,13.16.17.17.19.24; 6,8.8), νόμος (5,14.18.23; 6,2), ἀγάπη (5,13.22), ἀλλήλων (5,13.15.15.26.26; 6,2). In 5,17 ἀλλήλοις entra a far parte di un paradigma diverso.

[213] Cf. ἀγάπη introdotto in 5,6; σάρξ con valutazione negativa in 3,3; 4,23.29. Il νόμος (v. 14) ha assunto un ruolo importante soprattutto nella seconda dimostrazione (3,1–4,7). Per il "passivo divino" ἐκλήθητε (5,13) ed il riferimento alla vocazione divina, cf. Gal 1,6; 1,15; 5,8.

[214] Il v. 24 viene ritenuto come conclusivo da BETZ, *Galatians*, 271; CORSANI, *Galati*, 377; E.D. COVOLO, "Il kerygma come critica alla prassi nella parenesi di Gal 5,16-24", *Rivb* 29 (1981) 379-391; FLETCHER, *Galatians*, 168; KRAFTCHICK, *Ethos*, 247; SCHLIER, *Galater*, 247.
Invece, propendono per 5,25: BARCLAY, *Galatians*, 156; BONNARD, *Galates*, 112; MUSSNER, *Galaterbrief*, 391; RIDDERBOS, *Galatia*, 210.
Infine, estendono la conclusione sino a 5,26: BRUCE, *Galatians*, 156; BURTON, *Galatians*, 291; M.P. MARTINEZ, "Unidad de forma y contenido en Gal 5,16-26", *EstBíb* 45 (1987) 105-124; Meagher, *Faith*, 242.

[215] Cf. la relazione tra φθόνοι (5,21) e φτονοῦντες (5,26).

[216] Per lo schema concentrico di 5,16-26, cf. anche COVOLO, "Kerygma", 381; MARTINEZ, "Unidad", 110. Questi autori propongono anche un particolareggiato schema chiastico. Per una diversa struttura chiastica di 5,16-26 cf. BLIGH, *Galatians*, 446-447.
Ma la differente schematizzazione cui pervengono e la soggettiva criteriologia dimostrano l'arbitrarietà dei risultati. Ci sembra che il prospetto chiastico di un testo debba

Notiamo, infine, che la stretta relazione tra 5,16-18 e 5,25-26 viene evidenziata dalla ripresa della metafora del "camminare": περιπατεῖτε (v. 16), ἄγεσθε (v. 18), στοιχῶμεν (v. 25).

8.2.1. Analisi retorica

In 5,16-26 Paolo delinea un confronto aretalogico, tra πνεῦμα e σάρξ, che rappresenta la fondamentale antitesi della pericope. Tale confronto veniva anticipato con successione cronologica in Gal 3,3 ed in 4,29. Ora, in linea con la carne, Paolo pone anche la Legge (vv.18.23), anche se σάρξ e νόμος non si equivalgono. Il fatto che dal punto di vista argomentativo si tratti di una disposizione ben articolata, e non di una parenesi composta di frammentarie esortazioni, fa evidenziare la natura dimostrativa della pericope; ciò è confermato dalle principali figure retoriche.

In 5,17a è riscontrabile la figura del chiasmo, mediante il quale viene stabilita la relazione tra lo Spirito e la carne: (a) ἡ γὰρ σὰρξ ἐπιθυμεῖ (b) κατὰ τοῦ πνεύματος, (b1) τὸ δὲ πνεῦμα (a1) κατὰ τῆς σαρκός . Nello stesso v. 17 si trova la figura "prosopica": lo Spirito e la carne sono viste come due persone che si "combattono". Inoltre, il confronto nel catalogo dei vizi e delle virtù viene presentato in una cornice interpretativa paolina: φανερὰ δέ ἐστιν τὰ ἔργα τῆς σαρκός... (v. 19a); ὁ δὲ καρπὸς τοῦ πνεύματός ἐστιν... (v. 22a). Così i vv. 19a.22a fanno da introduzione, mentre i vv. 21b.23b-24 da conclusione specifica. Anche la conclusione generale dei vv. 25-26 è ben articolata; ne è prova la presenza di un nuovo chiasmo in 5,25: (a) εἰ ζῶμεν (b) πνεύματι (b1) πνεύματι (a1) καὶ στοιχῶμεν. Al verbo ζῶμεν corrisponde στοιχῶμεν (a.a1), mentre al centro del chiasmo viene ripetuto πνεύματι (b.b1).

Pertanto, la relazione della "paraclesi" paolina con la parenesi diatribica, riguarda sia il contenuto aretalogico di 5,16-26 che lo stile argomentativo. Tuttavia, l'aretalogia paolina di 5,16-26 assume soprattutto una prospettiva escatologica, più che ecclesiologica [217]. Questo viene confermato dal contesto

---

essere identificato dalla interrelazione di tutti i lessemi, e non solo di quelli scelti in modo arbitrario. Così, cf. Gal 5,17, in cui il rapporto di ogni lessema determina una composizione chiastica della proposizione.

[217] Ci riferiamo soprattutto al catalogo dei vizi e delle virtù in 5,19-23 ed alla metafora del καρπός in 5,22. Anche in Rm 1,29-30; 13,13; 1 Cor 6,9-10 tali liste vengono presentate in contesto escatologico. Per la metafora del καρπός come metafora escatologica, cf. Mt 3,8.10; 7,16-20; Gv 4,36; 15,1-17.
Inoltre, la presenza di liste analoghe a Qumran, pur nelle diverse concezioni, conferma la rilevanza escatologica di 5,19-23. Sulla relazione tra 1QS 4 e Gal 5,19-23, cf. S. WIBBING, Die Tugend- und Lasterkataloge im Neuen Testament (Berlin 1959) 104-106; MUSSNER, Galaterbrief, 392-395. Spesso tale prospettiva "escatologica" non viene posta in luce, come da Fauconnet, che si limita a stilare una sinossi decontestualizzata di cataloghi. Cf. J.J. FAUCONNET, "Confrontation des vices et des vertus dans les épîtres du Nouveau Testament", BLitEc 89 (1988) 83-96.

"kerygmatico" dei cataloghi; e lo stesso προεῖπον di 5,21 richiama la prima evangelizzazione paolina[218].

Così Paolo ripresenta ai Galati non soltanto il contenuto cristologico del proprio vangelo, ma anche quello aretalogico. In tal senso 5,16-26 non rappresenta una conseguenza del "kerygma" di Gal 3–4, bensì una sua fenomenologia. Il vangelo viene ripresentato, in forma diversa, con le scelte aretalogiche da compiere[219].

8.2.2. La "subpropositio" di 5,16

Nell'argomentazione di 5,16-26, risalta il v. 16 per la sua autonomia, ma soprattutto per l'apparente contraddizione rispetto a 5,17. Infatti se in 5,16 Paolo propone un itinerario "pneumatico" che impedisce l'adesione ai desideri della carne, in 5,17 delinea una lotta "a pari" tra lo Spirito e la carne. Sembra persino che, in tale combattimento, il cristiano rappresenti soltanto il campo di battaglia per l'appropriazione del vincente. Torneremo su tale apparente contraddizione che, intanto, fa evidenziare un distacco argomentativo tra 5,16 e quanto segue. Ci sembra che tale variazione sia dovuta alla natura "propositiva" del v. 16. Infatti, rispetto alla sezione paracletica, Gal 5,6 viene ripreso in 5,18.24-25; 6,8. La metafora del περιπατεῖν, diventa ἄγειν in 5,18 e στοιχεῖν in 5,25[220]. Inoltre, quanti hanno fatto la scelta dello πνεῦμα, in 6,1 vengono denominati πνευματικοί. Infine, lo stesso Spirito in 6,8 rientra nella metafora della seminagione e della raccolta (cf. anche καρπός di 5,22).

---

[218] Così anche CORSANI, *Galati*, 362. La relazione tra aretalogia e ripresentazione del vangelo, contestualizza anche Gal 5,13–6,10, e non soltanto le precedenti dimostrazioni. Pertanto, il luogo comune secondo il quale l'etica paolina sarebbe valida per tutte le comunità di destinazione perché generale, forse non risponde ad un'analisi attenta dei dati. Piuttosto, ci sembra che, spesso, con superficialità si sottolineano le diverse cristologie nell'epistolario paolino, senza rendere ragione delle altrettanto diverse prospettive paracletiche.

[219] Soltanto in questa prospettiva si comprende la lotta tra lo spirito e la carne, per cui ταῦτα γὰρ ἀλλήλοις ἀντίκειται, ἵνα μὴ ἃ ἐὰν θέλητε ταῦτα ποιῆτε (v. 17), e l'apparente contraddizione con πνεύματι περιπατεῖτε καὶ ἐπιθυμίαν σαρκὸς οὐ μὴ τελέσητε (v. 16) e con οἱ δὲ τοῦ Χριστοῦ τὴν σάρκα ἐσταύρωσαν σὺν τοῖς παθήμασιν καὶ ταῖς ἐπιθυμίαις (v. 24).

L'aretalogia paolina di 5,16-26 non riguarda la vita cristiana in contesto ecclesiologico, bensì quanti sono chiamati a ricompiere le proprie scelte di fronte alla dimensione escatologica del vangelo.

[220] Tale categoria metaforica è stata già utilizzata da Paolo nelle precedenti dimostrazioni. In 2,2 aveva presentato se stesso come esempio di "corsa" per il vangelo; ma in 3,3; 4,9; 5,7 biasimava l'interruzione della corsa dei Galati. Ora ripropone un περιπατεῖν secondo lo Spirito. In altri termini, Paolo invita i Galati a riprendere la propria corsa per il vangelo. Così, il vocabolario del "camminare", in adesione al vangelo, costituisce un importante anello di congiunzione tra le quattro dimostrazioni di Gal.

Ma se Gal 5,16 rappresenta la nuova "subpropositio" di Gal 5,13-6,10, qual è il suo rapporto con le "propositiones" di Gal 1,11-12 e di 3,6-7? Ci sembra che la relazione di 5,16 con tali "propositiones" non sia tanto di tipo lessicale, quanto argomentativo. Notiamo che, di per sé, in 5,13–6,10 manca il vocabolario del "vangelo".

Tuttavia, il dono dello Spirito costituisce un elemento centrale dello stesso vangelo (cf. Gal 3,2). Il tema dello πνεῦμα era stato introdotto in 3,1-5 (vv. 2.3.5) e nella "peroratio" di 4,1-7 (v. 6); nel "midrash" di 4,21–5,1 lo πνεῦμα veniva posto in antitesi con σάρξ (4,29). Pertanto, poichè al centro del vangelo, sino ad ora dimostrato nella Lettera ai Galati, si trova la figliolanza (cf. 3,6-7), questa non è possibile senza il dono dello Spirito (cf. 4,6).

Così, finalmente, Paolo presenta la dimensione "spirituale" dell'essere cristiano, quale elemento centrale del vangelo. Tale preminenza dello Spirito, evidenziata dalla "subpropositio" di 5,16, chiarifica la stessa relazione tra πνεῦμα e σάρξ in 5,17–6,10. Si tratta di un confronto che mette in risalto la positività dello Spirito, e non tanto un'antitesi "a pari" con la carne[221].

8.3. La condotta degli "spirituali" (6,1-10)

L'aretalogia paolina della quarta dimostrazione si conclude con una concretizzazione della vita secondo lo Spirito (6,1-10). La delimitazione della pericope non crea difficoltà: l'iniziale ἀδελφοί (v. 1) ed il conclusivo ἄρα οὖν (v. 10) ne fanno emergere l'unità letteraria. Inoltre, la conclusione della pericope è riconoscibile a causa del "postscriptum" epistolare di 6,11-18.

Per quanto riguarda la struttura interna, ci sembra di poter distinguere due parti: Paolo, nei vv. 1-5, concretizza la vita "spirituale" a livello di rapporti comunitari, mentre nei vv. 6-10 ripropone il fondamento escatologico della stessa vita comunitaria[222]. La sotto-unità dei vv. 6-10 è confermata dall'inclusione assiologica di ἀγαθός (vv. 6.10). A prima vista, però, si ha l'impressione di una pericope disarticolata e senza connessione con il suo contesto precedente. Ma, come vedremo, la natura "sentenziosa" della pericope non impedisce di cogliere la sua funzione argomentativa.

---

[221] Ancora una volta, al centro della dimostrazione paolina non si trova tanto il problema della libertà dalla Legge, quanto la dimensione escatologica della vita secondo lo Spirito. Così invece FLETCHER, *Galatians*, 214-217.

Ma la questione della Legge risulta funzionale rispetto a quella dello Spirito; di per sé in 5,13–6,10 Paolo non oppone πνεῦμα a νόμος, ma a σάρξ.

[222] Cf. KRAFTCHICK, *Ethos*, 258.

8.3.1. Analisi retorica

Per individuare il filo conduttore di 6,1-10, ci sembra necessario tener presente, ancora una volta, la "propositio" di 5,16[223]. Infatti l'iniziale πνευματικοί e l'aretalogico πνεύματι πραΰτητος (v. 1) richiamano 5,16.23. Anche la seconda parte della pericope (vv. 6-10) è relazionata alla "propositio" mediante la metafora della seminagione e della raccolta spirituale (v. 8). La relazione analettica di 6,1-10 è confermata dalla ripresa dell'argomentazione precedente. Infatti, ἀλλήλων (v. 2) da una parte fa da "mot-crochet" con ἀλλήλοις di 5,26 e, dall'altra richiama gli introduttivi 5,13.15. In modo analogo, ci sembra che il brachilogico τὸν νόμον τοῦ Χριστοῦ sia comprensibile alla luce di 5,14. Questo viene confermato dalla ripresa verbale di πεπλήρωται (5,14) in ἀναπληρώσετε (6,2)[224]. Anche la seconda parte della pericope rivela una relazione analettica, a causa della metafora escatologica di "seminagione e raccolta" (6,8; cf. 5,19-23) e la rilevanza assiologica di ἀγαθός (vv. 6.10; cf. ἀγαθωσύνη di 5,22).

Per quanto riguarda le figure, in 6,2.5 è riconoscibile l'isotopia di τὰ βάρη e φορτίον, collegati dalla ripetizione di βαστάζειν. Inoltre la figura dell'antiteto in 6,8 contrappone due tipi di seminagione e di raccolta:

(a) ὁ σπείρων εἰς τὴν σάρκα ἑαυτοῦ ἐκ τῆς σαρκὸς θερίσει φθοράν,
(b) ὁ δὲ σπείρων εἰς τὸ πνεῦμα ἐκ τοῦ πνεύματος θερίσει ζωὴν αἰώνιον.

Notiamo che i singoli stichi dell'antitesi sono costruiti in modo chiastico: al centro del primo stico viene ripetuto σάρξ (v.8a), e πνεῦμα al centro del secondo (v.8b)[225].

Pertanto, se da una parte Gal 6,1-10 conserva delle importanti connessioni con l'aretalogia diatribica[226], dall'altra rientra nella prospettiva escatologica della

---

[223] Già SCHLIER considerava πνεύματι στοιχῶμεν (5,25) come idea unificatrice di 6,1-10; cf. SCHLIER, Galater, 270.275. Abbiamo rilevato, però, che in 5,25 Paolo non fa che riprendere la "subpropositio" di 5,16.

Invece Mussner, poichè fa iniziare la pericope con 5,26 considera la κενοδοξία come tema unitario di 6,1-10; cf. MUSSNER, Galaterbrief, 402. Da parte sua, Martin individua nell'esperienza del peccato per il cristiano, il tema unitario di 6,1-5; cf. MARTIN, Christ, 153. Al contrario, ci sembra che al centro della pericope si trovi ancora la condotta di quanti hanno ricevuto lo Spirito per appartenere alla "nuova creazione".

[224] Così anche FLETCHER, Galatians, 202; H. SCHÜRMANN, "Das Gesetz des Christus" (Gal 6,2), FS. R. Schnackenburg, Neuen Testament und Kirche (Freiburg 1974) 292.

[225] Cf. anche BETZ, Galatians, 308; CORSANI, Galati, 394.

[226] La rilevanza diatribica è confermata dalla presenza topologica degli aretalogici πραΰτης (v. 1), ἀγαθός (vv. 6.10) e καλός (v. 9). La stessa esortazione al discernimento interiore (v. 4) richiama il tema diatribico della conoscenza di sé. Cf. BETZ, Galatians, 301.

quarta dimostrazione[227]. Inoltre, ci sembra che l'ultima pericope della quarta dimostrazione non rappresenti semplicemente una sintesi di quanto affermato in precedenza; al contrario, fa avanzare l'argomentazione delineando le modalità di esistenza degli πνευματικοί. Ora Paolo va al di là del biasimo riguardante l'abbandono dello Spirito (cf. 3,2-5): richiama invece le implicanze fondamentali della vita "spirituale"[228]. In altri termini, Paolo ripresenta ai Galati la loro identità di appartenenza allo Spirito, che li definisce appunto come πνευματικοί e che impedisce ogni regressione nella carne.

8.4. Conclusione

La quarta dimostrazione di Gal 5,13-6,10 segue un progresso argomentativo analogo alle precedenti dimostrazioni paoline. La sezione si divide in tre microunità: il "caveat" di 5,13-15, l'aretalogia di 5,16-26 e l'applicazione di 6,1-10. Il filo conduttore della dimostrazione è tenuto da 5,16 con l'esortazione a "camminare secondo lo Spirito". Inoltre, se in 5,13-15; 6,1-10 è prevalente l'appello "pathetico", in 5,16-26 risalta quello "logico" dell'aretalogia[229]. Tuttavia, Gal 6,1-10 non assume funzione "perorante", come invece le pericopi conclusive delle precedenti dimostrazioni. La dimostrazione non si è ancora conclusa; e forse l'ultima "peroratio" si trova altrove.

Pertanto, non si tratta di una parenesi decontestualizzata o composta semplicemente di sentenze giustapposte, né "conseguenziale" o di livello inferiore. Inoltre, forse non risulta necessario ricorrere all'"intentio auctoris", per individuare una relazione argomentativa con quanto precede: Paolo in 5,13–6,10 cercherebbe di prevenire delle conseguenze negative di libertinismo[230]. Al contrario, ci sembra di riscontrare in 5,13–6,10 una paraclesi contestualizzata, per la rilevanza diatribico-escatologica, articolata in funzione della "subpropositio" di 5,16 e fenomenologica rispetto al vangelo paolino.

---

[227] La prospettiva escatologica è confermata sia dalla presenza di θερίζειν al futuro (vv. 7.8.8.9) che dalla metafora di seminagione e raccolta. Cf. un analogo contesto escatologico in 1 Cor 9,11; 15,42-44; 2 Cor 9,6; Mt 13,24-30; Lc 19,21-22. Così anche BETZ, *Galatians*, 308-310; BURTON, *Galatians*, 340-341; MUSSNER, *Galaterbrief*, 403-404.

[228] A causa di tale funzione argomentativa rispetto a 5,13-26 non ci sembra pertinente l'interpretazione di Kraftchick, che ricorre ad una "digressio" per identificare la natura retorica di 6,1-10; cf. KRAFTCHICK, *Ethos*, 255.

[229] Il misconoscimento dell'appello "logico" in 5,16-26 rappresenta una rilevante carenza metodologica. Perciò ci sembra insufficiente l'analisi retorica di Kraftchick che, soltanto in base agli appelli "ethici" e "pathetici", si propone di individuare la natura argomentativa della sezione. Così, al centro della sezione si troverebbe il ristabilimento del rapporto tra Paolo ed i Galati. Cf. KRAFTCHICK, *Ethos*, 271.

Invece, la presenza dell'appello "logico" rivela ancora una volta che è in questione il rapporto tra il vangelo ed i Galati.

[230] Così DRANE, *Paul*, 52-53.

9. Il "postscriptum" (6,11-18)

La Lettera ai Galati si conclude con un "postscriptum" (6,11-18), rispondente ai canoni dell'epistolografia classica[231]. A causa degli elementi epistolari, l'unità della pericope è universalmente riconosciuta. Infatti, l' ἔγραψα epistolare (v. 11) ed il saluto finale (v. 18) delimitano la pericope[232]. Ma anche nel "postscriptum", come nel "praescriptum", gli elementi epistolari sono ridotti all'essenziale. Infatti, in 6,11-18 mancano i saluti dei committenti, la richiesta di preghiera ed il saluto con il bacio comunitario[233]. Infine, sorprende l'assenza di riferimenti ad un viaggio in Galazia[234]. Ma ancora una volta, Gal non segue dei canoni epistolografici precostituiti: non si tratta di un semplice "postscriptum", ma di una "peroratio" retorica[235].

La composizione della pericope fa emergere i vv. 11.18 come introduzione e conclusione del "postscriptum". Quindi, nei vv. 12-13 Paolo lancia un'accusa contro gli "oppositori" e nei vv. 14-17 richiama sia il contenuto centrale del proprio vangelo che la propria adesione irrevocabile[236].

---

[231] Sui connotati di un "postscriptum" epistolare, cf. AUNE, *New Testament*, 186.

[232] Cf. l'ἔγραψα epistolare di Fm 19.21; cf. anche 1 Cor 16,21. Per i saluti epistolari, cf. Rm 16,20; 1 Cor 16,23; 2 Cor 13,13; Fil 4,23; 1 Ts 5,28; Fm 25.

[233] Per i saluti della comunità di partenza cf. Rm 16,16.21-23; 1 Cor 16,19; 2 Cor 13,12; Fil 4,21; 1 Ts 5,25; Fm 23. In Rm 16,5-15 si trovano anche i saluti per specifici destinatari. Sulla richiesta di preghiera per sé, cf. Rm 15,30; 1 Ts 5,25; Fm 22. Per il bacio comunitario, cf. Rm 16,16; 1 Cor 16,21; 2 Cor 13,12; 1 Ts 5,26.

[234] Cf. invece Rm 15,22-24; 1 Cor 16,5-7; 2 Cor 13,1-3; Fm 22.

[235] Per questa duplice funzione di 6,11-18 siamo debitori al contributo di BETZ, *Galatians*, 313-323. Tuttavia, anche per la "peroratio" Betz palesa un'applicazione semplicistica della manualistica retorica. L'autore cerca di individuare in 6,11-18 le tre parti di una "peroratio" forense: "recapitulatio" (vv. 15-16), "indignatio" (vv. 12-14) e "conquestio" (v. 17). In realtà, l'autorità paolina che emerge da 6,11-17 impedisce di situare la "peroratio" in contesto forense. Inoltre, se i vv. 15-16 comprendono una certa "recapitulatio" ed i vv. 12-14 una "indignatio", ci sembra che non si possa dire altrettanto del v. 17 come "conquestio". Così anche A.M. BUSCEMI, "Lo sviluppo strutturale e contenutistico di Gal 6,11-18", *SBFLA* 33 (1983) 167.

Ancora una volta, è necessario sottolineare l'autonomia di un autore, non soltanto rispetto ai canoni dell'epistolografia, ma anche a quelli della retorica, senza per questo negare la dimensione epistolare né quella retorica di un testo.

[236] In base ad un'analisi semantica di termini scelti, Schnider e Stenger identificano in Gal 6,11-17 una composizione circolare (A.B.C.A.C.B.A), al centro della quale si troverebbe Gal 6,14, con il vanto paolino. Cf. F. SCHNIDER - W. STENGER, *Studien zum neutestamentlichen Briefformular* (NTTS 11 ; Leiden 1987) 146.

In realtà, anche tale composizione si rivela "aprioristica", in quanto appunto fondata su termini scelti, e non sulla convergenza di tutti i lessemi. Inoltre, vedremo come, dall'analisi retorica della pericope, al centro del "postscriptum" non si trova tanto l'affermazione dell'autorità paolina, pur presente, quanto la sintesi del vangelo paolino, contenuto in Gal 6,15.

9.1. Analisi retorica

Anche il "postscriptum" di 6,11-18 ricalca le caratteristiche retoriche delle precedenti "perorationes" (2,15-21; 4,1-7; 5,2-12).

Innanzitutto, il tono amplificante della pericope si manifesta soprattutto nell'antitesi "sineddotica" di 6,15: οὔτε γὰρ περιτομή τί ἐστιν οὔτε ἀκροβυστία ἀλλὰ καινὴ κτίσις[237]. La stessa annotazione autografica viene amplificata dal πηλίκοις ὑμῖν γράμμασιν (6,11).

Inoltre, le continue enallagi delle persone, conferiscono vivacità stilistica alla "peroratio". La 1 singolare si trova in 6,11b.14.17b; la 3 singolare in 6,14b-15.17a; la 2 plurale in 6,11a.18; la 3 plurale compare in 6,12-13.16.

Tuttavia la connessione con le precedenti "perorationes", non riguarda soltanto lo stile ed il tenore retorico, ma anche la topologia che conferma la natura perorante del "postscriptum". Pertanto, sarà necessario verificare i collegamenti con le precedenti "perorationes" e con la quarta dimostrazione.

Quindi, la duplice funzione di "postscriptum" epistolare e di "peroratio" retorica esige un confronto non solo con l' "exordium" di 1,6-10 ma anche con il "praescriptum" di 1,1-5.

9.1.1. Gal 6,11-18 e Gal 2,15-21

La prima e l'ultima "peroratio" di Gal rivelano diversi legami: si tratta soprattutto di una relazione "esemplare".

Infatti, sia in 2,19-20 che 6,14.17, Paolo si presenta come modello di adesione alla croce di Cristo. La relazione tra le pericopi fa rilevare la connotazione "staurologica" del mistero cristiano. Così, la croce rappresenta, nello stesso tempo, il luogo della morte del Cristo e di quella dell'apostolo: ...Χριστῷ συνεσταύρωμαι (2,19); ...δι' οὗ ἐμοὶ κόσμος ἐσταύρωται κἀγὼ κόσμῳ (6,14). Tale relazione conferma la finalità esemplare della prima dimostrazione (1,13–2,21). Quindi, la periautologia paolina non risponde ad un vanto "secondo la carne", bensì ad una esemplarità pedagogica[238].

9.1.2. Gal 6,11-18 e 4,1-7

La relazione tra 6,11-18 e la seconda "peroratio" (4,1-7), riguarda ancora l'evento della croce:

---

[237] Cf. la "consecutio" delle particelle, analoga a quella di 1,1.11. Per il tropo della sineddoche, cf. Gal 5,6. Sull'amplificazione di 6,11-18, cf. BETZ, *Galatians*, 313; SMIT, "Galatians", 21.

[238] Per il tema paolino del vanto, cf. J. SÁNCHEZ BOSCH *"Gloriarse" segun San Pablo. Sentido y teología de* καυχάομαι (AnBib 40; Roma-Barcellona 1970).

Infatti, anche in 4,5 Paolo richiama l'azione soteriologica del Cristo: ἵνα τοὺς ὑπὸ νόμον ἐξαγοράσῃ (cf. 2,19-20; 6,14.17). Tuttavia, in 4,3; 6,14 Paolo precisa anche l'ambito escatologico dell'evento: il κόσμος. Con la "pienezza del tempo", il cristiano perviene ad una libertà assoluta, in quanto derivante dal riscatto operato dal Cristo.

Dunque, τὰ στοιχεῖα τοῦ κόσμου non possono più sottomettere chi è in Cristo (4,3. cf. anche 4,9)[239].

9.1.3. Gal 6,11-18 e 5,2-12

La terza e la quarta "peroratio" sono accomunate innanzitutto dalla rilevanza dell'autorità paolina[240].

Infatti, sia in 5,2-12 che in 6,11-18 Paolo presenta, da una parte se stesso come modello e, dall'altra gli "oppositori" come codardi. Egli, a causa della croce, sperimenta il διώκειν (5,11); essi annunciano la circoncisione proprio per evitare la persecuzione (6,12-13). L'elemento di distinzione tra Paolo e gli "oppositori" rimane la relazione con la croce (5,11b; 6,12).

Infine, Gal 6,15 richiama, in termini di "epifonema", il contenuto centrale del vangelo paolino già espresso in 5,6. Al centro del suo vangelo non si trova tanto il problema della circoncisione che, in quanto tale, non si differenzia dall'incirconcisione, bensì la πίστις δι' ἀγάπης ἐνεργουμένη (5,6) che corrisponde alla καινὴ κτίσις (6,15).

9.1.4. Gal 6,11-18 e 5,13–6,10

La "peroratio" di Gal 6,11-18 non solo ricapitola quanto affermato nelle precedenti "perorationes", ma sintetizza ed "amplifica" anche l'ultima dimostrazione.

Infatti la "propositio" di 5,16 viene ripresa rispetto al κανών di 6,16. Così, il περιπατεῖν diventa στοιχεῖν in 5,25 e 6,16: si tratta di un "camminare secondo lo Spirito".

Ma, a tale itinerario si oppone quello secondo la carne. In 6,12 Paolo richiama l' εὐπροσωπῆσαι ἐν σαρκί, che corrisponde al σάρξ di 5,16–6,10[241].

---

[239] Così anche BETZ, *Galatians*, 319.

[240] E' significativo che entrambe le pericopi iniziano in modo analogo: Ἴδε (5,2) ed Ἴδετε (6,11). Paolo stesso sembra richiamare l'attenzione sulle "perorationes" dimostrative.

[241] Anche in Gal 6,11-18 Paolo rivela una genialità argomentativa. Con l'isotopia di σάρξ, utilizzata in 6,11 per indicare la σάρξ dell'aretalogia precedente, ed ἐν τῇ ὑμετέρα σαρκί per designare la carne della circoncisione, relaziona circoncisione e vita "sarchica". Così anche SCHLIER, *Galater*, 280. Cf. Gal 5,23, in cui σάρξ e νόμος sono posti in contiguità. Tuttavia, è forse necessario ricordare che Paolo non identifica la carne della

Inoltre, anche in 5,13–6,10, come in 6,14.17 Paolo fa riferimento alla croce (5,24). Quanti sono di Cristo, crocifiggono con il cosmo anche la carne; e ciò costituisce non solo il vanto di Paolo ma di quanti accolgono il suo vangelo. La funzione analettica e perorante di 6,11-17 rispetto a 5,13–6,10 conferma, così, la natura dimostrativa, e non semplicemente esortativa, della paraclesi paolina.

9.1.5. Gal 6,11-18 ed 1,1-10

Anche il rapporto del "postscriptum" (6,11-18) con il "praescriptum" (1,1-5) e con l' "exordium" (1,6-10) manifesta il genere dell'argomentazione paolina.

Infatti, l'appello "logico" pone in risalto la prospettiva escatologica del vangelo paolino. Se in 1,4 Paolo utilizza la categoria temporale dell' $\alpha l \omega \nu$, in 6,15 richiama quella spaziale del "cosmo". Ciò rivela l'importante funzione argomentativa dell'escatologia. In definitiva, il contenuto del vangelo paolino è rappresentato dall'escatologica novità della $\kappa \alpha \iota \nu \grave{\eta} \kappa \tau \acute{\iota} \sigma \iota \varsigma$. Anche in Gal 1,4 come in 6,14.17 assume rilevanza l'evento della Croce: su di essa il Cristo "ha dato se stesso per i nostri peccati". Dunque, la croce rappresenta il passaggio alla dimensione escatologica dell'essere cristiano.

Inoltre, l' "ethos" paolino accomuna Gal 1,1.10 e 6,14.17: egli è $X\rho\iota\sigma\tauo\hat{v}$ $\deltao\hat{v}\lambdao\varsigma$ (1,10)[242]. In questo si trova l'origine del suo apostolato (1,1) e la motivazione del suo vanto (6,14.17). Ancora una volta il vanto paolino è orientato all'esemplarità nei confronti dei Galati, che contrasta con quella degli "oppositori". Sia in 1,7 che in 6,13 Paolo utilizza il verbo $\theta\acute{\epsilon}\lambda\epsilon\iota\nu$ per indicare le intenzioni degli "oppositori": $\kappa\alpha\grave{\iota} \theta\acute{\epsilon}\lambdao\nu\tau\epsilon\varsigma \mu\epsilon\tau\alpha\sigma\tau\rho\acute{\epsilon}\psi\alpha\iota...$ (1,7), $\grave{\alpha}\lambda\lambda\grave{\alpha}$ $\theta\acute{\epsilon}\lambdao\upsilon\sigma\iota\nu...$ (6,13). Il confronto tra le pericopi chiarifica anche la loro volontà di opposizione nei confronti del vangelo paolino (1,7): l'esclusione della persecuzione a causa della croce di Cristo (6,12). Questa rappresenta il loro vanto carnale (6,13), che si oppone al rifiuto paolino di piacere a Dio piuttosto che agli uomini (1,10).

Infine, il "pathos" dei destinatari stabilisce un marcato contrasto tra il $\mu\epsilon\tau\alpha\tau\acute{\iota}\theta\epsilon\sigma\theta\epsilon$ di 1,6 e lo $\sigma\tauo\iota\chi\acute{\eta}\sigma o\upsilon\sigma\iota\nu$ di 6,16. La situazione dei Galati è di incipiente apostasia dal vangelo paolino. Per questo Paolo scrive la Lettera: spera di convincerli a proseguire nel cammino di adesione al suo vangelo. Di qui la natura persuasiva ed incisiva della missiva. Tale incisività viene posta in risalto anche dal contesto comunitario o liturgico in cui verrà spiegata la Lettera. All' $\grave{\alpha}\mu\acute{\eta}\nu$ di 1,5 corrisponde quello di 6,18[243]. Ci sembra dunque che, tali

---

circoncisione con quella dell'uomo carnale, nè la Legge con il peccato.

[242] Cf. anche SCHNIDER - STENGER, Briefformular, 148.

[243] Tale inclusione conferma la solidità testuale di $\grave{\alpha}\mu\acute{\eta}\nu$ in 6,18. Non solo la critica esterna, ma anche quella interna impedisce di pensare ad un $\grave{\alpha}\mu\acute{\eta}\nu$ aggiunto, dalla comunità, in contesto liturgico. Così invece BETZ, Galatians, 325.

connessioni, determinano gli orizzonti argomentativi della Lettera, e non l'opposizione giudiziaria tra maledizione e benedizione[244].

9.2. Conclusione

Il "postscriptum" di Gal 6,11-18 assume delle modifiche significative, a causa della sua funzione "perorante" rispetto alle dimostrazioni che Paolo ha sviluppato lungo la Lettera.

In questa pericope convergono gli "appelli" della dimostrazione retorica. Così, l'appello logico del vangelo viene sintetizzato nell'epifonema della "nuova creazione" (6,15). L'appello dell' "ethos" paolino assume funzione esemplare rispetto ai destinatari della Lettera (6,14.17): Paolo si presenta come modello di adesione alla vocazione divina, concretizzata nella croce di Cristo. Infine, il "pathos" dei destinatari riguarda il loro itinerario di adesione al vangelo (6,16). La loro corsa è stata interrotta (cf. 5,7): Paolo spera che la sua Lettera permetta loro di riprendere il cammino escatologico, iniziato con la recezione dello Spirito (cf. Gal 3,2; 5,16).

10. La "propositio" principale (Gal 1,11-12)

L'analisi globale della "dispositio" di Gal ci permette ora di chiarire la funzione della "propositio" enunciata in Gal 1,11-12. A causa della sua natura "incoativa", o semplicemente introduttiva, tale "propositio" non può definirsi una "partitio": Paolo non espone, in modo organico, il contenuto delle dimostrazioni seguenti. Ma dalla relazione con le altre "propositiones" (Gal 3,6-7;5,16) possiamo definire Gal 1,11-12 come la "propositio" principale della Lettera. Infatti, in Gal 1,11-12 viene annunciato il tema della Lettera: il vangelo che, in modo progressivo, Paolo spiega nelle successive dimostrazioni. Per questo, denominiamo Gal 3,6-7 e 5,6 come "subpropositiones": introducono gli aspetti fondamentali del vangelo, che Paolo intende sottolineare. Infine, l'epifonema di Gal 6,15 (cf. anche Gal 5,6) sintetizza, in termini di "canone" (6,16), il vangelo paolino. Vedremo come la convergenza di queste "propositiones" ci permetterà di far emergere lo stesso messaggio di Gal.

Pertanto, ci sembra che il riconoscimento delle "propositiones" rappresenti la "conditio sine qua non" per identificare la dinamica argomentativa ed il messaggio della Lettera ai Galati.

---

[244] Ci riferiamo all'inclusione che Betz stabilisce tra la maledizione di 1,8-9 e la benedizione di 6,16. Cf. BETZ, Galatians, 50. 321.

In realtà se la maledizione di 1,8-9 è indirizzata ad ipotetici annunciatori di un "altro vangelo", la benedizione di 6,16 si riferisce a quanti accolgono il vangelo paolino. Così anche MEAGHER, Faith, 64.

11. Sintesi

In modo schematico, prima di individuare il messaggio, presentiamo la risultante disposizione generale di Gal:

1. Praescriptum (1,1-5).

2. Exordium (1,6-10).

3. Propositio (1,11-12).

4. Prima dimostrazione (1,13–2,21):
   4.1. Protressi (1,13–2,14);
   4.2. Peroratio (2,15-21).

5. Seconda dimostrazione (3,1–4,7):
   5.1. Apostrofe (3,1-5);
   5.2. Protressi (3,6-29):
       5.2.1. Subpropositio (3,6-7);
   5.3. Peroratio (4,1-7).

6. Terza dimostrazione (4,8–5,12):
   6.1. Apostrofe (4,8-11);
   6.2. Digressio (4,12-20);
   6.3. Peroratio (5,2-12).

7. Quarta dimostrazione (5,13–6,10):
   7.1. Ammonimento (5,13-15);
   7.2. Protressi (5,16–6,10):
       7.2.1. Subpropositio (5,16).

8. Peroratio/Postscriptum (6,11-18).

Dalla "dispositio" generale emergono innanzitutto le comuni sezioni epistolari: il "praescriptum" (1,1-5) ed il "postscriptum" (6,11-18). Il "corpus" della Lettera procede per dimostrazioni retoriche, orientate a spiegare progressivamente la "propositio" di 1,11-12. Da tale "propositio" dipendono le "subpropositiones" di Gal 3,6-7 e 5,16, che ne spiegano, in modo progressivo, il contenuto[245]. Ogni dimostrazione viene introdotta da un'apostrofe prolettica

---

[245] Nel nostro schema non abbiamo distinto nettamente le "subpropositiones" dalle relative "protressi", come invece per la "propositio" principale. Infatti, sotto l'aspetto letterario, non vi sono indizi formali per identificare delle "microunità" letterarie. In tale

(1,6-10; 3,1-5; 4,8-11) che dinamizza l'argomentazione. Risulta determinante la prima "apostrofe" che fa da "exordium" (1,6-10) generale. Anche l'ammonimento di 5,13-15 condivide lo stile e la vivacità retorica delle precedenti introduzioni apostrofiche. A causa dell'immediata presenza dell'"exordium" e della "propositio" generale, la prima dimostrazione non contiene una propria sezione introduttiva. Per la stessa motivazione la quarta dimostrazione non contempla una propria "peroratio". Il "postscriptum" (6,11-18) funge nello stesso tempo da "peroratio" generale e specifica di 5,13–6,10.

Quindi, le "propositiones" (1,11-12; 3,6-7; 5,16) rappresentano il filo conduttore delle quattro protressi dimostrative (1,13–2,14; 3,6-29; 4,12–5,1; 5,16–6,10). Questo vale anche per la terza dimostrazione (4,12–5,1) che non viene introdotta da una nuova "propositio", ma dipende sempre da Gal 3,6-7.

In ogni protressi, l'argomentazione viene progressivamente amplificata per giungere alla "climax" nelle rispettive "perorationes". In Gal spesso le "perorationes" concludono, dal punto di vista argomentativo, la propria dimostrazione ed introducono, sotto l'aspetto semantico, quella successiva[246]. Naturalmente, l'ultima "peroratio" sintetizza quanto dimostrato nel corpo della Lettera.

Ci sembra dunque che questa "dispositio" non parta da un modello retorico precostituito, applicato al nostro testo. Al contrario, la preminenza dell'analisi letteraria delle microunità, ci ha permesso di individuare una "dispositio" che motiva lo sviluppo retorico, pur senza riscontrare tale modello nella manualistica classica. In definitiva, a partire da questa prospettiva, il "rhetorical criticism" non rappresenta il superamento, bensì lo sviluppo del "literary criticism". La validità o meno di tale approccio sarà confermata dall'identificazione del genere retorico e del relativo messaggio.

---

scelta è sotteso il principio metodologico della "retorica letteraria": l'approccio retorico non si oppone, ma si fonda su quello letterario.

[246] Cf. soprattutto la relazione tra 2,15-21 e 3,1–4,7; 5,2-12 e 5,13–6,10.

CAPITOLO QUARTO

Dalla "dispositio" al messaggio

1. Introduzione

L'identificazione della "dispositio" di Gal dovrebbe condurci a quella del relativo "genere retorico". Tuttavia, per evitare conclusioni affrettate ed indebite, è necessario premettere che il rapporto tra "dispositio" e "genere" non è del tipo "causa-effetto". Abbiamo già indicato, non solo la presenza dei "tria genera causarum", ma anche dei generi misti e di quello artificiale. A tale estensione di orizzonti contribuisce la notevole autonomia dell'autore, che organizza una "dispositio" concreta in base alla propria duttilità, e non per adesione a dei canoni retorici prestabiliti. Rimane sempre valido l'assioma: retorica contro la retorica. Nondimeno, soltanto attraverso una "disposizione" reale possiamo pervenire ad una certa comprensione del "genere". La fase successiva della nostra indagine è rappresentata dal messaggio della Lettera ai Galati. Ci sembra che, in questo ponte, che va dalla "dispositio" alla teologia, si colloca la sfida ermeneutica di un tale approccio retorico. In termini di questione, se un'analisi letterario-retorica determina una nuova configurazione del testo, tale variazione risulterà significativa per il messaggio? Oppure, "dispositio" e "genere" appartengono ad un ambito periferico, del quale si può fare anche a meno per riconoscere il messaggio testuale? Quindi, all'interno della teologia, si cercherà di illuminare la questione del νόμος in Gal, riacutizzatasi nell'ambito esegetico contemporaneo. Infine, dedicheremo un'ultima attenzione alla relazione tra retorica e sociologia, nella specifica questione degli "oppositori". L'approccio fondato su quella che stiamo definendo "retorica letteraria" ci permetterà di dipanare una problematica così intricata, come l'identificazione degli oppositori in Galazia? In definitiva, tale questione ha una reale consistenza, dal momento che emerge in modo massiccio nell'esegesi contemporanea?

2. Il "genere retorico"

2.1. Gal come "apologia"

Agli inizi della relazione tra "rhetorical criticism" ed epistolario paolino, in base allo studio pionieristico di Betz, Gal veniva considerata   come Lettera giudiziaria, di tipo "apologetico"[1]. Il contesto retorico di Gal sarebbe analogo a quello di un tribunale, nel quale sono presenti accusati, accusatori, difensori, giudici e controversia. Per analogia, Paolo svolgerebbe, nello stesso tempo, il ruolo di accusato e difensore; gli oppositori sarebbero gli accusatori ed i destinatari della missiva i giudici. Infine, la difesa verterebbe sull'apostolato e sul vangelo paolino, che trova il suo contenuto centrale nella "giustificazione mediante la fede e non le opere"[2].

•

2.2. Gal come "deliberazione"

Alla scuola di Betz si è opposta quella di Kennedy e di quanti considerano Gal, non più come Lettera giudiziaria, ma deliberativa[3]. Il contesto retorico sarebbe analogo a quello senatoriale: Paolo assume il ruolo del "politico" ed i Galati quello dell'assise decisionale. Invece, gli oppositori rappresentano il partito contrario; ed in questione sarebbe la necessità o meno della circoncisione. In tale variazione interpretativa, la parte principale della Lettera non spetta a Gal 3–4, bensì a Gal 5–6.

2.3. Gal come "deliberazione forense"

Il contrasto tra le due scuole viene, in certo senso mitigato da Hansen che, in modo salomonico, cerca di far concordare le ipotesi precedenti, pensando a Gal come "genere misto"[4]. Così, in Gal 1,6–4,11 sarebbe presente il genere forense, mentre in 4,12–6,10 quello deliberativo. In questione sarebbero, da una parte, la tematica della "giustificazione mediante la fede" e, dall'altra, la richiesta di non farsi circoncidere. Infine, Hansen precisa, contro Betz, che in Gal 1,6–4,11 Paolo non solo si difende, ma accusa degli "oppositori"[5].

Così i Galati sarebbero dei giudici anomali: devono stabilire il giusto e l'ingiusto, pur essendo offesi. Tuttavia, anche Hansen condivide l'impostazione generale di Kennedy: Gal 1,6–4,11 in funzione di 4,12–6,10.

---

[1] Cf. BETZ, "Composition", 354; Id., Galatians, 14-15; cf. anche BARRETT, "Galatians", 414-417; BECKER, Paulus, 294; BRINSMEAD, Dialogical Response, 47-49.

[2] Cf. BETZ, Galatians, 115-119.

[3] Cf. KENNEDY, New Testament, 146-147; cf. anche AUNE, New Testament, 206; HALL, "Outline", 279; HÜBNER, "Galaterbrief", 5-14; JEGHER-BUCHER, Galaterbrief, 5; LYONS, Autobiography, 136; SMIT, "Galatians", 24; STANDAERT, "Galates", 34; STOWERS, Letter, 166; VOUGA, "Gattung", 291-292.

[4] Cf. HANSEN, Abraham, 54-71; così anche LONGENECKER, Galatians, 12.187; B.L. MACK, Rhetoric and the New Testament (Minneapolis 1990) 67-73. Un'ipotesi di "genere misto" viene formulata anche da Berchman soltanto per Gal 1,1-5. Cf. R.M. BERCHMAN, "Galatians (1:1-5) and Greco-Roman Rhetoric", J. NEUSNER - E.S. FRERICHS, New Perspectives on Ancient Judaism (Lanham-London 1987), III, 1-15.

[5] Cf. HANSEN, Abraham, 59.

2.4. *Valutazione*

Le diverse interpretazioni sul genere retorico di Gal fanno emergere innanzitutto un dato positivo: la scelta di un genere, piuttosto che un altro, determina l'intera prospettiva ermeneutica di un testo. Questo vale sia per il ruolo attanziale dei personaggi che, per l'identificazione della controversia. Per questo, l'identificazione del genere retorico non rappresenta un problema secondario, ma la finalizzazione stessa della "dispositio". Questo, per inverso, fa esigere un "caveat" nella scelta di un "genere", piuttosto che un altro.

Ma il dato principale che accomuna le scuole retoriche di Betz e di Kennedy, a prescindere dai risultati opposti, si trova nella metodologia di approccio: dal genere alla "dispositio", seguendo il modello del "rhetorical criticism". Ci sembra invece che, per non cadere in criteriologie arbitrarie, sia necessario percorrere il procedimento inverso, in rispondenza ad un approccio di "retorica letteraria".

2.5. *Gal come "dimostrazione"*

Dai risultati della "dispositio" ci sembra che si possa pensare a Gal come Lettera epidittica o dimostrativa, più che forense o deliberativa. Una tale ipotesi non nasce dall'esclusione degli altri due generi, ma dagli indicatori che cercheremo di far emergere dalla "dispositio" globale della Lettera[6].

2.5.1. Le apostrofi

Un primo carattere di originalità in Gal, rispetto al restante epistolario paolino, è costituito dalla presenza delle apostrofi. Infatti, le principali svolte sono determinate dalle apostrofi (1,6-10; 3,1-5; 4,8-11) e dall'ammonimento (5,13-15). Tali pericopi non sono disseminate nel corpo della Lettera, ma assumono una chiara funzione argomentativa: causano l'attenzione dei destinatari e dinamizzano, in modo prolettico, l'andamento stesso della Lettera. Tra le apostrofi, merita particolare attenzione l' "exordium" di 1,6-10: Paolo sovverte il modo usuale di introdurre le sue Lettere, ed invece dei ringraziamenti, in 1,6-10 compare un'apostrofe biasimante. Dal punto di vista contenutistico,

---

6 Durante la preparazione per la pubblicazione della presente tesi, ho analizzato con soddisfazione il contributo di Hester, secondo il quale la Lettera ai Galati è relazionata con il genere epidittico. Cf. J.D. HESTER, "Placing the Blame: The Presence of Epideictic in Galatians 1 and 2", FS. G.A. Kennedy, *Persuasive Artistry* (Sheffield 1991) 281-307.

Tuttavia, forse è necessario osservare che l'autore sembra pervenire a tale prospettiva soprattutto per via di esclusione, ed in base alla "stasis" di Gal 1,11-12. La stessa "dispositio" che egli identifica in Gal 1,11–2,21, essendo mutuata da una prestabilita tassonomia encomiastica, si rivela poco rispettosa dell'andamento argomentativo della sezione.

le apostrofi di Gal rivelano un'importante prospettiva pedagogica[7]; e le stesse figure retoriche, che abbiamo esaminato, rivelano una natura amplificante.

Pertanto, riteniamo che le apostrofi di Gal rientrino nella specie negativa del genere epidittico: il biasimo[8]. Ma le apostrofi rimangono punto di partenza e non di arrivo dell'argomentazione paolina[9]. Per questo, l'orizzonte di Gal non sembra semplicemente negativo o polemico, né dichiarativo, ma positivo e di rifondazione.

2.5.2. La "propositio" principale

Forse un elemento centrale, rivelatore del genere di Gal, è rappresentato dalla "propositio" principale di 1,11-12. Dalla sua identificazione si comprende che il problema principale della Lettera, è costituito dal vangelo paolino. Da questa "propositio" dipendono le "subpropositiones" di 3,6-7; 5,16: queste spiegano progressivamente il contenuto e le implicazioni del vangelo paolino. A riguardo, sembra che meriti particolare attenzione la presenza di verbi "gnoseologici", nella relazione tra la "propositio" (1,11-12) principale e la prima "subpropositio"(3,6-7). Così, al γνωρίζω γάρ ὑμῖν di 1,11 corrisponde il γινώσκετε ἄρα di 3,7. L'accento non è posto sul riconoscimento del giusto o dell'ingiusto, né su quanto sia utile o dannoso, bensì sulla conoscenza o consapevolezza del vangelo paolino e delle sue conseguenze[10].

Pertanto, la presenza di verbi gnoseologici, soprattutto nelle "propositiones" di 1,11-12; 3,6-7, sposta il campo retorico in Gal, da un contesto forense o deliberativo, ad uno dimostrativo.

---

[7] Cf. soprattutto il τόπος dell'insegnamento socratico in 3,2a e le domande diatribiche in 1,10; 3,1.2b-5; 4,9.

[8] Non escludiamo l'utilizzazione dell'apostrofe negli altri generi retorici. Tuttavia, ci sembra che, la convergenza di elementi pedagogici, come la funzione prolettica, l'amplificazione e la topologia, spieghino l'intenzione epidittica di tali apostrofi.

[9] Una tale prospettiva esclude sia un contesto forense che deliberativo. Il biasimo di Gal 1,6-10 si pone al di là di un'attenzione forense. Così invece BETZ, *Galatians*, 44-46; BRINSMEAD, *Dialogical Response*, 49. In modo analogo, la stessa manualistica classica consiglia di non utilizzare un "exordium" violento, ma suadente nel discorso deliberativo. Così invece KENNEDY, *New Testament*, 144-148; SMIT, "Galatians", 10.

In realtà, si è ben lontani dal contesto deliberativo della prima Catilinaria, cui fa riferimento Kennedy. Infatti, in Gal sono chiamati a decidere gli stessi destinatari che vengono biasimati. Pertanto, l'enfasi del biasimo avvicina Gal 1,6-10 al "biasimo" del genere epidittico.

[10] Cf. anche il progresso argomentativo, di tipo gnoseologico nella quarta dimostrazione (4,8–5,12): dal φοβοῦμαι iniziale (4,11) si passa ad ἀπορούμαι (4,20) ed infine al πέποιθα (5,10), da cui dipende οὐδὲν ἄλλο φρονήσετε (5,10).

2.5.3. Le "protressi"

In Gal, dopo le apostrofi e la "propositio", seguono le 4 protressi: 1,13-2,14; 3,6-29; 4,12–5,1; 5,16–6,10. Paolo utilizza diversi registri argomentativi per la rievangelizzazione delle comunità galate. La prima dimostrazione (1,13–2,14) si configura come una periautologia esemplare, con finalità aretalogiche: Paolo si presenta ai destinatari soprattutto come modello di adesione alla grazia divina (cf. 1,15)[11]. La seconda dimostrazione (3,6-29) si fonda sul "midrash" di 3,6-14: Abramo è nello stesso tempo modello e padre di una "figliolanza" secondo la fede, a prescindere dalla Legge e dalla circoncisione. La terza dimostrazione (4,12–5,1) si divide in due parti. Nella prima parte si trova la "digressione", contenente l' "elogium" dei Galati (4,12-20): la passata relazione con Paolo contraddice il loro attuale allontanamento dal suo vangelo. Nella seconda parte, Paolo utilizza nuovamente un "midrash" (4,21–5,1) per dimostrare l'incompatibilità tra la "figliolanza abramitica" e la sottomissione alla Legge. Infine, la quarta dimostrazione (5,16–6,10) è dominata dal confronto tra lo Spirito e la carne (5,17-26). Pertanto, anche queste protressi si rivelano come dimostrative, più che forensi o deliberative[12].

2.5.4. Le "perorationes"

In Gal, la polarità opposta delle apostrofi è situata nelle "perorationes" retoriche (2,15-21; 4,1-7; 5,2-12; 6,11-18). Anche queste non si trovano disseminate nella "dispositio": chiudono, invece, la propria dimostrazione, per introdurre, soprattutto in termini semantici, quella successiva. Naturalmente, questo non vale per 6,11-18 che, fungendo anche da "postscriptum", sintetizza

---

[11] La prospettiva assiologica della periautologia (1,13–2,14) inserisce, ancora una volta, la dimostrazione paolina nel genere epidittico, più che in quello deliberativo o forense. In Gal 1,13–2,14 Paolo non difende tanto il suo apostolato, nè introduce dei "semina probationis", come sarebbe naturale in una "narratio" forense. Così BETZ, *Galatians*, 59; BRINSMEAD, *Dialogical Response*, 49-51. Ci sembra invece che la "narratio" di 1,13–2,14 sia già probante e non introduttiva. Così risulta altrettanto errata l'ipotesi deliberativa di LYONS, *Autobiography*, 123-176. Paolo presenterebbe se stesso, come modello del vangelo, per convincere i Galati a non farsi circoncidere. In realtà i riferimenti alla circoncisione si trovano soltanto in 2,1-10 e non compaiono esclusivamente in contesto negativo (cf. 2,3), ma anche positivo (cf. 2,7-9). Dunque, il problema di Gal 1,13–2,21 non consiste tanto nella circoncisione o nell'incirconcisione, quanto nella relazione tra origine divina del vangelo ed adesione esemplare di Paolo.

[12] Abbiamo sottolineato che, la stessa metafora del "camminare" o del "correre", in adesione al vangelo paolino, attraversa l'intera Lettera: cf. Gal 1,6; 2,2.14; 5,7.16.25; 6,16; cf. gli analoghi Gal 3,3; 4,9.11. La persistenza di tale metafora colloca le dimostrazioni di Gal in chiara prospettiva pedagogica: in questione non è tanto il riconoscimento dell'apostolo giusto o falso, nè il gesto più o meno significativo della circoncisione, quanto il proprio itinerario di adesione al vangelo ed alla sua dimensione escatologica.

in modo analettico la Lettera, e non soltanto la quarta dimostrazione (5,13–6,10). Inoltre, anche le quattro "perorationes" sono accomunate dalla topologia, dal tono amplificante e dallo stile diatribico. Così, soprattutto l'amplificazione, che fa da denominatore comune, colloca le "perorationes" in contesto epidittico, più che forense o deliberativo[13]. Pertanto la "dispositio" di Gal presenta molti elementi di connessione con il genere epidittico. Ogni protressi, preceduta da un'apostrofe e da una "propositio", avanza nella sua argomentazione, per giungere alla "climax" nella relativa "peroratio". Soltanto nella parentesi elogiativa di 4,12-20 assistiamo ad un abbassamento di tono.

Quindi, sembra che Paolo proceda per blocchi argomentativi autonomi; in realtà il legame con la "propositio" principale (1,11-12), che valuteremo nella determinazione del messaggio, rivela lo stesso contenuto dimostrativo d'insieme.

2.6. Specie e finalità retoriche

Una verifica fondamentale per il "genere retorico" di Gal si trova nella comprensione della sua specie e delle finalità retoriche.

Dalla "dispositio" abbiamo rilevato la presenza diffusa di "apostrofi" e di elogi. Paolo biasima le scelte attuali dei Galati (cf. 1,6-10; 3,1-5; 4,8-11) ed i cosiddetti oppositori (cf. 1,7; 4,17; 5,10.12; 6,12-13); per inverso intesse l'elogio di sé (1,13–2,21; 6,14-17), di Abramo (3,6-7) e del passato dei Galati (4,12-20). Inoltre, nei due "confronti" (2,11-14; 5,16-26) sono presenti sia l'elogio di sé e dello Spirito, che il biasimo di Pietro e della carne. Pertanto nelle dimostrazioni di Gal sono riconoscibili le due specie fondamentali del genere epidittico: il biasimo e l'elogio.

Ma ancora una volta forse è bene precisare che non si tratta di biasimi ed elogi di natura estetica, vale a dire, orientati a stabilire semplicemente il bello ed il brutto, il bene ed il male. Invece, la presenza delle quattro protressi rivela la natura altrettanto polemica, persuasiva e pragmatica del genere epidittico.

Tuttavia, ci sembra che, la specie globale di Gal sia rappresentata dal biasimo, più che dall' "elogium". Infatti, le apostrofi confermano la finalità biasimante della Lettera. D'altro canto, in Gal 1,10 Paolo rifiuta espressamente di "piacere agli uomini". In definitiva, gli stessi elogi di sé, di Abramo, del

---

[13] In base agli stessi criteri della manualistica classica, le "perorationes" di Gal non possono definirsi come forensi nè deliberative. Infatti, Paolo non perora la propria causa più o meno giusta (cf. 6,17), nè compone un ultimo appello a svantaggio della circoncisione. Al contrario, l'epifonema di 6,15 dimostra che in questione si trova la consapevolezza di appartenenza alla "nuova creazione".

D'altro canto, l'amplificazione presente soprattutto nelle antitesi (cf. 2,16; 5,6; 6,15) e negli ossimori (cf. 2,19-20; 4,4-5), suscita stupore per le implicazioni del vangelo. Naturalmente, non si tratta di ammirazione estetica o passiva, ma che conduce all'adesione verso lo stesso vangelo.

passato dei Galati e dello Spirito, risultano come un rimprovero costante per le scelte attuali dei destinatari[14].

Inoltre, la finalità retorica di Gal manifesta il "terminus ad quem" di questo biasimo. In base ad una interpretazione pragmatica del genere epidittico, e non semplicemente estetica, si comprende che la sua finalità, sia nel biasimo che nell' "elogium", si trova nella disposizione all'azione. In questo, il genere epidittico si differenzia da quello forense e deliberativo che, a prima vista, sembrano più direttamente pragmatici.

In rapporto a Gal, Paolo non accusa o difende se stesso o il suo vangelo, né semplicemente esorta o dissuade dalla circoncisione. Al contrario, egli rievangelizza le proprie comunità affinché siano capaci di comprendere le principali implicazioni del suo vangelo. L'epifonema centrale di Gal rimane οὔτε γὰρ περιτομή τί ἐστιν οὔτε ἀκροβυστία ἀλλὰ καινὴ κτίσις (Gal 6,15; cf. 5,6; 3,28-29).

In definitiva, l'argomentazione paolina va al di là della Legge o della circoncisione, per ricomprendere, la relazione della "nuova creazione", anche con la Legge e con la circoncisione. Ma la stessa dimostrazione non varrebbe per la non-Legge e l'incirconcisione?

2.7. Cronologia

Un ulteriore indicatore del genere retorico di Gal si trova nella sua dimensione cronologica. Notiamo innanzitutto come il contesto cronologico di Gal si reperisce soprattutto nelle "apostrofi", nelle "propositiones" e nelle "perorationes", più che nelle "protressi". Infatti, in tali pericopi è più riscontrabile la relazione tra mittente e destinatari. Ora in queste microunità l'aspetto predominante dei verbi riguarda il presente[15], e non tanto il passato[16] o

---

14 Forse, in tal senso, la specie retorica di Gal trova un contrappeso in quella di Fil: al biasimo dei Galati, per l'abbandono del vangelo paolino, fa da contrasto l'elogio dei Filippesi, per la loro perseverante adesione allo stesso vangelo, nonostante le persecuzioni (cf. Fil 1,3-11.27-30).

15 Cf. θαυμάζω (1,6), μετατίθεσθε (1,6), ἔστιν (1,7.11; 4,1.2; 5,3; 6,15), εἰσίν (1,7; 3,7), εὐαγγελίζηται (1,8), ἔστω (1,8.9), λέγω (1,9; 4,1; 5,2; 5,16), εὐαγγελίζεται (1,9) πείθω (1,10), ζητῶ (1,10), γνωρίζω (1,11), δικαιοῦται (2,16), οἰκοδομῶ (2,18), συνιστάνω (2,18), ζῶ (2,20.20.20), ζῇ (2,20), ἀθετῶ (2,21), θέλω (3,2), ἐστέ (3,3; 4,6), ἐπιτελεῖσθε (3,3), γινώσκετε (3,7), διαφέρει (4,1), εἴ (4,7), ἐπιστρέφετε (4,9), θέλετε (4,9), παρατηρεῖσθε (4,10), φοβοῦμαι (4,11), περιτέμνησθε (5,2), μαρτύρομαι (5,3), δικαιοῦσθε (5,4), ἀπεκδεχόμεθα (5,6), ἰσχύει (5,6), ζυμοῖ (5,9), ᾗ (5,10), κηρύσσω (5,11), διώκομαι (5,11), δουλεύετε (5,14), δάκνετε (5,15), κατεσθίετε (5,15), βλέπετε (5,15), περιπατεῖτε (5,16), θέλουσιν (6,12.13), ἀναγκάζουσιν (6,12), διώκωνται (6,12), φυλάσσουσιν (6,13), παρεχέτω (6,17), βαστάζω (6,17). Frequenza globale: 61x. A tali verbi aggiungiamo l'aoristo "epistolare" ἔγραψα (6,11), con chiaro valore di presente.

16 Cf. gli aoristi εὐηγγελισάμεθα (1,8), παρελάβετε (1,9), εὐαγγελισθέν (1,11), παρέλαβον (1,12), ἐδιδάχθην (1,12), ἐπιστεύσαμεν (2,16), δικαιωθῶμεν (2,16),

il futuro [17]. Infatti, Paolo non giudica il passato dei Galati, al contrario lo elogia (cf. 4,12-20). Inoltre, egli non prospetta una scelta contro la circoncisione, semplicemente per il futuro (cf.5,6; 6,15). Piuttosto, egli biasima le scelte che attualmente essi stanno compiendo. Perciò la stessa dimensione temporale rivela un contesto epidittico. Naturalmente questo non esclude l'importanza delle altre dimensioni cronologiche: certamente Paolo spera che i Galati non si facciano circoncidere. Ci sembra però che la via di persuasione intrapresa in Gal, non sia semplicemente quella dell' "accettare o rifiutare", bensì del "ricomprendere" il vangelo paolino e le sue implicazioni.

2.8. Contesto sociologico

Nella parte conclusiva del nostro studio, a proposito della questione degli avversari di Paolo, valuteremo la relazione tra retorica e sociologia. Intanto ci sembra importante evidenziare i primi indicatori che ci permettono, per quanto possibile, di chiarire il generale contesto sociologico di Gal. Richiamiamo, innanzitutto, il procedimento argomentativo di ogni dimostrazione: dal biasimo alla "peroratio", mediante le "protressi". Tale andamento dimostrativo e lo stile diatribico, disseminato nel corpo della Lettera, rivelano un contesto pedagogico, più che giudiziario o deliberativo. La stessa "dispositio" ha posto in luce la centralità del rapporto tra Paolo e le sue Comunità. In definitiva, egli teme che risultino inutili sia la loro recezione dello Spirito (cf. 3,3.5), che la propria opera di evangelizzazione (cf. 4,11). Per questo un dato fondamentale sul "background" sociologico di Gal si trova in 4,19: τέκνα μου, οὓς πάλιν ὠδίνω μέχρις οὗ μορφωθῇ Χριστὸς ἐν ὑμῖν[18]. A nessuna assemblea giudiziaria o deliberativa ci rivolgeremmo con appellativi, nello stesso tempo così positivi (cf. 4,19) e negativi (cf. 3,1.3), attraverso i quali si rivela una tale intensità relazionale.

εὑρέθημεν (2,17), γένοιτο (2,17; 6,14), κατέλυσα (2,18), ἀπέθανον (2,19), ζήσω (2,20), ἀπέθανεν (2,21), ἐβάσκανεν (3,1), προεγράφη (3,1), ἐλάβετε (3,2), ἐπάθετε (3,4), ἐπίστευσεν (3,6), ἐλογίσθη (3,6), ἦλθεν (4,4), ἐξαπέστειλεν (4,4.6), ἐξαγοράσῃ (4,5), ἀπολάβωμεν (4,5), ἐδουλεύσατε (4,8), κατηργήθητε (5,4), ἐξεπέσατε (5,4), ἐτρέχετε (5,7), ἐνέκοψεν (5,7), ἐκλήθητε (5,13), ἀναλωθῆτε (5,15), καυχήσωνται (6,13). Frequenza globale: 33x.

    Cf. i perfetti προειρήκαμεν (1,9), συνεσταύρωμαι (2,19), κεκοπίακα (4,11), πέποιθα (5,10), κατήργηται (5,11), πεπλήρωται (5,14), ἐσταύρωται (6,14). Frequenza globale: 7x.

    Cf. gli imperfetti ἤρεσκον (1,10), ἤμην (1,10), ἦμεν (4,3), ἤμεθα (4,3). Frequenza globale: 4x.

[17] Cf. i futuri δικαιωθήσεται (2,16), ὠφελήσει (5,2), φρονήσετε (5,10), βαστάσει (5,10), ἀποκόψονται (5,12), ἀγαπήσεις (5,14), τελέσητε (5,16), στοιχήσουσιν (6,16). Frequenza globale: 8x.

[18] Cf. anche la prospettiva pedagogica in Gal 3,2a; 4,20; 5,10.

Pertanto, Paolo rievangelizza le proprie comunità, non semplicemente per il divieto della circoncisione, né per difendere il proprio vangelo ed apostolato da vaghi oppositori, ma affinché sia formato nuovamente in loro Cristo. Così, un tale contesto sociologico, fa riemergere la centralità, in Gal, della relazione tra Paolo e le sue comunità, in termini di riformazione. Quindi, ci sembra che una prima valutazione sociologica, a partire dalla "dispositio" della Lettera, riveli un contesto dimostrativo o epidittico. Una contestualizzazione forense o deliberativa non solo risulta limitante, ma in ultima analisi, fuorviante.

2.9. Conclusione

In base alla determinazione della "dispositio" di Gal e dei suoi indicatori, ci sembra di poter considerare questa Lettera come un biasimo, all'interno del genere epidittico. Questo spiega il carattere pur sempre "polemico" della Lettera; ma a causa della finalità pedagogica di Gal, un tale biasimo viene dinamizzato attraverso le dimostrazioni, perché orientato alla rievangelizzazione dei destinatari. Mediante la sua missiva, Paolo non si limita a biasimare le comunità della Galazia; egli spera soprattutto che queste aderiscano nuovamente al suo vangelo. In definitiva, ci sembra che la fondamentale speranza di Paolo, rispetto ai destinatari, sia costituita da ἐγὼ πέποιθα εἰς ὑμᾶς ἐν κυρίῳ ὅτι οὐδὲν ἄλλο φρονήσετε (Gal 5,10).

3. Il messaggio di Galati

3.1. Composizione e messaggio

La fase successiva della nostra analisi è costituita dalla "composizione concettuale" di Gal. A tal proposito riteniamo che la stessa "dispositio" letterario-retorica veicoli degli indicatori fondamentali per giungere alla relativa composizione contenutistica[19]. Forse è necessario premettere che la stessa distinzione tra composizione e messaggio è di tipo ermeneutico: Paolo non ha creato prima lo schema della Lettera, per poi applicarvi un proprio messaggio. Invece, abbiamo una composizione oppure una disposizione che, se ben identificata, fa emergere il proprio contenuto. Per inverso, non intendiamo assolutizzare una criteriologia che dalla "dispositio" pervenga al messaggio: nella determinazione di un messaggio testuale entrano in gioco molteplici fattori, con o a prescindere dalla relativa composizione. Infatti, vi sono sempre dei testi che comunicano dei concetti, senza tassonomie letterarie o retoriche: non è obbligatorio disporre delle tematiche per comunicare la propria concezione.

---

[19] Sulla relazione tra "struttura letteraria" ed "armatura concettuale", cf. A. VANHOYE, *La structure littéraire de L'Épître aux Hébreux* (Paris 1976) 237; G. MLAKUZHYIL, *The Christocentric Literary Structure of the Fourth Gospel* (AnBib 117; Roma 1987) 243-245.

Certamente, agli interlocutori, risulterà difficile cogliere una isotopia semiotica; ma questo non esclude che autore e lettore siano entrati in comunicazione.

Inoltre, la "dispositio" letterario-retorica di un testo non è l'unica capace di far risaltare il messaggio. Infatti, nella stessa "dispositio" di Gal abbiamo constatato sia la notevole libertà di Paolo ad organizzare le dimostrazioni secondo una propria modalità dispositiva, che la sua flessibilità ad utilizzare diversi registri argomentativi. Un "midrash" non segue gli stessi concatenamenti di una questione diatribica, né di un "confronto" o di una periautologia: spetterà allo studioso identificare l'articolazione unitaria del testo.

Pertanto, il tentativo di cercare delle "forme letterarie" teoriche, più o meno applicate ad un testo, risulta sempre chimerico e fuorviante per lo stesso messaggio. Ma questo non significa che un testo specifico non rappresenti una narrazione, una lettera o un discorso: è tale pur non rispondendo a dei canoni prestabiliti, ma alla modalità dell'autore di creare il proprio messaggio. Forse, a volte bisognerebbe riconoscere le proprie difficoltà ad identificare una determinata composizione, più che applicarne una arbitraria, utile soltanto come acrobazia esegetica. In tal caso saremmo anche stati capaci di far "passare un cammello per la cruna di un ago", ma difficilmente questi sarebbe sopravvissuto! Tenendo presenti tali osservazioni, pensiamo che la "dispositio" ci permetta di individuare la topologia principale della Lettera ai Galati. Nella stessa analisi retorica abbiamo riscontrato una pletora di contenuti; si tratta ora di stabilire quali siano le tematiche dominanti, e quali le periferiche, le funzionali e le occasionali. Forse la stessa "dispositio" ci permetterà di superare un certo soggettivismo, per cui porremmo al centro di Gal alcune tematiche utili, accattivanti per il nostro tempo, ma secondarie nell'economia della Lettera. Nel giro di poco tempo, la stessa analisi di composizione e messaggio risulterebbe desueta. Al contrario, riteniamo che la stessa disposizione farà evidenziare una sorta di gerarchia contenutistica, in termini di proporzionalità.

3.2. La funzione delle "propositiones"

Nella "dispositio" retorica di Gal si è riconosciuta l'importanza delle "propositiones", localizzate nei gangli principali della Lettera.

Esse, secondo modalità diverse, sono relazionate alle tematiche principali di uno scritto o di un discorso retorico. Ora ci sembra che, nel porre in risalto la loro interrelazione, sia possibile identificare il cuore del messaggio di Gal. Inoltre, saranno valutate le connessioni tra "propositiones" e "perorationes": infatti, quanto viene annunciato nelle prime, è sintetizzato nelle seconde. Quindi, la topologia della Lettera confermerà o meno le tematiche che emergono da tali relazioni retoriche.

3.3. Il "vangelo"

La prima "propositio" (Gal 1,11-12) che, alla fine dell'analisi sulla "dispositio", è stata identificata come la principale, annuncia il tema fondamentale di Gal: γνωρίζω γὰρ ὑμῖν, ἀδελφοί, τὸ εὐαγγέλιον τὸ εὐαγγελισθὲν... Paolo si propone di ripresentare, alle proprie comunità, il vangelo che così in fretta stanno per abbandonare (cf. il ταχέως μετατίθεσθε... di Gal 1,6).

Tuttavia si tratta di una "propositio" generale: egli ancora non specifica il contenuto del suo vangelo, né gli aspetti principali che intende sottolineare. Così, al vangelo possono appartenere molteplici contenuti, che estendono gli orizzonti della sua delimitazione. In teoria, potremmo affermare che il vangelo di Paolo, in Gal, riguarda l'identità di Gesù di Nazareth. Ma risulterà vero che al centro del messaggio si trovano delle questioni cristologiche[20]? Nello stesso vangelo possono rientrare la pneumatologia e la teologia: ma è pur vero che Paolo intende affrontare delle aporie sulla concezione dello Spirito[21] o di Dio[22]? Oppure queste tematiche, pur presenti in Gal, rimangono sullo sfondo, perché non poste in discussione dagli stessi destinatari della missiva? Per questo, quando affermiamo che, in base a Gal 1,11-12, al centro della Lettera si trova il "vangelo", abbiamo riconosciuto soltanto la tematica principale, nella sua identità generale, non nel suo contenuto.

Comunque, il contesto del genere retorico ci permette almeno di stabilire che, questo vangelo in Gal, non viene semplicemente difeso, ma ripresentato in termini pedagogici e dimostrativi[23]. Pertanto, il rapporto tra "propositio" principale, "subpropositiones" e "perorationes", ci permetterà di chiarire, in che senso, il vangelo costituisce il cuore del messaggio in Gal.

---

[20] Anche Sanders considera il vangelo come il tema principale nella teologia paolina; tuttavia, vi inserisce la polarità tra azione salvifica di Dio in Gesù Cristo e partecipazione dei credenti. Cf. E.P. SANDERS, *Paul and Palestinian Judaism. A Comparison of Patterns of Religion* (London ²1984) 441-447.

[21] Così, Betz ritiene che l'apologia di Gal consiste nella difesa dello "Spirito". Cf. BETZ, *Galatians*, 28; Id., "In Defence of the Spirit: Paul's Letter to the Galatians as a Document of Early Christian Apologetics", E. SCHÜSSLER FIORENZA (ed.), *Aspects of Religious Propaganda in Judaism and Early Christianity* (Notre Dame 1976) 99-114.

[22] Beker colloca, come fulcro del pensiero di Paolo il "trionfo di Dio". Cf. J.C. BEKER, *Paul the Apostle. The Triumph of God in Life and Thought* (Edinburgh 1980) xiv.

[23] Anche Ebeling considera la "verità del vangelo" come il messaggio centrale di Gal, ma in contesto "apologetico". Cf. EBELING, *Wahrheit*, 164-168; cf. anche VANHOYE, *Galati*, 9. Tuttavia, lo stesso Vanhoye riconosce che una tale definizione non si addice a 5,13–6,10, se non ricorrendo alla classica "intentio auctoris": Paolo intende prevenire delle false conseguenze rispetto al suo vangelo. Di fatto, abbiamo dimostrato che in Gal 5,13–6,10 nulla fa evidenziare una tale preoccupazione.

3.4. Vangelo e grazia (1,13–2,21)

Nell'analisi della "dispositio" si è constatato che, dopo aver annunciato il tema generale della Lettera in Gal 1,11-12, Paolo non tratta subito del contenuto del suo vangelo. Infatti, nella periautologia (1,13–2,21), egli presenta se stesso come modello di adesione al vangelo, sottolineandone innanzitutto l'origine divina[24]. Egli ha aderito al vangelo, pur avendo, nel Giudaismo, perseguitato la Chiesa (cf. 1,13-14.23). Le motivazioni si trovano nella natura stessa del suo vangelo: οὐκ ἔστιν κατὰ ἄνθρωπον οὐδὲ... παρὰ ἀνθρώπου... οὔτε ἐδιδάχθην... ἀλλὰ δι' ἀποκαλύψεως 'Ιησοῦ Χριστοῦ (1,12; cf. 1,16). Quindi, ci sembra che la seconda parte della "propositio" principale (1,12) manifesti la prospettiva dell'autobiografia (1,13–2,21): il vangelo paolino dipende esclusivamente dalla grazia divina (cf. 1,6.15; 2,9.21). Così la narrazione di 1,13–2,21 dimostra da una parte questa origine gratuita, "apocalittica" del vangelo, e dall'altra l'esemplare adesione di Paolo.

Per inverso, natura del vangelo ed adesione paolina diventano biasimo per coloro che non accolgono questa "manifestazione" divina. Essi non imitano quanti, "pur essendo giudei per natura, hanno cominciato a credere in Cristo" (cf. Gal 2,16). In funzione di tale dimostrazione si spiega la presenza della "peroratio" di 2,15-21. Abbiamo dimostrato che questa non rappresenta la "propositio" principale di Gal, ma la "climax" dell'autobiografia; nello stesso tempo anticipa la seconda dimostrazione (3,1–4,7), soprattutto in termini semantici. Così, al centro della prima dimostrazione, non si trova la "giustificazione mediante la fede in Cristo o mediante le opere della Legge", che Paolo di fatto non spiega se non nella seconda e nella terza dimostrazione, ma la relazione tra vangelo paolino, "rivelazione" e grazia divina. Per questo il tema della "giustificazione mediante la fede o le opere" è soltanto funzionale rispetto a quello del vangelo paolino[25]. Sottolineiamo infine che il contenuto della rivelazione divina è rappresentato dal "Figlio di Dio" (1,16; cf. 1,12); Egli è anche l'oggetto della fede del credente: εἰς Χριστὸν ἐπιστεύσαμεν (cf. 2,16b). Ma Paolo non si preoccupa di spiegare il senso della figliolanza divina da parte di Cristo. Questo rimane sullo sfondo, come non posto in discussione dai Galati, né da parte di Paolo.

Dunque, il problema di Gal 1–2 non riguarda la cristologia in quanto tale, bensì le sue implicanze per Paolo e per i destinatari. In linguaggio retorico,

---

[24] Dal punto di vista lessicale, nella prima dimostrazione, il sostantivo εὐαγγέλιον compare 4x: 2,2.5.7.14. Merita particolare attenzione il sintagma ἡ ἀλήθεια τοῦ εὐαγγελίου in 2,5.1; il corrispondente verbo εὐαγγελίζειν si trova 2x: 1,16.23.

[25] Affronteremo in seguito il problema della Legge in Gal. Intanto è importante sottolineare come, una tale prospettiva, pone in discussione, secondo una metodologia argomentativa e non solo intuitiva, l'inveterata concezione che in Gal Paolo affronta soprattutto la questione della Legge.

Anche Gaventa, senza presentare una propria composizione, invita a rivedere, per Gal, la centralità dell'opposizione tra Legge e Cristo. Cf. B.R. GAVENTA, "The Singularity of the Gospel: a Reading of Galatians" (SBLASP 1988) 17-26.

potremmo affermare che le questioni sull'identità del Cristo in Gal rimangono "entimematiche"[26], vale a dire come già date, anzi quali implicito luogo di convergenza, sul quale Paolo fonda le proprie argomentazioni per risolvere la controversia in atto[27].

3.5. Vangelo e "figliolanza" (3,1-4,7)

La seconda dimostrazione (3,1-4,7) viene introdotta dalla prima "subpropositio" (3,6-7) che annuncia un approfondimento specifico, rispetto alla "propositio" principale di 1,11-12. In questa seconda dimostrazione Paolo spiega soprattutto che οἱ ἐκ πίστεως οὗτοι υἱοί εἰσιν 'Αβραάμ (3,7).

Il "midrash" di 3,6-14 costituisce l'argomentazione "ex autoritate", dalla quale dipende la restante dimostrazione (3,15-29). Abbiamo già sottolineato la preminenza del vocabolario della figliolanza, rispetto a quello della Legge in 3,1-4,7. Tale figliolanza dipende esclusivamente dalla fede in Cristo, o in altri termini, dal dono dello Spirito, e non dalla propria sottomissione alla Legge (cf. Gal 4,6)[28]. Ma ancora una volta, al centro dell'argomentazione non si trova l'identità del Cristo né quella dello Spirito. Anche in questa sezione, Cristo e lo Spirito rappresentano dei dati di convergenza, sui quali Paolo sviluppa l'intera argomentazione "entimematica"[29]. I Galati non possono mettere in discussione che Gesù Cristo è stato loro presentato come "crocifisso" (Gal 3,1), né che hanno ricevuto lo Spirito (cf. 3,3-4). Per questo, non sono posti in questione la

---

26 Sull'entimema come procedimento argomentativo, fondato su premesse comuni, cf. ARISTOTELE, Ret 1.2.1355a; 1.2.1357a; 3.17.1418a; DEMETRIUS, Περὶ Ἑρμηνείας 1.32; QUINTILIANO, Inst. Or. 5.10.1-3; 5.14.1-4.

27 A partire da tale procedimento argomentativo viene posto in discussione lo stesso modello del "covenantal nomism", proposto da Sanders, secondo il quale, anche in Gal il problema centrale è se i Gentili "possono entrare" a far parte del popolo dell'alleanza. Cf. SANDERS, Law 18-22; cf. anche J.D.G. DUNN, "The Theology of Galatians" (SBLASP 1988) 1-16. Lo stesso Sanders contesta le critiche mossegli da Gundry in relazione a tale questione, perché in definitiva questo non cambierebbe la discussione incentrata sui requisiti "per entrare" nell'alleanza; cf. SANDERS, Law, 20 nota 20. Cf. invece R. GUNDRY, "Grace, Works and Staying Saved in Paul", Bib 66 (1985) 9. In realtà, dal punto di vista storico, argomentativo e teologico, un tale modello non può essere sostenuto, nonostante il risultato encomiabile da parte di Sanders sulla negazione della centralità nomistica nella teologia paolina. In definitiva ci sembra che il misconoscimento di tale situazione e dell'argomentazione conseguenziale, nei confronti di quanti sono già in Cristo, ponga in secondo piano la stessa prospettiva escatologica della Lettera.

28 In tale dimostrazione il "Wortfeld" del "vangelo" lascia spazio a quello della "figliolanza", quale suo contenuto centrale. Infatti, non compaiono il sostantivo εὐαγγέλιον nè il verbo εὐαγγελίζειν.

29 Lo stesso Vanhoye sottolinea la non problematicità del dono dello Spirito in quanto tale: questo rappresenta un dato incontestabile da parte dei Galati. Cf. VANHOYE, Galati, 55.

difesa del Cristo, né quella dello Spirito: i destinatari della missiva sono già in Cristo (cf. 3,26) ed hanno già ricevuto lo Spirito (cf. 3,14).

Per inverso il problema della Legge, che analizzeremo in seguito, viene affrontato in modo funzionale: non rappresenta la questione principale di Gal 3,1–4,7, al cui centro, invece, si trova la figliolanza abramitica. Naturalmente, questo non esclude l'importanza della forte antitesi che Paolo stabilisce proprio in Gal 3,1–4,7 tra la Legge e la fede (cf. Gal 3,2.5.10.11).

Quindi, Abramo è, nello stesso tempo, modello ed origine di tale figliolanza, realizzata mediante la fede e non con la Legge (cf. 3,6.29).

Pertanto, soprattutto a partire dalla relazione tra la "subpropositio" (3,6-7) e la "peroratio" (4,1-7) della seconda dimostrazione si comprende che una tematica centrale del vangelo in Gal è rappresentata dalla consistenza dell'υἰοθεσία (cf. 4,5).

3.6. Le implicazioni della "figliolanza" (4,8–5,12)

Il dato principale della seconda dimostrazione, la figliolanza abramitica, di fatto non ha ancora risolto il problema della Lettera. I destinatari potrebbero benissimo obiettare, dopo la seconda dimostrazione (3,1–4,7) che la figliolanza abramitica non impedisce, anzi, consiglia una supererogatoria osservanza della Legge. Cosa impedirebbe a degli etnocristiani di credere in Cristo e, con la forza dello Spirito, di adempiere la Legge? Tale condizione si rivelerebbe persino più vantaggiosa rispetto all'osservanza della Legge: quanto non poteva realizzare l'uomo senza lo Spirito, ora potrebbe attuarlo il cristiano che ha ricevuto il battesimo. Per questo, nella terza dimostrazione (4,8–5,12) Paolo si accinge a delineare le successive implicazioni, per quanti appartengono alla figliolanza abramitica. Paolo ed i Galati condividono la nuova figliolanza (cf. 4,31), mediante la quale appartengono alla "Gerusalemme di lassù" (4,26).

Quindi, non solo la nuova figliolanza abramitica si differenzia da quella derivante dalla Legge, ma risulta incompatibile (cf. 4,30). Infatti, il "midrash" di 4,21–5,1 dimostra proprio tale inconciliabilità: non si può essere, nello stesso tempo, figli di Agar e della libera, perché la promessa riguarda soltanto i "figli secondo Isacco" (cf. 4,28). L'adesione alla Legge significherebbe, ancora una volta, l'inutilità dell'azione soteriologica del Cristo (cf. 5,2).

Così, la terza "peroratio" (5,2-12) sottolinea l'ambito di tale "figliolanza abramitica": ἐν... Χριστῷ Ἰησοῦ (5,6; cf. 3,28-29). Pertanto, anche la terza dimostrazione riguarda la figliolanza abramitica[30]: questa volta però Paolo non si ferma a riconoscerne la partecipazione dei Galati, ma ne sottolinea l'incompatibilità con la figliolanza derivante dalla Legge. Tuttavia, tale figliolanza

---

[30] Anche in questa dimostrazione il vocabolario dell'εὐαγγέλιον cede il posto a quello della "figliolanza" e dell'identità cristiana. Tuttavia, in 4,13 si trova il verbo εὐηγγελισάμην. Inoltre ci sembra che ἀληθεύων (4,16) ed ἀλήθεια (5,7) si riferiscono alla "verità dell'evangelo", di cui Paolo aveva trattato in Gal 2,5.14.

costituisce una novità, sia rispetto alla Legge che alla non-Legge. Come vedremo, a causa delle esigenze nomistiche dei destinatari, Paolo insiste sull'incompatibilità tra la "figliolanza" e la Legge. Ma, ci sembra che, tale figliolanza "in Cristo", rappresenti il superamento anche rispetto all'incirconcisione. Per questo il primo epifonema di Gal si trova in 5,6: "Infatti, in Cristo Gesù non conta la circoncisione né l'incirconcisione, ma la fede che opera mediante l'amore".

3.7. *Vangelo e "spirituali" (5,13–6,10)*

Anche l'ultima dimostrazione (5,13–6,10) viene relazionata alla "propositio" principale di 1,11-12, mediante la "subpropositio" di 5,16: "Ma dico, camminate secondo lo Spirito e non sarete portati a soddisfare il desiderio della carne". Dal riconoscimento della propria figliolanza e dall'incompatibilità con quella derivante dalla Legge, deriva la scelta che i Galati sono invitati a ricompiere. Notiamo che Paolo sta ancora rivolgendosi a quanti appartengono a Cristo (cf. 5,24) ed hanno ricevuto il dono dello Spirito (cf. 5,25): gli "spirituali" (6,1). Ma anche in questa sezione, cristologia e pneumatologia fungono da argomentazione "entimematica", vale a dire come punto di convergenza comune, affinché Paolo possa persuadere i Galati ad aderire alle scelte già compiute. Per questo l'incompatibilità storico-salvifica tra la figliolanza "secondo la carne" e quella "secondo lo Spirito" (4,29) diventa un confronto aretalogico di valori, di fronte al quale i Galati sono chiamati a decidere nuovamente[31]. Come è impossibile una duplice figliolanza rispetto alla promessa abramitica, così risulta inconcepibile vivere secondo la carne e secondo lo Spirito.

Pertanto, l'ultima sezione della Lettera riguarda l'itinerario degli πνευματικοί, di quanti cioè sono entrati a far parte della figliolanza abramitica (cf. 3,3; 4,6), mediante il dono dello Spirito.

3.8. *L'epifonema "escatologico" (6,11-18)*

L'ultima pericope che illumina la centralità tematica di Gal è rappresentata dal "postscriptum" perorante (6,11-18). Paolo sintetizza, di "sua mano" (cf. v. 11), l'intera Lettera e le problematiche sottostanti. Abbiamo dimostrato che al centro del "postscriptum" si trova l'epifonema di 6,15: "Infatti, non è la circoncisione che conta, né l'incirconcisione, ma la nuova creazione". Quindi, questo aforisma sintetizza il tema stesso della Lettera. La questione fondamen-

---

31 Anche in tale dimostrazione il vocabolario del "vangelo" non è presente: lascia il posto a quello "pneumatologico". Tuttavia, pneumatologia ed "evangelo" sono inscindibili; infatti, la prima volta che, in Gal, Paolo aveva trattato dello Spirito, sottolineava proprio la relazione tra πνεῦμα ed economia evangelica dell' ἀκοὴ πίστεως (cf. Gal 3,2).

tale per Paolo, non si trova nella circoncisione o nell'incirconcisione, bensì nella "nuova creazione". In definitiva, i Galati rischiano di non comprendere l'appartenenza al tempo nuovo, alla "Gerusalemme di lassù" (cf. Gal 4,26).

Pertanto, il pericolo che Paolo intravvede per le sue comunità, consiste nella mancanza di adesione al suo vangelo, nelle difficoltà a farne proprie le implicazioni escatologiche. Forse essi non hanno compreso proprio il significato dell'essere "in Cristo". Per questo, la Lettera è attraversata dalla topologia di un itinerario di fede da riprendere[32] e dall'insistenza sulla dimensione escatologica del vangelo paolino[33]. A partire da Gal si comprende che il "tempo nuovo" (1,4) oppure τὸ πλήρωμα τοῦ χρόνου è cominciato con l'invio del Figlio di Dio (4,4; cf. 2,20; 3,13-14)[34]. A sua volta il credente aderisce all' ἔσχατον crocifiggendo la "carne" (cf. 5,24; 6,14).

Con la sua Lettera, Paolo spera che, nei neofiti della Galazia, sia riformato lo stesso Cristo che, nella prima evangelizzazione, era stato presentato come "crocifisso"[35] (3,1), e che rischia di divenire un "aborto" a causa della loro adesione alla Legge (cf. 4,19).

3.9. Conclusione

Ci sembra che la relazione tra la "propositio" principale (1,11-12) e le "subpropositiones" (3,6-7; 5,16) chiarifichi il messaggio principale di Gal, che si è andato confermando nelle "perorationes" di ogni sezione.

Il messaggio centrale di questa Lettera è condensato nel vangelo paolino: questi non riguarda tanto il Cristo, quanto l'essere in Lui; non concerne neppure lo Spirito, quanto la sua azione nella vita del credente. In ultima analisi questo vangelo non si riferisce neppure a Dio, quanto all'adesione alla sua "rive-

---

[32] Cf. Gal 1,6; 3,3; 4,9; 5,7; 5,16; 5,25; 6,16.

[33] Cf. Gal 1,4; 2,19-20; 3,25-29; 4,4-5.19.26-27; 5,5-6.10.21.25; 6,5-8.14.

[34] In tal senso, ci sembra che la cristologia costituisce il fondamento o l'origine dell'escatologia paolina, e non l'inverso. In Gal la cristologia non rappresenta un ambito dell'escatologia, ma la sua origine (cf. 1,4; 3,27-28; 5,4-5). Non così Beker che fa rientrare la cristologia paolina nell'escatologia e nell'apocalittica; cf. BEKER, *Paul*, 193.

[35] Rileviamo in tale contesto l'importanza tematica della croce: costituisce l'evento di partenza dell'escatologia cristiana. Ma ci sembra che, anche questo τόπος, non rappresenti il problema fondamentale della Lettera. Infatti, i Galati non pongono in discussione che un crocifisso sia il Figlio di Dio; Paolo non ha bisogno di spiegare il senso della morte di Cristo, ma le sue implicazioni rispetto alla fede ed alla figliolanza (cf. 2,21; 3,13-14).

Per questo, neppure il tema della croce costituisce il fulcro di Gal, pur essendo determinante rispetto a quello della figliolanza. Anche questo rimane argomento entimematico, sul quale sia Paolo che i destinatari convergono. Non così Rinaldi che colloca al centro di Gal la problematica della croce. Cf. B. RINALDI, "La presenza della croce nell'epistola ai Galati", *La Scuola Cattolica* 100 (1972) 20.

lazione" ed alla sua "grazia". Tali implicazioni rientrano nella categoria escatologica onnicomprensiva della "figliolanza".

Ma, a questo punto, emerge la questione che Paolo stesso formula, con linguaggio "diatribico" nella seconda dimostrazione: τί οὖν ὁ νόμος (3,19). Qual è la consistenza del dilemma tra vangelo e Legge, fede ed opere, che per lungo tempo ha focalizzato l'esegesi di Gal? Con le presenti prospettive e coordinate tematiche ci accingiamo a valutare l'aporia della Legge in Gal.

4. La Legge in Galati

Una delle tematiche più dibattute, nell'esegesi paolina, è rappresentata dal problema della Legge[36]. In termini generali, stiamo assistendo, da una parte alla demolizione del principio "giustificazione mediante la fede o le opere", dall'altra alle molteplici possibilità che si aprono per una nuova ermeneutica[37]. Questo genera nell'esegesi contemporanea, per alcuni una sorta di difesa ad oltranza della centralità "nomistica"[38], per altri un'accusa di contraddizione nei confronti

---

[36] Per una recente storia dell'interpretazione sulla Legge in Paolo, cf. D.J. Moo, "Paul and the Law in the Last Ten Years", *SJT* 10 (1987) 287-307; K. Snodgrass, "Spheres of Influence: a Possible Solution to the Problem of Paul and the Law", *JSNT* 32 (1988) 93-96; S. Westerholm, *Israel's Law and the Church's Faith* (Grand Rapids 1988) 1-101; R. Penna, "Il problema della Legge nelle lettere di S. Paolo. Alcuni aspetti", *RivB* 38 (1990) 327-340; R.B. Sloan, "Paul and Law: why the Law Cannot Save", *NT* 33 (1991) 35-60.

[37] Un certo ridimensionamento della Legge in Paolo era già cominciato con il processo di detronizzazione del principio "giustificazione mediante la fede o le opere" da parte di Wrede e Schweitzer. Cf. W. Wrede, *Paulus* (Halle ²1907) 67-68; A. Schweitzer, *Die Mystik des Apostels Paulus* (Tübingen 1930) 220; cf. anche K. Stendahl, *Paul Among Jews and Gentiles* (Philadelphia 1976).

Tuttavia, tale processo perviene alle forme più mature, pur se da diverse prospettive e con differenti risultati, con Davies e Sanders. Cf. Davies, *Paul and Rabbinic Judaism* (Philadelphia ⁴1980); Sanders, *Palestinian Judaism*.; Id., *Law* ; cf. anche Barclay, *Galatians*, 237-242; J.D.G. Dunn, *Jesus, Paul and the Law: Studies in Mark and Galatians* (Westminster 1990); Gaventa, "Galatians", 18-19; Howard, *Crisis* ; M. Limbeck, *Die Ordnung des Heils. Untersuchungen zum Gesetzesverständnis des Frühjudentums* (Düsseldorf 1971); C.T. Rhyne, *Faith Establishes the Law* (Philadelphia 1981); F. Watson, *Paul, Judaism and The Gentiles: a Sociological Approach* (Cambridge 1986); Westerholm, *Israel's Law*, 105-222.

[38] Cf. Borse, *Galater*, 53; Bring, *Galater*, 18; Cole, *Galatians*, 43-44; Fletcher, *Galatians*, 214-255; Gundry, "Grace", 1-38; M. Gundry Volf, *Paul and Perseverance* (Tübingen 1990) 204-205; Hübner, "Galaterbrief" 8-9; Id., *Das Gesetz bei Paulus: Ein Beitrag zum Werden der paulinischen Theologie* (Göttingen ²1982); Mussner, *Galaterbrief*, 71-72; T.R. Schreiner, "Works of Law in Paul", *NT* 33 (1991) 217-243; N.M. Watson, "Justified by Faith; Judged by Works - an Antinomy?", *NTS* 29 (1983) 220.

dello stesso Paolo[39]. Pertanto, ci sembra che risulti ancora necessario chiarire il problema della Legge in Gal[40].

4.1. Metodologia d'indagine

Ma, prima di affrontare la questione della Legge, forse è necessario precisare la metodologia d'indagine: quale criteriologia utilizzare?

Nella storia dell'interpretazione il principio della "contestualizzazione" sembra il più diffuso: è necessario analizzare il problema della Legge in Paolo, dando la priorità al contesto di ogni Lettera[41].

Accanto a questo principio, Sanders colloca quello della "situazionalità": ad ogni situazione la propria soluzione. Infatti Paolo, pur non essendo un autore contraddittorio, rimarrebbe asistematico[42]. Non intendiamo misconoscere la validità di tale metodologia, che rimane sempre utile per ogni interpretazione; tuttavia ne denunciamo il limite. Infatti tale principio, se applicato ad esempio a Gal 3,19-22, non aiuta a risolvere le difficoltà: non basta rivendicare il principio della "contestualizzazione" o della "situazionalità" per chiarire un insieme di sentenze giustapposte che, a prima vista, non sembrano presentare alcuna interrelazione.

Una via alternativa consiste nella metodologia "evolutiva", secondo la quale il problema della Legge non può essere affrontato soltanto in base alla singola Lettera. Al contrario, è necessario inserire le diverse questioni nella globalità evolutiva del pensiero paolino[43]. Così, secondo Drane, alle affermazioni negative di Paolo sulla Legge in Gal e 1 Cor, fanno da equilibrio quelle

---

[39] Cf. H. RÄISÄNEN, Paul and the Law (Tübingen ²1987). Tuttavia sembra che, nei contributi più recenti, Räisänen si sia avvicinato alla concezione del "Bundesnomismus", proposta da Sanders. Cf. H. RÄISÄNEN, "Galatians 2.16 and Paul's Break with Judaism", NTS 31 (1985) 543-553; Id., "Der Bruch des Paulus mit Israels Bund", T. VEIJOLA (ed.), The Law in the Bible and in Its Environment (Helsinki-Göttingen 1990) 156-172. L'accusa di contraddizioni e fraintendimenti verso Paolo, era già stata assunta, in termini generali, da Montefiore. Cf. C.G. MONTEFIORE, "First Impression of Paul", JQR 6 (1894) 432-435; cf. anche H.J. SCHOEPS, Paul. The Theology of the Apostle in the Light of Jewish Religious History (Philadelphia 1961) 261-262.

[40] In base all'approccio retorico ed alla "dispositio" presentata, avremmo potuto affrontare altre tematiche rilevanti in Gal come la δικαιοσύνη, la χάρις, l'ἐλευθερία o l' ἀγάπη. Tuttavia ci sembra che, comunque l'analisi del νόμος, rappresenti una tappa obbligata nell'esegesi della Lettera.

[41] Cf. BEKER, Paul, 41-235; R. LIEBERS, Das Gesetz als Evangelium (Zürich 1989); SNODGRASS, "Influence", 98; F. THIELMAN, From Plight to Solution (NTSup 61; Leiden 1989); WESTERHOLM, Israel's Law, 175.

[42] Cf. SANDERS, Law, 4.148.

[43] Cf. J.W. DRANE, "Tradition, Law and Ethics in Pauline Theology", NT 16 (1974) 167-178; U. WILCKENS, "Zur Entwicklung des Paulinischen Gesetzesverständnis", NTS 28 (1982) 154-190; Id., "Statements on the Development of Paul's View of the Law", FS. C.K. Barrett, Paul and Paulinism (London 1982) 17-26.

presenti in Rm[44]. In realtà, anche un tale principio si dimostra fuorviante, perché suppone una teorica organicità del pensiero paolino, tutt'altro che ovvia. Inoltre, ci sembra che, riguardo a tale procedimento, sia da sfatare un luogo comune: in Gal avremmo una visione totalmente negativa della Legge, mentre in Rm una positiva. Vedremo che in realtà, anche in Gal, Paolo tratta della Legge in termini positivi, ammesso che la distinzione tra negativo e positivo sia legittima.

En parallelo con l'approccio evolutivo, poniamo quello "decrescente" di Hahn che, pur partendo da analoghi presupposti, segue l'itinerario inverso: da Rm a Gal[45]. Tale metodologia si fonda sul principio: dal pensiero più semplice a quello più complesso. Ma una tale concezione corrisponde alla realtà dei dati? Oppure non risulta altrettanto vero che, in Rm, Paolo presenta questioni parallele alla Legge, come la situazione dell'uomo (cf. Rm 1,18–3,21; Rm 7) che, invece di chiarire la problematica, sembrano renderla più complessa?

La reazione a tali metodologie non si è fatta attendere, ed è giunta al limite della contestazione, con l'approccio "monadico" di Räisänen. Secondo l'autore finlandese non si possono seguire tali metodologie, non solo perché Paolo risulta contraddittorio dal confronto tra le Lettere, ma anche all'interno di una stessa Lettera[46]. In tal modo, com'è possibile conciliare le affermazioni negative sulla Legge (cf. Gal 5,3) con quelle positive (cf. Gal 5,14)[47]? Non è vero che Paolo prima sostiene l'origine negativa, o angelica della Legge (Gal 3,19), per poi in Rm dichiararne quella divina e la stessa santità (cf. Rm 7,11.14.22)[48]? La soluzione proposta da Räisänen consiste nel riconoscimento e nell'accettazione delle contraddizioni paoline, in quanto appartenenti alla dialetticità concettuale e psicologica del suo pensiero[49].

Ma di fatto questa può ritenersi una soluzione? Dal punto di vista metodologico, forse il maggior limite dell'approccio di Räisänen è rappresentato da quella che definiamo esegesi "monadica". In pratica, Räisänen compone un "collage" di asserzioni paoline sulla Legge, dissociandole dal relativo contesto ed inserendole in un proprio schema concettuale. Così, le affermazioni di Paolo sulla Legge risultano contraddittorie non tanto perché, in quanto tali, non possono convivere, ma perché, nel modello di Räisänen, non trovano spazio. Forse Räisänen avrebbe dovuto interrogarsi prima sulla validità del principio "giustificazione mediante la fede o le opere" e poi sulle contraddizioni paoline. Tuttavia, anche se la posizione di Räisänen risulta radicale e spesso intenzionale, ci sembra che l'autore abbia posto, in modo violento, il dito nella piaga. In seguito alle sue provocazioni, le precedenti metodologie sono costrette a riconoscere i propri limiti.

---

44 Cf. DRANE, *Paul*, 5-6.109.132-136.
45 Cf. F. HAHN, "Das Gesetzesverständnis im Römer- und Galaterbrief", *ZNW* 67 (1976) 29-63.
46 Cf. RÄISÄNEN, *Paul*, 9-10.
47 Cf. RÄISÄNEN, *Paul*, 63.
48 Cf. RÄISÄNEN, *Paul*, 128-131.
49 Cf. RÄISÄNEN, *Paul*, xii.11.14-15.

Da parte nostra, la criteriologia che seguiremo, e che si pone ancora come sfida ermeneutica nell'esegesi paolina, consiste nell'analisi "argomentativa" della tematica. Infatti, riteniamo che la stessa "dispositio" di Gal, ci permetterà, nelle sue proporzioni, di chiarire le principali aporie sulla Legge[50]. Infatti, le asserzioni paoline sulla Legge si situano all'interno dell'argomentazione, e non a prescindere da essa. Da tale procedimento emerge la necessità di spiegare la concezione paolina della Legge, in Gal, con Gal stessa. Tale rigorosità "sincronica" non deriva semplicemente dal fatto che in Gal Paolo tratta della Legge, in contesti o situazioni diverse da Rm e 1 Cor. La motivazione è più radicale: fin quando non abbiamo identificato il tipo di argomentazione paolina, presente in Rm, 1 Cor, Fil o Gal, non possiamo saltare da una Lettera all'altra, cercando di chiarire una "crux" soltanto con dei paralleli lessicali o tematici che, a prima vista, sembrano più chiari, ma che di fatto risultano più complessi. Questo non impedisce la convergenza rispetto ai risultati di altre metodologie, emergenti, tuttavia, più da intuizioni che da analisi "dispositive". In definitiva rimane che, in base ad una "dispositio" di tipo letterario-retorico, una tale metodologia non può essere tacciata di ecumenismo a buon mercato, che nasconde l'intento di superare preconcette dialettiche tra Ebraismo e Cristianesimo, Protestantesimo e Cattolicesimo[51].

4.2. Prospettiva di valutazione

La prima questione che affrontiamo riguarda la prospettiva paolina di valutazione della Legge. Infatti ci sembra che sia determinante, per la stessa interpretazione, chiarire la posizione dalla quale Paolo ricomprende la Legge e le sue relazioni con le promesse, con il vangelo e con l'amore.

Anche per tale problematica, si sono avvicendate diverse ipotesi, spesso opposte. Così, secondo Martin, Paolo affronta la questione sulla Legge a partire dalla "Torah" stessa[52]. Per inverso, coloro che condividono l'impostazione di

---

[50] Tale metodologia "argomentativa", in base alla quale dalla "dispositio" si cerca di chiarire le asserzioni teologiche, viene utilizzata da Aletti per Rm. Cf. J.-N. ALETTI, "Saint Paul, exégète de l'Écriture", Institut d'Études Théologiques, L'Écriture, âme de la Théologie (Bruxelles 1990) 39-59; Id., Comment Dieu est-il juste? Clefs pour interpréter l'épître aux Romains (Paris 1991).

[51] Cf. la critica che Cole, nella seconda edizione del suo commento a Gal, rivolge a quanti pongono in discussione il principio della "giustificazione mediante la fede". Cf. A.R. COLE, The Letter of Paul to the Galatians (Grand Rapids ²1989) 42-44.

[52] Cf. MARTIN, Christ, 38.

Bultmann, preferiscono porre come base d'indagine l'antropologia[53]. Altri invece assumono come punto di partenza la stessa biografia paolina[54].

Invece, negli ultimi decenni si va affermando una prospettiva "etnica" di valutazione della Legge: Paolo tratterebbe questo problema partendo dalla situazione dei gentili che intendono aderire al vangelo[55]. Tale ipotesi va sempre più consolidandosi, soprattutto a causa dell'approccio sociologico alla teologia paolina[56]. Non manca chi tenga presente sia la prospettiva "nomistica" che quella "etnica", soprattutto per esigenze di natura ecumenica[57]. Alcuni, infine, nel tentativo di superare tale dilemma, sottolineano l'interpretazione cristologica della Legge[58].

In base alla "dispositio" ed al messaggio di Gal, ci sembra che quest'ultima prospettiva risulti la più rispondente, anche se, così formulata, non chiarifica bene il campo d'indagine. Infatti l'affermazione secondo la quale Paolo affronta le problematiche della Legge a partire da Cristo, è ancora troppo generale per essere utile. Forse gli stessi destinatari della Lettera pensavano di assumere la Legge, in base al proprio essere in Cristo. Di per sé, la Legge e Cristo non sono realtà antitetiche; anzi, Paolo non esiterà a parlare di τὸν νόμον τοῦ Χριστοῦ (6,2). Pertanto, è necessario chiarire il senso di una prospettiva che assuma, come ambito e punto di riferimento, l'essere "in Cristo". Infatti ci sembra che, in base al messaggio principale di Gal, Paolo consideri la Legge dalla prospettiva della υἱοθεσία (cf. 3,7; 4,5), intendendo con questo, l'ambito escatologico della "nuova creazione" (cf. 5,6; 6,15)[59].

---

[53] Cf. R. BULTMANN, *Glauben und Verstehen* (Tübingen [31]1961) 38-39; così anche Bonnard, *Galates*, 122; H. CONZELMANN, *Grundriss der Theologie des Neuen Testaments* (München [31]976) 103; C.E.B. CRANFIELD, *The Epistle to the Romans* (Edinburgh 1979), II, 845-862; GUNDRY, "Grace", 13-14; HÜBNER, *Gesetz*, 41; SCHLIER, *Galater*, 182-183; WESTERHOLM, *Israel's Law*, 163. Lo stesso Thielman, seguendo il modello "from plight to solution", parte dalla situazione dell'uomo, anche se la soluzione si trova nell'escatologia paolina; cf. THIELMAN, *Plight*, 60.

[54] Cf. BRUCE, *Galatians*, 41; L.T. DONALDSON, "Zealot and Convert: the Origin of Paul's Christ-Torah Antithesis", *CBQ* 51 (1989) 655-682; S. KIM, *The Origin of Paul's Gospel* (Tübingen 1981).

[55] Cf. HAHN, "Gesetzesverständnis", 52.

[56] Cf. le analisi sociologiche di HOWARD, *Crisis*, 76-81; RÄISÄNEN, *Law*, 257. WATSON, *Paul*, 38-40; D.G.J. DUNN, "The New Perspective on Paul", *BJRL* 65 (1983) 95-122.

[57] Cf. J.G. GAGER, *The Origins of Anti-Semitism: Attitudes Toward Judaism in Pagan and Christian Antiquity* (New York 1983) 210-214; L. GASTON, *Paul and Torah* (Vancouver 1987); MUSSNER, *Galaterbrief*, 75-76.

[58] Cf. F. LANG, "Gesetz und Bund bei Paulus", FS. E. KÄSEMANN, *Rechtfertigung* (Tübingen 1976) 305; cf. soprattutto il principio cristologico "dalla soluzione al problema", proposto da SANDERS, *Palestinian Judaism*, 442-447; Id., *Law*, 47-48. Cf. anche le valutazioni cristologiche di PENNA, "Legge", 342-343; RÄISÄNEN, *Paul*, 176; E.J. SCHNABEL, *Law and Wisdom from Ben Sira to Paul. A Tradition Historical Enquiry into the Relation of Law, Wisdom and Ethics* (Tübingen 1985) 240-274.

[59] Una tale prospettiva assume le distanze anche dalla concezione classica di Schweitzer, Davies e Schoeps: nell'epoca messianica la Legge avrebbe cessato di esistere.

Tuttavia questa prospettiva non rappresenta una sintesi "salomonica" delle concezioni precedenti; e non siamo pervenuti a tale asserzione mediante il procedimento dell'esclusione. La stessa "dispositio", ed il messaggio corrispondente, fanno emergere una valutazione paolina della Legge, all'interno della dimensione escatologica dell'essere cristiano[60].

4.3. Quale Legge?

Se la Legge viene ricompresa da Paolo a partire ed all'interno della dimensione escatologica dell'essere cristiano, ne deriva l'interrogativo sull'identità del νόμος in Gal. Si tratta della Legge giudaica oppure di una Legge più estesa o, per inverso, soltanto di un aspetto della stessa Legge?

Tale questione diventa "crux interpretum" quando ci si imbatte con "la Legge di Cristo" (Gal 6,2).

A riguardo, una via molto frequentata è rappresentata da quella che denominiamo delle "specificazioni interne": in Gal, come altrove, Paolo distinguerebbe diversi aspetti della stessa Legge. Così Burton separa le "esigenze legalistiche" da quelle "etiche" della Legge. Le prime non avrebbero più valore con Cristo, mentre le seconde rientrerebbero nella vita cristiana[61]. Questa distinzione sarebbe confermata dall'uso di νόμος con l'articolo (= la Legge) o senza di esso (= il legalismo)[62]. Un'analoga posizione viene assunta da Cranfield: Paolo condanna il legalismo o l'incomprensione, non la Legge in quanto tale[63]. Anche Hübner distingue tra Legge cultuale (cf. Gal 5,3) da abolire e Legge etica (cf. Gal 5,14) da conservare[64].

In continuità con tali specificazioni interne, alcuni preferiscono distinguere i livelli. Quando Paolo deprezza la Legge si riferisce al livello soteriologico; mentre quando ne parla positivamente tratta del livello etico, ecclesiologico[65].

Cf. SCHWEITZER, *Mystik*, 186; DAVIES, *Paul*, 72; SCHOEPS, *Paul*, 171-172.
    Di per sé, in Gal, Paolo non parla mai dell'abrogazione della Legge; al contrario, ne sostiene l'adempimento (cf. 5,14).
    [60] Anche Sanders intuisce l'importanza di questo principio, pur senza farlo emergere dalla composizione e del messaggio; cf. SANDERS, *Law*, 5-6. Inoltre l'autore non approfondisce proprio le implicanze dell'"escatologia partecipazionistica" in Paolo. Cf. anche la critica di GUNDRY, "Grace", 4.
    [61] Cf. BURTON, *Galatians*, 451-459.
    [62] Cf. BURTON, *Galatians*, 459.
    [63] Cf. CRANFIELD, *Romans*, 853-858; Id., "St. Paul and the Law", *SJT* 17 (1964) 43-68. L'ipotesi di Cranfield è stata ripresa da Dunn con il modello del "covenantal nomism"; cf. DUNN, "Perspective", 95-122.
    [64] Cf. HÜBNER, *Gesetz*, 37-39. Lo stesso Hübner pensa di risolvere le difficoltà di Gal 3,19-20 distinguendo tra intenzione immanente della Legge che fa riferimento a Dio, ed intenzione negativa del Legislatore, cioè degli angeli; cf. HÜBNER, *Gesetz*, 27.
    [65] Cf. MARTIN, *Christ*, 19.153-156.

La stessa concezione di Snodgrass si pone in continuità con l'ipotesi dei livelli, anche se l'autore preferisce parlare di "sfere d'influenza"[66]. Così, prima di Cristo, la Legge figurava negativamente a causa della "sfera d'influenza" del peccato. Ora invece, la stessa Legge è vista positivamente a causa della nuova "sfera d'influenza": Cristo.

Per inverso, Thielman distingue tra il tempo del "plight", durante il quale la Legge ha la funzione di "maledire" quanti si trovano sotto di essa, e tempo del "solution", in cui la stessa Legge viene adempiuta con la forza dello Spirito. In tal modo, Paolo non abroga la Legge, ma la sua maledizione[67].

Infine Sanders, in base al "covenantal nomism", si riferisce alla stessa Legge, ma con diverse funzioni sociologiche. In pratica, quando ci si riferisce all'essere "ammessi" nell'alleanza, la Legge viene vista negativamente; mentre quando si tratta di comportamenti nella comunità, la stessa Legge è presentata in modo positivo[68].

Un itinerario alternativo è seguito da coloro che, a partire dalla concezione escatologica di Schweitzer, decretano l'abrogazione della Legge mosaica in epoca messianica[69]. In tale prospettiva, νόμος non si riferisce soltanto alla Legge dell'Antico Testamento, bensì assume un duplice significato. Nell'epoca messianica la Legge mosaica perderebbe il proprio valore, per essere sostituita da una nuova Legge, con un nuovo Legislatore[70]. Per questo, le asserzioni di Paolo sul νόμος non risulterebbero contraddittorie: in realtà fanno riferimento a due generi di Legge. Ci sembra che tali vie interpretative manifestino una rilevante difficoltà rispetto alla Legge in Gal, al punto che Cranfield considera poco saggio partire da Gal per definirne il senso[71]. Ma forse l'analisi argomentativa della "dispositio" ci permetterà di delineare, per quanto possibile e con maggiore rispondenza alla teologia della Lettera, lo stesso significato di νόμος.

---

[66] Cf. SNODGRASS, "Spheres", 99.

[67] Cf. THIELMAN, Plight, 73.86.

[68] Cf. SANDERS, Law, 84.

[69] Cf. SCHWEITZER, Mystik, 186.

[70] Cf. soprattutto DAVIES, Rabbinic Judaism, 144-148; così anche H. SCHÜRMANN, "Das Gesetz des Christus (Gal 6,2). Jesu Verhalten und Wort als letzgültige sittliche Norm nach Paulus", FS. R. Schnackenburg, Neues Testament und Kirche (Freiburg 1974) 282-300; cf. anche la distinzione proposta da Stuhlmacher tra "Torah Mosaica" e "Torah di Sion". P. STUHLMACHER, "Das Gesetz als Thema biblischer Theologie", ZTK 75 (1978) 273-275; Id., Versöhnung, Gesetz und Gerechtigkeit: Aufsätze zur biblischen Theologie (Göttingen 1981) 142-150.

[71] Cf. CRANFIELD, Romans, 858.

4.4. La "dispositio" e la Legge

Il termine νόμος si trova 195x nel Nuovo Testamento, di cui 121x nell'epistolario paolino[72]. Inoltre, all'interno delle Lettere "paoline" la maggiore frequenza spetta a Rm (74x) e Gal (32x)[73]. Ora, in relazione alla "dispositio" di Gal, valutiamo le frequenze lessicali:

- Prima dimostrazione	(1,13–2,21):	6x;
- Seconda dimostrazione	(3,1–4,7):	17x;
- Terza dimostrazione	(4,8–5,12):	4x;
- Quarta dimostrazione	(5,13–6,10):	4x;
- "Postscriptum"	(6,11-18):	1x.

Da una semplice analisi quantitativa si evidenzia la presenza di νόμος in tutte le "dimostrazioni" di Gal. Tuttavia, la maggiore condensazione del lemma (17x) si verifica nella seconda dimostrazione (3,1–4,7); nelle restanti dimostrazioni νόμος non è attestato in modo così frequente. Pertanto cerchiamo di valutare quanto le singole dimostrazioni fanno rilevare rispetto a questa topologia.

4.4.1. Periautologia e Legge (1,13–2,21)

Da un iniziale sguardo d'insieme della prima dimostrazione (1,13–2,21), si può notare che Paolo comincia a riferirsi al νόμος soltanto a partire da 2,16. Possiamo affermare che la problematica del νόμος non compare all'inizio della Lettera, ma in un secondo tempo. Inoltre, la frequenza del lemma è circoscritta alla "peroratio" o "mimesi" paolina (2,15-21)[74]. Da tale constatazione deriva l'interrogativo sulla relazione tra la sezione diegetica di 1,13–2,14 ed il νόμος in 2,15-21. Notiamo che la διήγησις inizia con un "campo semantico" complementare a quello del νόμος: ἰουδαϊσμός (1,13.14). In 1,13–2,14 compaiono il sostantivo ἰουδαῖος (2,13.14.15), il verbo ἰουδαΐζειν (2,14) e l'avverbiale ἰουδαϊκῶς (2,14)[75]. Il legame tra questi due "campi semantici" avviene nella contiguità tra il "confronto" (2,11-14) e la "mimesi" paolina (2,15-21): infatti, l'identità giudaica si caratterizza per il dono del νόμος. Per inverso Paolo non esita a definire "peccatori" quanti non posseggono il νόμος (2,15).

---

[72] Frequenza lessicale di νόμος nel Nuovo Testamento:
Mt Lc Gv At Rm 1 Cor Gal Ef Fil 1 Tm Eb Gc Tot.
8 9 15 18 <u>74</u> 9 <u>32</u> 1 3   2 14 10 195.

[73] Tuttavia, bisogna tener presente che, in proporzione, Gal corrisponde (2229 lemmi) alla terza parte di Rm (7105 lemmi).

[74] Cf. Gal 2,16.16.16.19.19.21.

[75] Cf. anche il toponimo Ἰουδαία in 1,22.

Pertanto, ci sembra che la relazione tra *Ιουδαϊσμός* e *νόμος* spieghi sia l'identità di quest'ultimo in 2,15-21, che la sua funzione argomentativa. Innanzitutto si tratta della "Torah" giudaica con le relative "opere" (cf. 2,16.16.16)[76]. Inoltre, questa relazione spiega la stessa prospettiva della *μίμησις* paolina. Forse in 2,15-21, a causa della funzione "perorante" della pericope, Paolo non intende trattare soprattutto del *νόμος* e delle relative *ἔργα* in quanto tali, né perché opposte alla *πίστις Χριστοῦ* (cf. 2,16). Di fatto, egli neppure si sofferma a spiegare il senso della *δικαιοσύνη* (cf. 2,16-17.21). Questa topologia viene soltanto introdotta in 2,15-21, per essere poi affrontata nella seconda dimostrazione (3,1–4,7). Altrimenti la dimostrazione sarebbe fondata su argomentazioni presentate "ex abrupto". Ci sembra invece che Paolo ponga l'accento soprattutto sulla relazione tra il suo essere giudeo, con la Legge, ed il "vivere in Cristo" (cf. 2,18-20)[77]. Ai Galati che desiderano sottomettersi alla Legge, egli propone il proprio esempio, di chi ha "demolito" (cf. 2,18) la sottomissione alla stessa Legge, per credere in Cristo.

Inoltre, nella seconda parte della "mimesi", Paolo spiega le motivazioni di tale demolizione: *Ἐγὼ γὰρ διὰ νόμου νόμῳ ἀπέθανον, ἵνα θεῷ ζήσω* (2,19). L'ossimoro è, nello stesso tempo, brachilogico nella forma e paradossale nel contenuto. Come può Paolo parlare e dire di essere morto? Inoltre, come può affermare che tale processo di morte riguarda la propria relazione con la Legge se si attua mediante la stessa Legge? L'ossimoro continua in 2,20: *ζῶ δὲ οὐκέτι ἐγώ, ζῇ δὲ ἐν ἐμοὶ Χριστός*. Paolo riconosce di vivere ancora, ma in realtà vive in lui Cristo. In tal modo si comprende che la sua morte non è assoluta, ma relativa al *νόμος*, perché di fatto egli continua a vivere "nella carne" (2,20). Come spesso in Gal, Paolo congiunge il mistero della croce di Cristo con la propria esistenza (cf. 6,17) e con la vita del cristiano (cf. 1,4; 3,13-14; 5,24). Sulla croce, con Cristo, egli muore alla Legge (cf. 2,19b), al fine di vivere per il Signore. Forse è importante notare che ad agire non è la Legge, ma Paolo stesso che demolisce (2,18), muore (2,19) vive (2,20) e quindi non annulla (2,21). Da ciò deriva che la motivazione di tali azioni o fasi nella sua vita non sono determinate dalla Legge, ma verso di essa. Per questo, a partire da Gal 2,15-21 il procedimento non è dalla Legge a Paolo, ma l'inverso.

---

[76] Contro quanti suppongono in Gal delle differenze semiotiche tra *νόμος* con o senza l'articolo, si può osservare che in 2,15-21 *νόμος* si trova sempre senza articolo, pur riferendosi alla Legge giudaica. Tale distinzione diventa insostenibile nell'ossimoro di 2,19: *ἐγὼ γὰρ διὰ νόμου νόμῳ ἀπέθανον*. Paolo non muore mediante la Legge ad una sua parte, né con un'altra Legge, ma sempre mediante la stessa Legge. Altrimenti l'ossimoro perderebbe d'incidenza paradossale. Così anche VANHOYE, *Galati*, 37-41. Lo stesso vale per una presunta distinzione interna tra asserzioni positive e negative del *νόμος*. In base a 2,19 non è possibile distinguere il positivo dal negativo della Legge. Piuttosto, Paolo si riferisce sempre alla stessa Legge, in quanto relazionata, con la sua partecipazione, alla morte di Cristo.

[77] Anche Vanhoye riconosce la centralità di 2,19-20 rispetto all'intera pericope, pur senza analizzare l'evoluzione dimostrativa della periautologia. Cf. VANHOYE, *Galati*, 34.

Potremmo affermare, per estremizzazione, che non la Legge ha condannato Paolo, ma il contrario. Infatti, di per sé, la Legge non ha condannato Paolo perché non poteva: egli è morto nei suoi confronti, come Cristo[78]. La Legge non può avere forza su di un morto! Per inverso, Paolo relativizza la Legge, perché di fatto egli continua a vivere, come il Cristo risorto in lui (cf. Gal 1,4). In tal modo la vita non si diparte dalla Legge, ma dal Cristo (cf. 2,20). Pertanto, nella dimensione escatologica dell'essere cristiano si trovano le motivazioni dell'atteggiamento di Paolo verso la Legge.

Tuttavia, gli ossimori, suscitano stupore, meraviglia, e lasciano degli ambiti in ombra. Per questo il compito dell'esegeta non consiste nel colmare i vuoti lasciati dagli ossimori, bensì nel rispettarli così come sono posti. Dalla loro presenza non si possono trarre delle conclusioni, che a noi sembreranno logiche, ma che rimangono indebite rispetto al testo.

Nel caso specifico, Paolo ancora non spiega il senso di $\delta\iota\dot{\alpha}$ $\nu\acute{o}\mu\sigma\upsilon$ in 2,19; lo farà in seguito. Inoltre, non afferma che, poiché egli è morto alla Legge, questa viene abrogata: non lo dice perché non può[79]. La sua morte non è assoluta, come quella del Cristo, ma relativa: di fatto egli deve avere ancora a che fare con la Legge[80]. Nella quarta dimostrazione (5,13–6,10) spiegherà in che senso la Legge, pur non essendo abrogata e pur non potendo condannare il cristiano, non di meno viene da questi adempiuta.

Infine, a partire dal carattere amplificante della "peroratio" e delle relative figure, ci sembra importante rilevare che quanto Paolo afferma della Legge in 2,15-21 non solo è "funzionale" rispetto al suo rapporto con il vangelo e con la sua $\chi\acute{\alpha}\rho\iota\varsigma$, ma è anche "estremizzato". Così, Paolo non nega le $\check{e}\rho\gamma\alpha$ $\nu\acute{o}\mu\sigma\upsilon$ in assoluto, ma in quanto opposte alla fede, e quindi perché relazionate alla "nuova creazione"[81]. Si tratta ancora una volta di asserzioni amplificanti che, tuttavia, non includono quanto non affermano.

4.4.2. Figliolanza e Legge (3,1–4,7)

Forse rispetto alla Legge, la seconda dimostrazione (3,1–4,7) rappresenta la sezione più importante della Lettera. Abbiamo già osservato una frequenza lessicale (17x) che supera, nella totalità, il resto della Lettera (15x). Ora valutiamo le attestazioni a partire dalle singole argomentazioni:

---

[78] Per questo non sembra pertinente sostenere che, a causa della condanna inferta a Cristo ed a Paolo, la Legge viene abrogata o condannata. In 2,19 il $\delta\iota\dot{\alpha}$ $\nu\acute{o}\mu\sigma\upsilon$ è strumentale, non causale; Paolo non è antisionista prima del tempo!

[79] Invece Räisänen per sottolineare le contraddizioni paoline sul $\nu\acute{o}\mu\sigma\varsigma$, parla nello stesso tempo di "abrogazione" e "adempimento". Cf. RÄISÄNEN, *Paul*, 62-73.

[80] Cf. VANHOYE, *Galati*, 40.

[81] In Gal 5,6 non esiterà ad affermare: ...$\pi\acute{\iota}\sigma\tau\iota\varsigma$ $\delta\iota'$ $\dot{\alpha}\gamma\acute{\alpha}\pi\eta\varsigma$ $\dot{\epsilon}\nu\epsilon\rho\gamma\sigma\upsilon\mu\acute{\epsilon}\nu\eta$.

- Apostrofe	(3,1-5):	2x (vv. 2.4);
- "Midrash"	(3,6-14):	5x (vv. 10.10.11.12.13);
- "Exemplum"	(3,15-18):	2x (vv. 17.18);
- 1 Diatriba	(3,19-20):	1x (v. 19);
- 2 Diatriba	(3,21-22):	3x (vv. 21.21.21);
- Figliolanza	(3,23-29):	2x (vv. 23.24);
- "Peroratio"	(4,1-7):	2x (vv. 4.5).

Dalla frequenza locale si può rilevare una estesa presenza di νόμος: il termine non è circoscritto alla "peroratio", come per 2,15-21, ma attraversa anche l'apostrofe (3,1-5) e la protressi (3,6-29). Tuttavia è necessario ricordare che, in base all'analisi retorica della dimostrazione, la tematica centrale della sezione è costituita dalla figliolanza abramitica e non dal νόμος (cf. la "subpropositio" di 3,6-7), anche se questa si realizza mediante la fede in Cristo e non con la Legge. Quindi si tratterà di spiegare in che senso il νόμος e la figliolanza sono relazionati.

(i) L'apostrofe e le "opere della Legge" (3,1-5)

La seconda dimostrazione si apre con l'apostrofe biasimante nei confronti dei Galati (3,1-5). Abbiamo identificato uno stile diatribico che, mediante le cinque incalzanti domande, rende vivace la pericope. In due domande Paolo richiama le ἔργα νόμου in antitesi con l' ἀκοὴ πίστεως (vv. 2.5). In tal modo continua l'opposizione di 2,16 tra πίστις e νόμος: Paolo si riferisce ancora alla "Torah" con le sue opere, opposta all'ascolto della fede.

Dalla relazione antitetica tra le ἔργα νόμου e l' ἀκοὴ πίστεως ci sembra di poter sostenere la dimensione generale delle asserzioni, ed un senso "qualificativo" dei genitivi[82]. Infatti, nelle relative pericopi non si riscontrano riferimenti a leggi o norme specifiche[83]. Inoltre, Paolo oppone una fede, che qualifica

---

[82] Un analogo orientamento viene sostenuto da Williams. Cf. S.K. WILLIAMS, "The Hearing of Faith: 'Ἀκοὴ πίστεως in Galatians 3", NTS 35 (1989) 86. La figura dell'antiteto permane anche se, come obietta Hays, nelle singole parti, le ἔργα non si relazionano al νόμος come l'ἀκοὴ alla πίστις. Cf. R.B. HAYS, The Faith of Jesus Christ: an Investigation of the Narrative Substructure of Galatians 3,1-4,11 (Chico 1983) 147-148.

[83] Cf. ἔργων νόμου in 2,16.16.16; 3,2.5.10. Soltanto per 2,15-21 si potrebbe pensare alle "leggi di purità" culinarie a causa del "confronto" di 2,11-14. Ma abbiamo dimostrato che la mimesi (2,15-21) ha una portata generale e non specifica: Paolo non si rivolge più a Pietro, ma ai destinatari della Lettera. Questo viene confermato dalla prospettiva generale di 3,1-5 e di 3,6-10. Per questo le ἔργα νόμου non possono riferirsi, come sostiene Tyson, al sistema specifico della Legge, o legalismo, mentre νόμος alla Legge con la sua valenza positiva. Cf. B. TYSON, "Works of Law in Galatians", JBL 92 (1973) 423-431; cf. anche J.D.G. DUNN, "Works of the Law and the Curse of the Law (Galatians 3,10-14)", NTS 31 (1985) 523-542; HANSEN, Abraham, 102.

l'ascolto, alla Legge che qualifica le opere: non si tratta di opere qualsiasi, ma di opere relative alla Legge[84]. Accanto a queste antitesi egli colloca l'altra opposizione fondamentale per le successive argomentazioni: πίστις e σάρξ (v. 3). Da una parte si trova lo πνεῦμα e l' ἀκοὴ πίστεως, dall'altra la σάρξ e le ἔργα νόμου. Tuttavia, anche per tali antitesi è necessario non argomentare per deduzioni indebite. Paolo non afferma che σάρξ ed ἔργα νόμου si identificano: a causa dell'argomentazione, egli stabilisce delle contiguità e non delle assimilazioni.

Tuttavia, a prima vista, da queste antitesi sembra che non vi sia alcuna relazione con la "subpropositio" di 3,6-7: Paolo non tratta, in modo esplicito, della figliolanza. In realtà, la connessione dell'apostrofe con la "peroratio" (4,1-7) dimostra che, con i riferimenti allo Spirito, egli introduce proprio la tematica della figliolanza: così, dal dono dello πνεῦμα deriva la figliolanza (cf. Gal 4,6).

(ii) Il "midrash" e la Legge (3,6-14)

La maggiore condensazione di νόμος, nella seconda dimostrazione, si verifica con il "midrash" di 3,6-14 (5x). Paolo richiama, per l'ultima volta, le ἔργα νόμου (v. 10), quindi il τῷ Βιβλίῳ τοῦ νόμου (v. 10), il νόμος senza (v. 11) e con l'articolo (v. 12), ed infine la "maledizione della Legge" (v. 13).

A causa dell' "hapax" sintagmatico τῷ Βιβλίῳ τοῦ νόμου, coniato dallo stesso Paolo in Gal 3,10, sembra che si stabiliscano delle distinzioni tra νόμος come legislazione, con le sue opere, ed il testo scritto della "Torah".

Ma, ci sembra che tali distinzioni, nell'ottica paolina, non rappresentano delle separazioni, per cui il Pentateuco si salva e la Legge decade. Le due realtà sono ancora una volta inscindibili: nella "Torah" scritta si trovano le stesse ragioni della sua funzione in quanto legislazione. Ancora una volta si tratta di

---

[84] Ci sembra che la figura dell'antitesi illumini lo stesso senso dei genitivi in 3,2.5. Per l'ἀκοὴ πίστεως non può trattarsi di genitivo soggettivo: non ha senso "la fede soggetto dell'ascolto"; piuttosto sarebbe il contrario! Invece, ha senso una fede che "qualifica" l'ascolto dei credenti. In modo analogo, il secondo membro dell'antitesi presenta delle ἔργα qualificate dal νόμος. Quindi, l'accento non cade tanto su πίστις e νόμος, quanto sui relativi ἀκοή ed ἔργα, sulle diverse economie: una del ποιεῖν (cf. Lv 18,5 in Gal 3,12), l'altra dell'ascolto. Così anche Vanhoye che, tuttavia, chiarifica soltanto ἀκοὴ πίστεως come genitivo qualificativo; cf. VANHOYE, Galati, 56. Invece per ἔργα νόμου come genitivo soggettivo, cf. L. GASTON, "Work of Law as a Subjective Genitive", SR 13 (1984) 39-46. A causa di tali accentuazioni nello sviluppo dell'argomentazione, di per sé ἔργα νόμου e νόμος non si identificano, anche se, in quanto tali designano la stessa realtà. Così invece WESTERHOLM, Israel's Law, 120.

asserzioni, non di esclusioni[85]. Tuttavia, anche in relazione a tale pericope, si pone l'interrogativo sulla relazione tra figliolanza e νόμος.

In 3,6-7 Paolo presenta la "subpropositio" che guida l'intera dimostrazione e non solo il "midrash" di 3,6-14: l'accento cade su οἱ ἐκ πίστεως οὗτοι υἱοί εἰσιν 'Αβραάμ (v. 7). In funzione di tale basilare asserzione vengono utilizzate le argomentazioni e le diverse topologie. Lo stesso vale per il νόμος: quanto Paolo sta per affermare sulla Legge non riguarda la sua natura, bensì la sua relazione con quanti, a partire dalla fede, sono diventati figli di Abramo. Dunque, ci sembra che in questo ambito, e non a prescindere da esso, debbano essere comprese le affermazioni paoline sulla Legge. Perciò Paolo non esita a costruire delle dichiarazioni ardite, che sembrano, a prima vista, intaccare la stessa natura della Legge.

In 3,10 accanto ad ἔργων νόμου Paolo situa l' ὑπὸ κατάραν. Non solo, ma in 3,13 parla della "maledizione della Legge"; e separa il νόμος dalla δικαιοσύνη (v. 11) e dalla πίστις (v. 12). Quali, dunque, le motivazioni di questa prospettiva negativa rispetto alla Legge? Notiamo innanzitutto che, per il principio delle "non conclusioni indebite", di per sé Paolo non assimila Legge e maledizione. Piuttosto questo lo dice riguardo al Cristo, "divenuto per noi maledizione", ma non rispetto alla Legge. In definitiva, Cristo è diventato maledizione, non la Legge! Dunque, Paolo non sostiene che la Legge in quanto tale è maledetta, né che l'impossibilità umana di adempierla causa la maledizione[86]. Egli stabilisce delle distanze tra l'economia della Legge (cf. Lv 18,5 in Gal 3,12) e quella della fede (cf. Ab 2,4 in Gal 3,11).

Per questo risulta altrettanto errato sostenere che il progetto originario della Legge era quello della δικαιοσύνη: il peccato dell'uomo o l'autogiustificazione avrebbero violato tale progetto[87]. Giustamente, Sanders sostiene che forse Paolo non ha mai ritenuto che ci sia stato un tempo in cui la Legge potesse giustificare[88]. La Legge non può offrire la δικαιοσύνη, perché questa trova un'altra origine: Cristo. Dunque, ancora una volta, in Cristo si trovano le motivazioni della prospettiva paolina verso la Legge[89].

---

[85] Perciò, anche in tal caso, non si possono stabilire "specificazioni interne" che scindano tra νόμος con e senza l'articolo, tra Legge e legalismo, tra aspetti positivi e negativi della Legge. Ci sembra piuttosto che Paolo si riferisca alla Legge, come ad una realtà globale che, in se stessa, porta lo statuto della propria funzione.

[86] Così invece H. HÜBNER, "Gal 3,10 und die Herkunft des Paulus", *KD* 19 (1973) 215-231; Id., "Pauli Theologiae Proprium", *NTS* 26 (1980) 445-473; U. WILCKENS, *Rechtfertigung als Freiheit: Paulusstudien* (Neukirchen-Vluyn 1974) 77-109.

[87] Cf. WESTERHOLM, *Israel's Law*, 167-169.

[88] Cf. SANDERS, *Law*, 46.

[89] Per questo i vv. 13-14 non rappresentano una conclusione applicativa, bensì contengono la soluzione di passaggio dalla maledizione alla benedizione. Forse risulta contraddittoria l'esegesi di Sanders, che prima sottovaluta l'importanza argomentativa di 3,13-14 e poi sottolinea che l'elemento decisivo della prospettiva negativa della Legge si trova nelle motivazioni cristologiche. Cf. SANDERS, *Law*, 25-27. Da tale carenza ci sembra che derivi la sua stessa prospettiva sulla relazione tra giudaismo e Cristo. Secondo Sanders,

Quindi, se in 2,19-20 Paolo aveva posto l'accento sulla propria relazione con la Legge, ora valuta il rapporto tra Cristo e la Legge. Ma come in 2,19-21, anche in 3,13-14 egli utilizza un ossimoro che suscita meraviglia nei destinatari: il movimento va ancora dal Cristo alla Legge, e non viceversa.

Il paradosso si trova nella relazione tra Cristo, la maledizione e la benedizione. Può colui che viene dichiarato "maledizione" offrire la benedizione? Rispetto alla Legge, possiamo affermare che non la Legge ha condannato il Cristo e per questo viene deprecata, ma l'inverso[90]. Poiché attraverso una condizione di maledizione del Cristo, sono derivate la "benedizione di Abramo" e la "promessa dello Spirito" (v. 14), ciò significa, per Paolo, che la Legge non aggiunge nulla alla benedizione ed alla promessa. Questo sarà il passo successivo dell'argomentazione paolina (vv. 15-18).

Pertanto, riprendendo l'argomentazione di 2,17-18, Cristo non può essere "servo del peccato", né Paolo essere riconosciuto come "trasgressore" (2,18), perché entrambi fanno parte della nuova economia della salvezza, della trasformazione causata dalla "risurrezione". Così ci sembra che nella "nuova creazione" si trovino le motivazioni sulla negazione della Legge: questa non può determinare la figliolanza perché dovrebbe condannare prima Cristo e poi quanti hanno aderito a Lui.

(iii) "Exemplum" e Legge (Gal 3,15-18)

Con l'esempio giuridico di 3,15-18, Paolo introduce la problematica della relazione tra l' ἐπαγγελία ed il νόμος. Tale confronto riguarda l'eredità (cf. 3,18); e la problematica in gioco potrebbe essere così formulata: l'eredità abramitica si ottiene mediante la Legge o con le promesse? In rapporto alla tematica fondamentale della figliolanza sembra che tale pericope costituisca una parentesi. In realtà, con il "Wortfeld" dello σπέρμα, espresso in forma di sineddoche (vv. 16.16), Paolo si preoccupa della questione ereditaria della figliolanza. Soltanto lo σπέρμα di Abramo, Cristo, può adempiere le promesse e quindi prendere parte all'eredità. In rapporto a tale disegno di "promesse" (3,16) viene compresa la funzione della Legge. Innanzitutto, ci sembra che anche in questa pericope Paolo si riferisca alla "Torah" nella sua globalità, senza separare ambiti positivi e negativi. Infatti, egli tratta di νόμος con (3,17a) e senza l'articolo (3,18), per intendere la stessa Legge donata al Sinai (cf. 3,17).

---

il giudaismo viene attaccato da Paolo soltanto perché non è Cristo. Cf. SANDERS, *Law*, 27.47. Ma forse tale valutazione non pone bene in luce proprio le implicazioni tra cristologia e Legge; e forse Paolo è meno asettico di quanto lasci pensare Sanders. Per l'importanza argomentativa del paradosso paolino e delle sue implicazioni in 3,6-14, cf. VANHOYE, *Galati*, 82-84.

[90] Ancora una volta Paolo non depreca la Legge a causa della sua condanna nei confronti del Cristo. Questo significherebbe che Dio stesso ha condannato il suo Figlio. Così anche VANHOYE, *Galati*, 86.

In base all'argomentazione "a fortiori" di 3,15.17, Paolo dimostra che la Legge "non può dichiarare nulla una disposizione, così da annullare la promessa" (v. 17). Infatti, le promesse si realizzano a prescindere dalla Legge, perché sono state formulate 430 anni prima della Legge stessa (v. 17), ed in quanto offerte gratuitamente da Dio ad Abramo (cf. κεχάρισται in 3,18). Alla precedenza cronologica del testamento divino rispetto alla Legge, corrisponde una superiorità qualificativa.

Pertanto, tale esemplarità diventa quanto mai rispondente alla situazione dei Galati: come Abramo, anch'essi sono entrati a far parte dell'eredità senza conoscere la Legge giudaica. In 3,23-29 Paolo tirerà le somme rispetto a questa figliolanza che passa attraverso l'adesione a Cristo e non mediante la Legge.

(iv) La prima questione diatribica sulla Legge (3,19-20)

Dalle affermazioni di Paolo sul νόμος nel "midrash" e nell'"exemplum" giuridico nascono spontanee le domande diatribiche di 3,19.21. Perciò egli si sofferma prima sulla funzione (vv. 19-20), e quindi sulla relazione tra νόμος e "promesse" (vv. 21-22). A causa della natura diatribica, risalta la vivacità stilistica, il carattere sentenzioso ed amplificante della pericope[91].

Abbiamo dimostrato che tali diatribe non rappresentano delle parentesi rispetto all'argomentazione principale, ma delle questioni conseguenziali. Per questo in 3,19-22 Paolo si riferisce ancora alla "Torah" giudaica (v. 19), comunicata dagli angeli al popolo di Israele. Infatti permane, rispetto al νόμος, la prospettiva negativa delle precedenti argomentazioni[92]. Nella prima pericope diatribica (vv. 19-20) viene precisata la funzione e l'origine del νόμος. Il νόμος sopraggiunse in vista delle trasgressioni; ed il compito stesso della Legge consiste nel denunciare la natura "trasgressiva" del peccato[93].

Quindi viene richiamata l'origine angelica della Legge, secondo una prospettiva negativa. Ma notiamo che, nonostante tale prospettiva, Paolo non nega l'origine divina della Legge. Ci sembra che spesso, per sottolineare la prospettiva negativa del νόμος in 3,19-20, si sia scissa arbitrariamente l'angelologia dalla teologia[94]. Di per sé, l'origine angelica non esclude quella divina della Legge, anche se la prima viene presentata in luce negativa rispetto

---

91 Per questo ogni affermazione delle questioni diatribiche rappresenta una sorta di "crux interpretum". Non è questo il luogo per farne la storia dell'interpretazione: ne rileviamo soltanto l'andamento argomentativo.

92 Così anche VANHOYE, *Galati*, 100.

93 A causa di τῶν παραβάσεων forse χάριν acquista valore finale e non causale, o semplicemente "relazionale". Infatti, le trasgressioni sono tali, in quanto relazionate ad una Legge precedente, già in vigore. Così anche HANSEN, *Abraham*, 130; VANHOYE, *Galati*, 101. Invece per l'interpretazione causale, cf. LULL, "Law", 483-487; RÄISÄNEN, *Paul*, 148; SANDERS, *Law*, 66; THIELMAN, *Plight*, 74-75.

94 Così DRANE, *Paul*, 34-35; RÄISÄNEN, *Paul*, 130-131.

alla seconda[95]. Forse in Gal non è ancora riscontrabile una concezione gnostica dell'angelologia!

Ancora una volta l'argomentazione paolina risulta funzionale, determinata da finalità persuasive. Per questo Gal 3,19-22 non rappresenta un "excursus" sulla Legge: le espressioni sono troppo brachilogiche e funzionali per riguardare la Legge in quanto tale. Pertanto, nella prima questione diatribica, vengono dimostrate la finalità, la natura transitoria e l'origine "mediata" della Legge.

(v) La seconda questione diatribica sulla Legge   (3,21-22)

Alla risposta negativa sulla funzione e l'origine del νόμος in 3,19-20 è collegata la seconda questione diatribica sulla relazione tra le promesse e la Legge. In 3,21-22 il termine νόμος compare 3x e si riferisce sempre alla "Torah". Anche questa pericope procede secondo la vivacità stilistica e l'amplificazione contenutistica della prima questione diatribica.

Notiamo innanzitutto che, nonostante le argomentazioni precedenti, Paolo rifiuta l'antitesi tra le promesse e la Legge. Tale rifiuto, formulato con μὴ γένοιτο (v. 21), dissipa ogni falsa conclusione sulla relazione tra il νόμος e le ἐπαγγελίαι. Di fatto, spesso tale "falsa conclusione" viene ritenuta come vera, anche se non rispondente alla teologia paolina[96]. In realtà, questa falsa conclusione viene rigettata da Paolo stesso: non vi è antitesi tra la Legge e le promesse, in quanto tali. La motivazione viene data in 3,21b-22: la Legge non può ζωοποιῆσαι e quindi conferire la δικαιοσύνη (v. 21b).

La scelta del verbo ζωοποιεῖν si riferisce alla "risurrezione", ad una vita donata a chi è morto[97]. In tal modo viene richiamata la dimensione escatologica della vita cristiana (cf. 2,19-20; 3,13-14). Ancora una volta, la risposta di Paolo non deriva dalle considerazioni sui tentativi frustrati della Legge o dell'uomo, ma dalla convinzione che la vita ha un'altra origine: Cristo. Forse, per Paolo, la Legge non ha mai desiderato di "vivificare", perché questa possibilità appartiene all'economia della πίστις (cf. Gal 3,22).

Notiamo infine, in 3,22, la scelta di ἡ γραφή, invece di ὁ νόμος. Tale variazione è dovuta alla figura dell'iperbole: Paolo sembra dire che l'intera Scrittura ha rinchiuso "tutte le cose sotto il peccato". Ma, anche in tal caso, questo non significa che la Scrittura è positiva, mentre la Legge è negativa: si

---

[95] Cf. anche MARTIN, *Christ*, 35-36; SANDERS, *Law*, 68; SCHNABEL, *Law*, 272; WESTERHOLM, *Israel's Law*, 178.

[96] Cf. BEKER, *Paul*, 55.

[97] In 3,21 Paolo non utilizza il generico ζώειν, presente anche in 3,11 a proposito del νόμος, ma lo specifico ζωοποιεῖν. Nel Nuovo Testamento il verbo ζωοποιεῖν si trova altre 10x, sempre in contesti di morte e di risurrezione: cf. Gv 5,21.21; 6,63; Rm 4,17; 8,11; 1 Cor 15,22.36.45; 2 Cor 3,6; 1 Pt 3,18.

tratta piuttosto di una metonimia, per cui, quanto afferma per la Scrittura, vale anche per la Legge (cf. Gal 4,21)[98].

(vi) La figliolanza e la Legge (Gal 3,23-29)

L'ultima argomentazione della seconda dimostrazione riguarda la figliolanza abramitica, realizzata in Cristo. Ma prima di collegare l'argomentazione alla "subpropositio" di 3,6-7, Paolo valuta la consistenza del νόμος nella storia della salvezza (vv. 23-25). Assistiamo, infatti, all'emergenza del codice cronologico su quello concettuale. In questa pericope νόμος e πίστις non si trovano più uno di fronte all'altra, ma in successione cronologica: dal tempo del "pedagogo" a quello della fede.

Anche in 3,23-24 Paolo si riferisce alla Legge giudaica, presentata sia senza (v. 23), che con l'articolo (v. 24). Nell'analisi della "dispositio" abbiamo sottolineato la prospettiva negativa rispetto al νόμος ed alla metafora del παιδαγωγός. Naturalmente questo non comporta una carenza di funzionalità all'interno dell'economia divina, né un'abrogazione della Legge stessa; tutt'altro! Piuttosto, anche se da una prospettiva negativa, Paolo sottolinea la necessità di questo pedagogo, senza il quale non sarebbe sopraggiunto, in termini storici, il tempo della fede; e la condizione di quanti appartengono alla nuova economia non include un'abrogazione della Legge.

Ancora una volta la prospettiva dalla quale Paolo ricomprende il νόμος non è la Legge stessa, né la condizione dell'uomo, ma l' εἷς... ἐν Χριστῷ Ἰησοῦ (v. 28). Quindi, la figliolanza, quale implicanza fondamentale della cristologia, rappresenta il criterio di valutazione della Legge. Per questo, nella seconda parte della pericope (vv. 26-28), Paolo riprende le tematiche della figliolanza (cf. vv. 26.29), delle promesse (v. 29) e dell'eredità (v. 29), spiegate lungo la seconda dimostrazione. Ci sembra che, rispetto a νόμος, Paolo chiarifichi la situazione della figliolanza abramitica, soprattutto nell'antitesi tra Ἰουδαῖος ed Ἕλλην (v. 28). Abbiamo già posto in risalto, nella prima dimostrazione, la contiguità tra giudaismo e Legge: il Giudeo trova la propria identità nel possesso della Legge (cf. 2,14-15). Ora Paolo nega che in Cristo ci sia spazio per tale proprietà. Ma forse è necessario rilevare che tale negazione è nello stesso tempo assoluta e relativa. Si tratta di una negazione assoluta: in Cristo non c'è stato mai spazio per l'identità giudaica "vivificata" dalla Legge. Infatti, sia il Cristo, che quanti "sono rivestiti" di Lui (cf. 3,27), sono morti al νόμος (cf. 2,19-20). Ma nello stesso tempo si tratta di una negazione relativa: l'ambito di riferimento è Cristo, non la Legge in quanto tale. Paolo non può affermare che la Legge o l'essere giudeo sono abrogati. Infatti, come non può negare l'esistenza in assoluto delle distinzioni sessuali e civili, così non può

---

[98] Questo è confermato dalla presenza del verbo συγκλείειν, utilizzato sia per γραφή (v. 22: συνέκλεισεν) che per νόμος (v. 23: συγκλειόμενοι).

affermare l'abrogazione della Legge. Forse nella valutazione di νόμος spesso si sono confusi gli ambiti di riferimento, come per le distinzioni sessuali. Ma, come non è assoluta l'abrogazione sessuale tra maschio e femmina, per cui si possano fondare dei movimenti cristiani di femminismo, così non è negata la Legge in quanto tale, per cui si possa legittimare un antinomismo paolino. Ancora una volta dobbiamo constatare che per Paolo la Legge è negata senza, per questo, essere abrogata.

Infine, notiamo la connessione tra l'antitesi "giudeo né greco" (v. 28) e quella tra "circoncisione" ed "incirconcisione" espressa in 5,6; 6,15. A causa delle chiarificazioni rispetto alla problematica del νόμος, Paolo pone in risalto l'implicazione della figliolanza abramitica. Ma forse questo vale anche per la non-Legge e per l'incirconcisione. In definitiva, questa figliolanza si colloca ad un livello superiore, sia rispetto alla Legge che alla non-Legge.

(vii) La "peroratio" e la Legge   (Gal 4,1-7)

In 4,1-7 Paolo sintetizza la topologia della seconda dimostrazione, ponendo al centro della "peroratio" la tematica della figliolanza (v. 5). Così, dalla figliolanza del Cristo si perviene a quella dei credenti in Lui.

Ma nella "peroratio" Paolo richiama ancora la relazione tra la figliolanza e l'economia dell' ὑπὸ νόμον (vv. 4.5). Già in 3,23 Paolo aveva fatto riferimento a questa economia, definita con la metafora del pedagogo (3,25; cf. anche 4,21; 5,18). Pertanto, Paolo tratta ancora della Legge giudaica, relazionata alla "pienezza del tempo" (cf. Gal 4,4).

Inoltre la prospettiva di valutazione del νόμος rimane negativa, come per 3,23-29. Tale negatività viene posta maggiormente in risalto dalla contiguità che Paolo stabilisce, in modo ardito, tra ὑπὸ νόμον (4,4.5) ed ὑπὸ τὰ στοιχεῖα τοῦ κόσμου (4,3): la Legge si trova sullo stesso livello degli "elementi del cosmo". Però, notiamo che egli non assimila gli "elementi del cosmo", con la Legge, per cui non c'è differenza tra i due ambiti. Ci sembra invece che si tratti ancora di connessioni, non di identificazioni. Paolo sembra sostenere che, per i Galati, i quali desiderano sottomettersi alla Legge, la situazione non cambia rispetto alla propria situazione di pagani perché, di fatto, la Legge non offre la figliolanza. In tal modo, l'uomo rimane schiavo e non perviene a libertà.

Ma questo non significa che il νόμος si identifica con τὰ στοιχεῖα τοῦ κόσμου. Una tale ipotesi contrasta proprio con l'itinerario salvifico di Gal 4,4-5. Come in 2,19-20; 3,13-14 anche in 4,4-5 Paolo utilizza un ossimoro che suscita stupore negli ascoltatori. Il paradosso dell'ossimoro consiste nel contrasto tra il mezzo e la finalità dell'azione soteriologica: come può il figlio di Dio nascere da una donna e sotto la Legge per conferire la libertà dalla stessa Legge ed una nuova figliolanza? Di per sé, chi nasce sotto la Legge rimane nella sua economia, non può esserne liberato, pena la maledizione (cf. Gal 3,13). Cristo invece, con la morte e la risurrezione ha superato proprio tale economia di sottomissione, offrendo una nuova identità a quanti gli appartengono:

l'υἱοθεσία. Pertanto come per 2,19-20; 3,13-14 l'atteggiamento di Paolo verso la Legge non si trova se non nella figliolanza abramitica, che non può essere condannata dalla Legge perché "vivente per Dio" (cf. 2,19). Notiamo, infine, la necessità storico-salvifica della Legge, precisata in 4,4-5[99]. Era necessaria tale sottomissione al νόμος per il Figlio di Dio: questa è la logica dell'incarnazione. Altrimenti Egli non avrebbe "riscattato" quanti si trovavano sotto la Legge stessa (v. 5), né i credenti, giudei o gentili che siano, avrebbero ricevuto lo "Spirito del Figlio" per diventare, a loro volta, figli ed eredi delle promesse (cf. 4,7).

Pertanto la "peroratio" di Gal 4,1-7 pone in evidenza la funzionalità del νόμος rispetto alla υἱοθεσία. Da tale situazione Paolo rilegge l'economia e la funzione del νόμος nella storia della salvezza e la sua relazione con le promesse abramitiche. Quindi, dalla seconda dimostrazione, deriva un quadro negativo della Legge; ma tale negatività non viene mai confusa da Paolo con l'abolizione della Legge stessa.

4.4.3. Quale figliolanza (4,8–5,12)?

Se in 3,1–4,7 il termine νόμος attraversava l'intera sezione, nella terza dimostrazione (4,8–5,12) la sua presenza risulta più sfocata. Il lemma compare soltanto 4x, di cui 2x in 4,21 e 2x nella "peroratio" di 5,2-12: vv. 3.4. Nell'apostrofe (4,8-11) e nella "digressio" elogiativa dei Galati (4,12-20) Paolo non richiama direttamente la problematica del νόμος, anche se in 4,10 introduce un aspetto importante della Legge, che riprenderemo a proposito della "peroratio" (5,2-12). Abbiamo dimostrato che, anche in questa sezione, Paolo procede nella spiegazione della figliolanza abramitica, ma questa volta in termini di alternativa e non solo di riconoscimento: quale figliolanza bisogna scegliere? Si tratterà, quindi, di comprendere in che senso la figliolanza abramitica e νόμος si escludono.

---

[99] La stessa figura dell'antimetabolè o chiasmo, pone in risalto l'importanza del sintagma ὑπὸ νόμον. Così Vanhoye ne identifica la disposizione:

A. ἐξαπέστειλεν ὁ θεὸς τὸν υἱὸν αὐτοῦ
   B.   γενόμενον ἐκ γυναικός
   C.   γενόμενον ὑπὸ νόμον
   C1.   ἵνα τοὺς ὑπὸ νόμον ἐξαγοράσῃ
   B1.   ἵνα τὴν υἱοθεσίαν ἀπολάβωμεν.

Cf. VANHOYE, "La Mère", 241-242. Al centro del chiasmo si trova l'antitesi tra (C) e (C1) in cui viene descritto l'itinerario salvifico realizzato dal figlio di Dio; negli stichi periferici (B. B1) si passa dalla figliolanza divina del Cristo a quella divina degli uomini.

(i) Il secondo "midrash" e la Legge (4,21-5,1)

Dopo l'elogio (4,12-20), Paolo interpella nuovamente i Galati, per dimostrare, attraverso il "midrash allegorico" (cf. 4,24), l'impossibilità di convivenza tra la figliolanza "secondo la carne" e quella "secondo lo Spirito" (cf. 4,29). Tuttavia, prima di delineare l'argomentazione "midrashica" (4,22-5,1), Paolo interroga i Galati chiedendo ad οἱ ὑπὸ νόμον θέλοντες εἶναι di ascoltare τὸν νόμον (4,21).

Notiamo innanzitutto, dal punto di vista grammaticale, due modi di far riferimento a νόμος: prima compare senza articolo (ὑπὸ νόμον), quindi con l'articolo (τὸν νόμον). Per quanto riguarda ὑπὸ νόμον, dalle precedenti frequenze sembrano evidenti l'identità e la prospettiva: si tratta della Legge giudaica vista come sottomissione (cf. 3,23; 4,5). Rimane problematico il senso di τὸν νόμον. A prima vista, sembrerebbe riferirsi ad una Legge diversa dalla prima, perché vista positivamente, da "ascoltare". Per cui si è pensato alla "Torah" in quanto rivelazione che rende desueta la "Torah" come legislazione: così, mentre una parte della Legge si salverebbe, l'altra verrebbe a cadere. Tale interpretazione sarebbe confermata dalle citazioni bibliche che intessono il "midrash": Gn 16,15; 21,2.9; 17,16 in Gal 4,22-23; Is 54,1 in Gal 4,27; Gn 21,10 in Gal 4,30. Sembrerebbe così che, almeno in Gal 4,21, Paolo distingua, per scindere, due modi di intendere νόμος. D'altro canto, questo faciliterebbe la soluzione della problematica prospettiva positiva di νόμος in Gal 5,13-14; 6,2. Ma di fatto Paolo ha voluto veramente separare due ambiti della stessa Legge, per cui uno permane e l'altro viene abrogato?

Forse la figura retorica, impiegata in Gal 4,21 ci permette di risolvere tale questione. In 4,21, come per 2,19-20; 3,13-14; 4,4-5, Paolo utilizza un ossimoro per suscitare l'attenzione dei destinatari: lo stesso termine νόμος parla di se stesso. Il paradosso consiste nel fatto che quanto è visto negativamente risulta nello stesso tempo positivo [100]. Qualora si trattasse di due Leggi diverse, l'ossimoro perderebbe della sua incidenza paradossale. Invece ci sembra che Paolo si riferisca alla stessa Legge, che in sé trova le motivazioni del suo superamento. In pratica, la Legge stessa annuncia una figliolanza δι' ἐπαγγελίας (4,23), vale a dire senza se stessa. D'altro canto, che promessa sarebbe se avesse bisogno della Legge per realizzarsi (cf. Gal 3,17)?

Pertanto, anche in 4,21 Paolo stabilisce delle distinzioni che non implicano delle separazioni. Potremmo affermare che "la Legge, in quanto rivelazione, annuncia il proprio stesso superamento in quanto legislazione" [101]. Ma, ancora una volta, non si tratta di due ambiti distinti della stessa Legge, né di due Leggi separate. Al contrario, in termini sineddotici, quanto vale per una parte, vale per tutta la Legge. Questo ci permette di risolvere l'aspetto irrisolto dell'ossimoro

---

[100] Su tale paradosso e sulla sua funzione, cf. A. VANHOYE, "Gal 4,22-31: Joie et liberté", *AssSeign* 32 (1967) 18.

[101] Cf. VANHOYE, *Galati*, 41.

formulato in 2,19, in quanto non ancora spiegato da Paolo: ἐγὼ γὰρ διὰ νόμου νόμῳ ἀπέθανον. Il διὰ νόμου non si riferisce al fatto che, poiché la Legge ha condannato Paolo, egli è morto alla Legge. Di per sé questo non è vero: la Legge non ha mai condannato Paolo. Al contrario, egli stesso, nella periautologia, si è introdotto con il vanto del proprio passato nel giudaismo (cf. Gal 1,13-14). Per inverso, nella Legge stessa Paolo ha trovato le ragioni (cf. δι᾿ ἀποκαλύψεως in 1,12) per cui Cristo, attraverso la morte alla Legge, potesse vivere mediante la risurrezione, ed in tal modo essere causa di vita e benedizione per quanti gli appartengono (cf. Gal 3,13-14).

Pertanto, nella Legge stessa, Paolo trova le ragioni del suo superamento. Dunque, i Galati sono invitati a riconoscere questa dialettica interna della Legge: non si può essere nello stesso tempo figli "secondo la carne" e "secondo lo Spirito" (cf. 4,23.28-29). Le due figliolanze sono inconciliabili, come quella di Isacco e di Ismaele rispetto all'eredità abramitica: questa appartiene soltanto al "figlio della promessa" (cf. Gn 21,10 in Gal 4,30).

Quindi, mediante il dilemma tra la figliolanza "secondo lo Spirito" e quella "secondo la Legge", Paolo pone i Galati davanti ad una svolta. L'implicanza centrale del vangelo in 4,21–5,1 è costituita proprio dall'impossibile convivenza tra queste due economie. Forse i Galati pensavano che la Legge potesse, in modo supererogatorio, aggiungere qualcosa circa la propria partecipazione alle promesse, all'eredità in Cristo. In realtà un'inclusione della Legge, nella dimensione escatologica, si sarebbe rivelata disastrosa per Paolo, per i Galati e per Cristo stesso. Nella "peroratio" di 5,2-12 Paolo porrà in evidenza le conseguenze di un'inserimento della Legge nella figliolanza secondo la promessa.

(ii) La "peroratio" e la Legge (5,2-12)

Anche la terza dimostrazione si conclude con una "peroratio" (5,2-12): in essa Paolo delinea le implicanze negative del νόμος, nel caso diventasse vincolante per acquisire la figliolanza abramitica.

In tale pericope, il lemma νόμος si trova 2x: in 5,3 compare con l'articolo, mentre in 5,4 senza l'articolo. Ma in entrambi i casi, la Legge viene presentata in prospettiva negativa. Tuttavia, ci sembra che Paolo, anche in 5,3-4, si riferisca alla Legge giudaica, nella sua globalità, che nella circoncisione reperisce il suo connotato distintivo: perciò, accanto a νόμος, troviamo περιτομή (vv. 6.11) ed il verbo περιτέμνεσθαι (vv. 2.3). Per inverso, alla περιτομή Paolo oppone l'ἀκροβυστία (v. 6).

Notiamo, tuttavia, che le asserzioni di Paolo sul νόμος, si collocano all'interno della "peroratio", caratterizzata da enfasi e vivacità stilistica. Egli, in 5,2-12 sintetizza quanto ha sostenuto nella terza dimostrazione: non aggiunge nuove dimostrazioni.

In tale prospettiva si colloca la difficile affermazione di 5,3: "E dichiaro di nuovo a chiunque si fa circoncidere che è obbligato ad osservare tutta la Legge".

A prima vista sembrerebbe che Paolo fondi, sull'incapacità umana di osservare "tutta" la legge, le motivazioni per cui è bene non farsi circoncidere[102]. In realtà, si tratta innanzitutto di un'iperbole, determinata dalla relazione tra $\pi\alpha\nu\tau\acute{\iota}$ ed $\ddot{o}\lambda o\nu$. Inoltre, la relazione con l'apostrofe di 4,8-11 ne illumina la finalità. Infatti, sia in 4,10 che in 5,3, Paolo utilizza dei verbi relazionati con l'osservanza della Legge: $\pi\alpha\rho\alpha\tau\eta\rho\epsilon\hat{\iota}\sigma\theta\epsilon$ (4,10) e $\pi o\iota\hat{\eta}\sigma\alpha\iota$ (5,3). I Galati stanno già osservando "giorni, mesi, stagioni ed anni" (4,10); ma è necessario ricordare loro che, se si sottomettono alla circoncisione, sono obbligati ad osservare "tutta la Legge", e non soltanto una sua parte. Per questo, Gal 5,3 se collocato nella propria dimostrazione, non figura come una contraddizione rispetto a 5,14, bensì come una minaccia per i destinatari[103].

Pertanto ci sembra che in Gal, Paolo non fondi, sull'impossibilità umana di adempiere la Legge, le motivazioni per cui questa non debba essere assunta. Ancora una volta, le ragioni si trovano nella $\pi\acute{\iota}\sigma\tau\iota\varsigma$ $\delta\iota$ ' $\acute{\alpha}\gamma\acute{\alpha}\pi\eta\varsigma$ $\acute{\epsilon}\nu\epsilon\rho\gamma o\upsilon\mu\acute{\epsilon}\nu\eta$ (5,6), nell'economia della fede che si pone ad un livello superiore, sia rispetto al $\nu\acute{o}\mu o\varsigma$ con la $\pi\epsilon\rho\iota\tau o\mu\acute{\eta}$, che alla "non-Legge" con l' $\acute{\alpha}\kappa\rho o\beta\upsilon\sigma\tau\acute{\iota}\alpha$. Per questo, Paolo in 5,2-12 sottolinea le conseguenze negative del $\nu\acute{o}\mu o\varsigma$, se posto all'interno della $\pi\acute{\iota}\sigma\tau\iota\varsigma$. Nei confronti del Cristo, questo rappresenterebbe l'inutilità della sua azione redentiva verso i Galati: "Se vi fate circoncidere, Cristo non vi servirà a nulla" (cf. 5,2). Per i destinatari, ciò significa un decadimento dalla stessa grazia (cf. 5,4) ed un conseguente impedimento nella "corsa" di adesione alla "verità" del vangelo: "Non avete più nulla a che fare con Cristo..." (5,4.7; cf. 2,5.14). Infine per Paolo stesso, sarebbero state inutili le persecuzioni subite per il fatto di non predicare più la circoncisione, ma la croce di Cristo: "Se io predico la circoncisione perché sono ancora perseguitato?" (cf. 5,11).

4.4.4. Gli "spirituali" e la Legge (5,13–6,10)

Nella quarta dimostrazione viene ripresentato l'itinerario della vita "secondo lo Spirito", opposto a quella "secondo la carne": "Ma dico, camminate secondo lo Spirito, e non sarete portati a soddisfare il desiderio della carne" (5,16). I Galati sono posti nuovamente di fronte a tali possibilità di esistenza e sono costretti a scegliere. All'interno di tale dilemma, Paolo colloca la problematica del $\nu\acute{o}\mu o\varsigma$; si tratta dunque di valutare le connessioni tra lo Spirito

---

[102] Così GUNDRY, "Grace", 27; HÜBNER, *Gesetz*, 38.

[103] Questa interpretazione era già stata intuita da Sanders, ma non spiegata a partire dallo sviluppo dimostrativo della terza dimostrazione. Cf. SANDERS, *Law*, 63. Invece Räisänen non esita a considerare la relazione tra 5,3 e 5,14 come contraddittoria. Cf. RÄISÄNEN, *Law*, 63.

Ma forse, soltanto collocando la problematica del $\nu\acute{o}\mu o\varsigma$ nella "dispositio" retorica e nell'evoluzione argomentativa, è possibile cogliere la prospettiva paolina, tutt'altro che contraddittoria.

e la Legge. Lo schema delle frequenze di νόμος, relazionato alle microunità argomentative, ci aiuterà nell'analisi:

- Ammonimento (5,13-15): 1x (v. 14);
- Confronto (5,16-26): 2x (vv. 18.23);
- Applicazione (6,1-10): 1x (v. 2).

(i) L'adempimento della Legge (5,13-15)

Nell'ammonimento (5,13-15) che introduce la quarta dimostrazione (5,16–6,10) sembra che Paolo abbia dimenticato improvvisamente quanto aveva sostenuto riguardo al νόμος in Gal 2,16–5,12. Invece, ora egli non esita ad affermare, in modo positivo: "Infatti, tutta la Legge si adempie in una sola parola: amerai il prossimo tuo come te stesso" (v. 14). Innanzitutto, precisiamo che, nella risoluzione di tale "crux", non si può addurre la motivazione che 5,13-15 costituisce una sorta di insegnamento secondario, in quanto posta in una sezione esortativa della Lettera. Al contrario, ci sembra di aver rilevato, per Gal 5,13–6,10, lo stesso livello argomentativo delle dimostrazioni precedenti. Paolo non sta tanto trattando della vita cristiana intraecclesiale, ma soprattutto della dimensione escatologica dell'essere cristiano. Per questo le affermazioni di 5,13–6,10 hanno lo stesso valore di quelle contenute in 1,1–5,12.

Quindi rileviamo il procedimento rabbinico utilizzato da Paolo. Egli stabilisce il "kelal", oppure l'elemento riassuntivo della Legge: ...ἐν τῷ ἀγαπήσεις τὸν πλησίον σου ὡς σεαυτόν. Notiamo che tale "kelal" si trova nel νόμος stesso: Lv 19,18[104]. Quindi anche in Gal 5,14 Paolo si riferisce alla Legge giudaica, considerata nella sua globalità[105]. Infatti, la regola "midrashica" del "kelal" non rappresenta che la figura della sineddoche, in ambito rabbinico.

Pertanto, Paolo non intende restringere o salvare una parte della Legge a detrimento del resto; al contrario, l'ἀγάπη adempie "tutta la Legge"[106]. Dunque la motivazione emersa per 2,19; 3,13-14; 4,21, vale anche per 5,14: è la Legge stessa che esige il proprio adempimento in Cristo.

Per questo, in Gal Paolo non afferma mai che la Legge è abrogata o abolita: è piuttosto adempiuta, pur non aggiungendo nulla alle promesse ed

---

[104] La citazione di Lv 19,18 in Gal 5,14 corrisponde sia alla LXX che al TM.

[105] Su Lv 19,18 come "kelal" della "Torah", cf. Rm 13,9; Lc 10,27; Mt 22,39; Mc 12,31; Gc 2,8; cf. anche Mt 5,43; 19,19. Ci sembra che spesso vengano opposti, in modo arbitrario, il νόμος e l'ἀγάπη, dimenticando che la "regola d'oro" dell'amore vicendevole si trova già nella Legge stessa (cf. Lv 19,18), senza attendere il Nuovo Testamento. Cf. invece BRUCE, Galatians, 37.

[106] A causa di tale figura non trova consistenza la distinzione, fatta da Hübner, tra ὅλον τὸν νόμον (5,3) ed ὁ γὰρ πᾶς νόμος (5,14). Così, Paolo si riferirebbe in 5,3 al sistema legale negativo, mentre in 5,14 alla Legge intesa positivamente. Cf. H. HÜBNER, "Das ganze und das eine Gesetz", KD 21 (1975) 239-256; cf. anche BRUCE, Galatians, 241.

all'eredità abramitica. In rapporto ai Galati, Paolo sottolinea la possibilità che, nell'amore vicendevole, la Legge venga portata a compimento: non è necessario sottomettersi alla Legge per adempierla. Quindi, la nuova relazione è determinata dalla vita secondo lo Spirito o dall'appartenenza al τὸ πλήρωμα τοῦ χρόνου (cf. 4,4), durante il quale la Legge stessa πεπλήρωται (5,14).

(ii) Lo Spirito e la Legge (5,16-26)

Nel confronto tra lo Spirito e la carne (5,16-26), Paolo sembra tornare ad una visione negativa del νόμος, al punto che lo colloca accanto alla carne e contro lo Spirito (cf. 5,18.23). Abbiamo rilevato che nella "subpropositio" di 5,16 Paolo annuncia la tematica principale della quarta dimostrazione: camminare secondo lo Spirito. Pertanto, anche in tale pericope il νόμος non viene considerato in quanto tale, ma in relazione con lo Spirito. Notiamo innanzitutto che il lemma νόμος compare 2x, e senza articolo: ὑπὸ νόμον (v. 18) e νόμος (v. 23). Questi riferimenti al νόμος fanno da cornice (vv. 18.23b) alla lista dei vizi (vv. 19-21) e delle virtù (vv. 22-23a).

Per quanto riguarda 5,18 Paolo distingue le due economie: quella dello Spirito e quella della Legge; si tratta sempre del tempo della "Torah", che ha lasciato, nella storia della salvezza, il posto a quello dello πνεῦμα. Ma tale scissione non implica necessariamente un'opposizione. Infatti, Paolo non oppone πνεῦμα a νόμος, bensì a σάρξ. Forse spesso si è opposta, in modo arbitrario, la relazione tra Spirito e Legge, così da determinare un'eguaglianza tra νόμος e σάρξ. In realtà, chi si trovava nel tempo del νόμος non possedeva lo Spirito, che non era stato ancora inviato (cf. 4,5); ma questo non significa che viveva secondo la carne. Per questo Paolo non può opporre πνεῦμα e νόμος: questi si trovano piuttosto in successione storico-salvifica. Ma con l'assoggettamento al νόμος, nel tempo dello πνεῦμα, i cristiani della Galazia causerebbero un superamento di tale successione, determinando una contemporaneità che, nella prospettiva di Paolo, significa produzione della σάρξ.

Quindi, Paolo non può parlare di ἔργα νόμου, che pur conosce (cf. 2,16; 3,2), bensì di ἔργα τῆς σαρκός (5,19). Forse abbiamo spesso confuso, in modo indebito, le ἔργα νόμου con le ἔργα τῆς σαρκός, rendendo la concezione paolina della Legge più negativa di quel che sembra. Certamente, le "opere della Legge" non appartengono all'economia della fede; ma questo non significa che, in quanto tali, sono uguali a quelle della carne; tutt'altro!

All'interno della distinzione tra le due economie si spiega anche l'apodittica conclusione che Paolo trae dopo la lista delle "virtù": κατὰ τῶν τοιούτων οὐκ ἔστιν νόμος (5,23). Ci sembra che, nonostante l'assoluto uso di νόμος senza l'articolo, anche in 5,23 Paolo si riferisca alla "Torah", intesa nella sua globalità. Egli afferma che la Legge non può nulla contro il "frutto dello Spirito", non perché l'una è negativa e l'altro positivo, bensì perché rispondono ad economie storiche differenti. Al contrario, Paolo non esita a dichiarare la crocifissione della σάρξ per quanti appartengono a Cristo, ma non del νόμος: "Ma quelli che sono di Cristo hanno crocifisso la carne con le passioni ed i desideri" (v. 24).

Pertanto, ci sembra che, in Gal 5,16-26, Paolo dichiari l'abrogazione o la morte della "carne", non quella della Legge. Invece, lo Spirito e la Legge entrano in conflitto nel momento in cui, a quest'ultima, viene richiesta una vita che non può dare, non a causa del peccato, ma per lo stesso πνεῦμα: "Se viviamo secondo lo Spirito, secondo lo Spirito anche camminiamo" (v. 25).

(iii) "La Legge di Cristo" (Gal 6,2)

Con τὸν νόμον τοῦ Χριστοῦ di 6,2 perveniamo ad una "crux interpretum": dopo aver presentato il νόμος in prospettiva negativa, affinchè i Galati non assumano il suo "giogo" (cf. 5,1), improvvisamente Paolo stabilisce una relazione tra la Legge e Cristo: "Portate i pesi gli uni degli altri, ed in questo modo adempirete oltre modo la Legge di Cristo" (6,2). In tale pericope risulta innanzitutto problematica l'identità del νόμος. Si riferisce ancora alla "Torah" dell'Antico Testamento, oppure ad una nuova Legge? In tal caso, in che senso può dirsi nuova? Riguardo allo stesso sintagma, τὸν νόμον τοῦ Χριστοῦ, di quale genitivo si tratta? Le difficoltà sulla comprensione del sintagma si accentuano a causa del carattere sentenzioso e frammentario della pericope. Di fatto, a prima vista, non sembra che il contesto ci aiuti a risolvere la questione.

Così, la maggior parte degli studiosi condivide l'esegesi di Dodd: Gesù stesso, con i suoi λόγια, ha stabilito una nuova Legge [107]. Ma notiamo che in Gal, Gesù non viene mai presentato come nuovo Mosè, né viene riportato qualche suo detto. Piuttosto, forse è necessario rilevare che Paolo fonda le sue dimostrazioni proprio sul νόμος dell'Antico Testamento.

In connessione con tale interpretazione, altri considerano τὸν νόμον τοῦ Χριστοῦ come genitivo epesegetico: Cristo stesso costituirebbe la nuova Legge [108]. Ma anche per tale variazione vale quanto affermato per la precedente interpretazione: in Gal non vengono mai attribuite a Cristo metafore di questo genere, per cui si possa dire che egli, con la sua persona, rappresenti una nuova legislazione. Possiamo affermare che tale tipologia non è presente nelle dimostrazioni paoline della Lettera.

---

[107] Cf. C.H. DODD, "ἔννομος Χριστοῦ", FS. J. De Zwaan, Studia Paulina (Haarlem 1953) 96-110; cf. anche BRUCE, Galatians, 261; DAVIES, Paul, 137-144; A. FEUILLET, "Loi de Dieu, loi du Christ et loi de l'Esprit, d'après les épîtres paulinennes" NT 22 (1980) 45-51; MARTIN, Christ, 152-154; SCHÜRMANN, "Gesetz", 282-330; J.G. STERELAN, "Burden-Bearing and the Law of Christ: A Re-Examination of Galatians 6.2", JBL 94 (1975) 266-276; WILCKENS, Entwicklung, 175-176.

[108] Cf. DRANE, Paul, 57; B. HAYS, "Christology and Ethics in Galatians. The Law of Christ", CBQ 49 (1987) 268-290; O. HOFIUS, "Das Gesetz des Mose und das Gesetz Christi", ZTK 80 (1983) 262-286; PENNA, "Legge", 349.

Da parte sua, Räisänen considera innanzitutto Gal 6,2 come "afterthought" e pensa di risolvere il problema interpretando τὸν νόμον τοῦ Χριστοῦ come semplice "metafora ecclesiale"[109]. Ma ci sembra di aver dimostrato che Gal 5,13–6,10 non rappresenta un insegnamento secondario, né una sezione ecclesiologica, ma "escatologica".

Invece, secondo Van Dülmen, Paolo si riferisce sempre alla Legge dell'Antico Testamento, che tuttavia può essere osservata soltanto in epoca messianica, con Cristo[110]. In tal caso τὸν νόμον τοῦ Χριστοῦ corrisponde ad ὁ γὰρ νόμος τοῦ πνεύματος di Rm 8,2. Questa interpretazione non manca di fondamento nella globalità della teologia paolina: forse Paolo in Rm 8,2-4 richiama proprio gli oracoli di Ez 36 e Ger 31[111]. Ma in Gal, Paolo non fonda mai le proprie argomentazioni su tali oracoli[112]. Inoltre, è necessario rispettare, per quanto possibile, il principio della sincronia, per cui analizziamo Gal con Gal. Per questo, forse l'utilizzazione della metodologia "argomentativa" ci permetterà di risolvere tale "crux".

Precisiamo, innanzitutto, che τὸν νόμον τοῦ Χριστοῦ si trova nella quarta dimostrazione, riguardante la vita "secondo lo Spirito" (cf. la "subpropositio" di 5,16) degli πνευματικοί (6,1). Inoltre, Gal 6,1-10, pur nella natura frammentaria, si pone in continuità argomentativa rispetto alla dimostrazione iniziata con 5,13.

Infatti, ci sembra di reperire, nella relazione con l'ammonimento iniziale di 5,13-15, la via risolutiva per il senso di τὸν νόμον τοῦ Χριστοῦ. Così al πεπλήρωται di 5,14 corrisponde l'ἀναπληρώσετε di 6,2. Notiamo ancora che, mentre in Gal 5,14 Paolo afferma che il νόμος stesso πεπλήρωται, in 6,2 il verbo ἀναπληροῦν viene programmato per gli stessi πνευματικοί (cf. 6,1).

Ci sembra, inoltre, che due paralleli, della stessa Lettera, illuminano il senso di ἀναπληρώσετε in Gal 6,2. Già in Gal 4,4 Paolo aveva affermato ὅτε δὲ ἦλθεν τὸ πλήρωμα τοῦ χρόνου... Questo "riempimento" del tempo riguarda anche l'antica economia del νόμος che appunto πεπλήρωται (cf. 5,14). Dunque, la medesima Legge giunge al proprio compimento in Cristo; e nel corso della Lettera ai Galati, questo viene annunciato, da essa stessa, mediante i propri oracoli[113]. In definitiva, anche se presentata in contesto negativo, la metafora del "pedagogo", applicata alla Legge si spiega in tale

---

[109] Cf. RÄISÄNEN, Paul, 79-80.

[110] Cf. A. VAN DÜLMEN, Die Theologie des Gesetzes bei Paulus (Stuttgart 1968) 67-68; così anche THIELMAN, Plight, 60; WESTERHOLM, Israel's Law, 169.

[111] Cf. soprattutto S. LYONNET, "Rom 8,2-4 à la lumière de Jerémie 31 et d'Ezéchiel 35-39", Études sur l'épître aux Romains (AnBib 120; Roma 1989) 231-241.

[112] Forse è bene rilevare che Bläser, partendo dalla stessa argomentazione di Van Dülmen, separa la Legge di Mosè da quella di Cristo o dello Spirito. Cf. P. BLÄSER, Das Gesetz bei Paulus (Münster 1941) 242.

[113] Cf. Gn 12,2-3 in Gal 3,8; Gn 13,15 in Gal 3,16; Gn 15,6 in Gal 3,6; Gn 16,15; 17,16; 21,2 in Gal 4,22-23; Gn 21,10 in Gal 4,30; Lv 18,5 in Gal 3,12; Lv 19,18 in Gal 5,14; Dt 21,23 in Gal 3,13; Dt 27,26 in Gal 3,10; Is 54,1 in Gal 4,27; Ab 2,4 in Gal 3,11.

prospettiva: ὥστε ὁ νόμος παιδαγωγὸς ἡμῶν γέγονεν εἰς Χριστόν (Gal 3, 24). Per inverso, il cristiano "adempie" la Legge ad un livello "superiore" (cf. il prefisso ἀνά-), perché appartiene ad una Gerusalemme "superiore"[114].

In altri termini, la Legge non ha bisogno del cristiano per giungere al proprio compimento, perché questo è avvenuto in Cristo; né il cristiano ha bisogno di sottomettersi ad essa per realizzarla, perché la adempie mediante l'inserimento in Cristo.

Ci sembra dunque che "la Legge di Cristo" si riferisca all'ἀγάπη verso il prossimo (cf. 5,14), che in 6,2 viene presentato come relazione vicendevole: Ἀλλήλων τὰ βάρη βαστάζετε...[115]. Pertanto, τὸν νόμον si riferisce sempre alla Legge giudaica che, in Cristo, giunge a compimento, e dai cristiani viene realizzata ad un livello "superiore", pur senza bisogno del loro assoggettamento. Ancora una volta, nella dimensione escatologica dell'essere cristiano, si trovano le motivazioni circa la valutazione paolina della Legge.

Infine, notiamo che a causa di tale superamento ed adempimento riguardanti la Legge stessa, non si possono scindere in Gal, aspetti negativi e positivi del νόμος. Riconosciamo che questo è stato il nostro primo approccio a νόμος in Gal: si è rivelato fallimentare! Invece, ci sembra che, in questa Lettera, è la Legge stessa che si afferma e si nega, annuncia il proprio superamento ed adempimento in Cristo. L'apparente prospettiva negativa della Legge non è dovuta alla sua relazione con Cristo, ma piuttosto all'errata esigenza dei Galati di voler chiedere alla Legge una vita che non può dare, una maggiore possibilità di appartenenza alle promesse ed all'eredità abramitica. Per questo Paolo non può affermare l'abrogazione della Legge, ma il suo adempimento.

4.4.5. La "peroratio" e la Legge   (6,11-18)

Dalla "dispositio" di Gal risalta l'importanza della "peroratio" finale: in tale pericope le tematiche fondamentali vengono sintetizzate nell'epifonema di 6,15: "Infatti non è la circoncisione che conta, né l'incirconcisione, ma la nuova creazione".

Tuttavia, anche in Gal 6,11-18 Paolo richiama la tematica del νόμος. In 6,13 egli afferma: οὐδὲ γὰρ οἱ περιτεμνόμενοι αὐτοὶ νόμον φυλάσσουσιν...

---

114 Cf. Gal 4,26 con ἡ δὲ ἄνω Ἰερουσαλήμ. Si noti il progresso retorico: dall'iniziale πεπλήρωται (5,14) si giunge al conclusivo ἀναπληρώσετε (6,2). Lo stesso verbo ἀναπληροῦν aggiunge qualcosa al semplice πληροῦν, perché implica l'idea di un superamento del limite, appunto di un "traboccamento".

115 Cf. anche la connessione tra ἀλλήλοις di 5,15 ed ἀλλήλων di 6,2.

Accanto a νόμον senza articolo, poniamo il sostantivo περιτομή, a cui Paolo oppone ἀκροβυστία (6,15): entrambi assumono funzione di sineddoche. Dunque, sembra che anche in 6,13 Paolo si riferisce alla "Torah", relazionata con οἱ περιτεμνόμενοι. Ma egli non esita ad affermare che gli stessi circoncisi, di fatto, non "osservano" la Legge.

Di fronte ad una tale asserzione, a prima vista sembra giustificata l'interpretazione, secondo la quale, nella "distretta" umana, Paolo troverebbe le motivazioni per cui non bisogna sottomettersi alla Legge. Ma, in tal caso, emerge la questione sulla mancanza di utilizzazione di tale argomentazione nelle precedenti dimostrazioni: era necessario giungere al "postscriptum" per trovare la ragione dell'attitudine paolina verso la Legge? In realtà, questa non rappresenta una motivazione, bensì una minaccia, come quella di Gal 5,3: "E dichiaro di nuovo a chiunque si fa circoncidere che è obbligato ad osservare tutta la Legge". Nella "dispositio" sono state presentate le connessioni tra questo "postscriptum" e le precedenti "perorationes" (cf. 2,15-21; 4,1-7; 5,2-12). Dunque ci sembra che, soprattutto la relazione con 5,2-12, spieghi la portata di tale affermazione conclusiva sulla Legge. Infatti, al ποιῆσαι di 5,3 corrisponde il φυλάσσουσιν di 6,13: il termine di riferimento è sempre νόμον. Inoltre, in 5,6 e 6,15 Paolo presenta l'epifonema del suo vangelo: al centro della dimostrazione paolina non si trova la capacità o meno dell'uomo di osservare la Legge nella sua globalità, bensì la "nuova creazione" che si colloca ad un livello superiore sia rispetto alla circoncisione che all'incirconcisione. In ogni dimostrazione, Paolo non fa che spiegare l'importanza di tale partecipazione escatologica.

Ancora una volta, la prospettiva dalla quale la Legge viene ricompresa è quella della "nuova creazione", non a partire dalla sua economia oppure dall'incapacità umana di adempierla. Naturalmente, Paolo spera che i Galati non si facciano circoncidere: per questo diventa minaccioso nelle "perorationes". Tuttavia, questo non avviene perché la circoncisione o la Legge, in quanto tali siano negative, bensì perché una tale sottomissione porrebbe in discussione la natura stessa della nuova creazione. Questo però non vale soltanto per la Legge, ma anche per la non-Legge: la nuova creazione si pone ad un livello superiore, sia nei confronti della circoncisione che dell'incirconcisione. Per questo motivo, al centro di Gal non si trova il problema della Legge, bensì quello del vangelo, con la sua implicazione fondamentale: la nuova creazione.

4.5. Conclusione: Paolo e la Legge

Dall'analisi argomentativa di νόμος in Gal ci sembra che emerga una visione paolina tutt'altro che contraddittoria. In termini metodologici, è fondamentale il principio, in base al quale, la topologia del νόμος si inserisce nella "dispositio" di Gal, ed è in relazione ad essa che la stessa valutazione della Legge deve essere ricompresa. Quindi, in modo riassuntivo, poniamo in evidenza i dati principali della nostra indagine.

a. In Gal, il termine νόμος si riferisce alla Legge giudaica, nella sua globalità, senza specificazioni interne, che affermano o negano una sua parte[116]. Al contrario, quanto Paolo afferma per una parte, vale per tutta la Legge. Infatti, le specificazioni interne che troviamo in Gal sono assertive, non esclusive (cf. Gal 2,19; 4,21). Tale identificazione vale anche per τὸν νόμον τοῦ Χριστοῦ (6,2): nell'economia escatologica dell'adempimento anche la Legge perviene al suo compimento in Cristo (cf. 5,14).

b. In Gal, il νόμος viene valutato dalla prospettiva escatologica della "nuova creazione" (6,15; cf. 5,6). Da tale livello superiore, che assume le distanze sia rispetto alla circoncisione che all'incirconcisione, Paolo chiarifica la relazione tra υἱοθεσία e νόμος, vangelo e Legge.

c. In tale prospettiva si trovano le stesse motivazioni della concezione paolina sul νόμος in Gal. Paolo non considera la Legge in quanto tale, e neppure a partire dall'incapacità umana di osservare tutta la Legge. In Gal non riscontriamo nessuna "prova" argomentativa di tal genere; Paolo ancora non adduce le dimostrazioni di Rm 2-3; Rm 7, ammesso che queste risultino significative per una valutazione antropologica del νόμος.

Al contrario, la periautologia comincia proprio con la καύχησις del proprio passato nel giudaismo (cf. 1,13-14). Non sembra che Paolo si preoccupi delle conseguenze psicologiche del proprio vanto religioso, sia nel giudaismo che nel suo credere in Cristo (cf. 6,14)[117]. Nelle quattro dimostrazioni, le affermazioni di 5,3; 6,13 rappresentano delle minacce per i Galati, e non delle prove contro la Legge.

Pertanto le ragioni dell'attitudine paolina verso la Legge si trovano nella sua cristologia. Ma è necessario chiarire in che senso la cristologia rappresenta il punto originario per la comprensione della Legge. Non risulta rispondente una detronizzazione della Legge a causa della sua azione di condanna verso Cristo, né verso il cristiano: nella teologia di Gal, la Legge rappresenta lo strumento di maledizione del Cristo (cf. 3,13-14), non la causa. Invece, in termini estremizzati, abbiamo posto in risalto il contrario: Cristo ha "condannato" o relativizzato la Legge. Nell'economia della πίστις la Legge non aggiunge o toglie nulla alla partecipazione ereditaria del credente (cf. 3,15-18).

Infatti, la notevole limitazione della Legge si trova nella constatazione che il cristiano possa vivere senza sottomettersi ad essa e senza per questo essere condannato. Ma tale limitazione non viene annunciata dal Cristo, né dal cristiano, bensì dal νόμος stesso (cf. 2,19).

---

[116] Cf. anche HAHN, *Gesetzverständnis*, 57; S. LYONNET, *St. Paul: Liberty and Law* (Roma 1962) 2; D.J. MOO, "Law, Works of the Law and Legalism", *WTJ* 45 (1983) 75-84.
[117] Giustamente Räisänen sottolinea che Paolo "was no Luther before Luther". Cf. RÄISÄNEN, *Paul*, 231.

d. In Gal, Paolo non dichiara mai che la Legge poteva, prima del peccato, "vivificare": una tale progettualità positiva sarebbe stata deturpata dalla natura umana. Al contrario, la Legge non può dare la vita perché questa appartiene ad un'altra economia, quella della πίστις. Ma questo non significa che la Legge è abrogata, tutt'altro!

e. Nella nostra esposizione abbiamo cercato di evitare conclusioni, a prima vista logiche, ma indebite rispetto al νόμος in Gal. Paolo non afferma mai che la Legge è abrogata; sostiene invece la sua negazione per il credente in Cristo. Inoltre, la Legge, per quanto valutata negativamente, non è assimilata mai alla maledizione né alla σάρξ né agli "elementi del mondo". Paolo stabilisce, nelle sue ardite dimostrazioni, degli accostamenti, non delle assimilazioni. Per questo attribuisce all'angelologia l'origine della Legge, tacendone soltanto la provenienza divina.

f. In modo inverso, Paolo non oppone la Legge al vangelo, alle promesse, alla χάρις, all' ἀγάπη. Al contrario, essa stessa conduce come "pedagogo" al Cristo, al punto che viene riconosciuta come "la Legge di Cristo" (Gal 6,2). Dunque, la Legge perviene al suo "kelal" nell' ἀγάπη, che essa stessa annuncia in Lv 19,18. Da ciò deriva l'adempimento della Legge in Cristo.

g. La Legge, quindi, non ha bisogno del cristiano per essere "adempiuta": in Cristo trova il proprio storico adempimento. Per inverso, colui che appartiene a Cristo, adempie la Legge ad un livello superiore, senza per questo sottomettersi ad essa.

h. Da una tale considerazione deriva che, la distinzione tra asserzioni negative e positive del νόμος in Gal, risulta errata. Infatti, è la Legge stessa che, nel contempo, si afferma e si nega. Quanto cambia rispetto al νόμος è la prospettiva retorica sulla relazione tra Paolo ed i destinatari. In Gal, il νόμος non è mai analizzato in modo autonomo, oppure in forma di "excursus": il suo punto di riferimento è sempre la nuova creazione variamente presentata nelle dimostrazioni della Lettera.

i. I destinatari della Lettera non hanno compreso le implicazioni fondamentali dell'appartenenza a Cristo, sintetizzate nell'appartenenza alla figliolanza abramitica (cf. 3,28-29).

Quindi le attitudini di Paolo verso la Legge non emergono che dalla Legge stessa: nella sua stessa vita giudaica, di zelante osservante della Legge, egli ha ricevuto il dono della rivelazione riguardante il Figlio di Dio (cf. 1,15-16). Questa rappresenta, nello stesso tempo, l'origine del suo apostolato e del suo vangelo (cf. 1,11-12). Da tale origine della concezione paolina sul νόμος deriva che, la distinzione tra giudaismo e cristianesimo in Gal, non è così netta come spesso si pensa. Contro ogni demarcazione permangono asserzioni come τὸν νόμον τοῦ Χριστοῦ (6,2) e τὸν Ἰσραὴλ τοῦ θεοῦ (6,16), comprensibili soltanto alla luce della dimensione escatologica dell'essere cristiano che, nella sua identità, esclude ed include tanto il giudeo quanto il greco.

5. Gli "oppositori" in Galati

Quando affrontiamo la questione degli oppositori in Gal ci relazioniamo, "volenti o nolenti", alla situazione sociologica della Lettera. Di fatto, uno degli ambiti di ricerca che polarizza l'attenzione di molti studiosi è la relazione tra Nuovo Testamento e sociologia[118]; e diverse indagini vengono dirette verso Paolo e le sue Lettere[119]. Naturalmente Gal non poteva sfuggire a tale approccio, soprattutto a partire dalla metodologia sociologica di Watson[120]. Ma anche per l'approccio sociologico vale quanto abbiamo sostenuto riguardo al "rhetorical criticism": l'analisi non deve procedere dal modello sociologico al testo in considerazione, bensì l'inverso. In tal caso, una prospettiva di ancoraggio alla "dispositio" argomentativa di Gal diventa necessaria, soprattutto per la constatazione che, per l'identità degli oppositori, è diffusa la metodologia del "mirror reading"[121]. A riguardo, le opinioni degli esegeti sono talmente opposte che inficiano la stessa validità della metodologia utilizzata.

Ancora una volta, non discutiamo l'utilità di un'analisi "speculare", ma ne indichiamo il pericolo principale: la mancanza di distinzione tra utilizzazione e interpretazione del testo stesso[122]. In tal modo, Gal assume l'aspetto di un messaggio, lanciato in bottiglia durante un naufragio, sballottato da diverse correnti, senza essere pescato e letto. Da parte nostra, seguiremo quella che stiamo definendo "retorica letteraria", intendendo con tale metodologia la configurazione argomentativa della "dispositio", capace di veicolare gli indicatori fondamentali per tale questione.

---

[118] Per un bilancio sulla sociologia neotestamentaria, cf. R. SCROGGS, "The Sociological Interpretation of the New Testament: The Present State of Research", *NTS* 26 (1980) 164-179; B. HOLMBERG, *Sociology and New Testament* (Minneapolis 1990). Tra i contributi generali più significativi, cf. J. GAGER, *Kindom and Community: The Social World of Early Christianity* (Englewood Cliffs 1975); B.J. MALINA, *The New Testament World: Insight form Cultural Anthropology* (Philadelphia ²1983); G. THEISSEN, *Studien zur Soziologie des Urchristentums* (WUNT 19; Tübingen 1979).

[119] Cf. R. HOCK, *The Social Context of Paul's Ministry: Tentmaking and Apostleship* (Philadelphia 1980); W. MEEKS, *The First Urban Christians: The Social World of the Apostle Paul* (New Haven 1983); N.R. PETERSEN, *Rediscovering Paul* (Philadelphia 1985); SCHÜTZ, *Anatomy* ; WATSON, *Paul*.

[120] Cf. WATSON, *Paul*, 40.49-72.

[121] Cf. BARCLAY, "*Galatians* ", 73-93.

[122] Sulla distinzione ermeneutica tra "interpretazione" ed "uso" dei testi, cf. U. ECO, *I limiti dell'interpretazione* (Milano 1990) 32-33.

5.1. *Una conflittuale storia dell'interpretazione*

Generalmente, la questione sugli oppositori di Paolo in Gal si articola intorno a tre questioni, che andremo valutando in modo dettagliato: l'identità, l'origine ed il messaggio o la teologia.

5.1.1. L'identità degli "oppositori"

La maggior parte degli esegeti considera gli oppositori di Paolo, in Galazia, come giudei[123] o giudeocristiani[124]. Al contrario, alcuni preferiscono parlare di cristiani, con tendenza giudaizzante[125]. Una direzione diversa è assunta da quanti pensano ad oppositori etnocristiani[126]. Tali posizioni opposte vengono mitigate da coloro che intraprendono una via gnostica[127] oppure "sincretistica", sul modello degli oppositori di Colosse[128]. Ma anche in rapporto a tali ipotesi, rimane oscura l'origine degli oppositori. Questa indagine diventa complessa con Lutgert e Ropes, che ipotizzano due fronti di oppositori, dai quali Paolo si difenderebbe contemporaneamente. Infatti, secondo Lütgert si tratta di giudeocristiani e gnostici, mentre secondo Ropes di etnocristiani e gnostici[129]. Un'ipotesi diversa ed originale viene sostenuta da Howard, che

---

[123] Cf. F.C. BAUR, *Paulus, der Apostel Jesu Christi* (Leipzig 21866), I, 280-287; E. BAASLAND, "Persecution: a Neglected Feature on the Letter to the Galatians", *ST* 38 (1984) 135-150; B. CORSANI, "Gli avversari di Paolo nella lettera ai Galati", *Ricerche Storico Bibliche* 2 (1989) 118; DRANE, *Paul*, 84-94.

[124] Cf. BARCLAY, "Galatians", 88; R.J. BAUKHAM, "Barnabas in Galatians", *JSNT* 2 (1979) 61-70; BEKER, *Paul*, 42. BETZ, *Galatians*, 7; BRINSMEAD, *Dialogical Response*, 86-87; J. ECKERT, *Die urchristliche Verkündigung im Streit zwischen Paulus und seinen Gegnern nach dem Galaterbrief* (Regensburg 1971) 76.102.235; FUNG, *Galatians*, 7-9; HANSEN, *Abraham*, 173; R. JEWETT, "The Agitators and the Galatians Congregation", *NTS* 17 (1970-71) 198-212; D.J. LULL, *The Spirit in Galatia* (Chico 1980) 9-11; KING, "Galatians", 369; J.L. MARTIN, "A Law-Observant Mission to Gentiles: the Background of Galatians", *SJT* 38 (1985) 307-324; MEAGHER, *Faith*, 70; MUSSNER, *Galaterbrief*, 24-25; SANDERS, *Law*, 18; J.B. TYSON "Paul's Opponents in Galatia", *NT* 10 (1968) 241-254; WATSON, *Paul*, 51.

[125] Cf. BARTOLOMÉ, *Verdad*, 70; GASTON, *Paul*, 81.

[126] Cf. E.G. HIRSCH, "Zwei Fragen zu Galater 6", *ZNW* 29 (1930) 192-197; W. MICHAELIS, "Judaistiche Heidenchristen", *ZNW* 30 (1931) 83-89; J. MUNK, *Paulus und die Heilsgeschichte* (Kopenhagen 1954) 79-80.

[127] Cf. W. SCHMITHALS, "Die Häretiker in Galatien", *ZNW* 47 (1956) 25-67; Id., "Judaisten in Galatien", *ZNW* 74 (1983) 51-57; D. GEORGI, *Die Geschichte der Kollekte des Paulus für Jerusalem* (Hamburg 1965) 16.

[128] Cf. F.R. CROWNFIELD, "The Singular Problem of the Dual Galatians", *JBL* 64 (1945) 491-550; J.J. GUNTHER, *St. Paul's Opponents and Their Background* (Leiden 1973) 271.

[129] Cf. W. LÜTGERT, *Gesetz und Geist. Eine Untersuchung zur Vorgeschichte des Galaterbriefes in Beiträge zur Förderung christilicher Theologie* (Gütersloh 1915) 5-16;

individua diversi "agitatori" in Galazia; questi però si ritenevano amici e non "oppositori" di Paolo[130]. Da tale breve indagine si determina una pletora di ipotesi che fa nascere l'interrogativo sulla legittimità di tale ricerca. Così è possibile distinguere, in Gal, tra posizioni giudaiche, ellenistiche o gnostiche che permettano di spiegare la situazione sociologica della Lettera? Oppure non si tratta di retroproiezioni indebite? Questo interrogativo si pone soprattutto per il modello sociologico di Watson. L'autore, in base al modello di "denunciation", "antithesis" e "reinterpretation", ritiene che la problematica fondamentale di Gal si trova nella questione se la Chiesa debba essere un "movimento di riforma" nel giudaismo, oppure "una setta"[131]. L'ipotesi non nasconde un certa attrazione, soprattutto per la detronizzazione della tradizionale tematica sulla "giustificazione mediante la fede"[132]. Ma, in tale cornice sociologica, come si spiegano asserzioni del tipo τὸν νόμον τοῦ Χριστοῦ (Gal 6,2) oppure τὸν Ἰσραὴλ τοῦ θεοῦ (Gal 6,16), pur presenti in Gal[133]? D'altro canto, ci sembra insostenibile la posizione di Lyons, che riduce la questione degli oppositori a puro artificio "retorico": in definitiva, si tratterebbe di un falso problema[134]. Forse, Lyons ha il merito di demitizzare una questione che, in Gal, forse non è così centrale. Tuttavia questo non significa che "retorica" corrisponda a "fiction", né che di fatto Paolo non si riferisca a concreti avversari, anche se indeterminati[135]. In ultima analisi, uno dei pochi dati sicuri è rappresentato dal fatto che la crisi galata non rappresenta una finzione, bensì un dato storico.

5.1.2. La provenienza

Anche per quanto riguarda l'origine degli oppositori in Gal la questione risulta intricata: provengono dall'interno[136] oppure dall'esterno delle comunità galate? Se la loro origine è esterna, come ritiene la maggior parte degli esegeti, fanno riferimento al giudaismo in generale[137], oppure alle comunità cristiane di origine gerosolimitana[138]? Secondo alcuni, gli oppositori sono riconducibili al

---

H.J. ROPES, *The Singular Problem of the Epistle to the Galatians* (Cambridge 1929).

[130] Cf. HOWARD, *Crisis*, xiii-xxii, 19.

[131] Cf. WATSON, *Paul*, 49.

[132] Cf. WATSON, *Paul*, 1-22.

[133] Contro una tale metodologia sociologica "separatista", cf. DAVIES, "Pitfalls", 6; HOLMBERG, *Sociology*, 106; SNODGRASS, "Spheres", 98.

[134] Cf. LYONS, *Autobiography*, 75-121.

[135] Cf. la critica, a Lyons, da parte di HOWARD, *Crisis*, xiii-xiv.

[136] Cf. BARTOLOMÉ, *Verdad*, 45.

[137] Cf. JEWETT, "Agitators", 205; R. KIEFFER, *Foi et justification a Antioche. Interprétation d'un conflit (Ga 2,14-21)* (Paris 1982) 31.

[138] Cf. BAUKHAM, "Barnabas", 63-64; BETZ, *Galatians*, 7-9; ECKERT, *Verkündigung*, 233-234; FUNG, *Galatians*, 8-9; D. LÜDEMANN, *Paulus der Heidenapostel: Antipaulinismus im frühen Christentum* (Göttingen 1983) 164; MARTIN, "A Law-Observant", 112; SANDERS, *Law*, 18-19; WATSON, *Paul*, 61-62.

fariseismo giudaico, condensatosi nella setta dell'ebionismo[139]. Invece Brinsmead li relaziona all'apocalittica giudaica di matrice qumranica[140].

Pertanto, anche per tale problematica valgono gli interrogativi sollevati circa l'identità degli oppositori: a partire dalla Lettera ai Galati, e dal relativo "background", è possibile individuare non solo la loro identità, ma anche la loro origine?

5.1.3. Il messaggio

La mancanza di concordanza degli studiosi diventa bailamme quando ci si interroga sul messaggio degli oppositori? L'unico elemento di convergenza è quello che, in base all'analisi della "dispositio", si è dimostrato errato: il messaggio degli oppositori sarebbe diretto contro Paolo[141]. Invece, proprio da tale impostazione derivano i molteplici messaggi degli oppositori.

Alcuni sottolineano che, la persecuzione degli "oppositori" verso Paolo, era dovuta al suo rifiuto della Legge[142]. Da questo dipenderebbe, secondo altri, la stessa opposizione nei confronti dell'apostolato e del vangelo paolino.

Un'indagine fondata sul "mirror reading" conduce alcuni ad identificare anche il contenuto del messaggio trasmesso dagli oppositori. Questi stessi fonderebbero le proprie argomentazioni su Is 56,6-8[143] o sulla figura di Abramo[144], per esigere la sottomissione alla circoncisione ed alla Legge. In realtà, nel retroterra di tali ipotesi si trova il "principio del contrario", e non solo del "non detto", rispetto a quanto afferma Paolo.

L'applicazione massiccia di tale metodologia viene attuata da Brinsmead, che tenta di ricostruire la teologia, la cristologia e l'ecclesiologia degli oppositori in Galazia[145]. L'impressione che si avverte, alla conclusione della sua analisi, è che questa Lettera sia stata inviata alle comunità della Galazia, ma in realtà era diretta agli oppositori di Paolo. Ma, per dare maggiore consistenza agli oppositori di Paolo, è necessario ipotizzare delle "evangelizzazioni opposte"? In ultima analisi, questo rappresenta un principio ermeneutico valido, oppure arbitrario, al punto che occulta, dietro interpretazioni oggettivabili, utilizzazioni soggettivistiche, dunque inutili? Forse l'approccio letterario-retorico ci permette di dipanare anche la matassa dell'aggrovigliato problema sugli oppositori.

---

[139] Cf. K. WEGENAST, *Das Verständnis der Tradition bei Paulus und in den Deuteropaulinien* (Neukirchen 1962) 38-39; KING, "Galatians", 369.

[140] Cf. BRINSMEAD, *Dialogical Response*, 195.

[141] Così anche HOWARD, *Crisis*, 19.

[142] Cf. BAASLAND, "Persecution", 142-147.

[143] Cf. SANDERS, *Law*, 18.

[144] Cf. BARCLAY, "Galatians", 88-89; BRINSMEAD, *Dialogical Response*, 107; HANSEN, *Abraham*, 171-173; HÜBNER, *Gesetz*, 17.

[145] Cf. BRINSMEAD, *Dialogical Response*, 91-186.

5.2. L'isotopia sociologica sottostante

Nell'affrontare la specifica questione degli "oppositori", forse è necessario delineare quella che definiamo "isotopia sociologica" d'insieme. Ci riferiamo agli indicatori che, emergenti dalla "dispositio" e dal genere retorico della Lettera, ci permettono anche di affrontare questo problema. Innanzitutto, in base ad un approccio di "retorica letteraria", Gal si presenta, come lettera dimostrativa o epidittica: Paolo si propone di ripresentare il vangelo e le sue implicazioni a delle comunità che rischiano di abbandonare la sua evangelizzazione (cf. Gal 1,6). L'implicazione fondamentale del vangelo paolino si trova nella figliolanza abramitica che gli stessi Galati condividono (cf. 3,6-7). Infatti, dall'adesione a Cristo deriva la loro partecipazione all'escatologica "nuova creazione", che si va delineando nella "pienezza del tempo" (cf. 4,4-5). Forse è bene ribadire che la natura epidittica non pone in ombra la dimensione polemica e pragmatica della stessa Lettera. Anzi, la rilevanza dispositiva, che abbiamo riconosciuto alle apostrofi, sottolinea la prospettiva biasimante delle stesse dimostrazioni paoline.

Questa prospettiva di riformazione implica che gli assi fondamentali di relazione sono costituiti dall' ἔθος di Paolo, il πάθος dei Galati ed il λόγος del vangelo paolino. Infatti, dalla "dispositio" della Lettera, abbiamo rilevato la centralità di questa relazione triangolare.

Pertanto, all'interno di tale isotopia, deve essere collocata la questione delle terze persone che vengono generalmente denominate come "oppositori" di Paolo. Se il genere retorico di Gal è dimostrativo, e non più giudiziario o deliberativo, qual è la funzione argomentativa di tali personaggi che interferiscono nella relazione tra Paolo, il suo vangelo ed i Galati? Non intendiamo negare la loro storicità, ma interrogarci sulla loro funzione nelle dimostrazioni paoline, dato il carattere epidittico della Lettera.

5.3. La "dispositio" e gli "oppositori"

Nella valutazione della consistenza degli oppositori non basta costruire un elenco di riferimenti più o meno possibili[146]. Anche per tale questione vale il procedimento argomentativo, utilizzato per delineare il senso della Legge. Per questo, non è sufficiente costruire un "collage" di citazioni decontestualizzate, né fermarsi al semplice contesto, che di fatto si presenta problematico. Pertanto, nella nostra analisi, saranno valutati soltanto i riferimenti espliciti su queste terze persone. Forse è necessario precisare, prima di entrare in "medias res", che a livello di fonti, la Lettera ai Galati rappresenta l'unico materiale disponibile: non ci sono pervenute fonti parallele che ci permettano di confrontare le posizioni in campo e le relative asserzioni, soprattutto dal versante degli oppositori. Questo

---

[146] Cf. la gerarchia delle possibilità che Barclay, in base al "mirror reading", stabilisce per identificare gli oppositori in Galazia. BARCLAY, "Galatians", 88-89; cf. anche CORSANI, "Gli avversari", 98-110.

significa che Gal, per quanto autorevole, rimane "fonte di parte": comunica soltanto la prospettiva paolina della crisi galata.

Inoltre l'approccio argomentativo impone la stessa rigorosità metodologica assunta per νόμος: l'indagine deve muoversi in quella che abbiamo definito "isotopia di base". Ora, una convergenza di isotopia non può sostenersi solo per collegamenti di "campi semantici", ad esempio, tra At, Col, 1 Cor e Gal, bensì sulla composizione dei singoli scritti. Di per sé la frequenza terminologica dimostra ben poco, se non viene fondata su di una isotopia testuale o argomentativa. Pertanto, con tali premesse metodologiche, cerchiamo di delineare i riferimenti agli oppositori, collocandoli nella "dispositio" di Gal:

a. "Exordium"   (1,6-10):   vv. 7.9.
b. "Elogium"   (4,12-20): v. 17.
c. "Peroratio" (5,2-12):   vv. 7.8.9.10.12.
d. "Postscriptum" (6,11-18): vv. 12.13.

Da tale schema sono stati esclusi riferimenti che, non necessariamente, richiedono la presenza degli oppositori. In altri termini, per il momento preferiamo fare a meno della metodologia fondata sul "mirror reading", non ritenendola utile, se non dopo aver determinato il ruolo argomentativo degli stessi oppositori[147]. Si può notare che, in tale planimetria, non rientrano citazioni, ritenute classiche, sull'identità degli oppositori di Paolo, come Gal 2,4-5. In realtà, come vedremo dallo sviluppo dimostrativo, la diversa contestualizzazione spaziale e cronologica della narrazione impedisce di considerare Gal 2,4-5.12 come allusivi nei confronti degli stessi oppositori di Gal 1,7.

5.3.1. L' "exordium" ed οἱ ταράσσοντες (1,6-10)

L' "exordium" di Gal 1,6-10 sorprende, non solo per il suo carattere apostrofico, ma anche per il riferimento ai ταράσσοντες che Paolo richiama in 1,7: εἰ μή τινές εἰσιν οἱ ταράσσοντες ὑμᾶς καὶ θέλοντες μεταστρέψαι τὸ εὐαγγέλιον τοῦ Χριστοῦ[148].

Nell'analisi retorica abbiamo precisato che tale "exordium" apostrofico non è diretto ai ταράσσοντες, bensì ai destinatari della missiva, i Galati (cf. 1,6). Infatti, al centro dell'apostrofe, non si trova tanto la preoccupazione che i ταράσσοντες siano più o meno persuasivi, bensì che i Galati stessi, colti in stato di apostasia, stiano per abbandonare il vangelo paolino. Inoltre, questi ταράσσοντες non vengono presentati con la loro identità, né con il relativo

---

[147] In tale piano non includiamo il τίς ὑμᾶς ἐβάσκανεν... (3,1), quale semplice domanda diatribica che introduce la seconda apostrofe di 3,1-5.
[148] Notiamo che, negli altri "exordia" paolini, mancano riferimenti ad ipotetici oppositori: cf. Rm 1,8-15; 1 Cor 1,4-9; 2 Cor 1,3-11; Fil 1,3-11; 1 Ts 1,2-10; Fm 4-7.

messaggio o la provenienza. Paolo li cita semplicemente con un vago τινές (1,7). Comunque l'uso del participio sostantivato οἱ ταράσσοντες ci permette di chiarire almeno la loro funzionalità: agli occhi di Paolo essi sono degli "agitatori"[149]. Paolo li presenta, dunque, per la loro azione. Per questo li definiremo "agitatori", più che oppositori, o avversari: il punto di riferimento non è Paolo, bensì i Galati stessi.

Quindi, in Gal 1,7b Paolo richiama la loro intenzione: "Vogliono sconvolgere il vangelo di Cristo". Qui riscontriamo la prima illazione verso gli "agitatori": essi desiderano sconvolgere il vangelo paolino. Ma in Gal 1,9 la stessa illazione diventa minaccia: "Se qualcuno vi predica un vangelo diverso da quello che avete ricevuto sia anàtema". La formulazione generale dell'ipotetica deve essere rispettata nella sua natura, senza essere violata. Intanto, dagli indicatori dell' "exordium", non si comprende perché Paolo passi da un'illazione verso gli agitatori ad un'ipotetica così generale: forse sarà più chiaro nelle dimostrazioni successive!

Pertanto, pur non negando la storicità di quanti Paolo denomina come "agitatori", a partire da Gal 1,6-10 rimangono ignoti il messaggio, l'identità, la provenienza. Piuttosto, ci sembra che la loro citazione in Gal 1,6-10 renda l'apostrofe più incisiva, capace di suscitare maggiore attenzione nei destinatari della missiva.

5.3.2. L'autobiografia e gli agitatori (1,13–2,21)

In Gal 1,13–2,21 Paolo delinea una periautologia esemplare, attraverso la quale dimostra soprattutto la propria adesione al vangelo divino (cf. 1,11-12.15-17; 2,21). La natura autobiografica della διήγησις impedisce di reperire riferimenti espliciti agli agitatori delle comunità galate: Gal 1,13–2,21 appartiene ad un altro contesto cronologico e spaziale.

Tuttavia, in tale sezione sono riscontrabili indicatori che confermano la natura probante della periautologia, anche in relazione agli agitatori introdotti in Gal 1,7. Abbiamo posto in risalto, nell'intreccio di Gal 1,13–2,21, la presenza di progressive metalessi che stabiliscono dei collegamenti tra situazione

---

[149] Il verbo ταράσσειν si trova 18x nel Nuovo Testamento, di cui soltanto 2x nell'epistolario paolino: Gal 1,7; 5,10. Generalmente questo verbo caratterizza la situazione di agitazione psicologica causata da agenti esterni o da altre persone (cf. Mt 2,3; 14,26; Mc 6,50; Lc 1,12; 24,38; Gv 11,33; 12,27; 13,21; 14,1.27; At 15,24; 17,8.13; 1 Pt 3,14). Soltanto in Gv 5,7 e nell'incerto Gv 5,4 ταράσσειν viene utilizzato per indicare l'azione di agitazione rispetto all'acqua della piscina di Betsaida.

Forse, la coincidenza con i paralleli di At potrebbe far pensare a sobillatori provenienti da Gerusalemme: Ἐπειδὴ ἠκούσαμεν ὅτι τινὲς ἐξ ἡμῶν ἐτάραξαν ὑμᾶς... (At 15,24) o per lo meno di origine giudaica (cf. At 17,8.13).

Ma abbiamo dimostrato che non basta una convergenza per "Wortfeld" per assimilare delle situazioni sociologiche. D'altro canto, soltanto in Gal è riscontrabile il participio sostantivato plurale (1,7: οἱ ταράσσοντες) oppure singolare (5,10: ὁ δὲ ταράσσων).

intradiegetica e relazione extradiegetica. Tale progressione metalettica perviene al suo vertice nella mimesi di 2,15-21: non si comprende sino a che punto Paolo stia riferendo il discorso rivolto, nel passato, a Pietro in Antiochia (cf. 2,11-14) oppure si stia rivolgendo ai destinatari attuali della Lettera. Tale questione è stata spiegata come sovrapposizione di orizzonti; e ci sembra che questo sia vero anche per gli ψευδαδέλφους di Gal 2,4-5. La metalessi narrativa diventa chiara con la figura dell'enallage dei verbi e delle persone in 2,5: "Ad essi non abbiamo ceduto neppure per un istante, affinchè la verità del vangelo rimanesse tra di voi". Così, dalla narrazione al passato, si riscontra la brusca svolta al presente, mediante διαμείνῃ; dal "noi" si passa all'ὑμᾶς.

La finalità di tale metalessi risulta esemplare: Paolo spera che i Galati assumano verso gli "agitatori" (Gal 1,7) il suo stesso comportamento, avuto in precedenza, verso i "falsi fratelli" (Gal 2,4). Tale esemplarità è confermata dall'οἷς οὐδὲ πρὸς ὥραν εἴξαμεν (Gal 2,5) che richiama, in forma di contrasto, l'οὕτως ταχέως μετατίθεσθε di 1,6. Forse la carenza di attenzione a tale intreccio narrativo ha permesso una confusione di orizzonti, invece di una legittima sovrapposizione. Quindi, ci sembra che, Gal 2,4-5, come l'intera prima dimostrazione, non riguardi gli agitatori delle comunità galate, bensì i "falsi fratelli" dell'autobiografia paolina.

5.3.3. La terza dimostrazione e gli "agitatori" (4,8–5,12)

Per riscontrare altri riferimenti espliciti agli agitatori delle comunità galate, bisogna passare alla terza dimostrazione (4,8–5,12): la seconda dimostrazione (3,1–4,7) non contiene alcun accenno agli agitatori. Sorprende la mancanza di riferimenti alle prove addotte dagli agitatori in una sezione, fondata sul ricorso alle "autorità" anticotestamentarie, come Gal 3,1–4,7. Quindi, ignoriamo totalmente il loro messaggio; potremmo affermare che in Gal si trovano degli agitatori senza parola!

Tuttavia, nella terza dimostrazione (4,8–5,12) ricompaiono accenni alla loro relazione con i Galati. In 4,12-20 Paolo elogia soprattutto la propria relazione passata con i Galati (cf. 4,13-15); per cui l'asse fondamentale di relazione è costituito dall'io narrante e dai destinatari della Lettera. Il riferimento agli "agitatori" compare di transenna e con finalità screditante. Infatti, Paolo compie una nuova illazione sulle loro intenzioni: ζηλοῦσιν ὑμᾶς οὐ καλῶς, ἀλλὰ ἐκκλεῖσαι ὑμᾶς θέλουσιν, ἵνα αὐτοὺς ζηλοῦτε (4,17). Notiamo innanzitutto che anche in 4,17 gli agitatori rimangono ignoti: non sappiamo ancora chi siano, anche se ci troviamo oltre la metà della Lettera. Inoltre, come in 1,7, l'accento è posto sulle loro intenzioni e sulle relative azioni verso i Galati: ζηλοῦσιν... ἐκκλεῖσαι... θέλουσιν. Ma questa volta l'asse di relazione, sul quale interferiscono gli agitatori, riguarda il "pathos" dei Galati, rapportato all' "ethos" paolino[150]. Tale interferenza tuttavia si riferisce sempre ai Galati, e

---

[150] Cf. la funzione di "mot-crochet" svolta dal verbo ζηλοῦν in 4,17.18.

non a Paolo. Forse a Paolo non interessa neppure l'attenzione degli "agitatori" verso i Galati, quanto piuttosto la possibilità che la propria relazione con questi ultimi perda di continuità e di "zelo", a detrimento della stessa evangelizzazione. Pertanto, nell' "elogium" dei Galati, l'illazione verso gli agitatori non solo è periferica, rivela piuttosto la "gelosia" di Paolo verso le proprie comunità (cf. 4,19). Così, in tale argomentazione Gal 4,17 ha la funzione di consolidare la relazione tra Paolo ed i destinatari della missiva.

Dopo l'invettiva di 4,17 ed il "midrash" di 4,21–5,1, Paolo si appella a tutta la propria autorità per persuadere i Galati a non sottomettersi alla Legge ed alla circoncisione. Per questo la terza "peroratio" (Gal 5,2-12) contiene asserzioni icastiche e violente. Abbiamo sottolineato che, in tale "peroratio", Paolo insiste sulle implicazioni negative di una sottomissione alla Legge, per quanti condividono la figliolanza abramitica. Tali implicazioni riguardano il λόγος del vangelo (cf. 5,2.6) il πάθος dei destinatari (cf. 5,4.7) e l'ἔθος paolino (cf. 5,10.11). Ed in relazione a tali implicazioni negative vanno comprese le nuove invettive verso gli agitatori (vv. 7-12).

In tale pericope si alternano le considerazioni sui destinatari (vv. 7a.10a) a quelle sugli agitatori (vv. 7b.8.10b. 12). Il filo conduttore dell'intreccio argomentativo si trova nell'"arte della persuasione". Si passa da una πεισμονή (5,8) ritenuta come falsa, al πέποιθα paolino che, a sua volta, ha come orizzonte il φρονήσετε dei destinatari (5,10). L'itinerario dei Galati, rispetto alla "verità", è stato interrotto da persuasori, che Paolo invita a guardare con sospetto perché μικρὰ ζύμη ὅλον τὸ φύραμα ζυμοῖ (5,9). Per essi riformula un minaccioso τὸ κρίμα (5,10) e li invita ad un'evirazione, piuttosto che alla semplice circoncisione: ὄφελον καὶ ἀποκόψονται οἱ ἀναστατοῦντες ὑμᾶς (5,12). Il carattere violento di tale "peroratio" è simile a quello dell' "exordium" (1,6-10). Tuttavia, paradossalmente, nella pericope in cui Paolo si riferisce maggiormente agli "agitatori" della Galazia riconosce esplicitamente: ὅστις ἐὰν ᾖ (v. 10). In base a tale asserzione, possiamo affermare che Paolo non conoscesse realmente gli "agitatori" delle comunità galate. Una tale constatazione spiega il passaggio dall'illazione di Gal 1,7 all'ipotetica di Gal 1,9. Inoltre, a partire da ὁ δὲ ταράσσων (5,10), potremmo ipotizzare che Paolo non sapesse il numero degli "agitatori": si tratta di una persona, oppure di un gruppo? In realtà, dalle frequenze parallele di Gal, si comprende che il singolare ὁ... ταράσσων funge da sineddoche rispetto al plurale (cf. 5,12). Tuttavia, Paolo anche in 5,10.12 si riferisce a loro con participi sostantivati, che caratterizzano la loro azione persuasiva sui Galati, più che la loro identità: l' ὁ δὲ ταράσσων di 5,10 diventa οἱ ἀναστατοῦντες in 5,12.

Pertanto nella "peroratio" di 5,2-12 riscontriamo allusioni (vv. 7.9), illazioni (v. 8), invettive (v. 10) e sarcasmi (v. 12), mediante i quali Paolo scredita delle persone che di fatto non conosce. Una tale incongruenza si spiega soltanto con la funzione persuasiva della pericope: un appello "ethico", autoritativo di Paolo, per non vanificare l'appartenenza dei Galati alla sua stessa figliolanza (cf. 5,2.6). Altrimenti potremmo, senza timore, sostenere un'incomprensione, da parte di Paolo, della situazione e della crisi galata.

5.3.4. "Il postscriptum" e gli agitatori (Gal 6,11-18)

Anche la quarta dimostrazione (5,13–6,10), come la seconda (3,1–4,7) non contiene riferimenti agli agitatori che, invece, ricompaiono nel "postscriptum" di Gal 6,11-18. Abbiamo dimostrato la centralità "epifonematica" di Gal 6,15: "Infatti non è la circoncisione che conta né l'incirconcisione, ma la nuova creazione". Intorno a tale asserzione ruotano il "postscriptum" ed i riferimenti agli "agitatori" in Gal 6,12-13.

Notiamo innanzitutto che l'inserimento degli agitatori, nella argomentazione paolina, è attuato in prospettiva di "confronto" con Paolo stesso. Il τόπος principale del confronto è costituito dal καυχᾶσθαι: qual è la base del vanto degli agitatori e di Paolo? Pertanto, non si tratta di un confronto oggettivo e sereno, ma finalizzato ad esaltare il personaggio principale dell'"elogium". Così nel confronto con Pietro (Gal 2,11-14) la questione non risiedeva tanto nel fatto che Pietro si era dimostrato più o meno "ipocrita" (cf. Gal 2,13), quanto piuttosto nella stessa finalità narrativa: soltanto Paolo è stato coerente rispetto al suo vangelo. Questo conferisce maggiore autorevolezza al messaggio che il narratore intende comunicare. In modo analogo, questa breve σύγκρισις con gli agitatori (6,12-14.17) assume una funzione principalmente argomentativa, dimostrativa. Tale σύγκρισις pone in risalto, da una parte l' εὐπροσωπῆσαι ἐν σαρκί degli agitatori (6,12a) e dall'altra il δι' οὗ ἐμοὶ κόσμος ἐσταύρωται di Paolo (6,14b). Inoltre, mentre gli agitatori evitano le persecuzioni causate dalla croce del Cristo (6,12b), Paolo non esita a personalizzare l'evento della croce: "Infatti, io porto le stigmate di Gesù nel mio corpo" (6,17). Ed al vanto degli agitatori, consistente nella richiesta di circoncisione dei Galati (6,13), fa da contrasto il vanto paolino, fondato sulla croce del Signore (6,14). Da tale confronto i Gal stessi sono invitati a decidere se aderire a Paolo ed al suo vangelo, ripresentato lungo la Lettera, oppure agli indeterminati ὅσοι (v.12) di cui Paolo stesso ignora l'identità (cf. Gal 5,7). Per quanto riguarda οἱ περιτεμνόμενοι, spesso considerato indicatore dell'identità degli agitatori, notiamo che si tratta, innanzitutto, di un semplice participio sostantivato, ossia atemporale. Inoltre, abbiamo dimostrato che l'intera asserzione, οὐδὲ γὰρ οἱ περιτεμνόμενοι αὐτοὶ νόμον φυλάσσουσιν (6,13), rappresenta una minaccia generale analoga a Gal 5,3, non un riferimento all'origine degli agitatori in Galazia[151]. D'altro canto, non sorprende che il nuovo riferimento agli agitatori cominci con un indeterminato ὅσοι θέλουσιν[152]. Pertanto, anche in Gal 6,12-13, si riscontrano delle illazioni verso agitatori che permangono ignoti. Tuttavia, la loro presenza nella "peroratio" conferma la loro funzionalità argomentativa, senza per questo negarne la presenza in Galazia.

---

[151] Non così Gaston che, in base ad οἱ περιτεμνόμενοι come participio cronologico, ipotizza degli oppositori "etno-cristiani". Cf. Gaston, *Paul*, 81; cf. anche G. Wagner, "Les motifs de la rédaction de l'épître aux Galates", *ÉTR* 65 (1990) 325-326.

[152] Un analogo modo di far riferimento agli agitatori è stato riscontrato con ζηλοῦσιν ὑμᾶς, che, senza soggetto espresso, regge l'intera illazione di Gal 4,17.

5.4. Conclusione

L'indagine argomentativa sugli agitatori delle comunità galate ha dimostrato, forse, in modo plastico, l'equivoco che si può creare tra "interpretazione" ed "utilizzazione" di un testo. Forse dietro le interpretazioni, spesso contraddittorie tra di loro, sull'identità degli agitatori, si nasconde un'utilizzazione apologetica posteriore. La stessa questione sulla loro identità giudaica o etnica determina delle partitocrazie arbitrarie, forse non riscontrabili in Galazia.

Dall'analisi dimostrativa della Lettera emerge l'impossibilità di stabilire sia l'identità, che l'origine ed il messaggio di tali agitatori. Essi vengono sempre appellati in modo indefinito[153] e caratterizzati per le loro azioni nei confronti dei Gal[154]. Paolo non riferisce mai qualcosa che gli agitatori hanno commesso o detto nei suoi confronti; non li conosce neppure (cf. 5,10)! Per questo, è improprio parlare di "oppositori" nei confronti di Paolo: il punto di riferimento sono sempre i destinatari della missiva, non Paolo.

Pertanto, in adesione al testo, abbiamo preferito denominarli "agitatori" oppure "sobillatori". Inoltre, i pochi riferimenti alle azioni degli agitatori si presentano, di fatto, come illazioni[155], minacce (Gal 1,9; 5,10), oppure un sarcastico disprezzo (cf. Gal 5,12). Paolo non esita a biasimare solo i destinatari della missiva che conosce, ma anche gli "agitatori", che di fatto ignora. Una tale relazione che, da una prospettiva storicistica, può sembrare poco ortodossa ed irrispettosa, di fatto si spiega all'interno delle finalità persuasive della Lettera.

In relazione alla "dispositio" di Gal, i riferimenti agli agitatori sono riscontrabili in pericopi ricche di appello "pathetico", come l' "exordium" (cf. 1,7.9), le "perorationes" (cf. 5,7-12; 6,12-13) e l' "elogium" dei Galati (cf. 4,17). Paolo non riferisce nessuna loro affermazione o concezione sulla cristologia né sulla Legge. Per questo ignoriamo l'identità, l'origine ed il messaggio degli agitatori. Una tale carenza si spiega a causa della prospettiva epidittica della Lettera.

In definitiva, un'interpretazione dimostrativa di Gal, ridimensiona, pur senza negare, una questione sulla quale forse ci si è troppo attardati, nell'esegesi contemporanea.

---

[153] Cf. τινές (Gal 1,7), τις (Gal 1,9) e τίς (5,7), ὅστις (5,10), ὅσοι (6,12).

[154] Cf. οἱ ταράσσοντες (1,7), ὁ... ταράσσων (5,10), οἱ ἀναστατοῦντες (5,12).

[155] Risulta significativo che, spesso, le illazioni contro gli agitatori sono introdotte dal verbo θέλειν (cf. Gal 1,7; 4,17; 6,12.13); cf. anche le illazioni di 5,7-8.

CONCLUSIONE

Una delle funzioni principali di una conclusione, o di un epilogo, è rappresentata dalla "ricapitolazione" di quanto è stato dimostrato. Cercheremo di esaudire tale compito rinviando, tuttavia, alle conclusioni di ogni sezione di questo studio, per ulteriori specificazioni.

Innanzitutto è bene richiamare la disposizione argomentativa della Lettera ai Galati: rimane questa la finalità principale della nostra indagine, fondata sulla "retorica letteraria".

1. La "dispositio"

La Lettera ai Galati si divide in 4 dimostrazioni (Gal 1,13–2,21; 3,1–4,7; 4,8–5,12; 5,13–6,10), precedute da un "praescriptum" (Gal 1,1-5), da un "exordium" (Gal 1,6-10) e da una "propositio" o θέσις generale (Gal 1,11-12), seguite da un "postscriptum" (Gal 6,11-18), che funge anche da ultima "peroratio".

A sua volta, ogni dimostrazione viene articolata in tre parti fondamentali: un'apostrofe (Gal 1,6-10; 3,1-5; 4,8-11; 5,13-15), una protressi (Gal 1,13–2,14; 3,6-29; 4,12–5,1; 5,16–6,10) ed una "peroratio" (Gal 2,15-21; 4,1-7; 5,2-12; 6,11-18). In tale disposizione, la prima apostrofe (1,6-10) e l'ultima "peroratio" (6,11-18) assumono carattere generale, cioè non limitato alle immediate dimostrazioni. Inoltre, il punto di partenza delle dimostrazioni si trova nella "propositio" principale (Gal 1,11-12). Per questo l'intera argomentazione dipende da questa "propositio" che si presenta, non come "partitio", ma come incoativa, ossia indefinita. Da tale "propositio" dipendono le due "propositiones" secondarie (Gal 3,6-7; 5,16) che ne svelano progressivamente il contenuto. Quindi, la stessa "propositio" principale viene sintetizzata nell'epifonema di Gal 6,15, denominato dallo stesso Paolo come κανών (Gal 6,16). Inoltre, nelle singole dimostrazioni, Paolo utilizza diversi registri argomentativi: il "midrash" (Gal 3,6-14; 4,21–5,1), la diatriba (Gal 3,19-20.21-23), l'esempio giuridico (Gal 3,15-18; 4,1-7), la periautologia (Gal 1,13–2,14), l'elogio della prima relazione con i Galati (4,12-20), la μίμησις (Gal 2,15-21), il confronto o σύγκρισις (Gal 2,11-14; 5,16-26; 6,12-14). Potremmo affermare che Paolo, dal punto di vista argomentativo, si rivela come un eclettico: non si accontenta di un tipo di argomentazione per persuadere i destinatari della Lettera.

Pertanto la "dispositio" di Gal si presenta come originale, non riscontrabile nella manualistica retorica, né in quella epistolografica. Per questo risulta fallimentare l'imposizione di una struttura retorica o epistolare ad una Lettera, come Gal, che sfugge ad ogni tassonomia precostituita.

2. Il genere retorico

La stessa "dispositio" ha fornito gli indicatori fondamentali per l'identificazione del genere retorico di Gal. Per questo è stato seguito l'itinerario che dalla "dispositio" perviene al genere, e non l'inverso. In base a tale metodologia, Gal si configura come Lettera epidittica o dimostrativa, più che forense o deliberativa. Infatti, mediante questa lettera di biasimo, Paolo non si propone di difendersi né di accusare quanti si oppongono al suo vangelo. Inoltre, egli non si limita a delineare i vantaggi o gli svantaggi della circoncisione. Piuttosto, ci sembra che scelga un itinerario di riformazione, pedagogico, attraverso il quale si propone di ripresentare il proprio vangelo alle comunità della Galazia, colte in stato di incipiente apostasia.

Riguardo alla finalità dimostrativa della Lettera, risulta illuminante quanto lo stesso Paolo sostiene in Gal 4,19: "Figli miei, che di nuovo partorisco nel dolore finché non sia formato in voi Cristo". Quindi, la relazione tra Paolo ed i Galati non è di tipo forense o deliberativo, ma pedagogico, di rievangelizzazione. Notiamo infine che, in rispondenza al genere epidittico, Paolo non si ferma ad indicare l'utilità o gli svantaggi della circoncisione che, in quanto tale conta ben poco (cf. Gal 5,6; 6,15), né a difendere un vangelo che, di fatto, non più essere difeso, in quanto appartenente ad una "rivelazione" (cf. Gal 1,15-16). Al contrario, al centro di Gal si trova la ricomprensione stessa del vangelo paolino e delle sue implicazioni (cf. Gal 1,11-12).

3. Il messaggio

L'identificazione della "propositio" principale (Gal 1,11-12) della Lettera ha fatto emergere la centralità tematica del vangelo. Tuttavia, un tale riconoscimento risulta ancora generale, se non generico, per diventare comprensibile. Così, il vangelo in Gal potrebbe riferirsi ad un ambito della cristologia, della pneumatologia o della teologia. In realtà, il vangelo in Gal non riguarda direttamente nulla di tutto questo. In termini argomentativi, queste tematiche teologiche rimangono "entimematiche", vale a dire, come premesse sulle quali Paolo ed i suoi destinatari convergono, e che permettono lo sviluppo delle stesse dimostrazioni paoline. Infatti, in Gal non è in questione un aspetto della cristologia, come ad esempio la "theologia crucis", bensì l'implicazione che deriva dall'essere "uno in Cristo" (cf. Gal 3,28). Inoltre, non viene posta in discussione la recezione dello Spirito, quanto piuttosto la "figliolanza" che nasce dal suo dono (cf. Gal 3,4; 4,6). Infine, neppure la teologia si rivela come problematica, quanto l'adesione alla χάρις divina che si rivela nel vangelo (cf. Gal 1,6; 2,21). Tali problematiche possono essere sintetizzate nella tematica centrale della implicazione escatologica del vangelo.

Così, Gal 1,13-2,21 si presenta come periautologia esemplare, mediante la quale Paolo dimostra le implicazioni che il vangelo, di origine divina, ha creato nella sua esistenza. Al vertice della periautologia si trova l'apodittica asserzione paolina: "Non annullo la grazia di Dio" (Gal 2,21a). Quindi, egli con Gal 3,1-4,7 delinea l'implicazione fondamentale della figliolanza, conferita a quanti, mediante lo Spirito, hanno creduto in Cristo. Inoltre, Paolo mediante Gal 4,8-5,12 dimostra l'impossibilità di convivenza delle due figliolanze: l'eredità abramitica appartiene soltanto ai figli della promessa, denominati anche "secondo lo Spirito" (cf. Gal 4,29). Infine, la paraclesi di Gal 5,13-6,10 pone i Galati di fronte alle proprie scelte: vivere secondo la carne oppure secondo lo Spirito. Paolo esorta i destinatari a "diventare ciò che sono": πνευματικοί (Gal 6,1). Pertanto la nuova creazione, cominciata con l'invio del Figlio di Dio (cf. Gal 1,4; 4,4), rappresenta il contenuto centrale del vangelo in Gal. Ma, tale nuova creazione non assume soltanto le distanze rispetto alla circoncisione, ma anche all'incirconcisione: si colloca infatti ad un livello superiore di esistenza. Per questo, il vangelo viene sintetizzato dall'epifonema di Gal 6,15: "Non è infatti la circoncisione che conta, né l'incirconcisione, ma la nuova creazione" (cf. Gal 5,6).

4. La Legge e gli oppositori

Nell'ultima parte del nostro studio si è verificata la validità o meno di tale approccio retorico-letterario, affrontando le due questioni più dibattute nell'esegesi paolina contemporanea: la Legge e gli oppositori.

Innanzitutto, la detronizzazione della Legge in Gal, ha esigito, comunque, che si facesse luce su tale problema. A partire dalla "dispositio" argomentativa della Lettera, si è compreso che la Legge non costituisce la tematica centrale, bensì un problema sussidiario. Inoltre, Paolo non affronta la questione della Legge a partire dalla Legge stessa, oppure dall'incapacità umana di adempierla, né dalla propria esperienza fallimentare di giudeo. Al contrario, egli ricomprende la Legge a partire dal suo essere in Cristo.

Ancora una volta, la dimensione escatologica dell'essere cristiano, costituisce la prospettiva dalla quale Paolo rivaluta la Legge stessa. Per questo, la Legge, con l'intera economia dell'Antico Testamento, perviene al suo adempimento in Cristo (cf. Gal 4,4-5; 5,14). Per inverso, quanti sono in Cristo non hanno bisogno della Legge per prendere parte alle promesse ed all'eredità abramitica: sono diventati figli di Abramo senza la Legge, ma con lo Spirito.

Tutto questo però non viene sostenuto contro la Legge, ma dalla Legge stesa che porta in sé lo statuto della sua limitazione. Infatti gli oracoli che annunciano l'economia della "fede" (Gn 15,6; Ab 2,4) non si trovano fuori dalla Legge, ma nella Legge (cf. Gal 3,6.11). In definitiva, la Legge stessa annuncia il proprio superamento in Cristo, senza per questo essere abrogata.

Da una tale prospettiva della Legge, deriva che in Gal non è possibile scindere tra affermazioni negative e positive della Legge. Paolo non sembra distinguere, come spesso si sostiene, tra Legge e legalismo, tra tutta la Legge ed una sua parte. Al contrario, è la Legge, nella sua globalità, che si nega e si afferma, si limita e si adempie.

In conclusione potremmo affermare che, nella Lettera ai Galati, la Legge non ha bisogno del cristiano per essere adempiuta, né il cristiano deve sottomettersi alla Legge per essere in Cristo. Ogni interferenza di tale principio diventa disastrosa non soltanto per il cristiano, che misconosce il proprio inserimento escatologico, ma anche per la Legge stessa che di fatto non verrebbe riconosciuta nel proprio adempimento cristologico, in base al quale viene qualificata come τὸν νόμον τοῦ Χριστοῦ (Gal 6,2).

Anche la questione degli agitatori è stata affrontata a partire dalla "dispositio" argomentativa della Lettera. La loro presenza non risulta centrale, per cui sia possibile identificare la loro identità, l'origine ed il messaggio. Invece, in una ricomprensione dimostrativa, o epidittica, della Lettera, che pone al centro attanziale il rapporto tra Paolo e le comunità galate, il ruolo dei sobillatori rimane secondario; e forse Paolo neppure conosce la loro identità (cf. Gal 5,10); nondimeno, inveisce contro di loro (cf. Gal 4,17; 6,12.13) per stabilire una maggiore adesione persuasiva con le stesse comunità.

5. Disposizione e retorica letteraria

I risultati della presente indagine, fondata su quella che si è andata definendo come "retorica letteraria", forse aprono nuove prospettive nell'esegesi di Gal, se non dell'intero epistolario paolino.

Innanzitutto, rileviamo che la classica obiezione per cui l'epistolografia è scritta mentre il discorso retorico rimane orale, da un confronto dei dati risulta poco fondata. La stessa manualistica classica adotta la tipologia retorica per distinguere i diversi modelli epistolari, anche se l'epistolografia può assumere un orizzonte più vasto di quello retorico. Rimane vero che non tutte le comunicazioni scritte presentano una propria composizione o disposizione.

Pertanto, il processo di "letteraturizzazione" non impedisce, anzi, mediante le sue figure, perfeziona la comunicazione retorica. E tale processo non si colloca in un momento di decadenza della retorica. Ci sembra di aver dimostrato che la stessa retorica epidittica, nella sua origine, risulta strettamente relazionata alla "letteraturizzazione" poetica. Naturalmente, la dimensione persuasiva di un testo non viene colta mediante la verifica di un modello dispositivo precostituito; lo stesso vale per l'epistolografia.

Per questo abbiamo formulato i principi: retorica contro la retorica ed epistola contro l'epistolografia. In base alla "retorica letteraria", il compito dell'esegeta consiste nell'identificare la dimensione persuasiva del testo a partire dal testo stesso.

Per quanto riguarda la Lettera ai Galati, si è cercato di seguire un itinerario "sincronico", senza valutarne la relazione con il restante epistolario, né con la parallela produzione letteraria. Con questo, non si sono volute sminuire le diverse metodologie "diacroniche", che rimangono sempre necessarie nell'esegesi biblica. Pensiamo, invece, che il confronto con l' intero epistolario paolino e con il resto del Nuovo Testamento si ponga ad un livello successivo. Infatti, prima è necessario identificare la composizione dei singoli testi, qualora ve ne fosse una, e quindi giungere al riconoscimento della formazione e della relazione con il "corpus" paolino e neotestamentario. Per questo, forse uno dei criteri fondamentali, per verificare la paternità dell'epistolario paolino e neotestamentario risiede nell'identificazione e nel confronto delle diverse composizioni e disposizioni argomentative.

A tal proposito, riteniamo che risulti insufficiente, anche se basilare, un'analisi semantica o frastica per stabilire la paternità di uno scritto, quando di fatto lo stesso linguaggio, con il passare del tempo, può essere soggetto a notevoli mutazioni. Forse, la relazione delle diverse disposizioni argomentative permette di stabilire una criteriologia più solida, meno improvvisata di quella semantica o frastica.

Infine, rileviamo che, rispetto al messaggio, la composizione letteraria o la disposizione retorica, permettono di stabilire delle "gerarchie tematiche". Questo si è dimostrato fondamentale proprio per Gal che, con Rm, si trova sempre al centro del dibattito teologico. Così, spesso a partire da una nostra prospettiva interpretativa, possiamo collocare al centro del messaggio alcune tematiche accattivanti per il nostro tempo, ma che di fatto non godono di tale priorità nell'economia del testo. Al contrario, il principio che conferisce priorità al testo ed alla sua composizione, permette di stabilire delle proporzioni fondamentali, attraverso le quali il testo, senza subire eccessive utilizzazioni, continua ad interloquire con quanti gli si accostano.

LESSICO DI TERMINOLOGIA TECNICA

A. Retorica

1. *Aretalogia* (= ἀρετή). Discorso retorico riguardante le virtù da inculcare negli animi dei destinatari. Nell'aretalogia rientra il biasimo dei vizi, spesso posti in antitesi (cf. σύγκρισις) rispetto alle stesse virtù. Questa rappresenta una delle prime forme di comunicazione della retorica epidittica o dimostrativa.

2. *Biasimo*. Vedi *generi retorici*

3. *"Confirmatio"*. Vedi *"probatio"*.

4. *"Dispositio"* (= τάξις). Organizzazione della comunicazione retorica che comprende, nella sua essenzialità, una "propositio" ed una "probatio". Da tale fase principale dell'argomentazione deriva lo stesso termine "disposizione".

5. *"Digressio"*. Vedi *"egressio"*.

6. *"Egressio"* (= "digressio"; παρέκβασις). Allontanamento momentaneo dall'ordine naturale del discorso. A prima vista, l' "egressio" sembra un argomento esterno rispetto al proprio contesto immediato; tuttavia esso mantiene una certa relazione con la causa principale, espressa nella "propositio".

7. *"Elocutio"* (= λέξις). Insieme di "figure" stilistiche, mediante le quali, si concretizza la propria comunicazione retorica. Nei periodi di decadenza, la retorica venne relegata a tale fase, cadendo in semplice forma ornamentale del discorso.

8. *Epilogo*. Vedi *peroratio*.

9. *Esercizi preliminari* (= προγυμνάσματα). Esercizi scolastici, utilizzati nella classicità, per insegnare come organizzare un discorso retorico. Gli esercizi preliminari più antichi che ci sono pervenuti appartengono a Teone di Alessandria (fine del I sec. d.C.). Spesso durante tali esercizi didattici, la lettera veniva assunta come modello di comunicazione.

10. *"Exordium"* (= προοίμιον). Sezione introduttiva della comunicazione retorica, che stabilisce la fondamentale relazione tra mittente e destinatario. Nella manualistica classica, veniva assunto, come modello, l'esordio del discorso

epidittico, a causa del tenore solenne con cui questo si introduce. Tra gli elementi più comuni dell' "exordium", soprattutto in quello forense, si trovano la docilità, l'attenzione e la benevolenza da suscitare negli ascoltatori.

11. *"Generi retorici"* (= "Tria genera causarum"). La manualistica classica cataloga tre generi retorici fondamentali: il genere giudiziario o forense, quello deliberativo o politico, quello epidittico o dimostrativo.

Inoltre, gli stessi generi si dividono in due corrispondenti specie. Il genere forense può assumere specie "apologetica" o "accusante", il genere deliberativo si divide in "suadente" o "dissuadente", quello epidittico in "elogio" o "biasimo". Il genere forense si colloca in contesto di tribunale e si riferisce al passato, quello deliberativo in contesto senatoriale e riguarda il futuro, quello epidittico in contesto pedagogico e riguarda il presente.

Circa le finalità, il genere forense si propone la determinazione del giusto e dell'ingiusto, quello deliberativo prospetta l'utilità e l'inutilità, infine quello epidittico cerca di pervenire all'assimilazione della virtù ed alla negazione dei vizi. A questi tre generi basilari, è necessario aggiungere il genere "misto", che rivela l'interdipendenza dei generi suddetti. Infine, in dipendenza di questi generi, bisogna collocare la "diatriba" classica che, in tale dissertazione, viene definita come "subgenere" retorico. Questa intende persuadere mediante un proprio stile e specifiche figure retoriche.

12. *"Imitatio"*. Vedi *rappresentazione*.

13. *"Inventio"* (= εὕρεσις). Ricerca e raccolta degli argomenti e delle prove, mediante le quali è possibile organizzare la propria "dispositio".

14. *"Memoria"* (= μνήμη). Fissazione o memorizzazione della "dispostio" e del relativo contenuto.

15. *Mimesi*. Vedi *rappresentazione*.

16. *"Narratio"* (= διήγησις). Esposizione degli avvenimenti, relazionati, in modalità diverse, alla "dispositio" argomentativa. Così, generalmente nel discorso forense, la "narratio" introduce gli avvenimenti che saranno dimostrati nella "probatio". Invece, nel discorso epidittico, la "narratio" può assumere il ruolo di dimostrazione rispetto alla "propositio". Infine, nel discorso deliberativo la "narratio" è relazionata soprattutto alla "peroratio", in quanto esemplificazione concreta di quanto risulta utile o dannoso.

17. *"Partitio"* (= "Divisio"). Specifica forma di "propositio" che, non soltanto annuncia il tema o la tesi della dimostrazione successiva, ma delinea anche lo sviluppo delle singole parti.

18. *Periautologia*. Elogio di sé e della propria condotta. Plutarco ci ha trasmesso un manuale sulle modalità per comporre una periautologia, senza

suscitare l'invidia negli ascoltatori. La periautologia viene spesso utilizzata in funzione dei tre generi retorici, ma può appartenere anche ad un genere misto o artificiale.

19. *"Peroratio"* (= "recapitulatio"; $\dot{\epsilon}\pi\dot{\iota}\lambda o\gamma o\varsigma$). Conclusione della comunicazione retorica, caratterizzata dall'amplificazione della relazione tra mittente, messaggio e destinatari. La funzione principale di tale sezione consiste nella ricapitolazione di quanto si è andato dimostrando nella "probatio".

20. *"Probatio"* (= $\pi\dot{\iota}\sigma\tau\iota\varsigma$). Sviluppo, con diverse prove ed argomentazioni, della "propositio" principale. Soprattutto nei discorsi forensi, la "probatio" si divide a sua volta, in "confirmatio" e "refutatio". Nella prima si cerca di dimostrare la fondatezza della propria posizione, mentre nella seconda ci si propone di rigettare quella dei propri avversari.

21. *"Propositio"* (= $\pi\rho\dot{o}\theta\epsilon\sigma\iota\varsigma$). Tesi o presentazione degli argomenti e delle questioni che vengono sviluppate nella "probatio". All'interno della stessa "dispositio" si possono riscontrare diverse "propositiones", relazionate tra di loro, in forma sintattica o paratattica, ma anche senza reali connessioni.

22. *Prove atecniche* (= $\dot{a}\tau\epsilon\chi\nu o\iota$). Prove esterne alla comunicazione retorica che tuttavia vengono in essa inglobate. Dal punto di vista ermeneutico, le prove atecniche sono riconoscibili per il fatto che non vengono adattate o personalizzate dallo stesso autore. Per questo fanno parte delle prove atecniche gli atti, i giuramenti, i proverbi, le testimonianze.

23. *Prove tecniche* (= $\dot{\epsilon}\nu\tau\epsilon\chi\nu o\iota$). Prove che fanno parte dell'argomentazione retorica e che l'autore adatta alle proprie finalità persuasive. Così rientrano nelle prove tecniche l'$\dot{\eta}\theta o\varsigma$ dell'autore, il $\lambda\dot{o}\gamma o\varsigma$ del messaggio ed il $\pi\dot{a}\theta o\varsigma$ del destinatario. A queste vengono assimilate anche l'entimema e l'esempio. Vedi "entimema".

24. *Rappresentazione* (= $\mu\dot{\iota}\mu\eta\sigma\iota\varsigma$; "imitatio"). Riproduzione di azioni o parole, all'interno della biografia o dell'autobiografia, mediante la quale si perviene ad un rilevante effetto di persuasione. Generalmente, nella "dispositio" una mimesi succede ad una narrazione.

25. *"Refutatio"*. Vedi *"probatio"*.

26. *Retorica* (= $\tau\dot{\epsilon}\chi\nu\eta$ $\dot{\rho}\eta\tau o\rho\iota\kappa\dot{\eta}$). Arte dell'argomentazione che si serve del linguaggio orale e scritto per persuadere. Sembra che la comunicazione orale fosse la prima forma di persuasione; ma ben presto si diffuse anche la forma scritta, soprattutto a causa delle diverse "figure" che affrettarono il processo di "letteraturizzazione".

B. Figure retoriche

27. *Adinato* (= ἀδύνατον). Particolare tipo di iperbole, in cui viene enfatizzato un concetto sino all'impossibilità. Vedi *iperbole*.

28. *Anacoluto* (= ἀνακόλουθος). Interruzione di un elemento sintattico, per cui la proposizione rimane in sospensione.

29. *Anafora* (= ἀναφορά; ἐπιβολή). Ripetizione di un lessema o di un sintagma, all'inizio di una proposizione o pericope.

30. *Antimetabolé*. Vedi *chiasmo*.

31. *Antiteto* (= ἀντίθετον). Accostamento di tipo sintattico e logico tra due lessemi o sintagmi che presentano significato opposto.

32. *Apostrofe* (= ἀποστροφή). Figura di natura amplificante, mediante la quale vengono interpellati, in forma diretta ed incisiva, gli interlocutori. Nella "dispositio", l'apostrofe rappresenta una svolta decisiva dell'argomentazione, e può essere di tipo prolettico oppure analettico.

33. *Chiasmo* (= "commutatio"; ἀντιμεταβολή). Antitesi con disposizione speculare o inversa. Nel chiasmo devono assumere funzione argomentativa tutte le parti della proposizione, anche se in forma sintattica o semantica.

34. *"Climax"* (= "gradatio"). Progressione ritmica di tipo ascendente, verificabile nella relazione tra lessemi o sintagmi. Il percorso inverso viene chiamato "anticlimax".

35. *"Commoratio"* (= ἐπιμονή). Permanenza, in forma di ripetizione, sui concetti che si desiderano inculcare negli interlocutori.

36. *"Commutatio"*. Vedi *chiasmo*.

37. *"Correctio"* (= ἐπανόρθωσις). Ripresa di quanto si è appena affermato per attenuare o correggere il suo contenuto.

38. *Ellissi* (= ἔλλειψις). Sottrazione di un elemento grammaticale o sintattico, mediante il quale si ottiene uno stile vivace e scorrevole.

39. *Enallage* (= ἐναλλαγή). Figura di comunione che si ottiene mediante lo scambio, all'interno dello stesso discorso, tra modi, tempi e persone.

40. *Endiadi*. Figura di tipo sintattico con la quale viene espresso un solo concetto mediante l'accostamento di due termini.

41. *Epanortosi*. Vedi *"correctio"*.

42. *Epifonema* (= ἐπιφώνημα). Figura, generalmente collocata nella "peroratio", che sintetizza una parte o tutta la "probatio". Tuttavia è possibile riscontrare degli epifonemi lungo la stessa "probatio".

43. *Epibole*. Vedi *anafora*.

44. *Figura etimologica* (= παρήγμενον). Ripetizione di lessemi che appartengono alla stessa radice verbale o nominale.

45. *Figure* (cf. τρόποι). Forme di espressione, attraverso le quali viene trasmessa la comunicazione retorica. Le figure caratterizzano soprattutto la comunicazione poetica e letteraria; ma ogni tipo di linguaggio è ricco di figure. La manualistica distingue tra "figure di pensiero" (cf. l'apostrofe, l'epifonema, la prosopopea), "di significazione" o tropi (cf. la metafora; la sineddoche, l'iperbole), "di dizione" (cf. l'apocope, la metatesi), "di elocuzione" (cf. l'asindeto ed il polisindeto). Tuttavia, non sempre le diverse figure retoriche risultano così catalogabili. Invece sembra fondamentale identificare la relazione tra le figure ed il triplice orizzonte della comunicazione retorica: mittente, messaggio e destinatari.

46. *"Gradatio"*. Vedi *"climax"*.

47. *Iperbole* (= ὑπερβολή). Figura di carattere amplificante, mediante la quale viene esagerato un concetto per evidenziarne il contenuto.

48. *Metonimia* (= μετονομάζειν). Figura di tipo semantico, in cui si ha una relazione tra un termine letterale ed uno traslato. Così, possiamo avere delle connessioni del tipo causa per effetto, opera per autore, contenente per contenuto, astratto per il concreto.

49. *Ossimoro* (= ὀξύμωρον). Figura di amplificazione che si realizza mediante l'accostamento paradossale di due lessemi o sintagmi di natura contraria.

50. *Prosopopea* (cf. πρόσωπον). Figura con la quale vengono attribuiti i caratteri di una persona, che agisce o parla, ad una realtà inanimata. Nella prosopopea rientra anche la rappresentazione di un personaggio assente.

51. *Sineddoche* (= συνεκδοχή). Figura di tipo semantico in cui si verifica una relazione tra due lessemi, collegati tra di loro come la parte per il tutto, e viceversa.

52. *Tropi*. Vedi *figure*.

C. Prove ed argomentazioni retoriche

53. *Amplificazione* (= αὔξησις). Accrescimento delle prove o delle figure, mediante il quale si perviene ad una maggiore adesione al messaggio.

54. *Argomentazione "a fortiori"*. Dimostrazione logica che procede dal minore al maggiore, oppure dal singolare al plurale. In base a tale argomentazione, quanto vale per il minore ed il singolare, vale anche per il maggiore ed il plurale.

55. *Argomentazione "ad hominem"*. Tipo di dimostrazione, fondato su concessioni che l'oratore accorda all'interlocutore, con il quale però egli dimostra la propria tesi o posizione.

56. *Brachilogia*. Argomentazione ellittica consistente nell'eliminazione sintattica di elementi comuni, senza i quali si può ugualmente cogliere il senso delle proposizioni. Spesso, mediante la brachilogia, si perviene ad una maggiore incisività stilistica e contenutistica.

57. *"Captatio benevolentiae"*. Argomentazione rivolta ai destinatari, con la quale si cerca di avere la loro adesione o favore. Spesso la "captatio" benevolentiae è riscontrabile nell' "exordium" o nella "peroratio" della comunicazione retorica.

58. *"Confronto"* (= σύγκρισις). Confronto tra lessemi, valori o persone, attraverso il quale si pone in risalto la negatività di uno e la positività dell'altro.

59. *Entimema* (= ἐνθύμημα). Tipo di ragionamento, nel quale viene sottaciuta una delle premessa o delle conclusioni della propria dimostrazione, in quanto nota.

60. *" Ethos"* (= ἦθος). Ambito di prove "tecniche" riguardante il mittente ed il suo "carattere". Spesso, nella retorica latina l'ethos viene confuso con il "delectare" che, però, non si riferisce alle qualità dell'autore, bensì alla densità di affetti che si possono suscitare nei destinatari.

61. *"Logos"* (= λόγος; "docere"). Ambito di prove "tecniche" che riguarda il messaggio o il contenuto della comunicazione retorica.

62. *"Pathos"* (= πάθος ; "movere"). Ambito di prove "tecniche" che si riferisce ai destinatari.

63. *Protressi* (= προτρεπτικός). Sviluppo della dimostrazione che si serve dei diversi tipi di argomentazione per giungere all'adesione dei destinatari. La protressi viene particolarmente utilizzata nella pedagogia di tipo "socratico"

che, parte dal riconoscimento della propria ignoranza, per giungere al riconoscimento della verità proposta.

64. *Topologia* (= τόπος ; "locus"). Unità di motivi che si ripetono, con una certa frequenza, in uno stesso testo o nel suo ambito culturale. L'insieme di più topici riscontrabili nello stesso discorso forma una isotopia che costituisce la base per l'interpretazione stessa.

D. Esegesi giudaica

65. *"Gezerah shawah"* (= "principio di equivalenza"). Regola rabbinica consistente nella relazione tra due testi biblici che si spiegano reciprocamente. La "gezerah shawah" procede per rispondenze semantiche o lessicali.

66. *"Haftarah"* (= "fine"; "rinvio"). Sezione della liturgia sinagogale, consistente nella lettura di un brano tratto dai Profeti. Spesso una "haftarah" succede ad un brano scelto dalla "Torah", al quale, in modi diversi, può essere relazionata.

67. *"Kelal uferat uferat ukelal"* (= il generale ed il particolare; il particolare ed il generale). Regola rabbinica, che corrisponde alla figura retorica della sineddoche, in base alla quale quanto viene detto per il particolare vale anche per il generale, e viceversa. Vedi *sineddoche*.

68. *"Midrash"* (da "darash"= cercare; domandare; al plurale "midrashim"). Termine difficile da definire che, tuttavia, nella sua fenomenologia può essere descritto come particolare tipo di esegesi rabbinica. La finalità di tale ricerca consiste nello spiegare il senso del testo biblico e nel dedurre diversi tipi di applicazione rispetto alla propria vita religiosa ed etica. Per questo il "midrash" si distingue in "haggadico" o narrativo, ed "halachico" o etico). Mentre il "midrash haggadico" si caratterizza per la sua dimensione "omiletico-narrativa", il "midrash halachico" riguarda la rilevanza etica o legale della Scrittura.

69. *"Pesher"* (= interpretare). Tipo di "midrash", testimoniato soprattutto a Qumran (cf. 1QpHab), consistente nell'interpretazione con finalità attualizzante, del testo biblico.

70. *"Qal wahomer"*. Vedi *argomentazione "a fortiori"*.

71. *"Seder"* (= organizzazione; ordine). Sezione principale della liturgia sinagogale riguardante la lettura di un brano tratto dalla "Torah", o Pentateuco. Generalmente, il "seder" procede secondo la "lectio continua" del testo biblico.

E. Narratologia

72. *Analessi* (cf. il "flash back"). Richiamo o evocazione di eventi anteriori alla sequenza o sintassi narrativa che si sta svolgendo.

73. *Attante*. Elemento semantico oppure sintattico che assume un proprio ruolo all'interno della narrazione. L'identità e la funzione dell'attante è più estesa ed indefinita di quella dell'attore. Tuttavia, un attante può essere riscontrato in uno o più attori; e per inverso un solo attore può assumere diversi ruoli attanziali.

74. *Attore*. Personaggio che, all'interno della dimensione spazio-temporale della narrazione, assume un ruolo ben definito.

75. *Lacuna* (= *"gap"*).   Vuoto o interruzione nella sequenza narrativa. Tale silenzio narrativo può essere casuale oppure dovuto ad una logica interna della stessa narrazione.

76. *Intreccio* (= "plot"; intrigo). Dinamica del racconto che viene articolato secondo una propria logica interna. Nell'intreccio sono riconoscibili la sequenza narrativa, il "climax" o salita narrativa, il "turning point" o la svolta, e lo scioglimento della narrazione. Tuttavia, spesso l'intreccio narrativo segue un itinerario indipendente; e la svolta può coincidere con lo scioglimento.

77. *Metalessi*. Superamento o "trasgressione" della principale sintassi narrativa ed inserzione di un secondo livello narrativo. In tal caso, gli orizzonti della comunicazione si sovrappongono.

78. *Narratario*. Destinatario che, nell'economia del racconto, può assumere un ruolo intradiegetico (= appartenente al racconto) oppure extradiegetico (= esterno al racconto). Nel primo caso, il narratario fa parte del racconto, come personaggio; mentre nel secondo, egli ne viene direttamente escluso.

79. *Narratore*. Personaggio che racconta. Quando il narratore assume un ruolo nello stesso racconto viene definito come intradiegetico, mentre quando non rientra nell'intreccio si tratta di un narratore extradiegetico.

80. *Prolessi*. Anticipazione di eventi che verranno ripresi, con maggiore estensibilità, in una successiva sequenza narrativa.

F. Epistolografia

81. *"Adscriptio"* . Parte del "praescriptum" contenente i riferimenti al destinatario della Lettera.

82. *Filofronesi* (= φιλοφρόνησις). Topologia epistolare riguardante la relazione di amicizia tra mittente e destinatario.

83. *Parusia - Apusia* (παρουσία – ἀπουσία). Topologia epistolare riguardante la relazione spaziale tra mittente e destinatario. Nella sezione epistolare, dedicata alla "parousia" si fa spesso riferimento ai progetti di viaggio. Invece, nella sezione dell' "apousia" si constata la distanza tra mittente e destinatario.

84. *"Postscriptum"*. Sezione conclusiva di una lettera, contenente i saluti finali. In una lettera, scritta con finalità persuasive, il "postscriptum" può coincidere con la "peroratio".

85. *"Praescriptum"*. Sezione introduttiva di una lettera, contenente la fondamentale relazione tra il mittente ed il destinatario. In una lettera con finalità persuasive, il "praescriptum" può coincidere con l' "exordium". Vedi *"exordium"*.

86. *"Salutatio"* . Parte del "praescriptum" riguardante i saluti che intercorrono tra mittente e destinatario.

87. *"Titulatio"* (= "Superscriptio"). Parte del "praescriptum" contenente la presentazione del mittente e delle sue credenziali.

SIGLE ED ABBREVIAZIONI

1. Fonti bibliche, classiche e traduzioni

Gn	Genesi
Es	Esodo
Lv	Levitico
Nm	Numeri
Dt	Deuteronomio
1-2 Cr	1-2 Cronache
Is	Isaia
Ger	Geremia
Ez	Ezechiele
Ab	Abacuc
Mt	Matteo
Lc	Luca
Gv	Giovanni
At	Atti degli Apostoli
Rm	Romani
1-2 Cor	1-2 Corinti
Gal	Galati
Ef	Efesini
Fil	Filippesi
Col	Colossesi
1-2 Ts	1-2 Tessalonicesi
1-2 Tm	1-2 Timoteo
Fm	Filemone
Eb	Ebrei
Gc	Giacomo
1-2 Pt	1-2 Pietro
Ap	Apocalisse

1QS	1 Qumran, *Serek Hayyahad*

Ad Alex.	Anassimene, *Rhetorica ad Alexandrum*
Ad Fam.	Cicero, *Epistulae ad Familiares*
De Eloc.	Demetrius Phalereus, *De Elocutione*

De Inv.	Cicero, *De Inventione*
De Opt. Gen.	Cicero, *De Optimo Genere Oratorum*
De Orat.	Cicero, *De Oratore*
Heren.	*Rhetorica ad Herennium*
Inst. Or.	Quintiliano, *Institutio Oratoria*
Orat.	Cicero, *Orator*
Part. Or.	Cicero, *Partitiones Oratoriae*
Top.	Cicero, *Topica*
Mor.	Plutarco, *Moralia*
Ret.	Aristotele, *Τέχνη ῥητορική*

BJ	*Bible de Jérusalem*
CEI	*La Sacra Bibbia, Conferenza Episcopale Italiana*
LXX	*Septuaginta*
NJB	*Neue Jerusalemer Bibel*
TM	*Testo Masoretico*
TOB	*Traduction Oecuménique de la Bible*

2. Periodici e collezioni

AnBib	Analecta Biblica
ANRW	*Aufstieg und Niedergang der römischen Welt*
AssSeign	*Assemblées du Seigneur*
BCentProt	*Bulletin du Centre Protestant d'Études*
Bib	*Biblica*
BJRL	*Bulletin of the John Rylands University Library of Manchester*
BK	*Bibel und Kirche*
BLitEc	*Bulletin de Littérature Ecclésiastique*
CBQ	*Catholic Biblical Quarterly*
ClassQuart	*Classical Quarterly*
DBS	*Dictionnaire de la Bible, Supplément*
EstBíb	*Estudios Bíblicos*
ÉTR	*Études théologiques et religieuses*
EvQ	*Evangelical Quarterly*
EvT	*Evangelische Theologie*
ExpTim	*Expository Times*
FS	Festschrift
HTR	*Harvard Theological Review*
HUCA	*Hebrew Union College Annual*
Int	*Interpretation*
JBL	*Journal of Biblical Literature*

JJS	*Journal of Jewish Studies*
JQR	*Jewish Quarterly Review*
JSNT	*Journal for the Study of New Testament*
JSNTSS	Journal for the Study of New Testament Supplement Series
KD	*Kerygma und Dogma*
LCL	*Loeb Classical Library*
NT	*Novum Testamentum*
NTS	*New Testament Studies*
NTTS	New Testament Tools and Studies
RAC	*Reallexikon für Antike und Christentum*
RB	*Revue Biblique*
REG	*Revue des Études Grecques*
RevExp	*Review and Expositor*
RevThom	*Revue Thomiste*
RevistB	*Revista Bíblica*
RivB	*Rivista Biblica*
RPh	*Revue de philologie, de littérature et d'histoire anciennes*
RSR	*Recherches de Science Religieuse*
SBFLA	*Studi Biblici Francescani Liber Annuus*
SBLASP	Society of Biblical Literature Abstracts and Seminar Papers
SBLDS	Society of Biblical Literature Dissertation Series
SBLMS	Society of Biblical Literature Monograph Series
SBLSBS	Society of Biblical Literature Sources for Biblical Study
SBS	Stuttgarter Bibelstudien
SEA	*Svensk Exegetisk Årsbok*
SJT	*Scottish Journal of Theology*
SR	*Studies in Religion*
ST	*Studia Theologica*
StClaPhi	*Studies in Classical Philology*
SubBib	Subsidia Biblica
TLZ	*Theologische Literaturzeitung*
TRE	*Theologische Realenzyklopädie*
TrinJ	*Trinity Journal*
WTJ	*Westminster Theological Journal*
WUNT	Wissenschaftliche Untersuchungen zum Neuen Testament
ZNW	*Zeitschrift für die Neutestamentliche Wissenschaft*
ZTK	*Zeitschrift für Theologie und Kirche*
l. v.	lezione variante
Tot.	Totale
v. vv.	verso, versi
x	volta, volte

BIBLIOGRAFIA

A. Fonti classiche

ARISTOTELE, *Rhetorica ad Alexandrum* (H. Rackham (tr.); LCL Cambridge-London 1983).

IDEM, *Τέχνη ῥητορική* (J.H. Freese (tr.); LCL Cambridge-London 1926).

IDEM, *Τόπικα* (E.S. Forster (tr.); LCL Cambridge-London 1976).

CICERO, *Ad Atticus* (E.O. Winstedt (tr.); LCL Cambridge-London 1980).

IDEM, *Brutus* (G.L. Hendrickson (tr.); LCL Cambridge-London 1952).

IDEM, *De Inventione* (H.M. Hubbell (tr.); LCL Cambridge-London 1976).

IDEM, *De optimo genere oratorum* (H.M. Hubbell (tr.); LCL Cambridge-London 1976).

IDEM, *De oratore* (E.W. Sutton (tr.); LCL Cambridge-London 1979).

IDEM, *Epistulae ad Familiares* (W.W. Glynn (tr.); LCL Cambridge-London 1954).

IDEM, *Orator* (H.M. Hubbell (tr.); LCL Cambridge-London 1952).

IDEM, *Partitiones oratoriae* (H. Rackham (tr.); LCL Cambridge-London 1982).

IDEM, *Rhetorica ad Herennium* (H. Caplan (tr.); LCL Cambridge-London 1981).

IDEM, *Topica* (H.M. Hubbell (tr.); LCL Cambridge-London 1976).

DEMETRIUS PHALEREUS, *Περὶ Ἑρμηνείας* (W.R. Rhys (tr.) LCL Cambridge-London 1932).

DEMETRII et LIBANII qui ferentur *ΤΥΠΟΙ ΕΠΙΣΤΟΛΙΚΟΙ* et *ΕΠΙΣΤΟΛΙΜΑΙΟΙ ΧΑΡΑΚΤΗΡΕΣ* (V. Weichert (ed.); Leipzig 1910).

DEMOSTENE, *De corona* (V. Vance (tr.); LCL Cambridge-London 1963).

EPITTETO, *ΑΡΡΙΑΝΟΥ ΤΩΝ ΕΠΙΚΤΗΤΟΥ ΔΙΑΤΡΙΒΩΝ* (W.A. Oldfather (tr.); LCL Cambridge-London 1979).

ERMOGENE, *ΠΕΡΙ ΜΕΤΟΔΟΥ ΔΕΙΝΟΤΗΘΩΝ*. H. Rabe (tr.), *Hermogenis opera. Rhetores Graeci* (Lipsia 1913), IV.

ISOCRATE, *De pace* (G. Norlin (tr.); LCL Cambridge-London 1982.

IDEM, *Panegyricus* (G. Norlin (tr.); LCL Cambridge-London 1980).

PLUTARCO, *Moralia* (P.H. Lacy - B. Einarson (tr.); LCL Cambridge-London 1968).

QUINTILIANO, *Institutio oratoria* (H. Butler (tr.); LCL Cambridge-London 1977).

SENECA, *Ad Lucilius epistulae morales* (R.M. Gummere (tr.); LCL Cambridge London 1932).

B. Fonti bibliche e strumenti

ALAND, K. - BLACK, M. - MARTINI, C.M. - METZGER, B.M. - WIKGREN, A., *The Greek New Testament* (New York-London-Edinburgh-Amsterdam-Stuttgart [3]1975)

ALAND, K., *Vollständige Konkordanz zum griechischen Neuen Testament* (Berlin-New York 1978-1983), III.

BAUER, W., *Griechisch-deutsches Wörterbuch zu den Schriften des Neuen Testaments und der frühchristlichen Literatur* (Berlin-New York [6]1988).

BLASS, F. - DEBRUNNER, A., *Grammatik des neutestamentlichen Griechisch* (Göttingen [14]1976).

ELLIGER, K. - RUDOLPH W., *Biblia Hebraica Stuttgartensia* (Stuttgart 1966-77).

MORGENTHALER, R., *Statistik des neutestamentlichen Wortschatzes* (Zürich-Frankfurt 1958).

NESTLE, E. - ALAND, B., *Novum Testamentum Graece* (Stuttgart [26]1979).

RAHLFS, A., *Septuaginta* (Stuttgart [9]1979).

ZERWICK, M. - GROSVENOR, M., *A Grammatical Analysis of the Greek New Testament* (Rome [3]1981).

C. Retorica, epistolografia e diatriba

BARILLI, R., *La Retorica* (Milano 1983).

BARTHES, R., *La retorica antica* (Milano [2]1985).

BETZ, H.D., *Plutarch's Ethical Writings and Early Christian Literature* (Leiden 1978).

BIRNKAMM, L., "Der älteste Briefsteller", *Rheinisches Museum* 64 (1909) 310-317.

BLACK II, C. C., "The Rhetorical Form of the Hellenistic Jewish and Early Christian Sermon: a Response to L. Wills", *HTR* 81 (1988) 1-18.

BOIANCÉ, P., "Le dieu cosmique", *REG* 64 (1951) 300-313.

BONNER, S.F., *Education in Ancient Rome* (Cambridge 1977).

BUCHHEIT, V., *Untersuchungen zur Theorie des Genus epideiktikon von Gorgia bis Aristoteles* (München 1960).

BURGESS, T.C., "Epideictic Literature", *StClaPhi* 3 (1902) 89-261.

CANCIK, H., *Untersuchungen zu Senecas epistulae morales* (Hildesheim 1967).

CAPELLE, W., "Diatribe", *RAC* 3 (1957) 990-1009.

CHAIGNET, A.E., *La rhétorique et son histoire* (Paris 1888).

CLARK, D.L., *Rhetoric in Greco-Roman Education* (New York 1957).

DEISSMANN, A., *Licht vom Osten* (Tübingen [4]1923)

DOTY, G.W., *Letters in Primitive Christianity* (Philadelphia 1973).

DURRY, M., "Laudatio funebris et rhetorique", *RevPhil* 15 (1942) 105-114.

FERGUSSON, E., *Backgrounds of Early Christianity* (Grand Rapids 1987).

GARAVELLI, B.M., *Manuale di retorica* (Milano 1988).

HALBAUER, O., *De Diatribis Epicteti* (Leipzig 1911).

HINKS, D.A.G., "Tria Genera Causarum", *ClassQuart* 30 (1936) 170-176.

KENNEDY, G.A., *The Art of Persuasion in Greece* (Princeton 1963)

IDEM, *The Art of Rhetoric in the Roman World 300 B.C.- A.D. 300* (Princeton 1972).

IDEM, *Classical Rhetoric* (Chapel Hill 1980).

IDEM, *Greek Rhetoric under Christian Emperors* (Princeton 1983).

KOSKENNIEMI, H., *Studien zur Idee und Phraseologie des griechischen Briefes bis 400 n. Chr.* (Helsinki 1956).

KUSTAS, G.L., "Diatribe in Ancient Theory", WUELLNER, W., (ed.) *Protocol of the 22nd Colloquy* (Berkeley 1976).

LAUSBERG, H., *Handbuch der literarischen Rhetorik* (München 1960), II.

IDEM, *Elemente der literarischen Rhetorik* (München [8]1984).

MALHERBE, A.J., *Moral Exhortation, A Greco-Roman Sourcebook* (Philadelphia 1986).

IDEM, *Ancient Epistolary Theorists* (SBLSBS 19; Atlanta) 1988.

MARTIN, J., *Antike Rhetorik. Technik und Methode* (München 1974).

MOMIGLIANO, A., *Lo sviluppo della biografia greca* (Torino 1974).

NORDEN, E., *Die Antike Kunstprosa* (Leipzig [3]1915), II.

PERELMANN, C. - OLBRECHTS TYTECA, L., *Trattato dell'argomentazione. La nuova retorica* (Torino 1966), II.

PERELMAN, C., *The Realm of Rhetoric* (Notre Dame 1982).

RUSSELL, D. - Wilson, N.G., *Menander Rhetor* (Oxford 1981).

SALLES, C., "Le genre littéraire de la lettre dans l'Antiquité", *Foi et Vie* 5 (1985) 41-47.

STIREWALT, M.L., "The Form and Function of the Greek Letter-Essay", DONFRIED, K.P., (ed.), *The Romans Debate* (Minnneapolis 1977) 170-206.

STOWERS, S.K., *Letter Writing in Greco-Roman Antiquity* (Philadelphia 1986).

THROM, H., *Die Thesis. Ein Beitrag zu ihrer Entstehung und Geschichte* (Paderbon 1932).

USENER, H., *Epicurea* (Berlin 1887).

VICKERS, B., *In Defence of Rhetorik* (Oxford 1988).

WALLACH, B.P., *A History of the Diatribe from its Origin up to the First Century B. C. and a Study of the Influence of the Genre upon Lucretius III*, 830-1094 (Illinois 1974).

WELCH, J.W., *Chiasmus in Antiquity: Structures, Analyses, Exegesis* (Hildesheim 1981).

WENDLAND, P., *Beiträge zur Geschichte der griechischen Philosophie und Religion* (Berlin 1895).

IDEM, *Die hellenistische-römische Kultur in ihren Beziehungen zu Judentum und Christentum* (Tübingen [4]1972).

WHITE, J.L., *The Form and Function of the Body of the Greek Letter. A Study of the Letter Body in the Non-Literary Papyri and in Paul the Apostle* (SBLDS 2; Missoula 1972).

WILAMOWITZ-MOELLENDORFF U., *Antigonos von Karystos* (Berlino 1881).

E. S. Scrittura ed ermeneutica

ALETTI, J.-N., *L'art de raconter Jésus Christ. L'écriture narrative de l'évangile de Luc* (Paris 1989).

ALEXANDER, P.S., "Rabbinic Judaism and New Testament", *ZNW* 74 (1983) 237-246.

ALTER, R., *The Art of Biblical Narrative* (New York 1981).

AUNE, D.E., *The New Testament in Its Literary Environment* (Philadelphia 1987).

IDEM, *Greco-Roman Literature and the New Testament* (SBLMS 21; Atlanta 1988).

BORGEN, P., *Bread from Heaven* (Leiden 1965).

CONZELMANN, H., *Grundriss der Theologie des Neuen Testaments* (München ³1976).

DAUBE, D., "Rabbinic Methods of Interpretation and Hellenistic Rhetoric", *HUCA* 22 (1949) 239-264.

DEL AGUA PEREZ, A., *El método midrasico y la exégesis del Nuevo Testamento* (Valencia 1985).

DIBELIUS, M., *Die Formgeschichte des Evangeliums* (Tübingen ⁶1971).

IDEM, *A Commentary on the Epistle of James* (Philadelphia 1976).

ECO, U., *Lector in Fabula. La cooperazione interpretativa nei testi narrativi* (Milano 1979).

IDEM, *I limiti dell'interpretazione* (Milano 1990).

ELLIS, E.E., *Prophecy and Hermeneutic in Early Christianity* (Tübingen 1978).

FAUCONNET, J.J., "Confrontation des vices et des vertus dans les épîtres du Nouveau Testament", *BlitEc* 89 (1988) 83-96.

FUNK, R.W., *Language, Hermeneutic and Word of God* (New York 1966).

GAGER, J., *Kindom and Community. The Social World of Early Christianity* (Englewood Cliffs 1975).

GENETTE, G., *Figure III* (Torino 1976).

IDEM, *Nuovo discorso del racconto* (Torino 1987).

GOLDBERG, A., "Form-Analysis of Midrashic Literature as a Method of Description", *JJS* 36 (1985) 159-174.

HOLMBERG, B., *Sociology and New Testament* (Minneapolis 1990).

KAMLAH, E., *Die Form der katalogischen Paränese im Neuen Testament* (Tübingen 1964).

KENNEDY, G.A., *New Testament Interpretation Through Rhetorical Criticism* (London 1984).

KINNEAVY, J.L., *Greek Rhetorical Origins of Christian Faith* (New York-Oxford 1987).

LAMBRECHT, J., "Rhetorical Criticism and the New Testament", *Bijdragen* 50 (1989) 239-253.

LE DÉAUT, R., "A propos d'une définition du midrash", *Bib* 59 (1969) 395-413.

LIEBERMANN, S., "Rabbinic Interpretation of Scripture", FISCHEL, H., (ed.), *Essay in Greco-Roman and Related Literature* (New York 1977) 289-324.

MACK, B.L., *Rhetoric and the New Testament* (Minneapolis 1990).

MALINA, B.J., *The New Testament World: Insight form Cultural Anthropology* (Philadelphia 21983).

MARXEN, W., *Einleitung in das Neue Testament* (Gütersloh 1963).

Mc NAMARA, M., *Palestinian Judaism and the New Testament* (Wilmington 1983).

MLAKUZHYIL, G., *The Christocentric Literary Structure of the Fourth Gospel* (AnBib 117; Roma 1987).

MUILENBURG, J., "Form Criticism and Beyond", *JBL* 88 (1969) 1-18.

MULLINS, T., "Visit Talk in New Testament Letters", *CBQ* 35 (1973) 350-358.

NEUSNER, J., *What is Midrash?* (Philadelphia 1987).

PORTON, G.G., "Defining Midrash", NEUSNER, J. (ed.), *The Study of Ancient Judaism* (New York 1981), I, 55-92.

PREUSS, H.D. - BERGER, K., *Bibelkunde des Alten und Neuen Testament* (Heidelberg-Wiesbaden 31986).

SCHNIDER, F. - STENGER, W., *Studien zum Neutestamentlichen Briefformular* (NTTS 11; Leiden 1987)

SCROGGS, R., "The Sociological Interpretation of the New Testament: The Present State of Research", *NTS* 26 (1980) 164-179.

SKA, J.-L., *"Our Father Have Told Us". Introduction to the Analysis of Hebrew Narratives* (SubBib 13; Roma 1990).

STRACK, H.L. - STEMBERGER, G., *Einleitung in Talmud und Midrasch* (München 1986).

TACHAU, P., *"Einst" und "Jetzt" im Neuen Testament* (Göttingen 1972).

THEISSEN, G., *Studien zur Soziologie des Urchristentums* (WUNT 19; Tübingen 1979); tr. *Sociologia del cristianesimo primitivo* (Genova 1987).

WHITE, J.L., "New Testament Epistolary Literature in the Framework of Ancient Epistolography", *ANRW* II, 25.2 (1984) 1730-1756.

WIBBING, S., *Die Tugend- und Lasterkataloge im Neuen Testament* (Berlin 1959).

WIKENHAUSER, A., *Einleitung in das Neue Testament* (Freiburg 1953); tr. *Introduzione al Nuovo Testamento* (Brescia 1981).

WUELLNER, W., "Where Is Rhetorical Criticism Taking Us?", *CBQ* 49 (1987) 448-463.

F. Epistolario e teologia paolina

ALETTI, J.-N., "Rm 1,18–3,20. Incohérence ou cohérence de l'argumentation paulinienne?", *Bib* 69 (1988) 47-62.

IDEM, "La présence d'un modèle rhétorique en Romains: son rôle et son importance", *Bib* 71 (1990) 1-2

IDEM, "Saint Paul, exégète de l'Écriture", *L'Écriture, âme de la Théologie* (Institut d'Études Théologiques; Bruxelles 1990) 39-59.

IDEM, *Comment Dieu est-il juste? Clefs pour interpréter l'épître aux Romains* (Paris 1991).

AMIOT, F., *Saint Paul. Épître aux Galates. Épîtres aux Thessaloniciens* (Paris 1946); tr. *S. Paolo. Epistola ai Galati. Epistole ai Tessalonicesi* (Roma 1963).

BAHR, G.J., "The Subscriptions in the Pauline Letters", *JBL* 87 (1968) 27-41.

BARBAGLIO, G., *Le lettere di Paolo* (Roma 1980), III.

BAUR, F.C., *Paulus, der Apostel Jesu Christi* (Leipzig ²1866).

BECKER, J. - CONZELMANN, H. - FRIEDRICH, G., *Die Briefe an die Galater, Epheser, Philipper, Kollosser, Thessalonicher und Philemon* (Göttingen 1976).

BECKER, J., *Paulus: der Apostel der Völker* (Tübingen 1989).

BEKER, J.C., *Paul the Apostle. The Triumph of God in Life and Thought* (Edinburgh 1980).

IDEM, *Der Sieg Gottes. Eine Untersuchung zur Struktur des paulinischen Denkens* (SBS 132; Stuttgart 1988).

BETZ, H.D., *Der Apostel Paulus und die sokratische Tradition. Eine exegetische Untersuchung zu seiner "Apologie": 2 Korinther 10–13* (Tübingen 1972).

IDEM, *2 Corinthians 8 and 9. A Commentary on Two Administrative Letters of the Apostle Paul* (Philadelphia 1985).

IDEM, "The Problem of Rhetoric and Theology According to the Apostle Paul", VANHOYE, A. (ed.), *L'apôtre Paul* (Leuven 1986) 16-48.

BEYER, H.W. - ALTHAUS, P. - RENDTORFF, H. - HEINZELMANN, G., *Die kleineren Briefe des Apostels Paulus* (Göttingen 1953).

BRUNOT, A., *Le génie littéraire de Saint Paul* (Paris 1955).

BULTMANN, R., *Der Stil der paulinischen Predigt und die kynisch-stoische Diatribe* (Göttingen 1910).

BYRNE, B., *"Sons of God" - "Seed of Abraham"* (AnBib 83; Rome 1979).

CALLAN, C.J., *The Epistles of St. Paul* (New York 1922).

CIPRIANI, S., *Le Lettere di Paolo* (Assisi ⁷1991).

CLASSEN, C.J., "Paulus und die antike Rhetorik", *ZNW* 82 (1991) 1-33.

CORNELIUS A LAPIDE, *Commentaria in omnes Sancti Pauli Epistolas* (Torino 1820).

CORNELY, P., *Commentarius in S. Pauli epistolas* (Paris 1892), III.

CRANFIELD, C.E.B., *A Critical and Exegetical Commentary on the Epistle to the Romans* (Edinburgh 1979), II.

DE BOER, W.P., *The Imitation of Paul. An Exegetical Study* (Kampen 1962).

DEIDUN, T.J., *New Covenant Morality in Paul* (AnBib 89; Rome 1981).

DUNN, J.D.G., "The New Perspective on Paul", *BJRL* 65 (1983) 95-122.

ELLIS, P., *Seven Pauline Letters* (Collegeville-Minnesota 1982).

FUNK, R. "The Apostolic Parousia: Form and Significance", FS. Knox, J., *Christian History and Interpretation* (Cambridge 1967) 249-268.

GAYER, R., *Die Stellung der Sklaven in die paulinischen Gemeinden und bei Paulus* (Berna 1976).

GRABNER - HAIDER, A., *Paraklese und Eschatologie bei Paulus. Mensch und Welt im Anspruch der Zukunft Gottes* (Münster 1968).

GUNDRY, R., "Grace, Works and Staying Saved in Paul", *Bib* 66 (1985) 1-38.

GUTIEREZ, P., *La paternité spirituelle selon Saint Paul* (Paris 1968).

HOCK, R., *The Social Context of Paul's Ministry: Tentmaking and Apostleship* (Philadelphia 1980).

HOLTZ, T., "Zum Selbstverständnis des Apostels Paulus", *TLZ* 91 (1966) 321-330.

HULTGREN, A.J., "The πίστις Χριστοῦ Formulation in Paul", *NT* 22 (1980) 249-263.

JEREMIAS, J., "Chiasmus in den Paulusbriefen", *ZNW* 49 (1958) 145-156

IDEM, *Abba. Studien zur neutestamentlichen Theologie und Zeitgeschichte* (Göttingen 1966).

KIM, S., *The Origin of Paul's Gospel* (Tübingen 1981).

KÜMMEL, W.G., *Einleitung in das Neue Testament* (Heidelberg 2 1983).

KÜRZINGER, J., *Die Brief an die Korinther und Galater* (Würzburg 1954).

LE DÉAUT, R., "Traditions targumiques dans le Corpus Paulinien?", *Bib* 42 (1961) 28-48.

LENSKI, R.C.H., *The Interpretation of Paul's Epistle to the Galatians, to the Ephesians and to the Philippinians* (Ohio 1946).

LYONNET, S., *Études sur l'épître aux Romains* (AnBib 120; Roma 1989).

LYONS, G., *Pauline Autobiography: Toward a New Understanding* (SBLDS 73; Atlanta 1985).

LUZ, U., "Der alte und der neue Bund bei Paulus und im Hebräerbrief", *EvTh* 27 (1967) 318-336.

MALHERBE, A.J., "*MH ΓΕΝΟΙΤΟ* in the Diatribe and Paul", *HTR* 73 (1980) 231-240.

MEEKS, W., *The First Urban Christians: The Social World of the Apostle Paul* (New Haven 1983).

MUNK, J., *Paulus und die Heilsgeschichte* (Kopenhagen 1954).

PETERSEN, N.R., *Rediscovering Paul* (Philadelphia 1985).

RICHARDS, R.E., *The Secretary in the Letters of Paul* (WUNT 2.42; Tübingen 1991).

ROSSANO, P., *Le lettere di S. Paolo* (Roma 1978).

RUEGG, U., "Paul et la rhétorique ancienne", *BCentProt* 35 (1983) 5-35.

SÁNCHEZ BOSCH, J., *"Gloriarse" según San Pablo. Sentido y teología de καυχάομαι* (AnBib 40; Roma-Barcellona 1970).

SANDNES, K.O., *Paul - One of the Profets? A Contribution to the apostle's Self - Understanding* (Tübingen 1991).

SCHMELLER, T., *Paul und die "Diatribe"* (Münster 1987).

SCHNACKENBURG, R., *Neuen Testament und Kirche* (Freiburg 1974) 289-194.

SCHNEIDER, N., *Die rhetorische Eigenart der paulinischen Antithese* (Tübingen 1970).

SCHODER, R.V., *Paul Wrote from the Heart, Philippians, Galatians* (Oak Park Illinois 1987) 39.

SCHÜTZ, J.H., *Paul and the Anatomy of Apostolic Authority* (Cambridge 1975).

SCHWEITZER, A., *Die Mystik des Apostels Paulus* (Tübingen 1930)

SCROGGS, R., "Paul as Rhetorician: Two Homilies in Romans 1–11", FS. Davies, W.D., *Jews, Greek and Christians: Religious Cultures in Late Antiquity* (Leiden 1976) 271-298.

SIEGERT, F., *Argumentation bei Paulus: geziegt an Röm 9–11* (WUNT 34; Tübingen 1985).

STANDAERT, B., "La rhétorique ancienne dans Saint Paul", A. VANHOYE (ed.), *L'apôtre Paul* (Leuven 1986) 78-91.

STANGE, E., "Diktierpausen in den Paulusbriefen", *ZNW* 18 (1917) 109-117.

STANLEY, D.M., "Become Imitators of Me": The Pauline Conception of the Apostolic Tradition", *Bib* 40 (1959) 859-877.

STEINMANN, A., *Die Briefe an die Thessalonicher und Galater* (Bonn 1918).

STOWERS, S.K., *The Diatribe and Paul's Letter to the Romans* (SBLDS 57; Michigan 1981).

TAATZ, I., *Frühjüdische Briefe: die paulinischen Briefe im Rahmen der offiziellen religiösen Briefe des Frühjudentums* (Freiburg-Göttingen 1991)

VANHOYE, A., *La structure littéraire de l'épître aux Hébreux* (Paris 1976).

IDEM, *Esegesi della prima lettera ai Tessalonicesi* (Disp. P.I.B.; Roma 1987).

IDEM, "La composition de 1 Thessaloniciens", Collins, R.F. (ed.), *The Thessalonian Correspondence* (Leuven 1990) 73-86

VANNI, U., *Lettere ai Galati e ai Romani* (Roma [13] 1983).

WEGENAST, K. *Das Verständnis der Tradition bei Paulus und in den Deuteropaulinien* (Neukirchen 1962).

WEISS, J., "Beiträge zur paulinischen Rhetorik", FS. Weiss, B. *Theologische Studien* (Göttingen 1897) 165-247.

WREDE, W., *Paulus* (Halle [2] 1907).

WUELLNER, W., "Paul's Rhetoric of Argumentation in Romans: an Alternative to the Donfried-Karris Debate over Romans", *CBQ* 38 (1976) 330-351.

IDEM, "Greek Rhetoric and Pauline Argumentation", FS. Grant, R.M., *Early Christian Literature and the Classical Intellectual Tradition* (Paris 1979) 177-188.

ZEDDA, S., *Prima lettura di San Paolo* (Torino 1958), II.

G. Galati

ALLAN, J.A., *The Epistles of Paul. The Apostle to the Galatians* (London 1951).

BAASLAND, E. "Persecution: A Neglected Feature on the Letter to the Galatians", *ST* 38 (1984) 135-150.

BAMMEL, E., "Gottes διαθήκη (Gal III, 15-17) und das jüdische Rechtsdenken", *NTS* 6 (1959-60) 313-319.

BARCLAY, J.M.G., "Mirror-Reading a Polemical Letter: Galatians as a Test case", *JSNT* 31 (1987) 73-93.

IDEM, *Obeying the Truth. A Study of Paul' Ethics in Galatians* (Edinburgh 1988).

BARCLAY, W., *The Letter to the Galatians* (Edinburgh 1966).

BARRETT, C.K., "Paul and the "Pillar" Apostles (Gal 1,11–2,14)", FS. De Zwaan, J., *Studia Paulina* (Göttingen 1953) 1-19.

IDEM, "Galatians as an Apologetic Letter", *Int* 34 (1980) 414-417.

IDEM, *Freedom and Obligation. A Study of the Epistle to the Galatians* (London 1985).

BARTOLOMÉ, J.J., *El evangelio y su verdad, la justificación por la fe y su vivencia en común. Un estudio exegético de Gal 2.5.14* (Roma 1988)

BAUCKHAM, R.J., "Barnabas in Galatians", *JSNT* 2 (1979) 61-70.

BELLEVILLE, L.L., "Under Law": Structural Analysis and the Pauline Concept of Law in Galatians 3,21–4,11", *JSNT* 26 (1986) 53-78.

BERCHMAN, R.M., "Galatians (1:1-5) and Greco-Roman Rhetoric", NEUSNER, J. - FRERICHS, E.S., *New Perspectives on Ancient Judaism* (Lanham-London 1987), III, 1-15.

BERÉNYI, G., "Gal 2,20: a Pre-Pauline or a Pauline Text?", *Bib* 65 (1984) 490-537.

BETZ, H.D., "The Literary Composition and Function of Paul's Letter to the Galatians", *NTS* 21 (1975) 353-379.

IDEM, "Spirit, Freedom, and Law: Paul's Message to the Galatians Churches", *SEA* 39 (1974) 145-160.

IDEM, *Galatians* (Philadelphia 1979).

IDEM, "In Defence of the Spirit: Paul's Letter to the Galatians as a Document of Early Christian Apologetics", Schüssler Fiorenza, E., (ed.), *Aspects of Religious Propaganda in Judaism and Early Christianity* (Notre Dame 1976) 99-114.

BJERKELUND, C.J., "Nach menschlicher Weise rede ich". Funktion und Sinn des paulinischen Ausdrucks", *ST* 26 (1972) 63-100.

BLIGH, J., *Galatians in Greek. A Structural Analysis of St. Paul's Epistle to the Galatians with Notes on the Greek* (Detroit 1966).

IDEM, *Galatians - A Discussion of St Paul's Epistle* (London 1970); tr. *La Lettera ai Galati* (Roma 1972).

BONNARD, P., *L'épître de Saint Paul aux Galates* (Neuchâtel ²1972).

BORNKAMM, G., "The Revelation of Christ to Paul on Damascus Road and Paul's Doctrine of Justification and Reconciliation. A Study on Galatians 1", FS. Morris, L.L., *Reconciliation and Hope, New Testament Essays on Atonement and Eschatology* (Grand Rapids 1974) 90-103.

BORSE, U., *Der Brief an die Galater* (Regensburg 1984).

BOUTTIER, M., "Complexio Oppositorum, sur les formules de 1 Cor 12,13; Gal 3,26-28; Col 3,10-11", *NTS* 23 (1976) 1-19.

BOVON, F., "Une formule prépaulinienne dans l'épître aux Galates (Gal 1,4-5)", FS. Simon, M., *Paganisme, Judaïsme, Christianisme* (Paris 1978) 91-107.

BRANDENBURG, H., *Der Brief des Paulus an die Galater* (Wuppertal 1986).

BRING, R., *Der Brief des Paulus an die Galater* (Berlin-Hamburg 1968).

BRINSMEAD, B.H., *Galatians, Dialogical Response to Opponents* (Chico CA 1982).

BRUCE, F.F., *The Epistle of Paul to the Galatians: a Commentary on the Greek Text* (Exeter 1982).

BURTON, E.D.W., *A Critical and Exegetical Commentary on the Epistle to the Galatians* (Edinburgh 1980).

BUSCEMI, A.M., "Libertà e *Huiothesia*; studio esegetico di Gal 4,1-7", *SBFLA* 30 (1980) 93-136.

IDEM, "Struttura della lettera ai Galati", *EuntesDocete* 34 (1981) 409-426.

IDEM, "La funzione della legge nel piano salvifico di Dio in Gal 3,19-25", *SBFLA* 32 (1982) 109-132.

IDEM, "Il rapporto legge - promessa in Gal 3,15-18", BOTTINI G.C. (ed.), *Studia Hierosolymitana* III (Jerusalem 1982) 137-146.

IDEM, "Gal 4,12-20: un argomento di amicizia", *SBFLA* 34 (1984) 67-108.

IDEM, "Lo sviluppo strutturale e contenutistico di Gal 6,11-18", *SBFLA* 33 (1983) 153-192.

COLE, A.R., *The Epistle of Paul to the Galatians* (London 21989).

CORSANI, B., *Lettera ai Galati* (Genova 1990).

COSGROVE, C.H., *The Cross and the Spirit. A Study in the Argument and Theology of Galatians* (Macon 1988).

IDEM, "Arguing like a Mere Human Being Galatians 3.15-18 in Rhetorical Perspective", *NTS* 34 (1988) 536-549.

COTHENET, E., *L'épître aux Galates* (Paris 1980).

IDEM, "A l'arrière-plan de l'allégorie d'Agar et de Sara (Gal 4,21-31)", FS. Cazelles, H., *De la Torah* (Paris 1981), I, 457-465.

COUSAR, C.B., *Galatians* (Atlanta 1982).

COVOLO, E.D., "Il kerygma come critica alla prassi nella parenesi di Gal 5,16-24", *RivB* 29 (1981) 379-391.

DAUBE, D., "The Interpretation of the Generic Singular in Galatians 3,16", *JQR* 35 (1944-45) 227-230.

DUNCAN, D.L., *The Epistle of Paul to the Galatians* (London 1934).

DUNN, J.D.G., "The Relationship Between Paul and Jerusalem According to Galatians 1 and 2", *NTS* 28 (1982) 461-478.

IDEM, "Works of the Law and the Curse of the Law (Galatians 3.10-14)", *NTS* 31 (1985) 523-542.

IDEM, "The Theology of Galatians", *SBL Seminar Papers* (1988) 1-16.

EBELING, G., *Die Wahrheit des Evangeliums. Eine Lesehilfe zum Galaterbrief* (Tübingen 1981); tr. *La verità del vangelo. Commento alla lettera ai Galati* (Genova 1989).

EGGER, W., *Galaterbrief* (Stuttgart 1985).

FARAHIAN, E., *Le "Je" Paulinien. Etude pour mieux comprendre Gal. 2,19-21* (Roma 1988).

FEUILLET, A., "Structure de la section doctrinale de l'épître aux Galates (III,1–VI,10)", *RevThom* 82 (1982) 5-39.

FINDLAY, G.G.B.A., *The Epistle to the Galatians* (London 1888).

FLETCHER, D.K., *The Singular Argument of Paul's Letter to the Galatians* (Princeton 1982).

FUNG, R.Y.K., *The Epistle to the Galatians* (Grand Rapids 1988).

GAVENTA, B.R., "Galatians 1 and 2: Autobiography as Paradigm", *NT* 28 (1986) 309-326.

IDEM, "The Singularity of the Gospel: A Reading of Galatians" (SBLASP 1988) 17-26.

GIAVINI, G., *Galati libertà e legge nella Chiesa* (Brescia 1983).

GIRARDET, G., *La lettera di Paolo ai Galati* (Torino 1982).

GROSSOUW, W.K., *De Brief van Paulus aan de Galaten* (Romen-Bussum 1974).

GUTHRIE, D., *Galatians* (London 1969).

HALL, R.G., "The Rhetorical Outline for Galatians, a Reconsideration", *JBL* 106 (1987) 277-287.

IDEM, "Historical Inference and Rhetorical Effect: Another Look at Galatians 1 and 2", FS. Kennedy, G.A., *Persuasive Artistry* (Sheffield 1991) 308-320.

HANSEN, G.W., *Abraham in Galatians. Epistolary and Rhetorical Contexts* (JSNTSS 29; Sheffield 1989).

HANSON, A.T., "The Origin of Paul's Use of *Paidagogos* for the Law", *JSNT* 34 (1988) 71-76.

HAYS, R.B., *The Faith of Jesus Christ: An Investigation of the Narrative Substructure of Galatians 3,1–4,11* (Chico 1983).

IDEM, "Christology and Ethics in Galatians: The Law of Christ", *CBQ* 49 (1987) 268-290.

HENDRIKSEN, W., *A Commentary on Galatians* (London 1969).

HESTER, J.D., "The Rhetorical Structure of Galatians 1:11–2:14", *JBL* 103 (1984) 223-233.

IDEM, "Placing the Blame: the Presence of Epideictic in Galatians 1 and 2", FS. Kennedy, G.A., *Persuasive Artistry* (Sheffield 1991) 281-307.

HIRSCH, E.G., "Zwei Fragen zu Galater 6", *ZNW* 29 (1930) 192-197.

HOGG, C.F. - Vine, W.E., *The Epistle to the Galatians* (Grand Rapids 1921).

HOWARD, G., *Paul: Crisis in Galatia* (Cambridge [2]1990).

HÜBNER, H., "Galaterbrief", *TRE* XII (1984) 5-14.

HULL, W.E., "A Teaching Outline of Galatians", *RevExp* 69 (1972) 429-430.

JEGHER-BUCHER, V., *Der Galaterbrief auf dem Hintergrund antiker Epistolographie und Rhetorik: ein anderes Paulusbild* (Zürich 1991).

JOHNSON, H.W., "The Paradigm of Abraham in Galatians 3,6-9", *TrinJ* 8 (1987) 179-199.

KERTELGE, K., "Freiheitsbotschaft und Liebesgebot im Galaterbrief", FS. Schnackenburg, R., *Neues Testament und Ethik* (Freiburg-Basel-Wien 1989) 326-337.

KIEFFER, R., *Foi et justification a Antioche. Interprétation d'un conflit* (Ga 2,14-21) (Paris 1982).

KILPATRICK, G.D., "Galatians 1,18 ἱστορῆσαι Κηφᾶν", FS. Manson, T.W., *New Testament Essays* (Manchester 1959) 144-149.

IDEM, "Peter, Jerusalem and Galatians 1:13–2,14", *NT* 25 (1983) 318-326.

KING, D.H., "Paul and the Tannaim: A Study in Galatians", *WTJ* 45 (1983) 340-370.

KRAFTCHICK, S.J., *Ethos and Pathos Appeals in Galatians Five and Six: A Rhetorical Analysis* (Emory 1985).

LAGRANGE, J.M., *Saint Paul. Épître aux Galates* (Paris [3]1926).

LATEGAN, B.C., "Is Paul Defending His Apostleship in Galatians?", *NTS* 34 (1988) 411-430.

IDEM, "Is Paul developing a specifically Christian Ethics in Galatians?", FS. Malherbe, A.J., *Greeks, Romans, and Christians* (Minneapolis 1990) 318-328.

LÉON-DUFOUR, X., "Une lecture chrétienne de l'Ancien Testament: Galates 3:6 à 4:20", FS. Leenhardt, F.J., *L'Evangile hier et aujourd'hui* (Genève 1968) 109-116.

LIETZMANN, D.H., *An die Galater* (Tübingen 1921).

LIGHTFOOT, J.B., *St Paul's Epistle to the Galatians* (London-Cambridge 1869).

LOISY, A., *L'épître aux Galates* (Paris 1916).

LONGENECKER, R.N., *Galatians* (Dallas 1990).

LÜHRMANN, D., *Der Brief an die Galater* (Zürich 1978).

LUKYN, A.W.B.D., *The Epistle of Paul the Apostle to the Galatians* (Cambridge 1910).

LULL, D.J. *The Spirit in Galatia* (Chico 1980).

IDEM, "The Law Was Our Pedagogue; a Study in Galatians 3:19-25", *JBL* 105 (1986) 481-498.

MARTINEZ PEQUE, M., "Unidad de forma y contenido en Gal 5,16-26", *EstBíb* 45 (1987) 105-124.

MARTYN, J.L., "Apocalyptic Antinomies in Paul's Letter to the Galatians", *NTS* 31 (1985) 410-424.

MAURER, P., *Der Galaterbrief* (Zürich 1943).

MAYER, F., *Die Gerechtigkeit aus dem Glauben, der rechtschaffene Glaube* (Metzingen 1986).

MERK, O., "Der Beginn der Paränese im Galaterbrief", *ZNW* 60 (1969) 83-104.

MEYER, H.A.W. *Kritisch exegetisches Handbuch über den Brief an die Galater* (Göttingen 1851).

MUSSNER, F., *Der Galaterbrief* (Freiburg-Basel-Wien ⁴1981); tr. *La Lettera ai Galati* (Brescia 1987).

NEIL, W., *The Letter of Paul to the Galatians* (Cambridge 1967).

NEYREY, J.H., "Bewitched in Galatia: Paul and Cultural Anthropology", *CBQ* 50 (1988) 72-100.

OEPKE, A., *Der Brief des Paulus an die Galater* (Leipzig 1937).

O' NEILL, J.C., *The Recovery of Paul's Letter to the Galatians* (London 1972).

OSIEK, C., *Galatians* (Wilmington 1980).

PASTOR RAMOS, F., *La Libertad en la Carta a los Gálatas* (Madrid 1977).

PATTE, D., *Galatians: for Freedom Christ Has Set Us Free, Paul's Faith and the Power of the Gospel* (Philadelphia 1983) 31-86.

PENNA, R., *Lo Spirito di Cristo* (Brescia 1976).

PEREIRA, F., "The Galatians Controversy in the Light of the Targums", *The Indian Journal of Theology* 20 (1971) 13-29.

PITTA, A., "L'allegoria di Agar e Sara e la libertà dalla Legge (Gal 4,21–5,1)", *Rivista di Scienze Religiose* 3 (1989) 15-56.

RADL, W., *Galaterbrief* (Stuttgart 1985).

RIDDERBOS, H.N., *The Epistle of Paul to the Churches of Galatia* (Grand Rapids, Michigan 1953).

RINALDI, B., "La presenza della croce nell'epistola ai Galati", *La Scuola Cattolica* 100 (1972) 16-47.

RIVERA, L.F., "Structuras... La epistola a los Galatas", *RevistB* 37 (1975) 139.

ROHDE, J., *Der Brief des Paulus an die Galater* (Berlin 1989).

ROUX, H., *L'évangile de la liberté. Commentaire de l'épître de Paul aux Galates* (Paris 1973) 13-77.

SARACINO, F., "Forma e funzione di una formula paolina: Gal 3,28", *RivB* 28 (1980) 385-406.

SCHIWY, G., *An die Galater* (Würzburg 1968).

SCHLIER, H., *Der Brief an die Galater* (Göttingen ¹⁴1971); tr. *Lettera ai Galati* (Brescia 1965).

SCHMIDT, K.L., *Ein Gang durch den Galaterbrief. Leben, Lehre, Leitung in der heiligen Schrift* (Zürich 1947).

SCHNEIDER, G., *Der Brief an die Galater* (Düsseldorf 1964); tr. *Lettera ai Galati* (Roma 1966).

SMIGA, G.M., *Language, Experience and Theology; the Argumentation of Galatians 3,6–4,7 in Light of the Literary Form of the Letter* (Rome 1985).

SMIT, J., "The Letter of Paul to the Galatians: a Deliberative Speech", *NTS* 35 (1989) 1-26.

STANDAERT, B., La rhétorique antique et l'épître aux Galates", *Foi et Vie* 84 (1985) 33-40.

IDEM, "La rhétorique ancienne dans Saint Paul", Vanhoye, A. (ed.), *L'apôtre Paul* (Leuven 1986) 78-92.

STANLEY, C.D., "Under a Curse": a Fresh Reading of Galatians 3,10-14", *NTS* 36 (1990) 481-511.

STOTT, J.R.W., *The Message of Galatians, Only One Way* (Leicester 1986).

SUHL, A., "Der Galaterbrief - Situation und Argumentation", *ANRW* II, 25.4 (1987) 3067-3134.

TYSON, B., "Works of Law in Galatians", *JBL* 92 (1973) 423-431.

VANHOYE, A., "Gal 4,22-31: Joie et liberté", *AssSeign* 32 (1967) 16-30.

IDEM, La Mère du Fils de Dieu selon Ga 4,4", *Marianum* 40 (1978) 237-247.

IDEM, "Un médiateur des anges en Ga 3,19-20", *Bib* 59 (1978) 403-411.

IDEM, *La lettera ai Galati* (*Disp. P.I.B.*; Roma 1985), II.

VAN STEMPVOORT, P.A., *De Brief van Paulus aan de Galaten* (Nijkerk 1961).

VIARD, A., *Saint Paul. Épître aux Galates* (Paris 1964); tr. *San Paolo Lettera ai Galati* (Roma 1970).

VOUGA, F. "Zur rhetorischen Gattung des Galaterbriefes", *ZNW* 79 (1988) 291-292.

WAGNER, G., "Les motifs de la rédaction de l'épître aux Galates", *ETR* 65 (1990) 325-326.

WALLACE, R.B., "Galatians 3:19-20: a Crux Interpretum for Paul's View of the Law", *WTJ* 52 (1990) 225-245.

WILLIAMS, S.K., "The Hearing of Faith: *AKOH ΠΙΣΤΕΩΣ* in Galatians 3", *NTS* 35 (1989) 82-93.

YOUNG, N.H., "*Paidagogos*: The Social Setting of a Pauline Metaphor", *NT* 29 (1987) 150-176.

ZAHN, T., *Der Brief des Paulus an die Galater* (Leipzig 1907).

ZEDDA, S., *L'adozione a figli di Dio e lo Spirito Santo. Storia dell' interpretazione e teologia mistica di Gal 4,6* (AnBib 1; Roma 1952).

IDEM, "Morto alla legge mediante la legge" (Gal 2,19a): testo autobiografico sulla conversione di San Paolo", *RivB* 37 (1989) 81-95.

ZERWICK, M., *Der Brief an die Galater* (Düsseldorf 1964).

H. La Legge in Paolo

BLÄSER, P., *Das Gesetz bei Paulus* (Münster 1941).

BORNKAMM, G., "Das Gesetzesverständnis im Römer - und Galaterbrief", *ZNW* 67 (1976) 29-63.

BULTMANN, R., *Glauben und Verstehen* (Tübingen 3 1961).

CRANFIELD, C.E.B.,"St. Paul and the Law", *SJT* 17 (1964) 43-68.

DAVIES, W.D., *Paul and Rabbinic Judaism* (Philadelphia 4 1980).

IDEM, "Paul and the Law: Reflections on Pitfalls in Interpretation", FS. Barrett, C.K., *Paul and Paulinism* (London 1982) 4-16.

DODD, C.H., ἔννομος Χριστοῦ, FS. De Zwaan, J., *Studia Paulina* (Haarlem 1953) 96-110.

DONALDSON, L.T., "The Curse of the Law and the Inclusion of the Gentiles: Galatians 3.13-14", *NTS* 32 (1986) 94-112.

IDEM, "Zealot and Convert: the Origin of Paul's Christ-Torah Antithesis", *CBQ* 51 (1989) 655-682.

DRANE, J.W., "Tradition, Law and Ethics in Pauline Theology", *NT* 16 (1974) 167-178.

IDEM, *Paul, Libertine or Legalist? A Study in the Theology of the Major Pauline Epistles* (London 1975).

DUNN, J.D.G., *Jesus, Paul and the Law: Studies in Mark and Galatians* (Westminster 1990).

FEUILLET, A., "Loi de Dieu, loi du Christ et loi de l'Esprit, d'après les épîtres paulinennes" *NT* 22 (1980) 29-65.

FULLER, D.P., *Gospel and Law: Contrast or Continuum?* (Grand Rapids 1980).

GAGER, J.G., *The Origins of Anti-Semitism: Attitudes Toward Judaism in Pagan and Christian Antiquity* (New York 1983).

GASTON, L., "Work of Law as a Subjective Genitive", *SR* 13 (1984) 39-46.

IDEM, *Paul and Torah* (Vancouver 1987).

GUNDRY VOLF, J.M., *Paul and Perseverance* (Tübingen 1990).

HAHN, F., "Das Gesetzesverständnis im Römer- und Galaterbrief", *ZNW* 67 (1976) 29-63.

HAYS, B., "Christology and Ethics in Galatians: the Law of Christ", *CBQ* 49 (1987) 268-290.

HOFIUS, O., "Das Gesetz des Mose und das Gesetz Christi", *ZTK* 80 (1983) 262-286.

HÜBNER, H., "Gal 3,10 und die Herkunft des Paulus", *KD* 19 (1973) 215-231.

IDEM, "Pauli Theologiae Proprium", *NTS* 26 (1980) 445-473.

IDEM, *Das Gesetz bei Paulus. Ein Beitrag zum Werden der paulinischen Theologie* (Göttingen 2 1982).

KERTELGE, K., "Gesetz und Freiheit im Galaterbrief" *NTS* 30 (1984) 382-394.

LANG, F., "Gesetz und Bund bei Paulus", FS. Käsemann, E., *Rechtfertigung* (Tübingen-Güttingen 1976) 305-320

LIEBERS, R., *Das Gesetz als Evangelium* (Zürich 1989).

LIMBECK, M., *Die Ordnung des Heils. Untersuchungen zum Gesetzesverständnis des Frühjudentums* (Düsseldorf 1971).

LYONNET, S., *St. Paul: Liberty and Law* (Roma 1962).

MARTIN, B.L., *Christ and the Law in Paul* (Leiden 1989).

MOO, D.J., "Law, Works of the Law and legalism in Paul", *WTJ* 45 (1983) 73-100.

IDEM, "Paul and the Law in the Last Ten Years", *ScotJournTheol* 10 (1987) 287-307.

PENNA, R., "Il problema della Legge nelle lettere di S. Paolo. Alcuni aspetti", *RivB* 38 (1990) 327-352.

RÄISÄNEN, H., "Galatians 2.16 and Paul's Break with Judaism", *NTS* 31 (1985) 543-553.

IDEM, *Paul and the Law* (Tübingen 21987).

IDEM, "Der Bruch des Paulus mit Israels Bund", VEIJOLA T. (ed.), *The Law in the Bible and in Its Environment* (Helsinki-Göttingen 1990) 156-172.

RHYNE, C.T., *Faith Establishes the Law* (Philadelphia 1981).

SANDERS, E.P., *Paul, the Law, and the Jewish People* (Philadelphia 1983); tr. *Paolo, la legge e il popolo giudaico* (Brescia 1989).

IDEM, *Paul and Palestinian Judaism. A Comparison of Patterns of Religion* (London 21984); tr. *Paolo e il Giudaismo Palestinese. Studio comparativo su modelli di religione* (Brescia 1986).

SCHNABEL, E.J., *Law and Wisdom from Ben Sira to Paul. A Tradition Historical Enquiry into the Relation of Law, Wisdom and Ethics* (Tübingen 1985).

SCHOEPS, H.J., *Paul. The Theology of the Apostle in the Light of Jewish Religious History* (Philadelphia 1961).

SCHREINER, T.R., "Works of Law in Paul", *NT* 33 (1991) 217-243.

SCHÜRMANN, H., "Das Gesetz des Christus (Gal 6,2). Jesu Verhalten und Wort als letzgültige sittliche Norm nach Paulus", FS. Schnackenburg, R., *Neues Testament und Kirche* (Freiburg 1974) 282-300.

SLOAN, R.B., "Paul and the Law: why the Law Cannot Save", *NT* 33 (1991) 35-60.

SNODGRASS, K., "Spheres of Influence: a Possible Solution to the Problem of Paul and the Law", *JSNT* 32 (1988) 93-113.

STENDAHL, K., *Paul Among Jews and Gentiles* (Philadelphia 1976).

STRELAN, J.G., "Burden-Bearing and the Law of Christ: a Re-Examination of Galatians 6.2", *JBL* 94 (1975) 266-276.

STUHLMACHER, P., "Das Gesetz als Thema biblischer Theologie", *ZTK* 75 (1978) 273-275.

IDEM, *Versöhnung, Gesetz und Gerechtigkeit: Aufsätze zur biblischen Theologie* (Göttingen 1981).

THIELMAN, F., *From Plight to Solution* (Leiden 1989).

VAN DÜLMEN, A., *Die Theologie des Gesetzes bei Paulus* (Stuttgart 1968).

WATSON, F., *Paul, Judaism and Gentiles: a Sociological Approach* (Cambridge 1986).

WATSON, N.M., "Justified by Faith; Judged by Works - an Antinomy?", *NTS* 29 (1983) 209-221.

WESTERHOLM, S., *Israel's Law and the Church's Faith* (Grand Rapids, Michigan 1988).

WILCKENS, U., *Rechtfertigung als Freiheit: Paulusstudien* (Neukirchen-Vluyn 1974).

IDEM, "Zur Entwicklung des paulinischen Gesetsverständnisses", *NTS* 28 (1982) 154-190.

IDEM, "Statements on the Development of Paul's View of the Law", FS. Barrett, C.K., *Paul and Paulinism* (London 1982) 17-26.

I. Gli oppositori

BERGER, K., "Die impliziten Gegner. Zur Methode des Erschliessens von"Gegner" in neutestamentlichen Texten", FS. Bornkamm, G., *Kirche* (Tübingen 1980) 373-400.

CORSANI, B., "Gli avversari di Paolo nella lettera ai Galati", *Ricerche Storico Bibliche* 2 (1989) 97-119.

CROWNFIELD, F.R., "The Singular Problem of the Dual Galatians", *JBL* 64 (1945) 491-550.

ECKERT, J., *Die urchristliche Verkündigung im Streit zwischen Paulus und seinen Gegnern nach dem Galaterbrief* (Regensburg 1971).

GEORGI, D., *Die Geschichte der Kollekte des Paulus für Jerusalem* (Hamburg 1965).

GUNTHER, J.J., *St. Paul's Opponents and Their Background* (Leiden 1973).

JEWETT, R., "The Agitators and the Galatians Congregation", *NTS* 17 (1970) 198-212.

LÜDEMANN, D., *Paulus der Heidenapostel: Antipaulinismus im frühen Christentum* (Göttingen 1983)

LÜTGERT, W., *Gesetz und Geist. Eine Untersuchung zur Vorgeschichte des Galaterbriefes in Beiträge zur Förderung christilicher Theologie* (Gütersloh 1915).

MARTIN, J.L., "A Law-Observant Mission to Gentiles: the Background of Galatians", *SJT* 38 (1985) 307-324.

MICHAELIS, W., "Judaistiche Heidenchristen", *ZNW* 30 (1931) 83-89.

ROPES, H.J., *The Singular Problem of the Epistle to the Galatians* (Cambridge 1929).

SCHMITHALS, W., "Die Häretiker in Galatien", *ZNW* 47 (1956) 25-67.

IDEM, "Judaisten in Galatien", *ZNW* 74 (1983) 51-57.

TYSON, J.B., "Paul's Opponents in Galatia", *NT* 10 (1968) 241-254.

INDICE DEGLI AUTORI

INDICE DELLE CITAZIONI BIBLICHE

(Galati)

2,15–5,12	20
2,15–4,7	28
2,15–3,29	24
2,15-21	19, 22, 23, 33, 34, 36, 41, **95-99**, 100, 120, 133-134, 146, 150, 176, 206, 211
15-16	37, 95, 117
15	95-96, 176
16	36, 95-96, 98, 100, 101, 114, 158-159, 164, 177
2,17–3,5	35, 37
17	96, 98
18-21	98, 99
18-20	96, 177
18	98, 159, 177
19-21	98
19	96, 97, 146, 176, 179, 191, 197
20-21	98
20	96, 97, 101, 159, 177
21	36, 97, 99, 101, 176-177
3–6	16
3–4	23, 40, 41
3,1–6,10	26, 34, 37
3,1–5,12	17, 18, 19, 21, 34, 37
3,1–5,1	17, 19, 26
3,1–4,31	17, 18, 19, 20, 33, 34, 37
3,1–4,30	19
3,1–4,20	20
3,1–4,11	24, 37
3,1–4,7	20, 39, 40, **100-123**, 122, 150, 165-166, 178
3,1-29	24, 122
3,1-5	18, 30, **101**, 102, 121, 122, 125, 142, 150, 155, 179, 211
1	95, 102, 103, 115, 160, 165
1-2	102
2-3	115
2	101, 102, 149, 159, 179
3-5	102
3	101, 102, 141, 157, 159,

	165, 168
4	102, 160, 165, 179, 212
5-29	27
5	101, 102, 121, 179
3,6–6,10	102
3,6–4,31	17
3,6–4,7	14, 30, 31, 35, 37, 109, 126
6-29	27, 28, 113, 118, 120-121, 150, 157, 211
6-14	**104-108**, 122, 179-180, 211
6	104, 105, 109, 149, 213
6-7	**108-109**, 110, 118, 122, 128, 149, 150, 168, 203, 211
7	108-109, 159, 165, 173
3,8–4,7	109
8	105, 106, 109, 121
9	105
10-14	101
10	106-107, 116, 179-180
11	106, 109, 179-180, 213
12	107, 179-180
13-14	105, 119, 168, 189, 191, 197
13	107, 115, 179-180
14	109-110, 166, 182, 191
15-18	**109-113**, 118, 122, 182
15	110-111, 115, 118, 121, 183
16	109-110, 115, 182
17	109-110, 112, 179, 182-183, 188
18	109-110, 179
19-25	114
19-22	184
19-20	**112-113**, 114-115, 183
19	110, 112, 169, 171, 179, 183
20	112
21-22	112, **114-115**, 179, 184
21	109, 112-113, 179, 184
22	109, 116, 121, 179, 184

INDICE LESSICALE

INDICE GENERALE

Della stessa editrice

ANALECTA ORIENTALIA

42. von SODEN Wolfram – RÖLLIG Wolfgang: *Das Akkadische Syllabar.* 4ª ed. aggiornata.
1991, pp. XLII-76-24*. ISBN 88-7653-257-9   Lit. 40.000

STUDIA POHL SERIES MAIOR

12. BLACK Jeremy A.: *Sumerian Grammar in Babylonian Theory.* 2ª ed. riveduta e corretta.
1991, pp. XII-168. ISBN 88-7653-442-3   Lit. 29.000

SUBSIDIA BIBLICA

14. JOÜON Paul – MURAOKA T.: *A Grammar of Biblical Hebrew.*
Part One: Orthography of Biblical Hebrew.
Part Two: Morphology.
Part Three: Syntax. Paradigms and Indices. 2 volumi.
1991, pp. XLVI-780. ISBN 88-7653-595-0   Lit. 53.000

15. HILL Robert C.: *Breaking the Bread of the Word: Principles of Teaching Scripture.*
1991, pp. XIV-186. ISBN 88-7653-596-9   Lit. 22.500

16. SWETNAM James: *An Introduction to the Study of New Testament Greek.*
Part One: Morphology.
Volume I: Lessons. Volume II: Key, Lists, Paradigms, Indices.
1992, pp. LIV-762. ISBN 88-7653-600-0   Lit. 52.500
I due volumi non sono separabili.

FUORI COLLANA

ANDERSEN Francis I. – FORBES Dean A.: *The Vocabulary of the Old Testament.* 1ª ristampa aggiornata.
1992, pp. VIII-724. ISBN 88-7653-575-6   Lit. 85.000

MERK Augustinus: *Novum Testamentum Graece et Latine.* Apparatu critico instructum. 11ª ed.
1992, pp. 48*+1.732. ISBN 88-7653-597-7   Lit. 50.000

NORTH Robert (a cura di): *Elenchus of Biblica.* Vol. 5/1989.
1992, pp. 1.096. ISBN 88-7653-598-5   Lit. 160.000

ZERWICK Max – SMITH Joseph: *Biblical Greek.* Illustrated by examples.
5ª ristampa.
1990, pp. XV-185. ISBN 88-7653-554-3   Lit. 16.000

ZORELL Franz: *Lexicon Graecum Novi Testamenti.* 4ª ed. aggiornata.
1990, pp. XXIV-(44)-754. ISBN 88-7653-590-X   Lit. 75.000

ZORELL Franz – SEMKOWSKI Ludovico: *Lexicon Hebraicum Veteris Testamenti.* 4ª ristampa aggiornata.
1989, pp. 16*-1.008. ISBN 88-7653-557-8   Lit. 115.000

Finito di stampare il 24 luglio 1992
Tipografia Poliglotta della Pontificia Università Gregoriana
Piazza della Pilotta, 4 – 00187 Roma